"十四五"国家重点图书出版规划项目

## 新版《列国志》与《国际组织志》联合编辑委员会

主　　任　谢伏瞻

副 主 任　李培林　蔡　昉

秘 书 长　马　援　谢寿光

委　　员（按姓氏音序排列）

| | | | | | | |
|---|---|---|---|---|---|---|
| 陈东晓 | 陈　甦 | 陈志敏 | 陈众议 | 冯仲平 | 郝　平 | 黄　平 |
| 贾烈英 | 姜　锋 | 李安山 | 李晨阳 | 李东燕 | 李国强 | 李剑鸣 |
| 李绍先 | 李向阳 | 李永全 | 刘北成 | 刘德斌 | 刘新成 | 罗　林 |
| 彭　龙 | 钱乘旦 | 秦亚青 | 饶戈平 | 孙壮志 | 汪朝光 | 王　镭 |
| 王灵桂 | 王延中 | 王　正 | 吴白乙 | 邢广程 | 杨伯江 | 杨　光 |
| 于洪君 | 袁东振 | 张倩红 | 张宇燕 | 张蕴岭 | 赵忠秀 | 郑秉文 |
| 郑春荣 | 周　弘 | 庄国土 | 卓新平 | 邹治波 | | |

列国志

GUIDE TO
THE WORLD
NATIONS 新版

王伟军 编著 | *BRAZIL*

# 巴 西

社会科学文献出版社
SSAP
SOCIAL SCIENCES ACADEMIC PRESS (CHINA)

巴西行政区划图

巴西国旗

巴西国徽

总统府（王伟军　摄）

外交部（王伟军　摄）

司法部（王伟军　摄）

最高法院（王伟军　摄）

总检察院（王伟军　摄）

陆军大道前的检阅台（王伟军　摄）

国家大剧院（王伟军　摄）

亚马孙大剧院（王伟军　摄）

巴西利亚主教堂（王伟军　摄）

圣保罗大教堂（王伟军　摄）

贝伦天主教堂（王伟军　摄）

贝伦典型殖民时代民居（王伟军　摄）

玛瑙斯传统民居（王伟军　摄）

里约热内卢传统民居（王伟军　摄）

圣保罗（王伟军　摄）

巴西利亚南湖（王伟军　摄）

# 出版说明

    《列国志》编撰出版工作自 1999 年正式启动，截至目前，已出版 144 卷，涵盖世界五大洲 163 个国家和国际组织，成为中国出版史上第一套百科全书式的大型国际知识参考书。该套丛书自出版以来，受到社会各界的广泛好评，被誉为"21 世纪的《海国图志》"，中国人了解外部世界的全景式"窗口"。

    这项凝聚着近千学人、出版人心血与期盼的工程，前后历时十多年，作为此项工作的组织实施者，我们为这皇皇 144 卷《列国志》的出版深感欣慰。与此同时，我们也深刻认识到当今国际形势风云变幻，国家发展日新月异，人们了解世界各国最新动态的需要也更为迫切。鉴于此，为使《列国志》丛书能够不断补充最新资料，更好地服务于社会各界，我们决定启动新版《列国志》编撰出版工作。

    与已出版的 144 卷《列国志》相比，新版《列国志》无论是形式还是内容都有新的调整。国际组织卷次将单独作为一个系列编撰出版，原来合并出版的国家将独立成书，而之前尚未出版的国家都将增补齐全。新版《列国志》的封面设计、版面设计更加新颖，力求带给读者更好的阅读享受。内容上的调整主要体现在数据的更新、最新情况的增补以及章节设置的变化等方面，目的在于进一步加强该套丛书将基础研究和应用对策研究相结合，将基础研究成果应用于实践的特色。例如，增加了各国有关资源开发、环境治理的内容；特设"社会"一章，介绍各国的国民生活情况、社会管理经验以及存在的社会问题，等等；增设"大事纪年"，方便读者在短时间内熟悉各国的发展线索；增设"索引"，便于读者根据人名、地名、关键词查找所需相关信息。

顺应时代发展的要求，新版《列国志》将以纸质书为基础，全面整合国别国际问题研究资源，构建列国志数据库。这是《列国志》在新时期发展的一个重大突破，由此形成的国别国际问题研究与知识服务平台，必将更好地服务于中央和地方政府部门应对日益繁杂的国际事务的决策需要，促进国别国际问题研究领域的学术交流，拓宽中国民众的国际视野。

新版《列国志》的编撰出版工作得到了各方的支持：国家主管部门高度重视，将其列入"'十二五'国家重点图书出版规划项目"；中国社会科学院将其列为创新工程学术出版资助项目，王伟光院长亲自担任编辑委员会主任，指导相关工作的开展；国内各高校和研究机构鼎力相助，国别国际问题研究领域的知名学者相继加入编辑委员会，提供优质的学术咨询与指导。相信在各方的通力合作之下，新版《列国志》必将更上一层楼，以崭新的面貌呈现给读者，在中国改革开放的新征程中更好地发挥其作为"知识向导"、"资政参考"和"文化桥梁"的作用！

新版《列国志》编辑委员会

2013 年 9 月

# 前　言

自 1840 年前后中国被迫开关、步入世界以来，对外国舆地政情的了解即应时而起。还在第一次鸦片战争期间，受林则徐之托，1842 年魏源编辑刊刻了近代中国首部介绍当时世界主要国家舆地政情的大型志书《海国图志》。林、魏之目的是为长期生活在闭关锁国之中、对外部世界知之甚少的国人"睁眼看世界"，提供一部基本的参考资料，尤其是让当时中国的各级统治者知道"天朝上国"之外的天地，学习西方的科学技术，"师夷之长技以制夷"。这部著作，在当时乃至其后相当长一段时间内，产生过巨大影响，对国人了解外部世界起到了积极的作用。

自那时起中国认识世界、融入世界的步伐就再也没有停止过。中华人民共和国成立以后，尤其是 1978 年改革开放以来，中国更以主动的自信自强的积极姿态，加速融入世界的步伐。与之相适应，不同时期先后出版过相当数量的不同层次的有关国际问题、列国政情、异域风俗等方面的著作，数量之多，可谓汗牛充栋。它们对时人了解外部世界起到了积极的作用。

当今世界，资本与现代科技正以前所未有的速度与广度在国际流动和传播，"全球化"浪潮席卷世界各地，极大地影响着世界历史进程，对中国的发展也产生极其深刻的影响。面临不同以往的"大变局"，中国已经并将继续以更开放的姿态、更快的步伐全面步入世界，迎接时代的挑战。不同的是，我们所面临的已不是林则徐、魏源时代要不要"睁眼看世界"、要不要"开放"的问题，而是在新的历史条件下，在新的世界发展大势下，如何更好地步入世界，如何在融入世界的进程中更好地维护民族国家的主权与独立，积极参与国际事务，为维护世界和平，促进世界与人类共同发展做出贡献。这就要求我们对外部世界有比以往更深切、全面的了解，我们只有更全面、更深入地了解世界，才能在更高的层次上融入世界，也才能在融入世界的进程中不迷失方向，保持自我。

与此时代要求相比，已有的种种有关介绍、论述各国史地政情的著述，无论就规模还是内容来看，已远远不能适应我们了解外部世界的要求。人们期盼有更新、更系统、更权威的著作问世。

中国社会科学院作为国家哲学社会科学的最高研究机构和国际问题综合研究中心，有11个专门研究国际问题和外国问题的研究所，学科门类齐全，研究力量雄厚，有能力也有责任担当这一重任。早在20世纪90年代初，中国社会科学院的领导和中国社会科学出版社就提出编撰"简明国际百科全书"的设想。1993年3月11日，时任中国社会科学院院长胡绳先生在科研局的一份报告上批示："我想，国际片各所可考虑出一套列国志，体例类似几年前出的《简明中国百科全书》，以一国（美、日、英、法等）或几个国家（北欧各国、印支各国）为一册，请考虑可行否。"

中国社会科学院科研局根据胡绳院长的批示，在调查研究的基础上，于1994年2月28日发出《关于编纂〈简明国际百科全书〉和〈列国志〉立项的通报》。《列国志》和《简明国际百科全书》一起被列为中国社会科学院重点项目。按照当时的计划，首先编写《简明国际百科全书》，待这一项目完成后，再着手编写《列国志》。

1998 年，率先完成《简明国际百科全书》有关卷编写任务的研究所开始了《列国志》的编写工作。随后，其他研究所也陆续启动这一项目。为了保证《列国志》这套大型丛书的高质量，科研局和社会科学文献出版社于 1999 年 1 月 27 日召开国际学科片各研究所及世界历史研究所负责人会议，讨论了这套大型丛书的编写大纲及基本要求。根据会议精神，科研局随后印发了《关于〈列国志〉编写工作有关事项的通知》，陆续为启动项目拨付研究经费。

为了加强对《列国志》项目编撰出版工作的组织协调，根据时任中国社会科学院院长李铁映同志的提议，2002 年 8 月，成立了由分管国际学科片的陈佳贵副院长为主任的《列国志》编辑委员会。编委会成员包括国际片各研究所、科研局、研究生院及社会科学文献出版社等部门的主要领导及有关同志。科研局和社会科学文献出版社组成《列国志》项目工作组，社会科学文献出版社成立了《列国志》工作室。同年，《列国志》项目被批准为中国社会科学院重大课题，新闻出版总署将《列国志》项目列入国家重点图书出版计划。

在《列国志》编辑委员会的领导下，《列国志》各承担单位尤其是各位学者加快了编撰进度。作为一项大型研究项目和大型丛书，编委会对《列国志》提出的基本要求是：资料翔实、准确、最新，文笔流畅，学术性和可读性兼备。《列国志》之所以强调学术性，是因为这套丛书不是一般的"手册""概览"，而是在尽可能吸收前人成果的基础上，体现专家学者们的研究所得和个人见解。正因为如此，《列国志》在强调基本要求的同时，本着文责自负的原则，没有对各卷的具体内容及学术观点强行统一。应当指出，参加这一浩繁工程的，除了中国社会科学院的专业科研人员以外，还有院外的一些在该领域颇有研究的专家学者。

现在凝聚着数百位专家学者心血，共计 141 卷，涵盖了当今世界 151 个国家和地区以及数十个主要国际组织的《列国志》丛书，将陆续出版与广大读者见面。我们希望这样一套大型丛书，能为各级干部了解、认识当代世界各国及主要国际组织的情况，了解世界发展趋势，把握时代发展脉络，提供有益的帮助；希望它能成为我国外交外事工作者、国际经贸企业及日渐增多的广大出国公民和旅游者走向世界的忠实"向导"，引领其步入更广阔的世界；希望它在帮助中国人民认识世界的同时，也能够架起世界各国人民认识中国的一座"桥梁"，一座中国走向世界、世界走向中国的"桥梁"。

《列国志》编辑委员会

2003 年 6 月

# 导　言

　　刚上小学三年级时，我在邻居温教授家读到一本很薄的书。该书主人公以第一人称讲述自己在一个当地土著小孩陪同下在亚马孙丛林探险的经过。那是我第一次知道巴西这个国家。

　　那本只有小学作业本大小的书中有一段描写：主人公看到一头美洲豹攀爬大树，因为踏上一根枯朽的树枝，豹子连同树枝一同掉入河中。"豹子气呼呼地向河边游去"，然后被一条潜在水中的巨蟒吞噬。书中还描写他们在烤一头野猪时遇行军蚁来袭，他们爬上树躲避。行军蚁过后，烤猪的火堆被无数蚂蚁覆盖而熄灭，架上的野猪被吃得仅剩一副骨架。我提到那本小书和其中部分内容只是想说明，当年在国内就已出现关于巴西的读物，但有些信息是扭曲的。

　　20 世纪 70 年代初，我国在外交领域获得重大突破和成就，那也是我求知欲变得更加旺盛的时期。从父亲的一位老领导、时任广西桂林南溪山医院院长的林钧才前辈口中，我第一次听到国际政治这个词，从那时开始对国际事务感兴趣。凭借高考制度恢复后首次高考中所获成绩，我毫不犹豫地选择了上外。

　　大学毕业后不久我就被派往巴西长期工作。当时巴西仍处在军人政府统治下，但代表右翼势力的菲格雷多总统已表现出改善对华关系的意愿。这对于喜欢国际政治和相关领域的我来说，不啻一个良机。

1985年4月上旬，我公司面临一次突发事件。因是中国政府在巴西乃至美洲首个投资、经营、管理的工业投资项目，且公司地处巴西北部最大、最重要的工业区，事件影响颇大。经当地政府协调，公司、相关方和州政府共同形成协商机制。因掌握外语和较强沟通能力，我被指派作为公司代表参与协商谈判。那次经历对我的观念冲击极大。我将事发直接原因、过程、解决经过等都记了下来。不久后我参加接待一个巴西国内代表团，其间接触到一些左派政党领袖和议员，这成为我关注巴西工人运动的契机。在后来更多支持下，我开始更细致和系统地了解巴西工人运动。那是我第一次对巴西社会做调研。

　　1988年，全球食糖大幅减产。商业嗅觉敏锐、行事积极的广东粤海集团为大量收购蔗糖向巴西派出团组，我被派去协助团组工作。因都不了解大宗农产品交易方式和系统，那次尝试毫无悬念地失败了。但我由此开始了解西方四大农产品交易公司在巴西的地位及其运作模式。更大收获则是对巴西制糖和酒精工业做了较全面和系统调研，形成的调研报告获得使馆领导好评。因当时巴西蔗糖产业都掌握在几个意大利移民家族手中，那次工作的溢出效益使得我进入巴西意大利移民群体之中。

　　在工作中，这种观察和学习机会很多，我很珍惜并尽可能地观察和记录，看多了，记录多了，也就开始思考。

　　在国内，国别研究曾是范围极小的专业，且仅限于个别国家。国别和区域研究是国际关系研究的重要基础，要求对研究对象进行系统、深入了解，而掌握研究对象国语言是最基本条件。我较强的外语水平和沟通交流能力使自己在获得信息方面受益良多。

　　在研究对象国长期生活工作可为国别研究提供极大便利。

存在决定意识是马克思客观唯物主义的精髓，资产阶级史学代表人物汤因比也主张一个民族的思维、行为方式决定于其所处的自然环境，塑形于其历史和传统，并成为决定其社会形态和政府管理体制的因素。为了解巴西这样历史完全不同、社会环境迥异的国家，我常以田野调查的方式去接触民众，观察社会。在巴西长期工作生活使我有更多机会了解巴西。

在巴西长期工作的经历还使我得以更直观详细地了解当地自然环境。为满足工作需要，我在工作中学习与林业相关的自然知识，结合这些知识在当地，尤其是在亚马孙的观察使我在撰写本书有关章节时更得心应手。在巴西期间，我乘船完成了在亚马孙河两条干流和主流上的航行。一是从秘鲁依基多上船，沿亚马孙河，在本杰明康斯坦特进入巴西，又继续沿索里蒙斯河，经玛瑙斯到阿马帕州马卡帕出海口。二是从内格罗河上游的圣卡布里埃尔，经玛瑙斯到帕拉州贝伦。除这两个航段外，我还因负责公司原料供应而常在索里蒙斯河主要支流雅普拉河、科阿里河等河流航行，并长时间在热带雨林深处驻留，进行集材、流放作业。在那些日子里，我直接、细致地观察亚马孙雨林自然形态，在沿河城镇村落停留、观察并做笔记。这些绝大多数巴西本国人都难以获得的机会使得我直观看到当地经济社会状况，并充实和丰富了我的社会学信息储备。

充分和深入研究对象国的另一关键条件是在当地能获得足够信息和支持。1985 年，我认识了时任亚马孙州州长吉伯尔托·梅斯德里尼奥先生和州政府的协调人、州政府工商厅厅长若泽·杜德拉。他们后来一直活跃在政坛，梅斯德里尼奥先生数次任州长后又当选参议员，还担任参议院预算委员会主席。杜德拉在连任国会众议员期间曾任众议院印第安人委员会主席。

他们进入国会后，我与他们见面次数更多，并通过他们认识了同是代表亚马孙州的参议员，1988年国会修宪委员会主席贝尔纳尔多·卡布拉尔和代表伯南布哥的参议员内·马拉尼昂。卡布拉尔先生是儒雅的大学教授，马拉尼昂先生出身当地世族，性格豪放。他们给了我更多信息和其他帮助。

在巴西有长期从事的专业领域是我能相对顺利完成本书写作的另一有利因素。在巴西，木材加工是产业链很长的工业门类，也是涉及传统家族的行业，而工人却文化水平、经济社会地位较低。在巴西，我完成了从一个来自意识形态、社会制度完全不同的国家的政府工作人员，到受本地化管理的外资企业主要负责人的身份转变，在此期间我还做过企业最基层的管理工作。这些都使我有更多对巴西政治、经济、社会整体状况观察、思考的机会。

也正因为如此，在写作过程中我有一种感觉：当年在巴西的每一天，做的每一份工作，每一项任务，每一次旅行，包括每一次进入亚马孙热带雨林，工作中出现的各种困难，遇到的每一个人，都是上苍为我完成这本书做的精心安排。

在本书写作过程中，我将重点放在历史、文化、环境和经济社会发展过程等方面，这些是对巴西人民的价值观形成、民族性格塑造、政治制度发展产生深刻甚至决定性影响的因素。除历史章节外，在经济、军事、外交等章节我也都以较大篇幅介绍巴西这些领域的发展和变化，目的就是希望让读者多一个了解和认识巴西的路径。另一篇幅较大的章节是概况，之所以多写了一些，是因为感觉国内关于巴西自然概况的介绍较少，也相对简单。但囿于篇幅，我不得不对这些内容做了删减。

我没有在书中过多罗列数字，是出于以下考虑。其一，互联网技术支持下的大数据使人们获得信息变得更加容易；其二，年轻学人信息检索、查询、获取能力极强；其三，由于统计方式、口径等技术原因，同一项目可能出现不同的数据。

盈科以致行，欲达而成章。国家给了我工作学习机会，为国内学界尽己绵薄是我的义务。尽己所能将所获得的信息全面系统地介绍给读者是我的愿望。我希望与年轻学人分享自己对巴西的观察、分析、研究成果，我真诚希望听到读者对本书各种不足和纰漏的批评和建议。

感谢中国社会科学院张建雄研究员，他对我的信任和支持使我感激至深。感谢社会科学文献出版社给我这个机会。拿到图书出版合同后我只告诉了姐姐、张先生和爱国，但我感谢在我成长过程中所有帮助过我的人，感谢我小学一年级第一位班主任周英朝老师和后来所有教过我的老师。我尤其感激我在巴西工作期间所有支持和帮助过我的人。

我将此书献给我亲爱的父母。我在学习、工作、生活中所有努力的动力都来自他们的爱。

# CONTENTS

# 目 录

# CONTENTS
# 目 录

# CONTENTS
## 目 录

# CONTENTS

# 目 录

# CONTENTS
## 目 录

# CONTENTS
# 目 录

# CONTENTS
## 目 录

# CONTENTS
# 目 录

# CONTENTS

## 目 录

# CONTENTS
## 目 录

# 第一章

# 概　览

## 第一节　国土与人口

### 一　地理位置与国土面积

巴西位于南美洲东部，东临大西洋。陆地北面分别与法属圭亚那、苏里南、圭亚那、委内瑞拉和哥伦比亚接壤；西面与秘鲁、玻利维亚为邻；南面则与巴拉圭、阿根廷和乌拉圭相接。领海宽度为 12 海里，领海外专属经济区 200 海里。

巴西国家地理和统计局数据显示，巴西国土北端为罗赖马州阿兰河，南端为南里奥格兰德州阿罗伊奥舒伊，东端为帕拉伊巴州塞夏角，西端为阿克里州摩阿河源头。巴西国土南北两端最大距离为 4320 公里，东西两端最大距离为 4336 公里。

巴西是南美洲国土面积最大的国家，领土面积为 851.04 万平方公里。海岸线长约 7491 公里。巴西国土面积约占南美洲总面积的 47.3%，在世界上仅次于俄罗斯、加拿大、中国和美国，排第五位。巴西与所有邻国都已确定领土边界，同任何国家都没有领土纷争。

巴西国土共分四个时区，其中阿克里州和亚马孙州西南地区为西 5 区；马托格罗索州、南马托格罗索州、朗多尼亚州、罗赖马州以及亚马孙州大部分地区为西 4 区；戈伊亚斯州、联邦区、帕拉州、阿马帕州、巴伊亚州等南部和东南部、东北部的州为西 3 区；大西洋中岛屿为西 2 区。巴西利亚时间为巴西官方时间。

二　地形特点

与世界上其他幅员辽阔的大国相比，没有冰川冻土地带，而且绝大部分国土地势相对比较平缓，巴西有着独特的地形地貌。

从自然地理角度看，巴西的地形大致分为两大部分：平均海拔在 550 米到 650 米的巴西高原，分布在巴西南部；另一部分是海拔 200 米以下的平原，主要位于北部亚马孙河流域和巴西西部。如果将巴西国土全境按地形再进一步细分，则可分为亚马孙平原、巴拉圭盆地、巴西高原和圭亚那高原。

全世界最大的冲积平原亚马孙平原约占巴西国土面积的三分之一。亚马孙河和它上千条大大小小的支流形成了一个巨大的水系。这个水系不断向空中蒸发大量水分。在夏季，亚马孙河上游支流接受安第斯山和科迪勒拉山系冰雪消融过程中的大量来水，以及每年雨季的丰沛降水。正是这些丰沛的水量补充，形成并养育了这个举世无双的巨大热带森林宝库。亚马孙始终保持天然热带雨林生态系统形态，也是世界上最大的天然林。

巴西亚马孙地区[①]是亚马孙平原的一部分，其地形地貌存在较明显的区别。在亚马孙河流域[②]腹地，尤其是亚马孙河中游的广大地区，是巴西国土海拔相对较低的地带，最低处只有海拔 50 米左右。处在这片地区的亚马孙州的大部分土地为土壤含沙量很高的冲积平原，加上地势相对较低，这片区域每年都因科迪勒拉山系融雪和雨季降水而发生季节性河水泛滥，水位高度差可达七八米，甚至更高，所以并不适于农业生产。

朗多尼亚州、阿克里州地势稍高，有大面积红壤土，较适于农业开

---

① 巴西亚马孙地区由亚马孙、阿马帕、阿克里、帕拉、罗赖马、马托格罗索、南马托格罗索、托坎廷斯、朗多尼亚 9 个州组成。在巴西政府管理体制中，以上 9 个州属于亚马孙大区（Amazônia legal）。亚马孙大区是政治经济概念，不是行政区划。

② 亚马孙河流域不特指巴西境内部分，与亚马孙平原、亚马孙河水系、亚马孙热带雨林、亚马孙生态环境等同为自然地理概念，多为泛指。

发。该地区原来也全部为热带雨林所覆盖。因政府推行的地区发展政策，该地区人口数量在 1970~1980 年急剧上涨了 320%。大量农业移民涌入，大面积的森林被砍伐和焚烧以发展种植业和畜牧业。也正因为如此，朗多尼亚州是巴西亚马孙地区毁林最严重的州。

在巴西亚马孙地区北部，是海拔更高的罗赖马州。巴西境内最高点、海拔 2994 米的内布利纳峰位于该州。罗赖马州河流数量明显少于亚马孙州、帕拉州等州。在巴西亚马孙地区南部边缘，马托格罗索州则有全世界面积最大的湿地潘塔纳尔湿地。这片区域没有雨林那种高大、繁密、茂盛的树木，大面积的土地每年会被季节性洪水淹没。

巴西亚马孙地区东南角的托坎廷斯州为干旱草原和稀树草原，完全没有传统意义的亚马孙地区的地貌现象，也没有热带雨林多雨、潮湿的气候特征。

巴西东北部是地势平缓的平原，即沿海平原。这里也有多个由于地表侵蚀过程产生的沉积盆地，如帕纳瓦巴盆地和马拉尼昂盆地。东北部虽然地域辽阔，但由于气候干燥，该地区农业并不发达。

巴西高原为全世界面积最大的高原，约占巴西国土面积的 60%，整个高原由南向北逐渐延展，海拔随之降低。

巴西地形变化最大的是中部高原地区。前寒武纪期的大型造山运动使该地区出现了三个山带。第一个是大西洋造山带，从东北部东侧延伸到南里奥格兰德州海岸，包括曼提盖拉山脉、埃斯皮诺萨山脉。第二个是巴西利亚造山带，狭长的沟壑和高原交错出现，从托坎廷斯州南部延伸到米纳斯吉拉斯州东南部，其中主要有卡纳斯特拉山脉、夏帕塔山脉、维阿得罗山脉。第三个是巴拉圭阿拉瓜亚造山带，该造山带较短，从戈亚斯北部延伸到马托格罗索以南，并在潘塔纳尔南部再次隆起，形成博多盖纳山脉。这片有连绵不绝的山系隆起的地区就是中部高原。

## 三 气候

巴西幅员辽阔、地形存在自然差异，且受周边环境的影响。

不同气候带在不同的地理地貌条件下形成不同的气候现象。在巴西北部热带地区，巴西亚马孙地区是典型的热带雨林气候。亚马孙平原既具有显著的平原特征，又是一个典型的盆地结构。其北面是圭亚那高原；西面是地球上最长的、属于科迪勒拉山系的安第斯山；南部则有世界上最大的高原巴西高原。唯一开阔面是向东面对大西洋的一侧。这个位于安第斯山脚下相对封闭的区域因地势较低，每年接收大量来自安第斯山的融雪，水系极为丰富。在炎热的旱季，广阔的平原、纵横的河流和空气湿度极高的雨林有大量水分蒸发，湿热空气膨胀上升，冷暖气流上下对流而形成赤道热带地区典型的对流雨。

造成巴西亚马孙地区大量水分蒸发并形成的对流雨只是该地区大量降水的原因之一。因位于南半球，从南纬20°到赤道地区都在由东向西的信风影响之下，常年盛行的东风携带大西洋暖湿气团沿亚马孙河向上游移动。进入被分别位于南北两侧的巴西高原和圭亚那高原所限制的平原地带，一路西行到达安第斯山脉东坡后被抬升，然后暖湿气团被冷却，通过冷凝作用失去水分，形成豪雨。雨水造成的大量径流汇集进入无数河流并为之补充水量，由此造成亚马孙平原每年的定期泛滥。

这个地区年平均温度相对较高且变化很小，全年月平均气温始终保持在22摄氏度至26摄氏度，温差更多表现为昼夜温差，所以植物始终可在白昼日照充足、气温较高的时段保持持续生长状态。丰沛的雨水不但为该地区数量众多的河流输送了充沛的水源，同时也将大量腐殖质带入河流，从而促进了亚马孙地区赤道附近植物茂盛生长。该地区炎热的气候和多雨气象等条件的共同作用，适于雨林形成和生长，亚马孙热带雨林这个全世界最大的碳汇和全世界陆地上生物多样性最为丰富的基因库由此诞生。而且亚马孙热带雨林作为一个完整的生态系统又使得这种气候得以稳定和持续。

炎热的气候在巴西东北部地区则造成了另一种情形。这一地区降水总量不少，有的年份降水可达1000毫米。但该地区旱季和雨季区别分明，因全年中长时间降水稀少，地表水分在旱季高温下大量蒸发，植被因缺水而品种单一，且生长非常缓慢；植物因缺水而退化，变得低矮稀疏，不能对土地形成覆盖和保护，有的植物甚至因缺水而枯死。恶劣的气候条件导致植被对土壤的保护缺失，从而造成地面水分涵养能力进一步下降甚至完全丧失。雨季过于集中的降水不能被利用和涵养，大量降水被快速蒸发，最终造成了东北部地区常年的干旱和半干旱状况。在有的地方，土地沙化情况多见，马拉尼昂州有的土地甚至已经永久性沙漠化。

该地区干旱现象由来已久。1877~1878 年的大旱造成了该地当年粮食绝收，并直接导致 50 余万人死亡。1915 年的大规模旱灾再次造成灾荒，导致人口锐减。人类活动并非造成该气候现象的主因。

巴西南部和东南部沿海地区，有典型的温带森林气候。虽然大西洋热带雨林被早期殖民者严重破坏，但因大西洋每年都给这个地方带来非常充沛的降水，且雨量分布相对均匀，加上该地区有数万年来大量腐殖质沉积，生态天然恢复能力未丧失，植被恢复迅速。该地区人口相对比较集中，但密度并不太大，未对土地造成过大压力，上述可能都是形成当地气候条件的重要因素。

在巴西中部和中西部很多地区，多见稀树草原。虽然常年气温与东南部和南部相似，但由于从东面的大西洋带来的雨水不能到达，同样常年降雨量不大。由于植被能够对土壤形成保护，且每年有 800 多毫米的降水，该地区不像东北部地区地表水分蒸发量那么大。

除南部和东南部外，巴西全国大部分地区没有春夏秋冬分明的四季，而是多表现为雨季和旱季，昼夜温差较大，大部分地区无霜期较长。全年最高气温出现在东北部沿海诸州和中西部内陆个别城市，全年最低气温则出现在南部南里奥格兰德州，少数地势较高的地方可出现少量降雪。在中部沿海如巴伊亚州的有些地方，全年时间里几乎都有阵雨。南部和东南部的有些地方则是典型的温带气候，干燥的冬季有霜冻现象，年平均气温多保持在 18 摄氏度，非常适合农作物生长，适于农耕。

## 四 植被分布

巴西国土幅员辽阔，全国生态系统按植被形态划分并不复杂。以植被为表现形态的几个生态系统的区域分布很明显，面积也相差很大。

　　巴西最著名的植被形态无疑是仅见于北部和西北部的亚马孙热带雨林。亚马孙热带雨林在几个不同的生态系统中面积最大。根据巴西国家地理和统计局的数据，该地区面积为419.694万平方公里，覆盖亚马孙地区的亚马孙、帕拉、朗多尼亚、阿克里、罗赖马、阿马帕、托坎廷斯七个州，占全国国土面积的49.3%。因地处赤道附近，且每年有大量降水，这个地区的植被群落为典型的天然热带雨林，也是全世界最大的热带雨林。

　　亚马孙生态环境中植物种类极多。亚马孙热带雨林木材资源极为丰富，且商业价值很高的珍贵木材蕴藏量巨大。木材蓄积情况因地区不同差距很大。在蓄积量最高的地区，胸径在60厘米以上的树木的平均单位蓄积可达到或超过每公顷60立方米，有的地方则不到20立方米。有的地区树木生长在季节性雨水泛滥的土地上，比如亚马孙州和亚马孙河中下游。一些容重较低的，尤其是被季节性淹没的地区树种生长会迅速一些，年生长量可超过5%。生长在不受丰水季节影响地域的树种容重普遍会高一些，容重较高的树种生长缓慢。雨林的郁闭程度很高。除零散分布的一些大树木之外，绝大多数植物是小灌木或是各种处于生长过程中的低矮乔木，另有大量藤蔓植物。各种陆生或水生动物极多，包括鸟类和鱼类。这些动物早已成为这一自然生态环境中的有机体。亚马孙是一个完整的、发育良好的自然生态环境。

　　东北部热带草原是巴西一种特有、典型的植被形态——卡亭噶（Caatinga），在当地印第安图皮瓜拉尼人（Tupi-Guarani）语中意为白色丛林。其面积为84.445万平方公里，约占巴西国土面积的9.9%。该地区长时间干旱无雨，植被为低矮的耐旱木本植物。为抵御干燥的空气，防止水分流失，植物的叶子均脱落或退化，植物体表分泌蜡质，因而多呈白色。该地区有大量仙人掌类多肉植物。实际上该地区降水并不少，但降水不均，个别年份可达到1000毫米，很多时候又很低。因降水时间非常集中，常年四季气温又均处在27摄氏度以上，地表水分蒸发量大，降水会因为高温天气和土地的板结而迅速蒸发，因此植被生长困难，土壤蕴涵能力下降，造成环境进一步恶化。该地区自然环境比较恶劣。

大西洋沿岸雨林是一种分布于大西洋沿岸的热带和亚热带雨林，是巴西最著名的植被形态，在巴西面积约为 111.018 万平方公里，约占巴西国土面积的 13%。这种原先连片生长于巴西东北部、东南部、南部沿海绝大部分地区，并一直向南延伸到巴拉圭、阿根廷的雨林，曾是南美洲另一最大生态基因库。从 16 世纪开始，因被殖民者大肆破坏，雨林面积大幅减少，在有的地区已消失殆尽。现该植被形态在巴西零散分布，见于沿海和内地数十个州。

受大西洋暖流和南极北上冷空气的共同影响，这一地区降水丰沛。大西洋沿岸地区气候条件较优越，土壤肥沃，大量植被得以保存，土壤未被较大破坏，速生人工林、天然次生林、针叶林都得以正常生长。该地区的生态环境特点表现为繁盛茂密的针阔混交丛林，由大乔木和中等高度乔木、中等或低矮灌木等共同形成郁闭丛林，其间生物多样性极为丰富。大西洋沿岸雨林还有沼泽、低地、高地等。

居巴西国土面积第二位的生态系统为稀树草原，这是巴西中西部特有的植被形态。其范围包括马托格罗索州、南马托格罗索州部分地区、戈伊亚斯州大部分地区，以及托坎廷斯州、马拉尼昂州南部和皮奥伊州的南部、米纳斯吉拉斯州部分地区。该生态系统面积为 203.649 万平方公里，约占巴西国土面积的 23.9%。这一区域的特点是雨季与旱季极为分明。年平均气温在 18 摄氏度到 23 摄氏度，年降水量约为 1400 毫米，但 85% 的降水集中在每年 1~4 月和 9~12 月。因为降水集中且土地多为氧化铁含量较高的红壤土，土壤蕴涵能力极差，所以大部分植被为耐旱植物且发育不良，多为枝干扭曲严重、表皮粗糙的小乔木。

潘帕斯草原，"Pampas"原为南美洲南端土著印第安人语言，意为平缓的大地。巴西潘帕斯的地貌形态和生态环境与阿根廷潘帕斯相似，范围包括南端的南里奥格兰德州。这种生态环境的土地在巴西境内有17.650 万平方公里。潘帕斯草原海拔为 500~800 米，植物种类达 3000余种。

巴西最小的植被形态是湿地沼泽。潘塔纳尔沼泽总面积超过 25 万平方公里，是典型的湿地环境，主要位于马托格罗索州和南马托格罗索州，并延伸至邻国边境。潘塔纳尔沼泽在巴西境内面积为 15.036 万平方公里，其植被主要由季节性草甸和河流边缘的红树林及灌木丛等构成。每年丰水期该地区被洪水淹没面积达 20 万平方公里。该区域为地势稍高的平原，气候类型为内陆热带气候，夏季炎热多雨，冬季则干燥寒冷。

由于各自独特的自然形态，潘塔纳尔沼泽、亚马孙河中心保护区、大西洋沿岸雨林都已被联合国教科文组织列入世界自然遗产名录。

### 五　主要河流和水系

#### 1. 亚马孙河水系

不论是从河流长度，还是从河流水量看，发源于秘鲁安第斯山东坡，总长度为 6992 公里，拥有地球上五分之一淡水资源的亚马孙河毫无争议是世界上最大的河流。亚马孙河的源头早已被国际地理学界基本认定。秘鲁将其境内的乌卡亚利河与马拉尼翁河交汇后往下的河段定名为亚马孙河。

巴西对亚马孙河的定名方式与秘鲁以及国际社会的普遍共识不同。根据巴西学者的看法，亚马孙河两条干流之一的索里蒙斯河发源于安第斯山东麓秘鲁境内。该河流在巴西与秘鲁边境秘鲁一侧的莱蒂西亚和巴西一侧的本杰明康斯坦特进入巴西后，一直到玛瑙斯，河段长 1620 公里。

"索里蒙斯"一词来自印第安方言，意为"吞噬者"。据说因索里蒙斯河河岸经常在丰水期被冲垮，河道变化很大，索里蒙斯河因此而得名。"索里蒙斯"一名还有另一可能的来源：在其 1620 公里河段中，这条河汇纳、吞噬了布鲁斯、雅布拉、特费、茹布拉、茹塔依、伊萨等 9 条水量很大的支流，所以得名"吞噬者"。

索里蒙斯河从高原流出，流速快，河水不但搅动河床的泥沙，还不断地冲击含沙量很高的河岸土地，所以河水中含沙量很大，河水也因此呈黄色。

亚马孙河另一条干流内格罗河发源于哥伦比亚。内格罗河河面非常宽，中游河面最宽处可达 8 公里。在玛瑙斯上游不远处，有全球极为罕见的大片内河群岛现象。由于河床较高，枯水季节部分河床露出水面，于是河面上会出现数以千计被河水冲刷而成，并列河中长达几百米，宽度却只有五六米甚至更窄的"岛"。这一现象每年出现在数十公里的河段上，形成一大自然奇观。内格罗河河水流速比索里蒙斯河平缓得多。"内格罗"一词原意为黑色，河水取出后盛在容器中呈褐色，但不论是在河面上看，还是从远处望去，河水都呈较深的黝黑色。据说河水呈黑色是因为富含腐殖质或矿物质。但经过化验分析，结果并不十分支持这一说法。至今，河水发黑的原因并没有得到完全合理、令人满意的解释。

内格罗河河水呈酸性。可能是出于这一因素和其他一些尚未查明的原因，内格罗河的微生物较少，渔业资源也因此远远少于索里蒙斯河，沿岸雨林的木材资源无论质量还是蓄积量都远低于索里蒙斯河及其众多的支流。也正是因为这个原因，内格罗河进入中游后几乎没有支流，沿岸城市很少，人口数量相对于亚马孙州的索里蒙斯河流域和马黛拉河流域而言也少，经济社会发展水平也显著低于上述两流域。

在玛瑙斯以东 13 公里处，索里蒙斯河与内格罗河交汇。在两河交汇的地方，数十公里的河面上两条大河突然汇合，可谓泾清渭浊。尤其是在每年七八月丰水期，索里蒙斯河流量大幅增加，河水流速陡然加快，汹涌的索里蒙斯河水带来的迅猛的洪峰冲入流速平缓的内格罗河，使得内格罗河的河面突然变窄。内格罗河的河道实际上被索里蒙斯河的河水形成的"坝"强行"挡"住，从而导致内格罗河河水水位上涨。在上游的玛瑙斯港，枯水期和丰水期的水位差距最高可达 9 米。两条河在相遇后并不马上交融，而是并行达数十公里，场景无比壮观。

亚马孙河在中游接纳发源于玻利维亚境内的马黛拉河汇入。马黛拉河河水呈黄色，在整个亚马孙河中上游水系中流速最快。该河长 3351 公里，流域资源极为丰富。亚马孙河中游渔业、林业、种植业等较为发达，尤其在朗多尼亚州和亚马孙州。20世纪80年代末,在1000多公里的河段上,各种非法淘金船多达5000艘,引起国际社会震惊。1990年,科洛尔就任总统后非法淘金被严令禁止。

根据巴西官方地理命名,从索里蒙斯河和内格罗河交汇之处算起,一直到该河流分别位于阿马帕州的马卡帕和帕拉州的贝伦的出海口的河段,是亚马孙河。从玛瑙斯往下,亚马孙河又接纳了马黛拉河、图隆贝塔河、塔帕若斯河、兴古河、雅利河等主要支流的汇入。

包括索里蒙斯河段在内的亚马孙河水力资源极为丰富,仅以航运为例,亚马孙河流域的通航里程超过2.5万公里。玛瑙斯港是南美洲最大的内河港口,航道吃水深度达18米,有三个大型泊位,四万吨级的货轮可直接开到玛瑙斯,较小吨位的海轮可上溯至秘鲁依基多市。索里蒙斯河渔业资源和木材资源极为丰富。但是内格罗河的资源非常贫乏。巴西亚马孙地区是巴西人口密度最低的地区。

2. 巴拉那河

长度4880公里的巴拉那河是南美洲第二大河流。巴拉那河由发源于米纳斯吉拉斯州的巴拉纳依巴河与发源于横跨米纳斯吉拉斯、圣保罗、里约热内卢三州的曼提盖拉山脉的格兰德河汇合而成后,向西流出米纳斯吉拉斯州后拐向西南,在接纳了蒂埃特河、巴拉纳巴涅玛河、伊瓜苏河、维尔德河、苏鲁依河等河流的汇入后,继续流向东南,成为巴西、阿根廷、巴拉圭三国的界河。作为拉普拉塔盆地最主要的河流,巴拉那河流经的区域有相当部分是南美洲典型的温带和亚温带森林,生物多样性非常丰富,土地肥沃,非常适于农业开发,是巴西农业发达地区。

在巴拉那河进入巴西、巴拉圭、阿根廷三国交界的边境地带,巴西与巴拉圭合作建设了当时全球最大的伊泰普水电站。也是从那里,河流进入阿根廷境内,并最后在阿根廷境内向南汇入拉普拉塔河。巴拉那河是南美洲流经国家最多的国际河流。

3. 圣弗朗西斯科河

发源于巴西高原卡纳斯特拉山脉的圣弗朗西斯科河长度为2863公里,

是巴西的内河。从米纳斯吉拉斯州流出后，圣弗朗西斯科河几乎径直流向北方，先后接纳了来自左岸的帕拉卡图河、卡利尼亚尼亚河、格朗德河和来自右岸的萨利特列河、达斯维利亚河、维尔德格朗德河等众多河流，在巴西东北部海岸汇入大西洋。

圣弗朗西斯科河流域包括米纳斯吉拉斯州、巴伊亚州、伯南布哥州、阿拉戈阿斯州、塞尔希培州、戈亚斯州和巴西利亚联邦区，流域面积达63.922万平方公里，约占巴西国土面积的7.5%。圣弗朗西斯科河流经的城市多达520个，相当于全国城市总数的9%。

虽然长度不长，水量也不太大，但因其流域范围是人口稠密地区，圣弗朗西斯科河为其流域内人民带来了巨大福祉。除了为农业灌溉提供丰沛的水源之外，圣弗朗西斯科河渔业也非常发达，而且其通航河段长达1800多公里。近年来，河上兴建了数座水力发电站，所以这条河也成为巴西社会效益最高，为流域内经济社会发展贡献最大，为流域内民众带来福利最多的河流。对当地人民来说，这是一条实至名归的母亲河。

4. 托坎廷斯-阿拉瓜伊亚河

托坎廷斯-阿拉瓜伊亚河水系位于亚马孙地区东部，是巴西最大的内河水系。该水系主要由发源于戈伊亚州和马托格罗索州两州交界处的阿拉瓜伊亚河和发源于戈伊亚州的托坎廷斯河组成。两条河相隔数百公里，由南向北并行，在帕拉州与马拉尼昂州交界处汇合，并继续向北，在帕拉州马拉若岛汇入大西洋。

这个水系的流域涵盖托坎廷斯州、戈伊亚州、马托格罗索州、帕拉州、马拉尼昂州五个州和巴西利亚联邦区。在托坎廷斯河下游的支流图库鲁伊河上，建有图库鲁伊水电站，托坎廷斯河也由此成为巴西第二大水电资源提供河流。该水系大部分河段均可通航。

## 六　行政区划

巴西是联邦共和国，共有26个州和1个联邦区（巴西利亚），州下设市，共5570个市。州、联邦区、市具有一定的自治权（自治、立法和

巴 西

征税以及支配所得的权力），拥有自己的政府和法律。巴西利亚联邦区为共和国首都。联邦区被划分为数个行政管理区，但不设市。

1988 年宪法将全国根据地理区位、社会经济情况、历史传统等多项因素分成北部、东北部、中西部、东南部、南部五个大区（见表 1-1）。这个划分没有实际法律行政关系，但具有一定的行政管理意义。

表 1-1　巴西行政区划

| 序号 | 州/联邦区 | 简称 | 地区 | 首府 |
|------|-----------|------|------|------|
| 1 | 阿克里 | AC | 北部 | 里奥布朗库 |
| 2 | 亚马孙 | AM | 北部 | 玛瑙斯 |
| 3 | 朗多尼亚 | RO | 北部 | 博多韦柳 |
| 4 | 阿马帕 | AP | 北部 | 马卡帕 |
| 5 | 帕拉 | PA | 北部 | 贝伦 |
| 6 | 罗赖马 | RR | 北部 | 博阿维斯塔 |
| 7 | 托坎廷斯 | TO | 北部 | 帕尔马斯 |
| 8 | 马拉尼昂 | MA | 东北部 | 圣路易斯 |
| 9 | 阿拉戈阿斯 | AL | 东北部 | 马赛约 |
| 10 | 北里奥格兰德 | RN | 东北部 | 纳达尔 |
| 11 | 帕拉伊巴 | PB | 东北部 | 若昂佩索阿 |
| 12 | 巴伊亚 | BA | 东北部 | 萨尔瓦多 |
| 13 | 塞阿拉 | CE | 东北部 | 福塔莱萨 |
| 14 | 皮奥伊 | PI | 东北部 | 特雷西纳 |
| 15 | 塞尔希培 | SE | 东北部 | 阿拉卡茹 |
| 16 | 伯南布哥 | PE | 东北部 | 累西腓 |
| 17 | 戈亚斯 | GO | 中西部 | 戈亚尼亚 |
| 18 | 巴西利亚 | DF | 中西部 | 巴西利亚 |
| 19 | 马托格罗索 | MT | 中西部 | 库亚巴 |
| 20 | 南马托格罗索 | MS | 中西部 | 大坎普 |
| 21 | 圣埃斯皮里图 | ES | 东南部 | 维多利亚 |
| 22 | 圣保罗 | SP | 东南部 | 圣保罗 |
| 23 | 米纳斯吉拉斯 | MG | 东南部 | 贝洛奥里藏特 |
| 24 | 里约热内卢 | RJ | 东南部 | 里约热内卢 |

续表

| 序号 | 州/联邦区 | 简称 | 地区 | 首府 |
|------|-----------|------|------|------|
| 25 | 巴拉那 | PR | 南部 | 库里提巴 |
| 26 | 南里奥格兰德 | RS | 南部 | 阿雷格里港 |
| 27 | 圣卡塔琳娜 | SC | 南部 | 弗洛里亚诺波利斯 |

资料来源:巴西国家地理和统计局。

## 七 人 口

巴西是世界上的人口大国。巴西是世界人口组成最复杂、人口来源国家最多、人口所属民族最多的国家之一。根据 2020 年巴西国家地理和统计局人口统计数据,巴西全国人口为 212559409 人。在 2 亿多的巴西人中,女性人数大约占人口总数的 51.4%,男性人数约占 48.6%。

巴西在 1960 年到 1990 年人口增长速度比较显著,当时经济向好的趋势有力地提升了生育率,使得当时出生人口增加(见图 1-1)。

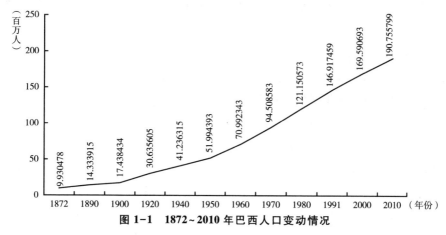

**图 1-1 1872~2010 年巴西人口变动情况**

资料来源:巴西国家地理和统计局。

随着巴西城市化进程的不断加快,职业女性人数不断增加,这可能也是巴西生育率下降的原因之一(见图 1-2)。

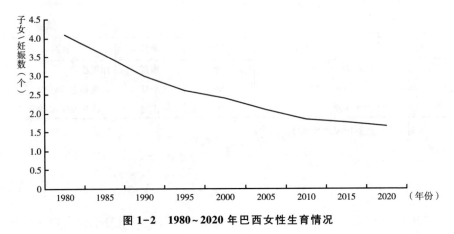

**图 1-2 1980~2020 年巴西女性生育情况**

资料来源：巴西国家地理和统计局。

巴西本土居民为印第安人。1500 年葡萄牙航海者到达巴西后，葡萄牙人很快就开始了在巴西的大量开发，其中包括以甘蔗种植为主的农业活动。这不但侵占和剥夺了原住民印第安人的领地，还导致大量印第安人死亡。

现在，巴西政府采取积极、主动、合理、有效的保护政策，巴西印第安人人口数量不断增加。1991 年，印第安人在巴西总人口中的占比从 0.2% 上升到 0.38%。根据调查统计，2000 年巴西印第安人数量达到 734000 人，人口增长率是同期全国人口增长率的 6 倍。

自 20 世纪 60 年代始，由于东北部等农村人口相对稠密的地区常年干旱，很多农民不得不放弃土地，巴西大量农业人口流向城市。

另外，巴西 20 世纪 50 年代末开始的工业化建设吸引大量农村人口。军政府期间的大规模基础设施建设和工业化投资进一步推动了就业市场。除了工业建设对劳动力的大量需求外，以批发、零售为主的商业和服务业也对劳动力提出更多的要求。从民众居住、就业和生活需求来看，城市不但可以提供更高的生活质量，也提供更多受教育的机会和更多就业的选择。这些因素都造成那一时期农村人口向大城市的流动加速。根据 2010 年全国人口普查统计，26 个州的首府城市加上巴西利亚的居民超过 4970 万人，约占巴西全国人口的 23.8%。

## 八　民族与语言

### 1. 民族

巴西是一个移民国家，历届政府始终对各国移民采取欢迎态度。对于进入巴西的外国人，即使没有合法居留手续，只要遵守巴西法律法规，执法部门的态度都很宽容。在 20 世纪初和第二次世界大战前后，巴西出现过几次较大移民潮。移民主要来自意大利、日本、德国、波兰、中国、韩国等。早期外来民族移民巴西主要是因为巴西资源丰富，尤其是土地资源丰富。最近几年，进入巴西的非洲移民逐渐增多。另外，海地、尼加拉瓜、危地马拉、委内瑞拉等国的移民以难民身份进入巴西也非常常见。

如今，巴西是葡萄牙、意大利、日本、韩国等国的移民最大的海外聚居地，也是南美洲非洲裔族群最大的国家。此外，巴西还有大量印度人、黎巴嫩人、波兰人、叙利亚人的后裔。来自欧洲的移民和他们的后裔主要居住在圣保罗和圣保罗以南的各州。人数可观的中国移民和华裔巴西人则广泛分布在各地。

巴西政府和人民始终反对种族歧视，坚持所有种族、所有民族、所有族群和平共存、平等相处的立场。也正是因为在这个问题上的统一认识，巴西人口普查只是大概按肤色统计不同的群体，并且对肤色的认定全部基于被调查的当事人的自我认知。

### 2. 语言

巴西官方语言是葡萄牙语。虽然国土幅员辽阔，国民人口众多，移民来自不同的国家，但巴西法律规定全国都必须使用葡萄牙语。在巴西，所有学校都必须使用葡萄牙语教学。所有行政部门、教育机构、新闻媒体唯一的工作语言就是葡萄牙语。巴西对外文使用的限制很多，如所有进行工商登记的企业名称不得采用葡萄牙语不能拼读的词语。

除极少数仍在丛林中坚守传统生活方式，保留自己生活状态的印第安部落仍然使用自己的方言外，其余所有的人都使用葡萄牙语。多年来，巴西政府一直重视教育，尤其是基础教育的普及和推广。在边远的丛林地带，很多印第安部落的孩子也可以接受葡萄牙语教育。葡萄牙语是所有立法、行政、司法部门的唯一工作语言，所以即便是印第安人进入这类部门，也必须使用葡萄牙语。巴西本国没有外语电视节目。

九　国旗、国徽、国歌

**1. 国旗**

巴西国旗全称为巴西联邦共和国国旗，其构思设计出自一位教师拉伊蒙德·特谢拉。他在朋友米盖尔·拉莫斯、皇家里约天文台星相士曼努埃尔·佩雷拉的协助下，完成了国旗构图和设计，画家德西奥·维拉蕾丝完成国旗图案的绘制。巴西国旗从 1889 年 11 月 19 日被确认以来，已经数次修改，主要是因为旗帜上每一个星所代表的是巴西联邦行政区划。因联邦区划变化，旗帜上星星数量增加。

巴西国旗长宽比为 10 : 7，由四种颜色组成。旗帜底色为绿色，中央有一个黄色菱形，黄色菱形上又有一个象征地球的蓝色圆形，蓝色圆形中间有一条白色带子，白色带子左高右低地环绕代表地球的浑仪，带子上有一句以葡萄牙语大写字母写就的国家格言——"秩序和进步"，字的颜色为绿色。白色带子上方有一颗白色大星，代表南十字星，下方有 27 个大小不一的白星，象征 26 个联邦州和 1 个联邦区。

巴西国旗长方形的旗帜和旗帜的绿色、黄色等色彩均沿袭自其殖民宗主国葡萄牙王国 1683 年到 1706 年的国旗。巴西所有关于国旗的法律或法令从未提及国旗颜色的象征意义。但专家和学者们都倾向认为绿色代表的是葡萄牙王室，即巴西国王（也是巴西皇帝）的布拉冈萨家族；黄色代表的是皇后家族哈布斯堡王朝。白色带子环绕的浑仪是葡萄牙当时国旗的特征，绿色背景衬托黄色的菱形其实就是共和国成立之前巴西帝国国旗的表现形式。这些特征一方面表现了巴西与葡萄牙之间不可割裂的传统关系，另一方面也体现了当时统治集团对自身、国家的葡萄牙民族身份的认同，以及对殖民宗主国葡萄牙的情感。

国旗方案被确定之初，旗帜上仅有 21 颗星。随着更多地区被作为联邦行政区划单位，星的数量也不断增加。最晚出现在旗帜上的星是经 1988 年 10 月 5 日巴西国会通过的宪法修正案批准设立，并于次年 1 月 1

日正式成立的托坎廷斯州。虽然星的数量不断增加，但每一颗星的位置与其所代表的州一样，都是固定的。因为蓝色浑仪上星座的位置是根据星相士在 1889 年 11 月 5 日，即巴西共和国成立当天夜里在里约热内卢的天文观察和记录所确定的。

在巴西很多学校，对少年儿童的教育都将旗帜中的绿色解释为象征巴西广袤辽阔的热带雨林，而黄色代表巴西丰富的自然资源。实际上这些都是巴西人民出于对自己祖国、对自己国土的眷恋和热爱，用富于想象的语言来表达这种情感的方式。

2. 国徽

巴西国徽于巴西合众共和国成立后不久由阿杜·萨乌尔设计完成，绘图人为路易斯·格鲁德尔。1889 年 11 月 19 日，临时总统德奥多鲁·达·丰塞卡元帅签发 4 号政令正式批准国徽设计。政令条款明确规定：国徽代表巴西的荣耀、尊严和高贵的品质。1968 年 5 月 28 日，巴西国会通过第 5543 号修正案，对有关政令进行了修改并最终确定关于国徽的有关事宜。

巴西国徽中心部分是一面圆形天蓝色盾牌，上有五颗银星，星的排列方式同南十字星座。盾牌边缘有两条金边，两条金边之间有 27 颗银星。

国徽中心的蓝盾依托在一个五角星上。五角星上有巴西国旗的主要颜色黄绿两色，五角星边为红色，红边外缘是黄色的细边。五角星后为一把垂直竖立的双刃剑，剑柄有蓝色装饰，剑格中央有一颗黄色五角星。

由盾、五角星、剑一起组成的部分背景是一个由一束长满果实的咖啡枝条和一束鲜花盛开的新鲜烟叶构成的绿色花环。花环右侧是咖啡，左侧是烟草，咖啡和烟草下部被一条蓝色缎带束在一起，缎带上有金色"巴西联邦共和国"字样，以大写字母组成。蓝色带子的两端写有巴西合众共和国国庆日：1889 年 11 月 15 日。

3. 国歌

巴西联邦共和国的国歌于 1822 年由葡萄牙帝国乐队指挥、作曲家弗朗西斯科·曼努埃尔·达席尔瓦作曲。进行曲式的国歌是为葡萄牙国王佩德罗一世退位所创作。若阿金·奥索里奥·杜克埃斯特拉达嗣后为歌曲撰

写歌词，原歌名为《四月七日颂歌》，又名《凯旋进行曲》。歌曲发表于
1831 年。

1889 年巴西君主制被推翻，成立共和国。新政府宣布向社会征集共
和国国歌方案。在 36 个送选方案中，莱奥博多·米盖斯谱曲、诗人若
赛·若阿金·德坎波斯·达科斯塔作词的作品获胜，但民众一致要求使用
原来的国歌。丰塞卡行使总统权力决定服从民意，临时政府于 1890 年 1
月 20 日发布第 171 号政令，宣布保留原来由弗朗西斯科·达席尔瓦作曲
的国歌，并将米盖斯和若阿金·德坎波斯的国歌方案确定为共和国颂。
1909 年，奥索里奥为国歌重新填词。1922 年被正式定为国歌。

巴西国歌共有两段歌词，根据法律，乐队演奏只演奏一段，但歌唱时
必须演唱两段。巴西国歌歌词大意为：

（第一段）
在伊皮兰加寂静的河岸，
传来一个英雄民族响亮的呼唤，
自由阳光普照大地和我们，
在祖国的天空灿烂炳焕。

我们平等齐心赴难，
坚强的臂膀必征服一切困难，
自由啊，在你怀抱中，
我们勇敢的心向死亡挑战！

啊，祖国！
心中挚爱的家园，
万岁，万岁！

巴西，伟大梦想光辉斑斓，
你将爱和希望洒遍原野大地，

在那广阔晴朗的碧空之上，
南十字星的光辉无比灿烂。

你雄伟壮美天生自然，
你绮丽坚强不畏艰难，
你的未来辉映伟大的光环。

这片可爱的大地，
这个无与伦比的家园，
可爱的祖国巴西啊，
我无比亲爱的河山。

我们是这片土地的儿子，
你就是我们慈祥的母亲，
可爱的祖国巴西，
我们爱你到永远。

（第二段）
你是我们的摇篮永沐灿烂的阳光，
大海的涛声在苍穹下回响，
巴西，你是美洲炫目的焰火，
你是新世界上空艳丽的朝阳。

在这片辽阔可爱的大地上，
鲜花在你微笑中争相绽放，
我们的森林蓬勃生机勃发，
你的乳汁让生命在爱中成长。

啊，祖国！

心中挚爱的家园，
万岁，万岁！

巴西，伴我们永恒的热爱，
你众星的旗帜高傲地飘扬，
鲜绿金黄在我们心中闪烁，
和平的未来永伴旧日的辉煌。

你的正义鼓舞我们勇敢坚强，
你的孩子会忘我奋战疆场，
热爱您的人们会直面死亡。

这片无比可爱的大地，
这个无与伦比的家乡，
可爱的祖国巴西啊，
我无比亲爱的祖国！

我们是这片土地的儿子，
你就是我们慈祥的母亲，
可爱的祖国巴西，
我们爱永世无疆。①

# 第二节　宗教与民俗

## 一　宗教

巴西是世界最大的移民国家之一，具有复杂的人口种族、民族多样

---

① 笔者翻译。

性。这种情况也造就了其文化的多样性、复杂性和特殊性。巴西同时也是在全球化的进程中，处于经济社会快速发展期的人口大国，这些因素的叠加无疑又造成其文化多样性是动态而且是快速发展的，从某种意义上而言，也是脆弱的、多变的。在巴西历史上长期以来的宗教理念、宗教传统、宗教习惯的影响下，宗教在巴西呈现复杂、变化的特征。

在殖民统治时期，葡萄牙殖民统治者立法明确规定天主教是国家宗教，这种情况一直持续到 1891 年帝制被推翻。巴西第一部共和国宪法第 72 条明确规定：巴西是一个政教分离的国家，任何信仰和宗教都与联邦、州政府、市政府不存在任何联系。1988 年宪法第 5 条和第 19 条也明确规定巴西政府主张宗教信仰充分自由，不容忍对宗教的任何限制和打击。巴西社会中各个教派信众群体和平相处，未出现过任何形式的宗教矛盾，更未发生过宗教冲突。

由于历史上长时间的殖民统治，殖民统治者在宗教问题上对殖民地民众的控制，天主教长期以来在巴西宗教占据统治地位。根据媒体 2012 年披露的巴西国家地理和统计局的统计数字，巴西将近 90%的人承认自己信奉某种宗教。信奉基督教的人口占全国人口的 87%，其中 64.4%的人是天主教信徒。

尽管宪法明确规定各宗教平等，但天主教在巴西仍享有其他宗教派别所不能企及的地位。梵蒂冈教廷在巴西有很大的使团，各级政府部门、司法机构、执法单位的醒目位置，都有天主教的象征。

近年来，天主教面临信众流失的现象。这一方面可能是由于经济社会环境长期得不到根本改善，民众对天主教产生失望情绪。另外，这种局面可能也与新的宗教不断进入巴西、其他教派与天主教的竞争有关。

在巴西，基督教各种分支中，影响相对比较大的有安息日会（基督复临派）、浸礼宗、福音派、路德宗、卫理公会、长老会这些在世界上已比较知名的流派，这些宗教派别在巴西都有忠实追随者，也都有教堂或宗教场所。此外，还有五旬节、圣公会、修复派等教派。巴西还是世界上通灵术信仰者最多的国家。在巴西，这个由法国人阿兰·卡甸所开创的信仰活动非常盛行。

历史上，有一些非洲原始宗教随着被贩卖的奴隶进入巴西社会，并始终被非洲裔族群保留和信奉。这些带有神秘色彩的宗教始终没有进入主流社会，而且即使在非洲裔社会中，其信仰方式和宗教活动也与传统的西方宗教很不相同。但在非洲裔群体中，这些非洲原始宗教的影响仍很大。这些源自非洲的宗教的名字都带有强烈外来文化特征，如岗东布列（Candomblé）、翁邦达（Umbanda）、圣代梅（Santo Daime）等，而且普遍带有原始、神秘、通灵色彩，有些还与动物崇拜有关，有的甚至包括献祭形式。

印第安原住民未形成系统宗教。在外来宗教对信众的争夺中，印第安人皈依天主教和基督教福音派的较多，这与这两个教派在宗教传播中投入较大有直接关系。在其他外来移民中，还有人口占相当比例的少数族裔信奉伊斯兰教、佛教、犹太教等。根据2012年巴西国家地理和统计局公布的数字，巴西大约有1500万人没有宗教信仰，占全国人口的8%。这些人包括不可知论者、无神论者、自然神论者。

巴西宗教人口分布特征显著。在北部、东北部、中西部等经济社会发展滞后、经济文化发展缓慢的地区，天主教信徒比例明显较大，在内地、边远、封闭地区，这种情况尤甚。在东南部、南部等经济发展比较迅速，科技、文化、教育水平都较高的地区，天主教信众相对较少。在北部或东北部的一些都市、中心城市，经济社会地位、受教育程度都相对比较高的人群中也有类似情况。一些新兴、带有神秘感的宗教如新灵恩派、卡其主义等在欧洲裔社会中流传较广泛。近些年来，信奉基督教新灵恩派的人数增长最快。巴西宗教教派信众统计见表1-2。

表1-2　2010年巴西各宗教教派信众统计

| 宗教教派 | 信众人数（人） |
| --- | --- |
| 天主教 | 123000000 |
| 新教（福音会、浸礼派、传统新教、新灵恩派、灵恩派、路德宗） | 59800000 |
| 无宗教信仰（无宗教、无神论者、自然神、不可知论者） | 15300000 |
| 通灵术 | 4800000 |

| 宗教教派 | 信众人数（人） |
|---|---|
| 耶和华见证人 | 1393208 |
| 非洲原始宗教 | 600000 |
| 佛教 | 243966 |
| 东正教 | 131571 |
| 伊斯兰教 | 35167 |
| 犹太教 | 107329 |
| 弥赛亚追随者 | 103000 |
| 摩门教 | 226509 |
| 圣公会教 | 19400 |
| 秘传派 | 74000 |
| 其他（印度教、美洲宗教等） | 100000 |

资料来源：根据巴西 2010 年全国人口普查统计数据整理。

近些年来进入巴西的非洲移民增多，这也使得巴西社会宗教结构发生变化。非洲移民的到来直接给巴西宗教社会带来两个突出变化，一是伊斯兰教影响扩大，二是一些传统宗教新的分支或新的宗教流派出现。

## 二　民俗

### 1. 着装

巴西人着装习惯从南到北比较趋同。人们会根据当地自然环境和气候条件略有改变，但在正式场合会表现出同样的传统和习惯。比如，参加会议、出席法庭，以及参加婚庆、葬礼等家庭活动，以及参加弥撒、超度、洗礼等宗教活动。巴西人会见律师时着装都会比较正式。在外就餐时，尤其是晚餐，巴西人着装也比较正式。

在上述活动中，男性一般穿西装、衬衣。如果活动与宗教有关，则多穿深色西装，即使是在比较炎热潮湿的地区如北方或东北沿海地区，男人也都是穿长裤，多穿长袖衬衣且不卷起衣袖；女性则多着裙装。公务人员或商务人员去政府部门办事穿西装，尤其是第一次去政府部门会见或是会谈。

在巴西，逢休憩或节假日去海滩、爬山，或应邀去当地人的农场、牧场、庄园参观游览时，都应便装出行，可穿西装，但不打领带。巴西人节假日极少工作，即便是周末加班，或是有公务应酬如陪同客人游览，也很少穿西装，更不打领带。

2. 礼仪

巴西人在交往中相互赠送礼品，一般是价值较低，但能体现特殊意义的物品。在接待来访时，巴西人赠送礼品的时间没有统一的习惯，在赠送礼品时会向对方解释礼品的意义。礼品尽可能不要太个性化，忌过分实用化，尤其不应用家庭用品作为公务礼品，如茶具、高档桌布、餐具等。应以接待单位为赠送对象，而不是参加接待的人员，不应以接待方接待人员的地位区分安排礼品。

巴西早期移民是葡萄牙人，早期形成的饮食习惯和礼仪来自葡萄牙。后来人口数量相对较多的移民或是移民后代多来自意大利、德国、波兰等欧洲国家，与葡萄牙人在很多方面并无不同，所以巴西饮食、就餐习惯和餐桌礼仪基本趋同。

巴西人见面时，男女行礼不同。男性之间握手，熟悉的可以多一个轻轻拍对方肩膀或是腰部的动作，实际是模拟拥抱。女性之间行贴面礼，男性为表示友好也可在确定对方不会拒绝的情况下同女性轻轻贴面。家庭聚会时，多是同性之间交谈。

巴西实行分餐制。一般家庭的餐桌都是长桌，除主人座位上的椅子可能会讲究一些之外，其余椅子都是一样的。在巴西，桌布很重要，稍有条件的家庭都会在就餐前铺上桌布，每个就餐者都有自己的餐巾，餐巾用后都会清洗并熨烫整齐。一般家庭则用餐巾纸。

巴西人虽看似随意，但在很多方面都保持传统，而且在特定场合一丝不苟。餐桌上的就座位置也颇严格。男主人总是坐在餐桌离厨房门口远端的一头，即在餐桌主座就座。女主人有时会坐在男主人的第一侧位，而女主人的对面，即另一第一侧位则是家中长子。如果家中还有老人，则老人会坐在主座，男主人和另一位老人或是女主人则坐在第一侧位。女主人一般坐在男主人下首。

公务聚餐或宴请时多为长条桌，主人和主宾位于中央相向就座，其余人按职务或身份于左右次第而坐。

信教家庭就餐前一般会祷告。同桌不信教的就餐者则不祷告，但必须等待大家祷告结束后一起用餐。在只有一人信教的家庭，全家不分老幼都等待祈祷者祷告完毕后一起进餐。就餐时，盛在大盘子里的食物会由老人开始取食，然后逐个传给下一位。儿童从小就被教育的就餐礼仪包括：不在口中有食物时说话，不拿餐具比划着说话，不两手趴在餐桌上，结束就餐前不起身站立，即使取餐桌上别的东西，也是请方便的人递给自己。晚辈离开餐桌前礼貌性地向长辈表示。

### 3. 饮食

巴西酒精饮料消费量较大，最主要的是苏格兰威士忌、巴西甘蔗酒（卡夏莎）和啤酒。这三种酒精饮料占巴西全部酒精饮料消费量的 99% 以上。巴西甘蔗酒大约为 43 度，与威士忌类似。巴西还有一种风靡全国的调制酒精饮料卡伊比利尼亚（Caipirinha）。这种用青柠、甘蔗酒、砂糖加冰调制而成的酒精饮料在欧美已名列酒单前列。

巴西人不以高度酒佐餐，各种调制酒、高度酒均在餐前或餐后饮用。不少意大利族裔家庭在餐桌上不论男女都喝红酒。在巴西，餐前饮酒不讲究座位。巴西人喝啤酒则更加随意，每周五下班以后是传统的啤酒时间。

巴西人喜欢聚餐，也喜欢举办家庭派对，对巴西人来说，任何事情都可以成为开一场派对的理由。巴西最著名、最传统的两种餐食都具有极强、极典型的社会特征，其一是巴西烤肉。巴西很多人家都有院子，有院子的家庭基本有烤肉炉，有的巴西人住在公寓楼里，也会在阳台上安装烤肉炉。在家里用烤肉招待朋友和亲戚是巴西人周末或长假中最热门选项之一。

烤肉时，巴西人总是邀请亲友一起分享。家庭式烤肉的过程很缓慢，既不确定开始的时间，也无人在意何时结束。午饭一般在 12：30 以后开始，晚饭则是在 20：00 以后客人才到来。从开始吃，一直到结束，可能都会不断有来宾加入，且不为失礼。家庭式烤肉通常没有固定座位。餐具、餐巾、酒或其他饮料放在餐台上由客人自取。餐桌上通常也有女主人或是佣人准备好的蔬菜沙拉和一种不可或缺的、用蔬菜调成的烤肉浇汁，浇汁里有切碎的洋葱、西红柿、香菜、小葱等，用柠檬汁、盐等调味。按不同肉质切肉、调味、烤肉，都是男主人的事。男主人在火炉边上执掌烤肉叉子是一种传统。肉烤好，大家自取。也有的烤肉是以晚宴的形式进行，这种情况则应遵守西餐正式晚餐时间、着装、座次等习惯。

巴西最具本国特点和风情的食物是黑豆饭（Feijoada），发音为"非若阿达"。这是早年非洲奴隶的一种食物，所用食材都是被奴隶主丢弃不用或残汤剩羹中所余。仅从食材成分和烹制方式、过程就可以看出其充满非洲的烹调特点：用巴西本地黑豆、盐分很高的腌渍猪脚、猪耳朵、猪头肉、猪尾巴，加上熏制的猪肉，混合后加水一起煮很长时间，最后和着豆汤一起吃豆子和其他的食材。这是一种由最底层民众用最差的食材，经最简单的烹制过程做成的最典型、最传统的巴西饭。

这种由非洲奴隶创制的饭经过数百年几乎没有改变，却已风靡巴西，并已荣登大雅。很多国会议员、政府部长都确认它是巴西最具盛名、实至名归的"国饭"或"国菜"。虽然看起来烹饪过程中没有技术含量，但巴西人公认"非若阿达"有两个流派。最传统的一派为其诞生地巴伊亚州的非洲裔厨娘所代表。另一派则是由米纳斯吉拉斯州老年妇女所代表，后者所用的豆子品种与东北部所用的豆子相比色泽较淡。巴西外交部国宴上的"非若阿达"无一例外是由非洲裔厨娘担当主理。

虽然来自社会底层，如今"非若阿达"成为一道巴西美食。其食材简单，烹饪过程也不复杂，但制作时间很长，所以巴西人一般在周六才做这道菜。现在很多家庭也不再亲力亲为，而是去饭店，不过饭店也是在周六才有这道菜。

## 三　节日

### 1. 国家政治性节日

联邦政府每年以政府公告的形式公示当年节日和假日，以便社会各界执行。

巴西有一些全球通行的节假日,如元旦、五一国际劳动节等,还有一些属于本国的政治性节日,如独立日、国庆节等。

1822 年 9 月 7 日,巴西王国摄政王佩德罗宣布巴西独立。此后每年的这一天,巴西人民都庆祝自己的独立日,以纪念国家摆脱殖民统治,获得自由。

1889 年 11 月 15 日,军人集团发动政变,推翻帝制,宣布成立共和国。这一天成为巴西的另一个国庆日,即共和国日。

这两个和国家历史有关的节日都是假日。但独立日更被重视,这体现了一个前殖民地国家人民对自由的珍惜和热爱。每年的 11 月 15 日共和国日也是法定投票日,四年一次总统、州政府、市政府、议员的选举,或是参议员改选,投票日都是这一天。

1792 年 4 月 21 日,一批为争取独立而斗争的起义者在举事前被捕,若阿金·若泽·达席尔瓦·夏维埃尔("拔牙者")是其中唯一被殖民统治者判处死刑并执行绞刑的人。1965 年,巴西国会通过第 4897 号法律,追认其为为国家独立而英勇献身的烈士,并将每年 4 月 21 日定为"拔牙者日"和公众假日。如今,若阿金·达席尔瓦的名字被镌刻在三权广场的英烈堂中。他所参与的起义成为巴西历史进程的里程碑。

还有一些节日,如 3 月 8 日妇女节、7 月 9 日宪法革命日等,并不放假。公务员节是公务员的节日,法律规定只有公务员放假,但全体巴西人民这一天都不工作。

2. 宗教性节假日

天主教曾是巴西国家宗教,民众中天主教信众占比很大,很多节假日与天主教有密切关系。因宗教纪念日而成为全国性节日的包括狂欢节、复活节、耶稣蒙难日、圣体日、圣诞节等。这些日子虽并不都是法律意义上的公众假期,却都放假。因耶稣蒙难日是根据犹太历纪年,所以与天主教有关的宗教节日一般不以公历确定日子。其他与耶稣有关的节日则类此计算,如原意为谢肉节的狂欢节就在耶稣蒙难日前 40 天。

巴西全国性法定节日并非都是法定假日,有的节日是否放假由当地政府自由裁定,这种情况尤其体现在宗教性节日上。如狂欢节除了在里约热内卢州是法定假日之外，在全国其他地区都不是法定假日。圣体日在全国都不是法定假日，这些日子是否放假都由当地政府决定。所有法律规定的选择性假日无一例外地被巴西人民当成假日。

每年 10 月 12 日，是巴西守护神圣母阿巴列西达（Aparecida）日。巴西国会于 1980 年 6 月通过第 6802 号法律，确定这天为全国假日。巴西每个州都有自己的守护神和独立立法权，正因为如此，各州都会立法确定自己的守护神日。每个城市也会在市议会中确定本城的守护神日，并将其定为假日。

在这些节假日，经常会举行特别的群众活动，有些城市民众会在宗教节日举行圣像游行活动。帕拉州首府贝伦是殖民时代的都市，每年 10 月第 2 个周日是贝伦的守护神日，民众会举行盛大的秉烛游行，向他们的守护神拿撒勒圣母玛利亚表达崇拜之情。这个活动从 1793 年起每年举行至今。如今这个可以聚集 200 万人直接参与的活动被认为是巴西最隆重、最盛大的群众游行。

在亚马孙州热带雨林腹地小城帕林廷斯，从 20 世纪初开始，每年 6 月最后一个周末举行年复一年的牛舞。伴着震耳欲聋的音乐，无数青年男女汗流浃背地忘我热舞，向他们的保护神卡尔莫圣母玛利亚表达感激和敬仰之情。

虽然全国法定节假日只有 11 天，但各地各种各样的节假日不胜枚举。这也间接地反映了巴西人民自信、乐观的精神状态和轻松、自在的生活态度以及自由、浪漫的生活方式。

在非洲裔聚居最多的海滨城市巴伊亚州首府萨尔瓦多，每年 1 月的第二个星期四，在城市主教堂前，会有无数身着洁白衣裙的非洲裔妇女捧着浸渍香草的清水，前来洗涤教堂前的台阶。这一盛大活动始于 1773 年教堂落成之初，节日中人们以充满虔诚、感恩的心情表达自己的宗教信仰。

巴西各地民众用自己独特的方式庆祝圣诞节。在里约，市内的罗德里戈湖湖面上会漂起一棵硕大无朋的圣诞树，巴西利亚则会在纪念碑大道边上的部委办公楼上拉起道道灯轨，将市中心照得通明。

### 3. 民俗节日

巴西还有一些与政治或宗教无关的全国性节假日。这些节假日从其性质上看更多体现的是民众的伦理道德和行为规范。如每年 11 月 2 日是典型的民俗节日亡人节。在这一天，巴西人祭奠亡灵，慎终追远，缅怀前辈。类似的民俗节日还有母亲节、父亲节。这两个节日都不放假，但格外受重视。大家通过这样的节日来加强家庭纽带联系。母亲节是令商家最高兴的日子，这是巴西全年商业零售额次高节日，仅次于圣诞节前。类似可以大幅拉动市场销售的还有情人节。情侣们纷纷在这个日子里用各种方式向心上人表达爱意。

巴西军人也有自己的节日，各个军种甚至各个兵种都有自己的节日。准军事部队、各州的武装警察也有武装警察日，消防队员也有消防队员日。在这些日子里，巴西军人或职业军人回忆前辈光辉历史，坚定责任心，增强荣誉感。

## 第三节　特色资源

### 一　主要城市

#### 1. 巴西利亚

1960 年 4 月 21 日，巴西首都从里约迁至巴西利亚。巴西的这次迁都行动从规划、建设，到最后搬迁都是在儒塞利诺·库比契克总统执政期间完成的，但迁都的构想久远。早在殖民统治时期，葡萄牙殖民者就认识到出于政治、经济、社会以及战略安全等多方面考虑，应将首都迁至远离滨海的中部内地，避免来自海上的直接打击。但这种想法当时只是停留在议论阶段。

1823 年，政治家、诗人若赛·博内法西奥·席尔瓦再次明确强调将首都迁往内地的观点，并首次提出了新首都的名字——巴西利亚。

1883 年，意大利天主教红衣主教博斯克梦到自己访问南美洲。事后，在他出版的《圣若昂·博斯克回忆录》一书中，有一段他对梦中所见的

巴 西

一个城市的描述，并提到该城市的大概纬度和一些地形特征。

出于对天主教虔诚的信仰，巴西人将此视为神谕。1891年，为新首都确定地址的事宜作为条款被正式写入第一部巴西宪法。次年，一支由地理学家、植物学家、生物学家和医生组成的考察队前往中部高原，并开始了为新首都建设选址调查和勘测工作。1922年，值纪念巴西独立100周年之际，巴西利亚城正式奠基，奠基石就被埋在巴西利亚行政中心附近。1956年11月，儒塞利诺·库比契克总统象征性在已经勘测好的建设工地上挖了第一锹土，此举宣告了巴西联邦共和国新首都建设正式开始。随着各路建设队伍进入，新首都的建设全面展开。

在新首都规划与设计竞标过程中，巴西本土设计师卢西奥·科斯塔和奥斯卡·梅尼耶尔设计组合中标，并完成了城市规划设计和全部建筑的设计。这对巴西共产党员的组合在荒原上绘出了一个新的城市蓝图，其规划和设计基于实用主义和功能主义相结合的构想，同时又最大限度地利用了当地自然环境所赋予的各种优良条件。在根据首都各项政治、社会、文化、商业和人们居住的功能进行合理的分区，并尽可能提高城市各项设施的效率，满足人们具体的工作、居住需求的同时，卢西奥还以极为超前的理念和非常现代的笔触将整个城市规划成了一个变形的十字架的形状。

在几乎所有关于巴西利亚城市规划和设计的中文资料中，巴西利亚都被说成是按一架飞机的形状设计的。但巴西利亚当地人，包括出租车司机、教授、律师、门卫、议员，没有任何人主动提到过这个城市的形状是一架飞机。飞行员城（Cidade Piloto）这一称谓可能是以讹传讹的根源。但这个称谓所指的是飞行员，并非飞机。从设计者多幅素描原作看，卢西奥用一支铅笔在纸上画出那个仅由两根直线组成的草图的那一刻，心中所想应该只是一个将双手向上高举、正在祷告并祈福于上帝的男人。那是巴西人民心中最富有正能量的动作。那个草图也可以被理解为一个横向线条微微上翘的十字架。每个周末在教堂里做礼拜的巴西人会无数次重复这个动作。最让人熟悉的，是巴西国家队前主力中锋卡卡在每次进球后的那个庆贺动作，实际上是在感谢上帝。

博斯克的书中提到的那个湖位于城市东南。帕拉诺阿人工湖面积达

48 平方公里，平均水深 12 米，最深处 38 米。卢西奥利用当地丘陵地形，筑坝拦截了帕拉诺阿河等三条河，形成了一个周长达 80 多公里的湖泊。宽阔的水面、清澈的湖水不但可以调节旱季空气湿度，还改善了南湖北湖两岸高级住宅区的居住环境，也为首都的居民提供了一个极佳的休闲去处。

新首都主要建筑的设计全部出自奥斯卡·尼梅耶尔。他将所有的政府部门的办公楼都合理安排在了一个理想的空间。沿着又名为纪念碑大道的北 1 和南 1 中央大道，并排矗立着外形、高度、样式、规格完全一样的各部委办公大楼，只有最靠近国会大厦建筑群的司法部和外交部的办公楼形状特殊，那是两件精美的建筑艺术品。

巴西国会大厦楼群和又名高原宫的总统府、最高法院、自由纪念碑等一起组成了三权广场的建筑群，广场上的任何一座建筑都是城市的地标性建筑，也是当代建筑设计的典范之作。这些建筑简洁明快的外形、自由飞扬的线条、清淡皎白的色彩、自由和开放的风格确定了这个城市建筑的基调，已成为世界建筑史上经典之作，影响许多后来者的设计思想。

人们不但可以从这对共产党员组合的设计方案中看出他们的工作中所充满的现代主义和未来主义的创作理念，还可以体会到他们对传统的尊重，对理想的执着，对信仰的崇拜。巴西利亚主教堂是一件精美的艺术品，是一部颠覆传统但忠于信仰的作品。他们还将巴西利亚之父、主持建设新首都的总统儒塞利诺·库比契克的陵墓建在了这个城市最高点。

巴西利亚是一座博物馆，在那里人们可以欣赏到很多当代建筑艺术的杰出作品。1987 年，联合国教科文组织世界人类文化遗产委员会通过决议，将巴西利亚整体列入世界人类文化遗产名录。

巴西利亚是一个新兴消费城市，作为政治中心，其本身除服务业之外，没有需要大量、专业劳动力的行业。根据规划，首都周边建设了 12 个低收入市民居住的卫星城，形成一个以首都为中心的城市群。卫星城距市中心相对较远，这使得其居民进入市中心成本增加。由于居民分散安置，卫星城都比较小，公交、医疗、教育等社会服务、城市管理的规模也设计得相对小。这不但可更快捷、更便利地满足市民对基本社会服务的需求，也减轻了政府管理压力。

2. 里约热内卢

里约热内卢是巴西第二大城市。里约热内卢市与其所在的州里约热内卢州同名，为该州首府，如今人们都将其简称为里约，即葡萄牙文"河流"的那个词。据巴西学者考据，数千年前，包括现今里约市在内的巴西大部分国土都被本来栖居在亚马孙的原住民图皮人占领。图皮人将原本居住在海边的塔布伊亚人驱赶到内地密林深处，并占据了里约这片地方。

1502 年 1 月 1 日，葡萄牙航海者加斯帕·德列慕斯航行到位于大西洋岸边的这个地方。当沿着水道不断进入时，他误以为比较狭窄的瓜纳帕拉湾是一条大河的入海口，于是他将该地命名为里约热内卢，意为"一月的河"。也是从那时起，这个地方开始为世人所知。法国人与当地原住民图皮人的一支——图皮南帕人合谋于 1555 年夺取并占领了里约热内卢，但被葡萄牙人于 1567 年赶走。里约热内卢也就此成为葡萄牙殖民者最重要的城市之一。

16 世纪初叶，如今里约热内卢市范围的绝大部分区域是图皮南帕人的聚居地。在众多图皮人部落中，有一个名为卡利约卡（Carioca）的村庄。这个名字后来成为里约市的别名，也被后来的里约市民骄傲地引做自己向外人介绍时的称谓。

随着葡萄牙对巴西的殖民统治不断加强，开发不断扩大，里约和周边地区被开辟成甘蔗和咖啡种植园。瓜纳帕拉湾得天独厚的地理位置和港湾条件使里约成为往来于欧洲和巴西之间商船停泊的一个天然良港，并迅速变成一个商品交易中心和富人钟爱的居住地。

从 1763 年到 1960 年首都迁往巴西利亚之前，里约一直是巴西首都和全国政治、行政和文化中心。即使是在作为殖民地的年月里，里约就一直是文化潮流、政治派别激烈角逐的场所。葡萄牙王室迁至巴西，使得里约变成拉美最大的文化中心。1822 年，巴西独立后，里约仍继续作为帝国首都，同时还是里约热内卢行省首府。1834 年，里约被宣布为中立城市，由此，其作为政治中心的特点更加突出。1964 年军人发动政变，在此之后的 20 余年军人独裁时期，里约一直是左派革命活动最积极、斗争最激烈的城市。

1992年，联合国环发大会在里约召开，在这次冷战结束后有多达102位国家元首和政府首脑出席的盛会上，代表们面对全球生态环境不断恶化的现实，为共同应对环境保护和经济发展过程中出现的矛盾和问题，围绕环境与发展这一主题，在维护发展中国家主权和发展权、发达国家提供资金和技术等根本问题上进行了艰苦的谈判。最后签署通过了《关于环境与发展的里约热内卢宣言》、《21世纪议程》和《关于森林问题的原则声明》3项文件。

2016年，第31届夏季奥林匹克运动会在里约热内卢举行。这是奥运盛会第一次在南美大陆举行，也是里约热内卢城市和人民为奥运大家庭所做出的一份可贵的贡献。

里约是巴西最美丽的城市，也是世界最美丽的城市之一。里约有大海，绝大多数日子里，蔚蓝的大海的尽头是蔚蓝的天空。里约也有接连不断、沙粒细腻洁白的沙滩。里约既有很高很大、植被繁密的玄武岩大山，也有线条婀娜、形状优美的小山。里约城市中心还有天然次生林即大西洋热带丛林；有沿着壮阔、蔚蓝的大海，沿着美丽、多姿的沙滩延伸数十公里的盘山滨海大道，也有静谧、雅致、秀丽的林荫小路。

里约也处处能够让人感到人民充满想象力和创造力的人文情怀。今天，里约是巴西乃至整个拉美文化事业最发达的城市，也是巴西乃至整个拉丁美洲文化艺术活动最为活跃的城市。此外，这里有葡萄牙王室在美洲建立的第一个图书馆、第一个美术学院、第一个植物园。今天，在巴西皇帝建立的里约植物园里，人们可以看到如今在野外环境下已绝迹的珍稀植物——巴西木。这种木质通红的树是巴西国名的由来。

巴西是联邦制国家，各城市有立法权。区划方式、治理条例等由当地立法机构决定。联邦、州政府无权干涉城市的规划管理。巴西没有适用于全国的城市管理法律法规。

里约市区被大致划分成市中心区、市南区、市西区、市北区4个大区。这个划分只为标定这些区域的区位关系，没有管理功能。4个大区被划分成9个区，相当于中国大都市的区县，这是直接隶属于市政府的下一级行政管理机构。这 9 个区再被划分为 33 个小区，小区进一步被划分为 160 个街区。里约市每一个街区都配有警察局。里约市的城市管理理念给人的印象是根据警察局的分布位置而形成的一个网格结构。

里约市是巴西最富有的人首选居住地，同时又有大量低收入人群和大量外国游客。旅游等行业是里约的支柱产业之一，里约市给人的另一个印象是城区按不同功能划分。

20 世纪 40 年代初，里约市富人开始从市中心往外搬迁，新的高档住宅区在弗拉门戈、格洛莉亚一带形成，稍后又移至科巴卡巴纳海滩。随着城市不断发展，高档住宅区持续向南扩展，形成伊帕涅玛和列布隆两个区域。有的富裕人家在山上建起独栋豪宅，临近海边的都是高层豪华公寓。

里约先后举办了 2014 年世界杯和 2016 年奥运会，由于有积极、合理、有效的市政管理，这两个世界体育盛会得以成功举办。里约能一直保持自己的这种魅力和活力，是多方积极因素共同作用的结果。里约的成就与当地人民对它的热爱，以及出于这种热爱对它的爱护、付出是分不开的。

3. 圣保罗市

圣保罗市是巴西人口最多、城市面积最大的城市，较早就按城市相对地理区位被划为 9 个大区。大区没有行政管理职能。全市被划为 32 个市政区，这 32 个市政区各设负责管理各自辖区的市政区政府，并被划分为 96 个区。区继而被划分为小区。虽然大区和小区都没有行政职能，但这个划分方便警务、交通管理等有关部门根据需要对城市区域的网格化管理。

圣保罗市 96 个区的法律地位由 1992 年 5 月 20 日市政府颁布的第 11220 号法确立。目前 32 个市政区及其政府的法律地位则根据 2002 年 8 月 1 日市政府颁布的第 13399 号法确定。但各区面积和具体地理界线划定大多完成于 20 世纪 40 年代，最早可上溯到 19 世纪初。布拉斯区从 1818 年所获的法律地位一直延续至今。如今该区有服装商业区，从各种行业制服工作服，到男女各类便装、礼服、童装等应有尽有，甚至还有专门售卖、定制婚纱的婚纱一条街。

巴西城市都有鲜明的特点，并以这些特点吸引全世界。

## 二 历史文化遗产

巴西进入人类文明社会较晚，由于经历了长期殖民统治，被疯狂地掠夺和残酷剥削，巴西经济社会长时间内无实质性发展，因此留下很多带有鲜明的时代特征，反映当时社会经济形态的历史遗迹。

20 世纪 70 年代，巴西通过和包括联合国教科文组织在内的国际社会合作，对本国的历史和文化遗产以世界文化遗产的形式加以保护，扩大其影响力。

截至 2021 年底，巴西被列入世界文化遗产名录的项目有 15 个。这些项目有几个显著的特点。

第一，多是殖民时代的历史见证，都非常有代表性地反映了巴西在殖民统治不同时期、不同地区的历史。巴西于 1980 年获批的第一个世界人类文化遗产项目是建于 17 世纪末的内地小城欧鲁普雷图。当时淘金热吸引大批冒险者来到小城，开启了巴西黄金时代。随之开始繁荣的小城不但聚集了大量财富，还成为殖民地文化中心。虽然城市随着黄金枯竭日渐式微，但当年的教堂、桥梁和喷泉等极具时代感的建筑仍向世人展示着旧日的辉煌和繁盛。

萨尔瓦多于 1985 年入选世界人类文化遗产。它所体现的时代更早，因殖民者在这里建立了第一个总督府而昭彰巴西另一段历史。16 世纪中叶到 18 世纪末，这里是殖民地的政治、经济中心，也曾是奴隶的交易中心，萨尔瓦多也因此成为欧洲、非洲、拉丁美洲文化交汇、融合的第一个城市。

圣路易斯则表现的是 17 世纪中叶和末期殖民地商业中心的风貌。鳞次栉比的店铺体现了这个城市当年的商业繁荣，带有典型伊比利亚半岛建筑风格的商住两用建筑也明确地体现了其渊源。由于当地经济社会长期处于停滞状态，城市建筑得以保留，城市的整体面貌没有发生很大的改变。

第二，这些项目不是个别的、独立的历史建筑或遗址，而是结构系统、面貌完整，可以反映城市当时经济社会面貌的整片区域。当时历史条件下的城市面貌未曾受到结构性破坏，当时的城市功能也近乎完整地得到保持。这种历史传统城市的整体性和完整性对于了解当时当地的经济发展水平、社会整体状况极为难得。

第三，这些城市的建筑都保持完整，不但建筑外立面未经历过破坏性维修或装饰，内部结构也很少被改造。城市中很多原有风貌都得以保存，比如水井、用碎石铺就的小路、路灯等，使人们可以更真实地了解当时的状况。

第四，所有这些地方的风景都特别美丽。无论是蒂阿曼蒂那、欧鲁普雷图等地处内地、位于群山之中的小城，还是濒临大海的萨尔瓦多、澳琳达、帕拉蒂等海滨城市都美不胜收。在蓝天白云下，城市中的红瓦白墙、石径老街如图画般美丽。

第五，有的项目的历史很短。如巴西利亚、里约的山海风景线、潘普里亚现代建筑群、罗伯特·布尔烈·马克斯公园等。

## 三　标志性建筑

### 1. 国会大厦

首都巴西利亚三权广场上的国会大厦是整个城市规划设计的重点和地标，并作为最主要建筑，和总统府、最高法院一起形成广场主体结构。这三座建筑中，国会大厦是最高的。

国会大厦本身是一件优秀建筑艺术作品，设计者为奥斯卡·尼梅耶尔。大厦由主楼建筑群和一个副楼组成，主楼包括参众两院议员办公、议会开会、后勤服务、公众服务等场所。副楼是众议员办公室，离主楼较远。建筑群的两个塔楼是城市最高建筑。塔楼东西宽，南北窄。因主要观测位置是位于大厦东侧的广场和主楼西侧入口处，向西看，或是向东看，大楼都显得格外细高。两座塔楼之间有一个天桥连接，构成拉丁文单词"人类"的首字母 H 造型。

塔楼两侧分别是两院会议大厅。会议大厅外形是两个大碗，塔楼南侧的众议院"碗口"朝上；参议院在北，"碗口"倒扣。这似乎也符合众议院旨在广集民意，而参议院则强调权力集中的立法思想。两个会议厅内部都非常宽阔高大，却都没有任何窗子，任何时候都没有自然光射入。两个会议大厅的墙壁装饰几乎都是黑色，更给会场环境平添一份庄重肃穆。

国会大厦的另一个名字是内留·拉莫斯大厦。这是为纪念巴西当代政治家内留·拉莫斯。拉莫斯是圣卡塔琳娜州一位有法学教育背景的记者、教授。他曾先后担任副总统、州长、众议员，并当选为第 38 届众议院主席。1955 年，他当选为参议员，进入参议院后，被选为参议院第一副主席。

1954 年 8 月，瓦加斯总统自杀身亡。因军人干政，两位宪法总统继承人都无法就职。在政府处于崩溃边缘的危机中，拉莫斯以宪法第三顺位继承人身份接替总统职务，成为巴西历史上第 20 届总统，承担了带领政府走出困境的责任。他冷静、沉着、机智，保证了政府的稳定，还以坦诚、正直的精神给人们留下深刻印象。

拉莫斯于 1955 年 11 月 11 日就任总统，1956 年 1 月 31 日任职期满离任，为时虽短，但意义重大。他的努力不但使权力完成平稳过渡，也保证了大选顺利进行。他向新总统移交职务后，被任命为司法部部长。在巴西历史上，无人像他这样，先后担任过那么多的国家领导职务，而且是在危急情况下，成为共和国总统。更重要的是，他捍卫了国会的尊严和宪法的尊严。从这个意义上说，巴西国会大厦以他的名字命名，应是很合适的。

1987 年，联合国教科文组织将巴西利亚城市作为整体列入世界人类文化遗产名录，以国会大厦、总统府、最高法院为主要建筑的三权广场是入选的主要参考因素。

2. 依达玛拉蒂宫

在首都巴西利亚，国会大厦建筑群西南侧，有一个极富艺术感的建筑，这就是巴西外交部主楼依达玛拉蒂宫。大楼所处位置和格外出众而醒目的建筑特点，体现了外交部在内阁部委中的特殊地位。

依达玛拉蒂宫原为里约一个贵族的住宅，后被巴西外交部征用为办公地点。在新首都建设过程中，库比契克总统于 1960 年 9 月 11 日为巴西外交部新办公地点奠基。十年后工程完工，1970 年 4 月 20 日埃米利奥·梅迪奇总统为其揭幕。这一建筑被公认为巴西本土建筑师奥斯卡·尼梅耶尔的代表作。依达玛拉蒂宫的称谓被世人沿用。

依达玛拉蒂宫正面朝北，外观极简，也极具现代感。建筑高度仅 15 米，长宽各为 84 米。大楼的四个外立面结构由通高片状柱子组成。因柱子都是侧向排列，整个结构显得极简洁灵巧。柱子顶起大楼的飘檐，柱子后的主体建筑外立面全部是玻璃。由于玻璃明亮的质感，整个大楼显得非常通透和轻盈。

大楼内部共三层。三层的共同特点是宽阔、开放、极简，同时兼具功能性。第一层陈列有数件巴西雕塑家的作品，另有白河勋章授勋厅和条约签署厅。白河勋章是巴西政府为表彰外交人员和为巴西做出杰出贡献的外国人的褒奖。条约签署厅只有一张大叶蓝花楹的桌子，以及一尊巴西外交家古斯芒的胸像。一楼和二楼之间由一个造型极简、极具现代感的楼梯连接。二楼是建筑核心部分，是举行国庆招待会和欢迎外国元首仪式的地方，整层 2800 平方米的空间无任何隔断，亦无任何柱子或支撑。巨大空间有时会用一两件雕塑作品装点，其中包括一对高度约 50 厘米的青花瓷将军罐。

三层大部分是一个几乎完全开放的空中花园。花园中种植有来自亚马孙热带雨林和东北部半干旱地区的巴西特有植物。花园设计基于美学追求的同时也坚持实用主义原则。一些比较轻松的宴会或招待会常在此举行。另外，三层还有外交部部长和副部长（执行秘书长）的办公室和他们的会客室以及会议室。

巴西利亚是典型热带稀树草原气候，每年都有极干燥的旱季。除在城市东郊专门开辟的人工湖外，新首都主要建筑如总统府、国会大厦前都有一定面积的水池，以改善小环境气候。依达玛拉蒂宫三面都在一个 1.6 米深的水池中，是典型的亲水建筑。水池中有几个花坛，花坛中的观叶植物茂盛碧绿，水面上常年有盛开的睡莲点缀其间，使得建筑看上去更像一座浮在水面上的宫殿。

这一建筑东侧，在环绕主体建筑的水面上，一个重约 5 吨的意大利卡拉拉大理石雕塑看似在漂浮。雕塑创作者是布鲁诺·佐尔基。建筑师尼梅耶尔起初对雕塑很反感，在外交部的一再推荐下，他才接受了雕塑出现在整体设计中。这个有着流畅线条和优美形态的圆形体同主体建筑的直线直角结构形成强烈而和谐的对比，它的白色完美地衬托了主体建筑较暗的色调。这个着意抽象表现五大洲相互联系、相互沟通的环球雕塑不但是整个建筑作品中出彩的细节，也成为巴西外交部的象征。

依达玛拉蒂宫正面的礼宾入口是一座白色大理石短桥。桥没有栏杆，只稍稍高出地面的桥最大限度突出了建筑极简的风格。巴西外交部是极少几个有军人站岗的政府部门。每天无论风吹雨打，还是丽日艳阳，总有一名身着白色军装的海军战士悠闲轻松地踱步于白色的桥上，平添一份动感。

巴西外交部的办事部门主要在依达玛拉蒂宫后面的两个配楼里，其中基调为黄色的主配楼成为主体建筑的背景。后一个配楼建成较晚，是一个由天桥与主楼连接的圆形清水钢筋混凝土结构。因其形状，被人称为"新娘的蛋糕"。

另一有趣之处是位于依达玛拉蒂宫南侧的巴西利亚使馆区。葡萄牙驻巴西大使馆是离依达玛拉蒂宫最近的外国使馆，仅一街之隔。葡萄牙大使馆的邻居是罗马教廷驻巴西使团驻地。美国、俄罗斯两国驻巴西大使馆与外交部隔着两条街，也非常近。

3. 巴西利亚陆军指挥中心

巴西利亚主城区坐落在一个低矮丘陵平缓的东坡。沿着城市中轴线纪念碑大道由东向西行，越过丘陵顶端，经过新首都奠基者库比契克总统的陵墓，在纪念碑大道西端延长线上北侧丘陵西坡，有一个建筑群，那就是陆军指挥中心。

该指挥中心是巴西陆军在首都唯一的驻地，整个区域占地 11.7 万平方米，内有高原军区司令部、第 11 军区司令部等指挥机构；也有陆军通信中心、第 7 区域通信中心、陆军情报中心、陆军情报学校等参谋机关以及第 1 骑兵警卫团、第 32 炮兵团、第 3 机械化骑兵分队、第 11 防空高炮团等警卫和作战部队，共计 34 个陆军单位。从建制上来说，这是巴西最大的军事基地。

该中心作为一个整体，由本土建筑师、新首都设计者奥斯卡·尼梅耶尔设计。在巴西利亚其他主要建筑设计中，他实现了建筑美学思想和实用主义近乎完美的结合。在这个设计中，他将这两个矛盾的方面做了区别处理。指挥、参谋、作战单位被集中封闭在核心军事管制区内，这个部分由十个南北走向、外形极为简单的大楼组成。因地形和设计处理，外人看不到封闭区内的情况。基于最简单的实用主义立场，这个部分被强调的只是建筑的功能性。

该中心开放区的主要建筑是一个形状极为独特的清水混凝土结构。一个巨大的贝壳形拱形结构又像一面覆盖在地面的巨盾。巨盾下巨大、宽阔的空间空无一物，一个面积超过十多个篮球场、用黑色花岗岩铺就的平台上只有一个形状简单、很小的检阅台。站在巨盾下向上看，其结构就像是一个无比巨大的蛋壳。由于结构特殊的形状和简单的空间，巨盾之下的响动会产生一种特殊的音效。

巨盾外侧有一个方尖碑。碑上嵌有陆军军徽，这是巴西陆军军神卡西亚斯公爵的纪念碑。方尖碑象征他的剑，拱形结构并非一面盾，而是他佩剑的护手。拱形结构也具有实用功能，是巴西陆军在独立日等重要节日举行阅兵时的检阅台。拱形结构前是巴西利亚最宽阔的马路。

方尖碑的背后是指挥中心行政楼。大楼像一座城墙，墙头呈象征女墙的凹凸状。进入军绿色主楼后，是以瓜拉拉比斯战役命名的大厅。这场于1648年在瓜拉拉比斯爆发的、抵抗荷兰入侵者的战役，以葡萄牙殖民者率领由巴西人组成的军队胜利而告终，战役爆发之日被确定为巴西陆军诞生日。大厅地面上有一张长12米、宽6米的地毯，地毯上的图案再现了瓜拉拉比斯战役的场景。大厅中还展有巴西陆军历史上的军旗，以及陆军各兵种、部队、单位的臂章。展品体现了巴西军人的荣誉感和使命感，让通过大楼入口进入这个基地的巴西人在走过这个展厅的时候，都受到一次民族主义和爱国主义的教育。

陆军指挥中心有佩德罗·卡尔蒙剧场。为将外来人员隔离于封闭区域之外，剧场离建筑群挺远。大片草地之上，孤零零的剧场更像一个战地帐篷。

# 第二章

# 历　史

## 第一节　前殖民时期

### 一　前航海时期

巴西和整个南美大陆一样，是世界上较晚进入现代人类社会的地区。在欧洲航海者于 16 世纪初叶抵达南美洲之前，南美大陆上出现过一些前哥伦布早期文明，如纳斯卡文明、查文文化、摩奇文明。除了印加文明外，整个南美基本上没有国家概念，巴西作为一个政治概念或是地理概念也都并不存在。

1973 年，一支巴西-法国考古学、人类学联合考察队在巴西东北部皮奥伊州卡皮瓦拉山脉国家公园东南端佩特拉弗拉达（Pedra Furada）区域发现大量木炭遗留等使用火的证据。经碳 14 放射性检测确定，木炭遗存年代距今 4.8 万年至 3.2 万年。

1974 年，一支巴西-法国联合考察组在贝洛奥里藏特附近一个山洞里发现一个女性骨骼遗存。这个死于 20 岁的新石器时代晚期的年轻女性被命名为露西亚。她也被认为是第一批进入该地区并在此定居的古印第安人。实验室分析结果表明，露西亚生活在 1.1 万年前。

露西亚是至今在拉丁美洲发现的最早人类化石，被发现后存于巴西国家博物馆。在 2018 年 9 月 2 日的突发火灾中，博物馆被大火焚毁。后经过清理和寻找，2018 年 10 月 19 日，工作人员在废墟中找到露西亚头骨化石残存部分。

2008 年，皮奥伊州山区托加达提拉佩阿（Toca da Tira Peia）山谷中也发现人类活动遗址。遗址有保存完整的四个堆积层，其中最晚堆积层年代距今 4000 年左右。在堆积层中还发现 113 件人工打制的石器工具和其他人类加工物品。进一步的考古挖掘证明遗址的最早堆积层年代可能在 2.2 万年前。

在巴西多地都发现有史前岩画。除已被列入世界人类文化遗产的卡皮瓦拉山脉国家公园外，在伯南布哥的卡廷保（Catimbau）国家公园、南马托格罗索州的拉约多德科隆巴（Lajedos de Corumbá）、帕拉伊巴州的佩德拉多印噶（Pedra do Ingá），以及米纳斯吉拉斯州多地都发现有史前岩画。

在巴西东南部沿海，则发现有大量贝壳堆积。经对已化石化的贝壳堆积进行分析研究，考古学和人类学专家认为这些贝壳堆积都是人类行为所形成的。类似贝壳堆积在巴西分布很广，在巴西中部到东南部、南部海岸都有发现。其中最著名的是圣卡塔琳娜州拉古纳市（Laguna）、儒阿瓜鲁纳市（Jaguaruna）的 40 多个大小和高度不一的贝壳堆积。根据 2010 年 5 月对该堆积层的实验室分析，其中儒阿瓜鲁纳属于菲格利里尼亚（Figueirinha）1 号贝壳山，建于公元前 2510 年，目前高度和规模仅为当时形成时的 2/3。

根据测量和对比，在当今世界同类遗存中，巴西圣卡塔琳娜州南噶洛帕巴市（Garopaba）距今 3700 年的贝壳山规模最大，高度达 30 米，直径达 200 多米。位于圣保罗州沿海的卡纳内伊亚（Cananéia）的卡多佐岛上的贝壳山的历史最为久远，距今已约 8000 年。

在亚马孙河下游支流兴古河上游的兴古国家公园中发现的早期文明，表明巴西古印第安人已开始建立比较大的聚居点。通过观察遗址的规模和较为复杂的设施及建设结构，当时在遗址所在地生活的居民总数可能超过 1 万人。从遗址道路、堡垒、堑壕等，可以看出城市规划和建设已具有相当水平。考古挖掘还表明在该遗址生活的居民可能已种植木薯。考古工作者认为这里的居民突然消失可能与欧洲早期殖民者入侵有关。当地印第安人因欧洲人带入的病毒而大量死亡，并导致该城市消失。

　　沿亚马孙河上溯，在帕拉州圣塔伦、亚马孙州玛瑙斯等地，也有陶器出土，同时还发现有早期人类墓葬等。

　　到目前为止，没有证据可证明巴西现在的印第安人与这些考古发现及古人类活动遗存有直接联系。但当卡布拉尔船队在巴西靠岸时，当地大西洋沿岸和亚马孙流域已有大量印第安人聚居。根据卡布拉尔船队书记员记载，印第安人聚居点不但散布范围非常广阔，居民人数也相当可观。

　　马拉若文化是在位于亚马孙河口马拉若岛的考古活动中被发现的早期人类活动现象，可能一直延续至今。其最显著特征是大量形态各异、纹饰复杂、功能不同的陶器制品。马拉若陶器形状已非常规则，器型已非常成熟。有的器型很大，功能各有不同，有用于日常生活的，有用于装饰的，甚至有的用于殡葬，从中可看出当时当地已有系统制陶工艺，一些以动物或植物为题材的纹饰非常精美。通过这些陶器和后来的进一步挖掘，人们判断已有人数较多的古印第安部落在此聚居。聚落已形成不同分工，并已形成比较复杂、相对成熟的社会形态，极可能已形成一定的社会结构和等级。通过测算和分析，学者认为马拉若文化聚居的人口峰值在 1 万人左右。

　　虽然已有部落掌握制陶技艺，且已比较成熟，但葡萄牙人登陆时，当地没有人群或部落掌握金属冶炼技术，所使用的工具仍是石器。据此有专家认为，1500 年葡萄牙人到达时当地印第安居民仍处在新石器时代晚期。

　　通过考古发现和对相关证据分析发现，有的印第安部落可能已开始种植木薯。但在葡萄牙殖民者登陆之初，当地印第安人的生产仍为采集式。人们使用弓箭、弩、吹管等狩猎工具，以及渔网、鱼罾、鱼笼、鱼栏等捕鱼器具。印第安人的弓、弩、吹管用雨林中各种不同树木的木材制成。弓木一般使用较细树枝，弓弦则大多取自棕榈科植物叶中的纤维或榆科和苎麻科树皮纤维，也有使用兽皮裁成的细条。弓箭箭杆选用芦苇科植物干茎，箭镞则多用豆科或桑科硬木制成，箭羽为大型鸟类翅羽。弩矢较短小，多为一体，用硬木制成，无羽。吹管种类较多，长的超过 3 米，短的仅 30 厘米。吹管多用棕榈科植物主干挖空制成，吹针用硬木制成，针尾有从木棉科果实中取出的棉絮。无论弓箭还是弩矢，或是吹针，镞头在使用时根据猎物类型被临时抹上不同的毒药。

渔网材料分别为树皮纤维和树叶纤维。树叶纤维取自棕榈科植物，树皮则采用榆科或同类树木树皮。渔具多是用藤蔓编成的，有时使用植物根茎萃取液麻痹鱼类。用于捕获巨骨舌鱼等大型鱼类的工具为梭镖。鱼梭用几种容重较大的豆科乔木木材制成。

葡萄牙人到达巴西后，印第安人开始使用金属，但不具备金属加工能力。他们从葡萄牙人处获得的不是金属原料，而是金属工具，多为刀刃具。印第安人将其最先使用在武器或工具上，比如将梭镖镞头换成金属的，或用金属刀具加工工具或武器。有了金属刀具后，印第安人不再使用树枝作为弓木，而是将木材加工成弓木。这样不但大大提高了工具和武器的效能，也可按不同要求制作工具或武器，或使其效能更加可控。使用金属镞头的猎鱼梭镖也使得收获成功率大大提高。葡萄牙人到达巴西之前，当地原住民已使用独木舟。

巴西印第安原住民基本上可以分为数个较大的族群，即第库纳（Tikuna）、马库西（Makuxi）、夏万提（Xavante）、雅诺玛米（Yanomami）、图皮（Tupi）等。其中属于图皮族群的图皮-瓜拉尼人（Tupi-Guarani）和图皮南帕人（Tupinampá）相对比较活跃，分布也较广。族群之间有很多共同之处，比如都是由多个人数不多的部落组成生存群体，实行部落酋长负责的原始社会生产生活方式；生产仍为狩猎、捕鱼等原始采集方式，因此基本上以较小的部落和分散形式聚居。沿海聚落相对稳定，生活在雨林中的很多部落也有相对固定定居点，但多处于半游猎状态。在与敌人发生冲突或受到威胁时，族群会将分散部落迅速集中起来。

在葡萄牙人到达前，印第安族群之间会发生摩擦和冲突。有些冲突会升级为程度激烈、规模较大的战争。原生活于马黛拉河流域、兴古河流域丛林地区的图皮人曾侵犯和驱赶沿海的诸多小的族群，继而占领后者的领地。这些冲突的具体年代和时间无可考。从古人类迁徙方式、行为模式和被图皮人占领的主要聚居地来看，这些冲突主要发生于东部沿海地区，并有两个特征。一是冲突地域范围广，从北部沿着东部沿海地区一直延展到东南部沿海；二是冲突反复发生，时间长，一直持续到葡萄牙人到来。早期殖民者曾经利用或被卷入这些冲突中。从冲突的发生、规模以及持续时间上看，图皮人是主要发动者。在敌对族群冲突中，小的族群能够孤立于冲突而延续存在的可能性较小。另外，这些规模较大、持续长久的冲突也说明敌对族群内部已形成各自的组织结构和系统管理体系。

因始终采用采集式的生产方式，巴西印第安人未形成大型聚落，更未形成统一国家，而是处于一种分散、原始的生存和生活状态。从现有文献资料看，巴西印第安人与拉丁美洲印加、玛雅、阿兹特克三大古文明没有直接联系，也未受到上述文明影响。巴西印第安人也没有发展出自有的、相对高度的文明形式。在巴西现今地域范围内，有不少史前文化的遗存。迄今为止，未发现任何巴西早期人类社会，即1500年葡萄牙航海者登陆前的文字或带有文字特征的历史记载。

## 二 教皇子午线

15世纪末，葡萄牙和西班牙开始了所谓地理大发现，这是欧洲国家对欧洲本土以外的侵略和殖民统治的发端。这些对非洲、亚洲和美洲的所谓发现，立刻在这两个列强间引发了关于势力范围和主权归属的争端。依照当时君权神授、人权神授的观念，罗马教皇拥有对尚未被基督教统治者占领的土地的主权归属的决定权和裁判权。当时航海大国葡西之间的这一争端被提交到罗马教廷，交由教皇仲裁。

为缓和矛盾和冲突，也为了尽快解决争端，在教皇的调停下，葡西双方同意划定一条虚拟的经线，以确定两国领地主权和势力范围，这条线以当时主持调停和仲裁的罗马教皇亚历山大六世命名，被称为教皇子午线。

罗马教廷于1493年5月4日在教皇仲裁中宣布：从北极到南极划一条经亚速尔群岛和佛得角群岛以西100里格（1里格合3海里，约为5.5千米）之处的线，该线西侧归属西班牙；该线东侧已被发现和尚未被发现的土地属于或将属于葡萄牙。因当时科技所限，该线只划定了西半球范围。东半球，即教皇子午线的对面缺少一条对应的线。所以仲裁本身既不严谨也不完整，并导致嗣后出现诸多问题，矛盾一再显现。教皇子午线在划定后的 30 多年里，经历了两次重大修改。

依照划定的界线，葡萄牙获得的主权权益的领地，或是待获得主权权益的领地都在西非海岸葡萄牙已实际占领范围内，而且这些权益早在 1454 年教皇尼古拉五世颁布的敕书中明确规定为葡萄牙所拥有。葡萄牙国王若昂二世因此不满并提出重划要求。教皇子午线划定的次年，即 1494 年 6 月 7 日，西班牙被迫和葡萄牙签订了《托德西拉斯条约》。该条约将教皇子午线向西移 270 里格，即与西经 46 度重合。西葡两国分别于 1494 年 7 月 2 日和 9 月 5 日批准该条约。1506 年，该条约又经由继任教皇犹利阿斯二世象征性批准。根据该条约和经调整后的教皇子午线，葡萄牙势力范围大大增加。这条由西葡两国商定，教皇作保规定的分界线，开近代殖民列强瓜分世界、划分势力范围之先例。

《托德西拉斯条约》也未能够解决后续问题。1522 年，麦哲伦船队在环球航行中进入葡萄牙的势力范围，并实际占领菲律宾。自此，分两次划定的教皇子午线未为葡西之间确定在东半球界线的问题才被意识到。

针对此事，葡西两国重新协商，并于 1529 年 4 月 22 日签订《萨拉戈萨条约》，对教皇子午线重新做出调整。该条约未对第二次教皇子午线的规定做任何修改，只是通过在东半球划定与教皇子午线所对应的另一条经线（东经），对两国在东半球的势力划分做出了规定。《萨拉戈萨条约》使西班牙获得独占美洲的权力的同时，也使葡萄牙在巴西的领地扩张获得承认。

教皇子午线和后来两份补充性文件，加剧了葡萄牙与西班牙这两个最早的殖民帝国在拉丁美洲的争夺。

不论是教皇子午线，还是后来的补充条约，都未能限制葡萄牙殖民领土扩张的野心和行动。因缺乏对条约所划定范围实施占有和宣示权力的能力，西班牙在南美洲的殖民地范围被葡萄牙挤占。葡萄牙早期殖民者进入巴西后一再深入内地并很快突破西经 46 度线，占领了按条约规定本不属于其势力范围的土地并随之宣示主权。巴西国土北部大部和西部部分都是葡萄牙在上述条约签订后获得的。

以历史唯物主义的观点看，葡西两国主导的所谓地理大发现是欧洲经济社会发展到一定程度后的结果。一方面，由于西葡所处的亚平宁半岛资源相对匮乏，尤其是葡萄牙土地资源稀缺，封建帝国政府亟须获得更多资源。另一方面，则是这两个国家的航海技术和造船能力已满足这种大规模航海行动的需要。在此之前，葡萄牙已沿大西洋南下，通过武力掠夺西非海岸。在西非的局部战争的有限胜利没有获得足以支撑帝国经济的贸易控制权，这成为葡萄牙继续航行、继续发现和占领更多土地的直接原因。在西非的成功为葡萄牙人继续航海提供了精神上的鼓励和物质上的支持。

教皇子午线和《托德西拉斯条约》《萨拉戈萨条约》的相继出台，为葡西两国的殖民扩张提供了所谓的依据。即便从历史角度看，这些所谓仲裁文件都是当时欧洲宗教统治核心为维持其统治地位而同列强媾和并对其姑息的结果。这些文件为葡萄牙抢占巴西并将其变为自己的殖民地，继而获得对巴西进行殖民统治的所谓主权提供了非法的依据。

## 第二节　殖民统治

### 一　殖民初期

#### 1. 葡萄牙人到达

在此前关于巴西历史的文献或读物中，常见"发现巴西"，或是"巴西被发现"的表述。但这样的提法现已被摈弃。现在更多地是使用"欧洲人来到巴西"这样的表述，这也成为史学等其他相关领域的共识。

第一个有比较明确记载到达巴西的是西班牙人文森特·亚涅斯·平松和他率领的船队。1500 年 1 月 26 日他们到达巴西伯南布哥的圣奥古斯托角。对此平松船队航海日志中有较详细的记录。当时西葡已签订《托德西拉斯条约》，根据教皇子午线划定的界线，他所到达的地方在葡萄牙势力范围之内，所以他既未逗留，也未宣示西班牙主权。

1500 年 3 月 9 日，在葡萄牙国王批准和资助下，探险者佩德罗·阿尔瓦雷斯·卡布拉尔率领该国有史以来最大的船队从里斯本出发。卡布拉尔的使命是发现另一条去往印度卡里库特更便捷的航路，葡萄牙航海者瓦斯科·达·伽马于 1498 年曾到过该城。1500 年 4 月 22 日，卡布拉尔船队到达巴西，这个日子后被视为南美洲以外所有人种抵达巴西最早的时间。

船队停泊处是现在巴西巴伊亚州沿海。船队发现的第一个地标被命名为复活节山，登陆地点被船员命名为平安港（现名为圣塔克鲁斯卡布拉利亚）。当地早有印第安图皮族群聚居，图皮人将当地称为平多拉玛（Pindorama），意为"长满棕榈树的地方"。抵达之初，葡萄牙人以为登陆地是一个岛屿，于是将其命名为圣十字架岛。数年后发现那是一个很大的半岛，才将其更名为圣十字架之地。

葡萄牙的这种侵略和殖民行为一直以所谓传播和弘扬基督教、教化野蛮为由。船队人员于当年 4 月 26 日和 5 月 1 日两次举行弥撒，并竖起一木制十字架，以此作为葡萄牙"发现"和"占领"行为的证明。船队书记员佩罗·瓦斯·德卡米尼亚对弥撒情况进行了详细的记录。

巴西作为地名的称谓始于 1505 年。因当时殖民者发现一种名为巴西的树木可用于商业，遂以该树为这片土地命名。巴西这个名字由此被接受并被确定。

该树木为当时巴西大西洋沿岸雨林中一种常见豆科阔叶乔木，当地图皮语俗名为伊比拉比当卡（Ipirabitanca）。1785 年，法国植物学家、分类学家让·巴蒂斯塔·拉马尔科按拉丁定名法将其命名为 *Caesalpinia echinata*。2016 年，植物学界对该植物名做了修正并重新定名。定名后现该树种的拉丁名为 *Paubrasiliaechinata*。葡萄牙人发现从该树木中可得到一种色泽高贵的红色颜料，并可主要作为布匹等的染色剂。于是葡萄牙人开始了对这种木材的大肆砍伐和利用，并为其起商业名为 Pau Brasil，意为巴西木。

自 1500 年第一次登陆巴西后，葡萄牙于 1501 年和 1503 年先后两次派出船队前往巴西。两次出征的目的除了在当地寻找可供开发和掠夺的资源之外，还在当地进行了地理、物产、航路等综合考察。

### 2. 红木贸易和领地分封

葡萄牙人发现红木是可立刻转化成商业利润的资源，开始将资源掠夺和主权占领结合起来。葡萄牙王室炮制出一个《殖民地契约》，契约规定只有葡萄牙本国人在获得特许后方能从事红木采伐。获得特许的人可在许可范围内砍伐，但商品必须卖到葡萄牙，并向王室出让一部分商业利润作为许可证的税赋。同时，还必须按王室要求宣示葡萄牙势力范围。这一时期葡萄牙对巴西并没有实质性的有效统治和管理。

为实现对新殖民地的有效占领，防范其他国家进犯和掠夺，葡萄牙国王若昂三世于 1534 年颁诏，开始在巴西实行一种特殊的土地利用和管理体系，即可承袭的领地制度。该制度通过将殖民地土地划分为不同地块并向王室成员或贵族无偿提供，允许其开发、利用所获土地上的所有物如矿山、木材、动物等资源并以之盈利，以换取他们对土地的占领、使用、管理，并对国王负责。

葡萄牙王室除给予这些受惠贵族上述经济利益外，在法律上、政治上还赋予他们极大、极广泛的权力。得到领地封予的人获得类似领主的身份和地位，拥有领地的所有权、开发权和管理权。领主不但可引入人口，建立城市、村庄，还拥有领地内的司法权，其中包括宣判领地内奴隶、印第安人甚至自由人的死刑；每年可向葡萄牙本土出售不超过 30 名印第安人奴隶。葡萄牙王室规定，领主身份、地位以及所有附带的权力和利益，包括土地所有权、管理权、治权、司法权都可由其后代或直系亲属继承。这实际上是一种对土地所有权和治权永续继承的土地制度。这种具有继承权制度保障的领地制度，是早期殖民主义在特殊情况下具有封建色彩的领地分封制。

根据法令，葡萄牙在巴西一共划分了 15 块面积大小不等的领地。领地南北方向宽度不等，大多沿纬线向西部延展，每一块领地东端（或北端）有出海通道。领地被封予 12 个领主。实行数年后，该制度仅在伯南布哥和圣文森特（今圣保罗）获得有限成功。1759 年，该制度被废止，所有领地土地权属均被收归王室所有。

分封领地制度未能有效解决土地利用和主权占领的实际目的，葡萄牙还要不停地抵御和驱赶各种对巴西海岸的骚扰和入侵，其中主要是前来盗伐红木的法国船只。这些入侵不但使葡萄牙商业利益受损，还对葡萄牙在巴西的统治形成威胁。葡萄牙于 1516 年和 1526 年两次派出船队在巴西海岸巡逻以打击盗伐和走私，但成效甚微。葡萄牙王室后决定通过移民的方式建立居民点，以实质占领的方式宣示"主权"。

根据葡萄牙王室的命令，马尔丁·阿方索·德索萨 1530 年率船队前往巴西，并在当地建立居民点。据记载，第一个聚落圣文森特于 1532 年在里约附近弗里奥角建立，并在当地举行了美洲第一次选举，成立了美洲第一个市议会。但这些都是只具象征意义的行为。

殖民者登陆巴西之初，当地只有原始采集活动，没有商品交换。最主要的生产对象和唯一商品为红木。因其可立刻投放市场，带来商业利润，并再投入航海活动中，早期殖民者通过用初级工业产品同当地印第安人交换，并向其提供刀、斧等工具，驱使他们去寻找、采伐红木。这种无序掠夺使得资源迅速减少。这一现象真实、客观地反映了早期航海殖民重商主义的特点。对红木的利用仅持续约 30 年。在疯狂无序的掠夺式砍伐中，该树种资源在沿海地带迅速减少，并在短时间内彻底灭绝。

发现巴西温和、潮湿的气候，辽阔、肥沃的土地很适合于农作物种植和生长后，葡萄牙于 16 世纪 30 年代开始对巴西进行大规模开发利用。最早被引进并成规模种植的作物是从葡属殖民地佛得角群岛引种的甘蔗。巴西东部沿海的地理和气候条件与佛得角很相似，促使葡萄牙人在巴西开始垦殖的另一原因是当时砂糖已成为欧洲市场上的抢手商品。

甘蔗被成功引种到巴西后，葡萄牙人很快发现在种植园垦殖中，靠驱赶当地印第安人为其劳作不能满足需要，于是开始从西非向巴西贩奴。第一批非洲奴隶于 1539 年前后到达巴西。从被贩卖的奴隶人数看，当时巴西的甘蔗种植已形成相当规模。印第安人和奴隶都因缺乏免疫力和极恶劣劳动条件而大量死亡，所以形成如此之大的劳动力需求。

从葡萄牙对巴西的早期殖民过程看，在殖民头 50 年中，尤其是在 16 世纪初叶，葡萄牙殖民者并未对巴西实行直接殖民统治。因红木在欧洲市场热卖，获得红木所带来的可观财富的同时，葡萄牙也开始面临其他欧洲强国的挑战。法国船队开始进入这一地区，并同葡萄牙展开争夺。面对挑战，葡萄牙王室开始对巴西采取相应的管理措施。

出于对殖民地的巩固和捍卫的重视，葡萄牙王室通过建立采邑制度，将殖民地土地分封给宗主国统治阶层的成员，使其成为殖民地第一批开拓者。葡萄牙王室通过授予领主对土地和其他生产资料的经营权，促使和鼓励他们开发和经营新殖民地，并代表葡萄牙形成宗主国事实占有。在早期殖民扩张和掠夺本性驱使下，葡萄牙急切进一步扩大和占领更多土地。在建立早期采邑分封制度时，获得分封的领主不但获得对领地的经营权，还得到相当大的、有王权背书的、对其所受封的土地的治权。葡萄牙王室以商业利益驱动、鼓励领主开拓和占有更多的领土。

虽然领地分封制度在巴西只获得有限成功，但这一尝试间接地促成了葡萄牙王室向巴西派出殖民政府管理机构。比较成功的两个采邑为后来葡萄牙在当地建立派出机构打下一定的基础。

作为人类历史上最早的海外殖民扩张帝国，葡萄牙在登陆巴西前就已对非洲进行过大肆入侵和掠夺。与对非洲明显不同的是，葡萄牙王室对巴西格外重视。在殖民初期，葡萄牙航海者和王室为尽快回收资助航海发现的投资，追求商业利润成为发现初期的主要动机。因此在开发方式方面，葡萄牙王室和航海者立场是统一的，即尽可能大量掠夺资源，并尽快将资源运到欧洲市场变现。当对殖民地的捍卫和长期经营变为殖民者的主要关切后，甘蔗种植取代了单纯资源掠夺。

3. 甘蔗垦殖

引进甘蔗种植对巴西而言意义重大。这一历史性转变的意义首先在于种植甘蔗使得当地的社会生产活动从采集迅速转为农业。早期无序掠夺已造成资源迅速枯竭，同时殖民者也发现巴西与非洲，尤其是与其早期殖民地自然环境的巨大区别，并利用气候、土壤等优越的自然环境和条件开始以甘蔗种植为主的土地垦殖。对土地资源的开发利用使得殖民开发不但可以盈利，还能将生产变得可持续。其所带来的生产方式的转变对巴西而言是极具历史意义的。

土地垦殖需要大量劳动力，因无法征服当地印第安人和其他原因，而且在耶稣会强烈反对下，王室下令只能有限和有条件地抓捕印第安人并驱使其为奴，通过尝试和实践，葡萄牙殖民者认识到解决劳动力问题只能通过其他途径，并开始跨大西洋贩奴。被作为商品卖到巴西的奴隶成为南美洲现代人类社会生产早期最主要的劳动力。奴隶不仅满足了当地土地垦殖对劳动力的需求，支撑了殖民农业扩张，同时也使得巴西社会阶层更加多样化，社会结构更加复杂化，这是甘蔗的引入对巴西的另一重要影响。

甘蔗引种对于巴西的第三个意义在于，其在当地形成的农业并非传统农业，而是殖民主义重商主义生产形式。巴西早期以甘蔗种植为形式的农业是规模化的，作物是单一的，而且是作为商品，被殖民者直接投放国际市场的。这种外向型经济模式可能对巴西后来经济发展模式起到了强烈示范作用。

第四，甘蔗被引种到巴西后，最初形成的大种植园经济是在封建采邑制度和农奴制社会共同保护下得以存在的。这种社会形态在其长期的发展过程中从未受到过强烈的冲击，更没被推翻或中断。这很可能成为巴西形成地方强人传统和地方威权主义最根本的原因。

面对其他欧洲列强对新殖民地不断地骚扰和入侵，葡萄牙王室意识到新殖民地的主权捍卫和当地的社会管理需要更直接、更完善的政府结构。这直接导致了后来葡萄牙向巴西派出总督，并建立代表宗主国实行统治的殖民派出机构。

## 二 殖民政权的建立

### 1. 殖民政权建立前的局势

16世纪30年代，法国船只不断对巴西进行骚扰和入侵，有的是以偷伐红木为目的的走私船，有的企图建立永久据点。葡萄牙在不断防范的同时，也下定决心在巴西建立殖民政府，以对新殖民地进行直接、有效统治和管理。

葡萄牙王室于1548年将巴西划分为南北两部分。北部为马拉尼昂州，南部为巴西州，并建立第一个权力机构，即萨尔瓦多总督府。萨尔瓦多也因此成为巴西第一个行政首都。之所以选择萨尔瓦多是由于其相对于大西洋的地理位置和利于军事防卫及人类聚居的地形。另一重要原因，是萨尔瓦多正好位于较成功的伯南布哥和圣文森特世袭领地之间。从统治和管理的有效和便利来说，萨尔瓦多所处位置适中。当时伯南布哥甘蔗种植已形成规模，并成为殖民地主要经济作物产地和税收来源，这些有利条件都是萨尔瓦多被选为首个殖民政府所在地的原因。

1549 年 3 月 29 日，葡萄牙王室任命的第一任巴西总督托梅·德·索萨率船队到达萨尔瓦多。船队除约 150 名军人、60 名水手和数名耶稣会教士外，还有第一个到达巴西的医生、第一个药剂师、建筑师等。萨尔瓦多从一开始就依照葡萄牙的沿海城市建设，这是巴西的第一个城市。萨尔瓦多城的建立，标志着葡萄牙在其海外最大殖民地直接统治的开始。

总督府的建立事实上终结了 1534 年开始实行的世袭领地制度。伯南布哥和圣文森特两块领地继续为其领主所拥有，其余领地被王室收回。因总督是王室全权代表，伯南布哥和圣文森特的领主也失去了对领地的部分治权。

葡萄牙在巴西建立总督府的考虑是多方面的。首先，促成其做出这个决定的最关键因素是保卫其殖民宗主国地位。随船队到达的军人形成了葡萄牙在殖民地的军事存在，成为南美历史上第一支成建制的正规武装力量，它的到来和存在捍卫了宗主国利益，不但对侵略企图和行为构成威慑，也成为葡萄牙王室统治巴西的国家机器和镇压工具。

其次，伯南布哥的甘蔗种植已形成产业，垦殖和农耕已成为殖民地主要生产活动，巴西对于葡萄牙而言经济地位变得更加重要。同传统的自给自足农耕社会的农业生产不同，当时发生在巴西的土地开垦和甘蔗种植的生产活动只是葡萄牙殖民和以海外扩张、掠夺为特点的重商主义商业链条上的一个环节。庄园主和种植园主不但占有所有生产资料，甚至劳动力都是为维持生产所需而从市场上购买来的商品。所以，当时巴西社会形态是早期殖民统治下垦殖型的奴隶制社会。生产方式的转变和殖民地经济社会的发展变化，对宗主国的殖民统治提出更多和更高要求。

最后，葡萄牙向巴西派驻政府的另一目的是扩张领土。当时第二次划定的教皇子午线使葡萄牙获得比原先划定的范围大很多的领土，但西班牙未及时有效占领其在南美洲的势力范围，葡萄牙人一再突破第二次教皇子午线所规定的界线，占领了西经46度以西大片土地。葡萄牙之所以废除世袭领地制度，也是为摆脱本国法律对扩张行为的限制。当1529年两国在教廷调停下再次就势力范围重新签订条约时，巴西的疆域范围最西端已延展到西经70度。尽管随后双方签订的《萨拉戈萨条约》未对教皇子午线进行任何调整，但葡萄牙在此之前所获领土悉数合法化，其疆域因此变得更加辽阔。

2. 殖民地保卫时期

从16世纪中叶始，列强对巴西的各种入侵和骚扰变本加厉。尽管不具备法理依据，法国人仍在其国王的鼓励和支持下继续坚持在巴西海岸寻找机会。1555年，法国在里约热内卢建立科里尼要塞。

1578年，葡萄牙国王堂赛巴斯提安在非洲兵败，王室出现权力真空，其叔父西班牙国王费利佩二世借机建立伊比利亚联盟并成为葡萄牙统治者。联盟的建立引发葡西两国间不睦，也使得两国因彼此同第三方之间的冲突而矛盾加深。一直在等待机会的列强借机开始染指巴西。

1594年，英国派出舰队前往巴西。英国舰队在累西腓遇到很少抵抗，并在掠夺了糖、红木等高价值商品后离去。这次英国在巴西唯一的攻击对象是西班牙。但事件间接证明了巴西当时的脆弱和列强的野心。

1560年3月15日，巴西军队在驻萨尔瓦多第三任总督门德萨的侄儿艾斯塔西奥·德萨率领下，开始进攻法国在里约的要塞，并将其夷为平地。

1612年，法国舰队入侵马拉尼昂，并在当地建立赤道法国。为纪念法国国王路易十三和路易九世，登陆地点被命名为圣路易斯。法军同当地印第安图皮族群结盟，在与葡萄牙人的战斗中屡获胜绩。17世纪中叶，法国人陆续占领沿海一些战略要冲，获得稳固战略优势，还在那里溯流而上，开辟了新的地域和据点。

1614年11月19日，亚历山德拉·德莫拉率领葡军在当地塔巴雅拉族群协助下发动瓜兴杜巴战役，于次年11月4日战胜法军并将其逐出巴西。

继法国人之后，荷兰成为巴西最大威胁。在欧洲战场，西班牙同英荷联军作战。伊比利亚联盟形成后，巴西作为敌方领地成为荷兰攻击的目标。荷兰坚持攻击巴西是出于对资源的占有，其对巴西的入侵规模最大，为时也最长，所占领地域也最大。葡荷战争成为葡萄牙殖民者为保卫巴西所经历的规模最大的军事冲突，不但投入兵力多，派出的战船数量也是空前的。

荷兰人在摆脱西班牙统治的抗争中获得初步胜利，还通过资本运作积累大量资金，并基本垄断了海上运输，于是开始对巴西沿海，尤其是对伯南布哥地区的甘蔗种植进行资本渗透和逐步控制。面对这种情况，西班牙国王下令禁止所有西班牙港口和荷兰人贸易。

发生在巴西东部沿海的冲突并非荷葡之间的矛盾所致，从更宽泛层面看，其是荷兰与伊比利亚联盟，即和西班牙在一个更大范围内的争夺。冲突是以荷兰为摆脱西班牙统治，并且于1581年开始对新大陆海外贸易权展开争夺为背景的。双方争夺的关键和焦点主要是新大陆，尤其是巴西。更具体的，是对甘蔗种植和糖资源的争夺控制，以及从西非向新大陆贩奴贸易的垄断，另外还包括对亚洲贸易港、通往亚洲航路的控制等。葡荷间发生在巴西沿海的冲突并非只限于巴西甚至不只是南美，还是荷兰与葡萄牙人、伊比利亚联盟之间全球冲突的一部分，也是欧洲新列强同老牌殖民主义国家在全球范围内争夺新殖民地的冲突。

3. 驱赶荷兰人的战争

1588年，西班牙在与英国的海战中败北，荷兰对巴西进犯愈加频繁。1598年到1618年，荷兰多次派舰队持续对巴西进行骚扰。1623年，荷兰人深入亚马孙腹地并建立要塞，但很快便被拆除。

1624年5月10日，一支由1600名军人、25艘战舰组成的荷兰舰队攻入萨尔瓦多，俘虏了葡萄牙总督迪奥古·德门多萨·富尔塔多，并任命了其在巴西最高行政长官。1625年，伊比利亚联盟派出由52艘军舰和1.2万名军人组成的舰队，西葡联军向盘踞在萨尔瓦多的荷兰人发起进攻。当年5月1日，萨尔瓦多被收复。

通过不断投入资金、扩大贸易等手段，荷兰人在 17 世纪初叶已控制巴西东北部大量甘蔗种植园。为夺取控制权，继而控制世界的糖贸易，荷兰人于 1630 年 2 月派出有史以来进犯巴西的最大武装力量，共 67 艘军舰、7000 余人。攻占伯南布哥澳琳达和累西腓后，荷兰西印度公司很快就将这两地变为贸易港，用以大量出口当地生产的糖。

甘蔗种植规模的扩大带动了劳动力的需求。澳琳达是传统奴隶贸易港，对于荷兰人来说，夺取巴西另一重大意义是将葡萄牙逐出贩奴贸易。葡萄牙 1535 年前后在南大西洋非洲海岸戈雷岛建立的世界上第一个奴隶转运站于 1617 年已被荷兰人攻占。因此，占领澳琳达，就意味着荷兰人对跨大西洋奴隶贸易全部环节的彻底掌控。

1641 年，荷兰舰队占领圣路易斯。这意味着西印度公司占领了巴西当时经济活动最集中的地区，也控制了该地区甘蔗种植园，可以扩大其在当地的甘蔗种植和制糖业，并通过占领圣路易斯港，重新打开并垄断被西班牙禁止的糖贸易。

1645 年 5 月 15 日，当地民众反抗荷兰入侵者的斗争爆发。1648 年 4 月 18 日，荷兰人为夺回其在此前失守的战略要地纳扎列港，于瓜拉拉比斯高地同葡军展开激烈战斗。不论是从参战兵员数量，还是从整个作战规模来看，这都是两军间最激烈而且双方都势在必得的战斗。荷兰人因损失过重而退却。次年 2 月 19 日，双方在同一地点再次激战。荷兰人再次大败后被迫投降并放弃巴西。1654 年，荷兰人签订投降协议并于当年彻底撤离。

随着荷兰人的失败和彻底撤离，葡萄牙全面实现在巴西的殖民统治。虽然西葡两国关于葡海外殖民地的归属是在 1668 年的《里斯本条约》里最后得到确定，但葡萄牙作为巴西殖民宗主国的地位已不可动摇。

瓜拉拉比斯战役以巴西全面胜利、荷兰入侵者被驱赶而告终。因伊比利亚联盟于 1640 年已不复存在，反抗和驱赶荷兰人的胜利是在葡萄牙殖民者领导下，以在巴西的不同种族、不同阶层的民众为主要力量，通过斗争取得的。胜利增强了巴西人民对本民族的信心，对自己的军队、国家的信任感和克敌信心，也激发了巴西人民为国家利益和民族兴衰斗争的勇气和力量。随着荷兰人的撤离,巴西基本摆脱了欧洲列强的骚扰和侵犯。当时虽然只是一个殖民地,但巴西已被当地人视作家园。由于敌方是外来侵略者和占领者,共同反抗和成功驱赶入侵者的胜利激发了所有将巴西视为家园的人的本土意识。这一结果不但是一个新生民族反抗和驱赶侵略者的胜利,也是巴西人共同意志和民族认同的体现,标志着巴西民族主义的形成。巴西军队在战役中的全面胜利,还成为巴西人民自我国家认同的最初萌芽,也被视作巴西作为新的民族国家的萌生。

在萨尔瓦多建立总督府,任命殖民地最高权力机构是葡萄牙经过多方考虑后的长远打算。巴西从一开始就成为葡萄牙非常重视,而且计划充分开发利用的殖民地。葡萄牙人对巴西完全占领、系统殖民、彻底统治、长期开发的决心从一开始就非常坚定。

葡萄牙在巴西殖民政府的建立,标志着其作为殖民宗主国开始对巴西殖民地行使直接统治权力。

4. 殖民地早期民众起义

1621年,西班牙国王费利佩二世以伊比利亚联盟盟主身份宣布建立马拉尼昂州。该州直属葡萄牙国王,除马拉尼昂外,还包括现今的塞阿拉、皮奥伊、帕拉和亚马孙等州。1682年,葡萄牙为加强对殖民地的统治和掠夺,并尽快使其融入葡萄牙经济,成立了马拉尼昂公司以垄断当地经济。马拉尼昂经济活动为甘蔗、可可、烟草种植业和渔业,这些以垦殖和种植为主的经济活动大大刺激了奴隶贸易。但由于马拉尼昂公司的垄断地位,当地产品全部出口且定价极低,由殖民统治者定价的进口商品价格又非常高昂,当地种植园主和殖民者的矛盾因此开始出现。

1654年荷兰人离开后,由其控制的甘蔗种植和糖贸易被转移到加勒比安的列斯群岛。面对竞争,马拉尼昂开始面临困局。因经济完全为葡萄牙王室所垄断,交易规则由王室确立,当地葡萄牙人不但必须接受对方的高价商品和各种苛刻条件,还必须将产品以极低价格出售给对方。这种现象的长期存在使矛盾不断激化。

1684年2月24日,圣路易斯市民举行起义。起义人群洗劫了马拉尼昂公司在当地的仓库，抢夺了保安队枪支，捣毁了耶稣会教堂，占领了当地政府，并成立了革命委员会。委员会提出的要求包括撤销马拉尼昂公司，撤销州长职务，驱赶所有耶稣会教士等。

1685年5月15日，葡萄牙王室新任命的州长开始镇压起义，起义领袖被逮捕并被处死，财产全部被充公。这场殖民地民众争取商业平等地位和交易公平权的斗争就此结束。

这场冲突方之一是殖民地宗主国葡萄牙王室，另一方是以殖民地种植园主、小业主为代表的殖民者中低层群体。这是两个利益集团间矛盾长期积累后的爆发，也是双方第一次发生直接冲突。冲突焦点是针对具有王室背景的马拉尼昂公司的垄断地位和不公平的交易地位。冲突的出现标志着不同的利益集团的对抗已形成。

因这次起义事件和其他原因，马拉尼昂州于1774年7月9日被撤销。原属于该州的土地和世袭领地全部被划归葡萄牙王室在里约的代表。这一结果表明殖民地经济和政治中心已从东北部沿海转移，也标志着殖民统治和治理中心向南转移。

在战胜殖民初期的外来挑战后，葡萄牙的殖民统治开始面临内部问题。进入17世纪后，殖民地的主要社会矛盾是殖民宗主葡萄牙王室与早期殖民者之间的矛盾。矛盾焦点体现在殖民地经济活动中，具体表现在王室对殖民地的疯狂掠夺和横征暴敛，底层殖民者因此对葡萄牙王室强烈不满，并演变成激烈反抗。这些反抗意识强烈的群体主要由以小种植园主、小商人、地方小吏为主的早期殖民者组成，到后期有地方军警人员加入。作为殖民地经济的主要生产要素和殖民统治的具体执行者，这些人虽然也作为殖民者参与对殖民地的掠夺和开发，但在整个经济环境和交易过程中，他们缺少定价权和谈判地位。经济上的困窘，对不公平定价和税收制度的不满，在政治上对相应社会地位的追求，是这个阶层的诉求，也是使得矛盾不断激化，继而转变为社会主要矛盾的主要和直接原因。

1789年发生于米纳斯吉拉斯的"拔牙者"起义，是一系列民众反抗运动中最典型的一例。起义由当地少数反抗葡萄牙王室的中上层人士和驻军中高级军官密谋酝酿，宗旨是争取独立自由，建立共和政府。起义因叛徒出卖而失败，但这一事件成为巴西人民反抗暴政、争取独立，为自由抗争的典范。起义成员若阿金·若泽·达席尔瓦·夏维埃尔成为唯一为起义而英勇献身的人。他的名字被载入史册。

因殖民地政府只是忠实执行其所代表的葡萄牙王室的意志和法令，殖民地的商人和底层政府管理人员的诉求长期得不到满足，激化了矛盾，并引发各次起义。在这些屡屡发生的起义中，殖民地政权作为宗主国代表，作为国家机器对民众的镇压、制裁、统治的作用充分体现。所以，葡萄牙对巴西的有效统治始于 1549 年其在萨尔瓦多总督府的建立，这是巴西历史上首次出现政府统治和管理。通过派驻殖民统治机构，除进一步宣示其对殖民地的统治地位外，葡萄牙还对巴西实现了直接统治和监管。

## 三　殖民地改革和独立

### 1. 葡萄牙王室流亡

1805 年，法国进攻英国失败，随即开始封锁英国。次年 11 月 21 日，拿破仑颁布《柏林敕令》，下令所有隶属于法国的欧洲各国港口对英国船只封锁。葡萄牙与英国长期保持良好关系和贸易往来，《柏林敕令》和《华沙敕令》的相继颁布，不可避免地对葡萄牙形成威胁。

1807 年秋，法国军队开进伊比利亚半岛，越过西班牙入侵葡萄牙。葡萄牙摄政王若昂六世和王室全部成员于 1807 年 11 月 27 日从贝伦港启程，在英国舰队和葡海军全部舰只护卫下前往巴西。王室船队于 1808 年 3 月 7 日到达里约热内卢，并在当地建立王国政权。葡萄牙王国开始在里约热内卢实行王权统治。

葡萄牙王室在巴西建立流亡政权，使里约热内卢成为第一个在美洲的欧洲王国事实首都，并因各种国务活动和政治关系而成为拉丁美洲第一个政治中心和行政中心。葡萄牙所有贸易几乎全部转到里约，里约的商业活动也很快兴旺发达。摄政王佩德罗六世发布诏谕大兴基础设施建设，所建设施和机构多是基于长远规划和长期目标，其中包括巴西银行、国家新闻社、皇家军事学院、皇家科学院、皇家博物馆、国家图书馆、皇家植物园等。

此前，为防范和抵御欧洲其他强权的觊觎和侵犯，加强对殖民地经济的控制，防止殖民地资源外流，葡萄牙王室严格禁止巴西港口与其他国家船只贸易。法荷入侵被击败后，葡萄牙王室下令巴西港口不得接受任何外国船只停泊。根据《殖民地契约》，巴西所有产出须销往葡萄牙。该政策的另一目的是避免巴西通过当地经济发展，积累更多的资源，形成与宗主国分庭抗礼的能力。

葡萄牙王室到达巴西后，为尽快扩充王室实力，满足王室高昂行政开支和奢侈生活所需，经济发展成为优先事项。若昂六世于 1808 年 1 月 28 日下令，宣布巴西港口向英国等所有与葡萄牙保持友好关系的国家开放。这是为解决王室财政紧张，加速王国财政积累的重要举措。从历史角度看，港口对外开放的举措成为巴西自由贸易的开端。为尽快提升王国财政能力和军事实力，若昂六世于 1808 年 4 月下诏，撤销由女王玛利亚一世于 1785 年 1 月 5 日签署的禁止殖民地设立工业的法令，下令开展黄金、白银等贵金属的冶炼以及棉纺、毛纺等工业活动。同年 5 月 13 日，王室下令建立炸药工厂，并在圣保罗和米纳斯吉拉斯各开办了一个冶铁厂。1808年 10 月 1 日，若昂六世下诏全面兴建工业。

随王室迁至巴西的，还有文化人士和隶属于王室的文化机构，巴西文化事业得到前所未有的发展。为满足经济社会发展的需要和改善当地文化社会环境，提高文化艺术水平，王室还开始在巴西兴建教育机构，邀请欧洲艺术团体和人士访问巴西。

2. 殖民地改革

王室迁至巴西后，葡萄牙立刻开始领土扩张。为报复法国，若昂六世于 1809 年入侵并吞并法属圭亚那。1810 年 5 月，西班牙殖民地拉普拉塔河省发生争取自治的民众起义。葡萄牙向来对该地区抱有野心，若昂六世借西班牙总督向其求援之机于 1811 年 3 月 7 日出兵入侵，并于当年 10 月迫近蒙得维迪亚。西班牙总督发现真相，于 10 月 20 日同争取自治运动言和。葡军被迫停止了军事行动。

1812 年阿根廷民族英雄圣马丁率众起义，反对殖民统治，该地区再次陷入战乱。若昂六世于同年 5 月再次派出武装人员入侵该地区，并在对该地区大肆掳掠后返回巴西。至此，第一次西斯普拉提纳战役结束。

1816年7月9日阿根廷独立，后陷入动乱和分裂。同年8月，葡萄牙再次入侵拉普拉塔河省并完全占领该地区。1821年7月31日，该地区被并入葡萄牙版图。

葡萄牙王室迁至里约后给巴西带来了改变和进步，但王室对殖民地横征暴敛，多方盘剥变本加厉。殖民地有产阶级对极不公平的交易方式和交易条件怨声载道。长期以来殖民地和宗主国之间一些固有矛盾愈加尖锐。王室穷奢极侈产生巨额费用，王室政权的行政开支所造成的沉重负担也全部转嫁给当地财政，造成各地税赋更加繁多，财政负担陡增。殖民地经济最富庶的伯南布哥根据王室命令不断向里约上缴大量资金，使得包括地方有产阶级在内的民众反抗情绪愈发高涨。1816年的旱灾造成棉花和甘蔗大面积减产，不但给该州生产和财政造成重大损失，还引发饥馑。

1817年3月6日，伯南布哥爆发起义。主要领导者为当地有产阶级，此外还有成建制的军队参与。起义直接起因是经济社会矛盾急剧恶化，是殖民地各社会群体所积压的反抗宗主国残酷殖民统治、疯狂经济剥削情绪的爆发。起义者占领政府，抢夺金库，并组成临时政府，军队占领了累西腓要塞，在街道上筑起战壕工事。以自治为口号的起义迅速向周边地区蔓延，目的也转而成为摆脱殖民统治，建立共和。

王室派出军队从陆地上包围累西腓，海军从海上进行封锁。起义很快失败，起义领袖被以葡萄牙法中重罪忤逆国王罪定罪，被判处死刑并被以极为残忍方式当众处决。起义领袖里贝依罗教父知胜利无望，自缢身亡。但其墓仍被掘开，尸身被肢解，头颅被挂在城市中心广场达两年。这是葡萄牙王室迁往巴西后第一次面临殖民地民众反抗王室统治，要求独立自治的武装起义，也是殖民地民众第一次为摆脱葡萄牙殖民统治、建立共和的斗争尝试。

3. 巴西独立

1814年，欧洲发生半岛战争。在1814年9月18日召开的维也纳会议上，与会国家一致认为葡萄牙布拉冈萨王朝应在欧洲复辟。但当时无论葡萄牙女王玛利亚一世，还是摄政王、王储若昂六世都在巴西。作为解决方案，若昂六世在自己称号中加入"巴西的主宰"。1815 年 12 月 16 日，葡萄牙王国正式名称变更为葡萄牙、巴西和奥加维斯联合王国。此举解决了葡萄牙王室所在地合法化的问题，巴西由殖民属地被提升为王国，其法律地位与宗主国相等。1816 年 1 月 10 日，里约热内卢被确认为联合王国首都，从而使得葡萄牙王室在巴西行使王权合法化。由此第一次，也是历史上唯一美洲的城市成为欧洲王国的首都。这一变更获得国际社会接受。女王玛利亚一世去世后，若昂六世即位成为葡萄牙、巴西和奥加维斯联合王国国王。

1820 年 8 月 24 日，葡萄牙爆发由贵族和军人领导的波尔图革命，革命行动推翻了英军摄政统治。组织者要求王室立刻开始立宪，并明确要求国王立刻回归，恢复葡萄牙本土与巴西的贸易专营权力。这些主张得到葡萄牙各阶层拥护。同年 9 月 15 日，低级军官在里斯本发动起义并成立临时政府。9 月 28 日，波尔图和里斯本两地临时政府合并，合并后的临时政府宣布将举行选举，并成立立宪委员会。

这场以自由主义为指导思想的革命直接导致英军驻葡最高指挥官即当时葡萄牙实际统治者被驱逐，并成为流亡巴西的葡萄牙王室回归的直接原因。革命还直接促成第一部葡萄牙宪法出台。正是由于葡萄牙国会的成立、首部宪法的颁布与巴西的直接联系，这场革命对巴西同样具有深远的历史意义。

1821 年 1 月，葡萄牙国家特别最高政权成立，该机构兼具政府职能和制定葡萄牙首部宪法职责。葡萄牙、巴西和奥加维斯联合王国中的巴西王国选出 97 名代表参加即将召开的里斯本制宪会议。同年 8 月，王室提交提案，建议撤销巴西的王国地位，重新确立其地位，限制其贸易等。巴西代表强烈反对并拒绝接受，同时拒绝葡萄牙向巴西派出更多军队，拒绝承担葡军在巴西驻军费用。与会期间，巴西代表和葡萄牙本土代表争论激烈，这是巴西首次以对等地位同宗主国进行平等对话，这成为巴西摆脱殖民统治的又一明确信号。

1821 年 3 月 7 日，若昂六世指定其长子佩德罗·德·奥坎德拉即佩德罗四世为巴西王国摄政王储后返回葡萄牙。

1821 年 9 月 30 日，葡萄牙国家特别最高政权颁布法令，巴西王国降格为里约热内卢省，隶属葡萄牙，原巴西王国摄政王佩德罗四世为省总督。葡萄牙除任命一个临时委员会作为当地统治机构外，还下令废止于 1808 年后建立的所有巴西法院和法庭，并下达一系列命令，敦促佩德罗四世速返葡萄牙。

法令遭到巴西民众强烈反对。当时在巴西有三个主要政治势力，一个是效忠葡萄牙本土政府的葡萄牙军人，与军人对立的两个势力中一是有共济会背景的自由主义群体，另一个则是保守的共和党人。这两派虽相互对立，但摆脱殖民统治、争取独立的立场一致。

1822 年 1 月 9 日，葡萄牙、巴西和奥加维斯联合王国王子，巴西王国摄政王佩德罗四世宣布将不按命令返回葡萄牙。同年 9 月 7 日，在前往圣保罗途中，其在伊比朗卡河畔收到葡萄牙王室要求他立刻回归的命令。他当众拒绝了命令，并宣布巴西独立。

1822 年 10 月 12 日，佩德罗四世宣布建立巴西帝国，确立国体为君主立宪制，并自行加冕为皇帝，称号为巴西帝国佩德罗一世。佩德罗一世选择帝国国体而非王国，自行加冕为皇帝而不是国王，是为表示同葡萄牙彻底切割和决裂。当时从西班牙殖民统治独立的拉美国家均成立共和国。独立后建立君主立宪制国家的，绝无仅有。

# 第三节　帝国时期

## 一　帝国第一王朝

巴西独立后，独立战争爆发。因葡萄牙驻军中很多军官和士兵效忠于王室，保皇势力仍很强大。保皇派和支持独立的民众之间的战斗在多处发生。葡军驻军相对较多的帕拉、马拉尼昂、皮奥伊、巴伊亚、西斯普拉提纳等效忠王室。争取独立的力量则从曾爆发反对殖民统治武装斗争的伯南布哥开始形成。由雇佣军、商人、异己军人和其他肤色人种共同组成的独立军在当地民众支持下节节胜利。

与此同时,佩德罗一世开始组建制宪委员会。1823年5月2日,制宪委员会成立。但因被神职人员和自由主义者控制,制宪委员会于当年11月12日被解散,反对派成员被逮捕,制宪改由保皇派组成的国家理事会完成。

次年3月25日巴西帝国宪法颁布,宪法规定国家有四个权力机构,除立法、司法、行政三权外,还有一个所谓温和权力,即皇帝本人。这部宪法赋予皇帝广泛和至高无上的权力,并规定25岁以上的自由人在证明其财富达到法律要求后可参加选举。新宪法还规定宗教自由。当时天主教所代表的宗教势力很强大,宪法关于宗教自由的条款在当时而言无疑是一大进步。

1823年,各地战事趋于平静,王室基本控制了全国局面。1824年,最后一批保皇的葡萄牙士兵投降,但反抗势力并未被彻底肃清。因不满宪法中皇权地位至高无上、各省无自主权的规定,1824年7月2日,伯南布哥爆发反对君主集权的赤道联邦共和起义。起义有明确纲领和组织结构,甚至将累西腓定为联邦首都。起义领袖号召各省为争取自治权共同奋斗,但响应有限。皇帝派出军队对独立力量进行残酷镇压,起义失败后伯南布哥省失去大量土地。

1825年8月29日,葡萄牙与巴西签订《巴西和葡萄牙联盟友好条约》,承认巴西主权独立,英国同时宣布承认巴西独立。

1826年3月10日,葡萄牙国王若昂六世去世。根据欧洲王室传统,其长子即葡萄牙王国佩德罗四世(巴西帝国佩德罗一世)因仍保有王室地位,作为王位第一顺位继承人,可继承葡萄牙王位。葡萄牙人一致认为佩德罗四世必须回国继承王位;巴西人则认为其于1822年宣布巴西独立,并于当年自我加冕成为巴西皇帝,应被视作放弃了葡萄牙继承权。最后,佩德罗一世宣布放弃王位,并将王位继承权转授其长女。至此,佩德罗一世完成了其与葡萄牙王室的彻底决裂。

在被葡萄牙巴西吞并的南部地区,争取摆脱葡萄牙统治的民众在阿根廷支持下发动驱赶巴西人的起义。1825年8月25日,佛罗里达会议宣布该地区独立，并按民意回归阿根廷，但因葡萄牙反对而未生效。阿根廷为收回失地介入，最后发展为巴阿两国于当年 12 月宣战。因得不到当地民众支持，巴西在 1827 年 2 月 20 日陆地战中遭受重创后，派出当时美洲最强大舰队封锁蒙得维的亚。

后各方在英国调停下达成和解。1828 年 8 月 28 日，巴阿签订《里约条约》，同意乌拉圭独立，巴西完全放弃西斯普拉提纳省权利，同时收回被西班牙占领的米桑斯。条约另一附加条件是乌拉圭永不得并入阿根廷。这是葡萄牙在殖民巴西后为扩充疆域而进行的边界战争。虽然巴西失去了原侵占的西斯普拉提纳省，但也收回了被占土地，同时还肢解了邻国，使自己在与邻国之间获得战略缓冲，疆域实际也得到扩张。根据《维也纳公约》，葡萄牙在 1809 年吞并的法属圭亚那部分领土主权于 1817 年归还法国。至此，葡萄牙在其王室迁至巴西后的以军事力量进行的领土扩张，随着为时 3 年的西斯普拉提纳战争结束而告终。

在国内治理方面，佩德罗一世举步维艰。因在黄金储备不足情况下大量发钞，随后又因财政恶化，通货大幅膨胀的情况下发生挤兑，王室的巴西银行于 1829 年 9 月 23 日被强制清算。在政治方面，公众对皇帝的不满情绪与日俱增。战争后失去领土的耻辱，大量战争费用的支出以及国内生活费用的不断上涨，都使得民众反抗情绪不断高涨。自由派记者里贝罗·巴达洛被暗杀的线索也指向皇帝本人。皇帝处理其与社会和民众之间矛盾和利益冲突的方式不断激发民众更强烈的反对。

佩德罗一世试图与各方和解，但无论是以大种植园主和庄园主为背景的利益集团，还是里约市民群体都不再与之妥协。面对各种反对力量，在各种资源枯竭的情况下，佩德罗一世于 1831 年 4 月 7 日宣布退位，将皇位逊予其幼子、年仅五岁的佩德罗二世，同时指定帝国外交大臣若泽·博尼法西奥·德安德拉德·依席尔瓦为顾命大臣，之后便前往葡萄牙。至此，第一王朝终结。

从历史根源上来说，第一王朝是葡萄牙与欧洲主要列强之间矛盾冲突的产物，是葡萄牙同法国、邻国西班牙之间的矛盾所引发的结果；是处于没落状态的老牌列强在新列强崛起面前衰败的表现。葡萄牙在欧洲地位沦落、王室流亡导致葡萄牙在欧洲被边缘化，同时，葡萄牙王室迁至巴西，和后来巴西独立这两个重要事件也标志着巴西作为南美大国的出现。

第一王朝是巴西历史上第一个动荡时期，具有典型过渡的特征。这一时期最大特点是各种矛盾相继出现，而且矛盾还呈现复杂性、多重性、尖锐性等特点。这也是葡萄牙作为世界上最早、最老牌殖民主义帝国开始没落的必然结果。葡萄牙虽然最早开启了世界大航海时期，并开创了全球殖民的历史，但其实行的是一种以开拓、掠夺为主要统治和治理方式的殖民统治。其通过掠夺所获得的财富并未投入再生产或是扩大生产。随着法、英等欧洲列强崛起，尤其是 17 世纪中叶已开始的工业革命的发展，葡萄牙这样的老牌殖民国家更加无力战胜所面临的挑战。

巴西这一时期各种矛盾既有统治阶层内部的，如葡萄牙国内社会认知中王室政权和已迁至巴西的王室政权之间的矛盾，也有巴西帝国政权与殖民地人民之间的矛盾，而且各种矛盾和冲突集中出现。在频发的各种暴动和起义中，反抗王室统治运动的领导者和主要参与者均为殖民统治集团成员，如小庄园主、文化界人士、律师，甚至包括代表政权的如军官、警察等。这些斗争的主要目的都是反抗皇室政权对殖民地经济的大肆掠夺和过度的压榨，其所代表的始终不是最广大底层劳动群众。正因为广大人民未被充分动员，缺乏坚强、牢固、广泛的群众基础，所有起义暴动在王室统治机器面前无一不是一触即溃，土崩瓦解。

巴西作为葡萄牙联合王国的一部分，及其作为殖民地的地位，还面临同英、法之间的矛盾，以及同邻国之间的矛盾。这些矛盾相互纠缠，相互激化，并引发了巴西社会的一系列变化。

这也是巴西历史上经历战争最多的时期。除出于领土扩张野心而与邻国发生战争和国内独立战争之外，还发生多次民众起义等激烈的社会冲突。与上述所有战争、动乱、冲突相比，佩德罗一世宣布巴西独立这一事件是最重要的，其对巴西历史所产生的影响也是最大和无可比拟的。

巴西的独立不但改变了葡萄牙和巴西的关系，也改变了葡萄牙在欧洲的地位。拉丁美洲地缘政治由此发生根本性、历史性变化。从这个角度看，巴西独立的重要意义是深刻和长远的。对于巴西人民而言，这一事件最伟大和最深远的意义，无疑是获得了自由和独立自主的地位。

## 二 帝国第二王朝

### 1. 摄政王朝

佩德罗一世逊位后，一个分别代表上层中自由派、保守派、军人这三个政治集团的三人摄政委员会于 1831 年 7 月 17 日成立。摄政委员会负责组织大选，并于当年选出三人摄政内阁。1834 年 8 月 12 日又通过附加法案。根据法案规定并经摄政委员会选举，司法大臣迪奥古·费若当选为唯一摄政大臣。

费若摄政理念自由开放，具有联邦倾向。在其摄政期间，各省自主权扩大，成立了立法机构，壮大了各省联邦势力的力量，增强了各地民众的反抗情绪。

巴西本身是以殖民地形式存在的社会，不但治理体制不完善，社会公众也缺乏独立自主精神和意识。佩德罗一世逊位后留下的权力真空，民众自我认知的缺失，在当时相对低下的生产力水平和落后的生产方式的社会环境下被格外放大，给社会带来持续冲击。

从经济上看，在与宗主国葡萄牙博弈过程中经历重重困难和挫折后，巴西对外贸易大幅下降。巴西是典型的殖民地经济，几乎全部依赖对外贸易。19 世纪 30 年代，国际棉花和蔗糖价格大幅下跌引发巴西经济衰退，增加了民众的危机感和对现状的极度不满。民众纷纷在社会上各种不同号召的驱使下，以暴力方式争取实现诉求，对所处的环境进行抗争。巴西又进入了民众起义或战乱频发的时期。

佩德罗一世逊位后不久，伯南布哥和阿拉戈阿斯在 1832 年爆发由社会底层的保皇派发动的卡巴纳起义。起义者主要为贫民，还有印第安人、逃亡的奴隶等。起义主要发生在广大乡村地区，目的是争取葡萄牙王室在巴西复辟，实际上并未对统治政权带来威胁。随着佩德罗一世 1834 年亡故，起义实际上失去了目标。在政府镇压和赎买下，起义于 1835 年以失败告终。

1835 年 1 月 6 日，最大省份帕拉发生暴动。州军警总部和省政府公署短时间内被攻陷，省长被处决。暴动者抢夺大量枪支弹药并控制了贝伦，并在与政府军队作战中获胜。暴动者任命了新省长和军警司令。但因组织混乱，暴动者在政府军进攻下退出贝伦后进入乡村和丛林。军队进行了残酷的镇压并造成大量人员伤亡，帕拉人口骤减，有的印第安人部落被灭绝或被全部驱赶。1840 年 8 月 23 日，暴动被彻底镇压。

1835 年 9 月 20 日，巴西最南部爆发以反抗皇权、争取自治、实现共和为口号的法拉珀斯革命。这场以反抗摄政政府所代表的帝国强权统治为纲领的起义很快得到当地民众积极响应和广泛支持。最南部地区宣布独立并建立共和国，新共和国被命名为里奥格朗登斯共和国。获得民众支持的革命迅速波及周边地区，并向北蔓延。

1835 年 1 月 24 日，萨尔瓦多发生以穆斯林为主的奴隶起义。起义虽很快被镇压，这次起义与之前有所不同的是它由奴隶主导，这反映出对社会的不满已遍及社会所有阶层。

1837 年 11 月 6 日，巴伊亚爆发争取共和的起义。起义领袖为律师、医生和记者，起义形式是温和的。起义领袖宣布巴伊亚完全、彻底与皇室政权割裂。11 月 11 日的通告宣布巴伊亚从即刻起与位于里约的皇室脱离关系，且不从属于任何权威机构或当局，也不再接受任何指令。但起义者又将巴伊亚州独立状态的时限确定到佩德罗二世即位为止。起义于 1838 年 3 月 16 日和平结束。

1838 年 12 月 13 日发生的马拉尼昂骚乱，为时最长，冲突最为集中、最为激烈。起初骚乱主体是社会底层手工艺者，后因动员了乡村民众而具有广泛性和较大规模。因广大农民、牧民和大量奴隶加入，从参与者的阶级属性和社会阶层来看，这是一场有社会各阶级人群参加的事件。但由于缺乏明确斗争纲领和系统斗争策略，组织者也缺乏领导能力，骚乱于 1841 年结束。

2. 第二王朝

摄政政权期间，各派系对立严重，政局极其不稳，社会大幅动荡，各地频繁爆发起义和暴动。摄政大臣费若在其任内不到两年时间里四次组阁失败。因治乱无力，他于 1837 年 9 月 19 日被澳琳达伯爵佩德罗·利马取而代之。利马摄政后一改前任理念，加强了对各省控制，但始终未有效掌控态势。自由党和保守派间的斗争愈加激烈。因双方都知道仅靠己方力量无力控制整个局面。作为妥协方案，双方一致同意将皇帝作为国家和社会统一意志的象征，让佩德罗二世即位，以稳定国内局势。摄政内阁将佩德罗二世成人年龄由 18 岁改为 14 岁。1840 年 7 月 23 日，《关于佩德罗二世成年的公告》颁布。根据公告，佩德罗二世于 1841 年 7 月 18 日加冕为巴西皇帝。第二王朝开始。

皇帝登基后，保守党内阁多项政策引发社会激烈反对，并造成社会动荡。1842 年 5 月 17 日，圣保罗爆发由前摄政王费若为领袖和后台指挥的自由党人起义。同年 6 月 10 日，米纳斯吉拉斯省也爆发自由党起义。自由党人任命了这两个省的省长。皇帝派出卡西亚斯伯爵前往镇压。卡西亚斯是军人世家出身的军事统帅，但他以高超的谈判技巧和强有力的手腕使得这次皇室和地方政府的冲突以和平的方式解决。

佩德罗二世登基时，始于 1835 年的法拉珀斯革命已影响很大并波及广泛。战争席卷南部地区，一些重要城市被占领。共和军和帝国军队互有胜负，处于胶着状态。1841 年，刚刚获得独立的乌拉圭东岸共和国和所谓里奥格朗登斯共和国签订了军事互助条约。在失去西斯普拉提纳后，帝国面临进一步被分裂的局面。卡西亚斯伯爵被任命为陆军总司令，率军镇压革命。尽管拥有包括军事消灭在内的全部授权，但他坚持使用非军事手段，和平解决问题。1845 年 2 月 25 日，卡西亚斯伯爵和共和党人代表、共和军将领共同签署了《和平公约》。公约的签订标志着法拉珀斯革命结束，也使得南部领土重新回归帝国版图，开启了南部政治、军事局势正常稳定的局面。

由于巴西独立是在缺乏社会基础、政治准备和没有公众广泛参与的情况下发生的，所以独立后所出现的政治、社会、军事危机此起彼伏。佩德罗一世在帝国独立之初逊位，留下的巨大权力真空使得各种问题频出，不但各种传统、固有矛盾无法得到解决，很多新矛盾也不断涌现。在这些矛盾中，比较突出的是自由主义共和党人与传统保守派的对抗。

在经济相对较好的伯南布哥，殖民之初葡萄牙王室在当地实行领地分封制度，形成了个别对当地经济社会拥有实际掌控能力的势力。大家族长期以来通过相互妥协和利益交换，几乎完全掌控该省政治经济资源。面临荷兰和西班牙殖民地的甘蔗种植的竞争，当地支柱产业甘蔗种植利润大幅下降。王室严格控制和垄断贸易，市场没有自由交易，引发一些小地主和经济社会地位较低的阶层的强烈反对。1845 年，财政大臣、自由派人士达·伽马被任命为该省省长后，在任内开始削弱大利益集团力量。1848年，佩德罗二世又用前摄政大臣、极端保守党人取代了原省长，这一任命激发了民众对大地主控制经济社会的更强烈的反对。

1848 年 11 月 7 日，在陆军将军若泽·德阿布列乌指挥和其他军官协助下，一场有地方官员和军人参与，以反对省政府为口号的动乱在澳琳达爆发。参与动乱的自由党人武装和保皇军发生战斗，并于 1849 年 1 月 1 日发布《告世界书》，提出包括民众普选、安全、充分新闻和表达自由、工作权利保障等主张，得到大批包括佃户、小商贩、已获自由的奴隶在内的民众的热烈响应和积极参与。动乱力量增至近 3000 人。

1848 年 12 月 25 日，动乱被保皇军镇压。1851 年 11 月 28 日，参与策划、领导行动的上层人士被赦免并官复原职，参与暴动的底层民众则被处以极刑。

这是第二王朝发生的最后一次动乱。后来的变化反映了独立后社会长期动乱的局势开始缓和，同时也表明佩德罗二世政权已基本巩固和稳定。经过长时间震荡和调整，以及独立后各种关系，尤其是和前宗主国之间的关系的调整，巴西社会各界都希望社会稳定。佩德罗二世的加冕，很大程度上也成为社会和解和稳定的契机。他登基之后所采取的一系列措施，以及稳固政权的整个过程，尤其是处理频繁发生的动乱和社会矛盾中的立场、态度也为社会所接受，从而加快了社会公众对新身份认知的形成。这些因素的作用叠加，使得巴西政治经济社会开始进入一个相对平缓的时期。

1720 年，咖啡被从法属圭亚那引入巴西，在帕拉种植后经马拉尼昂、巴伊亚开始在帕拉伊巴河流域种植，获得极大成功。19 世纪初叶，巴西咖啡开始出口。19 世纪中叶，咖啡已成为巴西对外贸易中最主要商品并带来大量外汇收入。

随着这些变化，巴西经济中心也从东北部沿海地区向圣保罗和米纳斯吉拉斯转移。原来的主要经济支柱产业甘蔗种植和榨糖继让位于采矿业后，最终让位于咖啡种植。咖啡取代蔗糖成为主要出口商品后带来更丰厚利润。以圣保罗、里约热内卢、米纳斯吉拉斯为中心的这个地区成为新的经济增长点，开始出现更多城市。随着开垦范围、生产规模不断扩大，大庄园主、大地主群体开始壮大，并逐步成为掌握生产资料最多的群体；其政治地位、政治势力也随之不断加强。由于这是一个与王室联系最为紧密的社会阶层，所以随着佩德罗二世登基，这个阶层也找到了最好的代言人和保护者。

这些变化还带来社会结构的变化。随着新经济力量的兴起，巴西社会阶层变得更为复杂。随着大利益集团的出现和壮大，政治力量对比也开始发生变化。

3. 废奴前后

1844 年 8 月 12 日，巴西颁布《奥维斯布兰科税法》，对国内不能生产的商品加征 30% 的进口关税，对国内可生产的类似进口制成品加征 60% 的关税。该法的宗旨是保护主义的，尽管伤害了进口商和一部分消费者，但大大激励了国内工业发展。

由于大量咖啡出口，同时国内由于财富快速积累却不能形成消费市场，对外贸易很快形成大量外汇顺差。财富的快速增长和大量积累使得国内基本建设投资获得资金保障。经济发展也对基础设施建设提出相应要求。受经济利益驱动，已基本上完成资本积累的利益集团开始在政府支持下大量投资于工业和制造业、基础设施领域。以本国贵族伊里内乌·索萨为代表的本国资本成为巴西工业化建设先驱者，铁路、公路、桥梁、港口、通信等项目建设进入第一个发展时期。

19 世纪初叶，欧洲在英国倡导下逐步禁止黑奴走私。1815 年在获得英国 75 万英镑补偿后，葡萄牙开始禁止本国商人在赤道以北非洲从事贩奴，1842 年又禁止在赤道以南贩奴。因欧洲各国都迫于压力而减少或停止奴隶贸易，巴西也被迫听命于列强。英国的压力使得巴西帝国政府不得不对黑奴走私持谨慎而消极的态度。随着国际禁奴力度不断加大，巴西被动地开始了由帝国政府主导的废奴进程。

废奴在巴西经历了长期、渐进的过程。1850 年 9 月 4 日，佩德罗二世签署帝国第 581 号法，禁止奴隶入境；1871 年 9 月 28 日签署第 2040 号帝国法，又名"自由胎儿法"，规定所有新生奴隶子女可无条件享有自由。1885 年 9 月 28 日，帝国颁布第 3270 号法，规定年满 60 岁的奴隶自动获得自由，当满 60 岁时已为奴隶主劳作满三年或三年以上的，还可获得赔偿。1888 年 5 月 13 日，佩德罗二世签署帝国第 3363 号法，最终完成法律上的废奴。

这些法律出台时间间隔之长、耗时之长，说明了巴西废奴是被迫和消极的。由于彻底废奴会对帝国经济带来冲击，并面临大种植园主、大地主的强烈反对，作为该群体最高代理人的佩德罗二世这么做也只是为了保护自身利益。这些法律出台过程，使巴西市井出现一个至今仍脍炙人口的俗语：只是做给英国人看看。实际上，在这些法律出台后，贩奴船仍在大西洋两岸从事贩奴交易。仅在 1850 年到 1856 年，就又有近 4 万黑奴被贩卖到巴西。

从整个历史过程看，巴西废奴的过程是由上至下、由帝国皇帝开始，并在其推动下得以实现的。虽然历史上也发生过奴隶为争取自由的斗争，但巴西奴隶制的废除不是由社会底层，也不是奴隶为争取自由解放斗争的成果。

更重要的是，奴隶贸易最传统、最主要、最大经营者葡萄牙已失去海上航运优势，不但已失去海军力量，连商船海运能力也早已被荷兰超越。英国反奴隶走私舰队开始在大西洋航线上游弋。

在废奴相对漫长的过程中，咖啡垦殖和生产规模不断扩大，劳动力缺乏问题开始显现。极其恶劣的劳动条件和生活待遇，免疫机能缺失等原因造成奴隶大量死亡。劳动力缺乏始终是大种植园经济发展的难题。巴西经济对黑奴的需求始终很大。此时种植园主已无法从当地印第安人那里获得劳动力的补充，对劳动力的需求驱使巴西考虑从他国移民。

4. 帝国中兴

为加速本国工业发展，佩德罗二世 1840 年颁布发展工业的优惠政策。优惠政策条件之一是不雇用奴隶，这些政策在加速工业建设发展的同时，也促进了社会进步。

进入 19 世纪 70 年代，巴纳伊巴河流域咖啡和甘蔗种植园主开始投资纺织加工等工业。1866 年，巴西只有 9 家纺织厂，795 名工人。到 1885 年，纺织厂已增至 48 家，工人数量近 3200 人。1889 年末，全国已有各类工厂 636 家。为适应经济发展对基础设施的需求，南方开始修建铁路，此时进入巴西铁路建设最快的时期。1854 年 4 月 30 日，巴西第一条、长 15 公里铁路线路通车。1868 年通车里程已达 718 公里。1889 年帝制被推翻时，巴西全国铁路线路长度为 9200 公里，形成拉丁美洲最大的铁路网，巴西进入当时全世界铁路通车里程前十名。

1864 年，乌拉圭因白党和彩色党两股政治势力长期斗争处于内乱边缘。巴西以保护本国侨民和稳定地区局势为由，以调停名义派兵入侵乌拉圭，并于 1865 年 2 月 12 日占领蒙得维的亚，推翻乌拉圭白党政府。随后扶持维南西奥·弗洛雷斯就任总统并与之签订了和平条约。

与此同时，巴西又卷入了另一场地区冲突——巴拉圭战争。战争双方是巴拉圭和由巴西、阿根廷、乌拉圭三国组成的同盟，这也是南美洲有史以来最大的军事对抗。阿根廷、巴西、乌拉圭、巴拉圭四国之间出于历史、地理、外交、政治等原因纠葛不断，矛盾重重。这场战争起因就是乌拉圭战争，巴拉圭战争也是乌拉圭战争的延续。

1864 年 11 月 11 日，在乌拉圭战争中，支持当时乌拉圭执政党的巴拉圭扣押了一艘停靠在亚松森港的巴西籍商船，并监禁船上所有乘客。该事件使得两国矛盾迅速激化。巴西声称马托格罗索被巴拉圭军队入侵，并指出巴拉圭这些举动是建立巴拉圭帝国计划的组成部分。

为报复巴拉圭，打击其所谓扩张企图，阿根廷、巴西、乌拉圭三国于 1865 年 5 月 1 日签订条约，建立旨在联合对抗巴拉圭的军事同盟。三国联军在巴西陆军将军曼努埃尔·奥索里奥指挥下，于 1866 年 4 月 15 日开始进攻巴拉圭。

联军最后于 1870 年战胜巴拉圭。在这场战争中，巴西派出兵员超过 15 万人，阵亡人数超过 5 万人。阿乌两国也蒙受巨大损失。通过这场战争，巴西不但以战胜者身份从巴拉圭获得大量战争赔款，还同阿根廷一道，瓜分了巴拉圭大片领土，彻底改变了这一地区的地缘关系。

这场战争除了给巴西造成大量士兵牺牲之外，还给政府带来了巨额财政负担。但由于战争对经济的刺激，而且巴西当时经济已处于相对繁荣时期，战争债务在十年内就被全部偿清。根据帝国政府承诺，参战奴隶均可在战争结束后获得自由，战后有很多奴隶获得自由。

5. 帝国末期

在当时历史背景和条件下，巴西独立在皇室主动、积极主导下得以实现。这对巴西经济社会发展是一大贡献。虽然这只是葡萄牙殖民统治集团一个完全基于自身利益的自保行为，但实现独立不但使巴西摆脱了宗主国的横征暴敛和盘剥掠夺，而且使殖民地人民获得了政治上的平等地位。这个历史意义不可磨灭。

帝制政府另一个贡献是保持了巴西的国家统一和民族团结。面对独立后的各种分裂的挑战和威胁，帝国始终如一地坚持残酷镇压和善意安抚，同社会各方面一同战胜了独立后的动乱和不稳定。

佩德罗二世执政期间，工业化取得较大进展，这为巴西后来的经济社会发展奠定了基础。在基础工业方面，佩德罗二世时期所完成的早期工业化建设使得巴西成为当时南美洲最强大的国家，也是当时拉丁美洲工业基础最好、工业结构相对最完整的国家。在基础经济领域，巴西大规模种植咖啡，并大力推销，使得巴西咖啡占领了国际市场，并由此将咖啡变成了自己在国际市场上的战略物资，国家经济外向型特征更加显著。

在社会进步方面，佩德罗二世在执政期间签署了废奴法案，终结了其家族从 16 世纪初开始的贩奴贸易。虽然整个进程是消极、缓慢、被迫的，但作为统治者，这一彻底的改革为其获得了暂时和相对的拥戴。

佩德罗二世在历史上为巴西做出的另一大贡献是开始从世界各地吸收移民。19 世纪中叶，巴西基本国民种族构成只有三个人种：作为殖民者群体的葡萄牙人、土著印第安人和被贩卖到巴西的奴隶。佩德罗二世从欧洲移民的初衷只是为填补禁奴造成的劳动力短缺，这一目的虽未得以全面实现，但欧洲移民进入巴西劳动力市场后出现的其他变化，证明移民在客观上对巴西的进步和发展意义重大。

1873 年 4 月，巴西第一个政党圣保罗共和党成立，其主要成员为政治家、律师、记者、教师等，背后是圣保罗的大庄园主和大地主。尽管当时仍处于帝制统治，但该党具有合法地位。建党初始，该党的主张并不包括推翻帝制，而只是倡议成立共和制的联邦。其目的就是改变集权统治，使得各省在可拥有更多自主权的同时享受国家税收转移。虽在帝国宪法框架下的合法政治中并无太大影响，但该党成功渗透入军队。在 1889 年军人推翻帝制的军事政变中，该党起了关键作用。

佩德罗二世在执政过程中致力于各方面发展且有成效，但忽略了经济社会发展所带来的社会政治力量对比的变化。在其执政期间，欧洲工业革命已开始，法国大革命后各种进步思想通过不同渠道进入巴西社会，新大陆上各种势力和利益集团也在不断形成并持续壮大。作为封建君主，他接受的是欧洲宫廷的执政教育和行政指导，对于有些问题缺乏足够考虑和周密设计，尤其是对新的社会环境下巩固政权方面问题疏于规划。在其执政后期，巴西出现资产阶级党派活动，这些党派并无非常实质、明确的党派纲领和执政主张，却为不断壮大的大资本利益集团所利用。

最后推翻帝制政权的强烈动机并非来自底层劳苦大众。共和革命的最主要动力和主体是长期不满于王室对殖民地经济肆无忌惮地掠夺和压榨的人。从其社会属性上看，这一人群属于统治者群体，包括大庄园主、大种植园主等利益集团，其与封建统治政权之间长期处于矛盾关系之中。帝国政权的过度剥削使得其与生产部门的矛盾长期存续，这种矛盾不但长期得不到缓解，还演变成为社会主要矛盾并日益尖锐。随着大资本势力的不断壮大，统治者间的这种内部矛盾开始激化。

帝国政权迫于国际压力，终结了奴隶制度。这一举措使得支撑经济的大种植园产业蒙受损失，大种植园主不再愿意支付过高的交易成本，双方矛盾进一步激化，这种反抗情绪为共和党人所利用，这两个群体联合后与军人合谋，发动政变推翻了帝制。总的来看，实行废奴法使得失去廉价劳动力的大种植园主势力不再甘愿忍受，废奴法的实行成为压垮帝制的最后一根稻草。外部环境是造成巴西历史上第一次军事政变的间接因素，国内局势变化则是政变的直接原因。佩德罗二世迫于国际社会压力进行社会改革，却对改革可能给国内社会带来的冲击缺乏足够判断。

君主立宪远非进步的社会制度，佩德罗二世统治和治理也困难重重。但从当时情况看，帝制的存续并非已不能为社会各阶层所接受，而且君主立宪当时也可成为选项。推翻帝制、建立共和是掌握国家经济命脉、掌握生产资料的大庄园主的诉求。作为帝国统治者，皇室每年获得的巨大利益主要来自对他们的利益的侵占。政变是大资本集团因自身利益长期受王室盘剥，以及因废奴而遭受的突然打击所采取的行动。

军人政变虽然推翻了帝制并建立了共和，但在这次所谓的革命中，军人只是被利益集团利用。实现共和后不久就出现，并在巴西历史上盘踞延续多年的寡头政治局面证明了这一点。

## 第四节　旧共和时期

### 一　推翻帝制

巴西历史学家习惯将共和初期阶段称为旧共和时期。这是巴西历史上帝制被推翻后共和初期阶段，具体时间从 1889 年 11 月 15 日军人推翻帝制，宣布国体为共和国之日起，到 1930 年共和国第 13 任总统华盛顿·路易斯任期结束止。

1889 年 11 月 15 日，以陆军元帅德奥多鲁·达·丰塞卡为首的军人发动政变，推翻帝制，废黜并流放皇帝佩德罗二世。政变军人解散了帝国国会，宣布成立共和政权，定国名为巴西合众共和国。以丰塞卡为首的军人组成临时政府，内阁部长中既有共和党人，也有自由党人，但无一例外都是帝制大臣。政变得到各省政府和民众的一致支持，仅马拉尼昂发生获得自由的奴隶发动的保皇运动，但很快被平息。

丰塞卡被推选为第一任总统，在其任职期间，政府完成第一次共和制宪，颁布巴西的第二部宪法。宪法规定巴西国体为联邦总统的两院制。

旧共和被划分为两个时期。第一个时期被称为"刀剑共和"，由军人作为政权主要角色，从 1889 年 11 月 15 日宣布巴西合众共和国诞生，到第一位民选总统就职。这一时期总统先后由两名军人担任。第二个时期被称为"寡头共和"。

## 二　"刀剑共和"

帝制被推翻之初，共和政权面临巨大挑战和考验。由于经济形势迅速恶化，又无法同反对派达成妥协，1891 年 11 月 3 日，首任总统丰塞卡宣布解散国会，中止宪法中所有关于个人权利和政治权利的条款，实行全国宵禁。陆军包围了国会，开始逮捕反对派人士。该事件引发社会动荡，并立刻激起民众强烈反对。1891 年 11 月 23 日，海军开始发难，威胁将炮轰首都联邦区。丰塞卡被迫辞职。

丰塞卡辞职后，副总统弗洛里亚诺·佩索托接任总统。根据新宪法，当总统缺位时间超过两年，应重新举行大选以产生新总统。佩索托上台后不久，数十名高级军官公开指其违宪，对其政权合法性提出疑问。佩索托将为首的帕累托元帅等军官投入监狱，强力镇压了挑战。

1893 年 9 月 6 日，以高级军官为首的海军哗变，要求立刻举行大选。从历史和传统看，海军对皇室的忠诚度明显强于其他军种，参加哗变的有年轻海军军官和社会上年轻保皇派。佩索托在陆军支持下强力镇压哗变，面对葡萄牙海军对哗变军人的支持，他在美国舰队帮助下击退葡海军的封锁，使局面迅速彻底改观，1894 年 3 月，这次哗变被平息。

除军队上层质疑和直接挑战外，巴西还多次发生低级军官哗变。社会公众对佩索托的反对也未停止。始于 1893 年的所谓联邦革命不但范围广，规模也大。动乱由联邦主义分裂分子挑起，始于南里奥格兰德州，后发展成遍及南部的内战。佩索托坚决、果断地粉碎了分裂国家的企图。通过这次胜利，佩索托不但消除了共和所面临的威胁，也进一步巩固了共和政权。通过打击分裂主义势力，巴西领土完整和国家统一得到了巩固。

佩索托坚持铁腕政策，同时下令重开国会。经济方面，面对由于帝制时期经济泡沫的破裂而可能引发的经济危机，他又以专制手段下令冻结食物和其他生活必需品价格，维持了社会稳定。

1894年11月15日，首个总统任期届满，佩索托根据宪法规定，交出了总统职务。他的离任标志着"刀剑共和"结束。由于其任内铁腕和强权的统治，共和制度过了最初脆弱的阶段。

从当时历史条件看，军人在推翻帝制后所采取的强势政府和带有专制色彩的政权形式有其客观原因。因拥护帝制的社会力量仍很强大，而且有借帝制被推翻后的混乱局面分裂国家的阴谋。军人集团出于对形势的谨慎，为彻底打击、压制各种复辟势力，镇压可能出现的分裂国家的企图，采取了强权手段。

另外，共和党也认识到自身力量根本不足以同多方复辟势力抗衡，从自身利益出发，在共和初期非但没有要求政权的主导地位，反而选择同强力军人集团合作。因此这个所谓的"刀剑共和"实际上就是以共和党为代表的大种植园主、大地主集团同军人妥协、媾和、合作的结果。这种资本和军人的联盟是新兴大资本集团和以军人为代表的强权集团为了各自利益的结盟。就其社会基础而言，这个联盟具有传统意义和历史根源。正是殖民早期葡萄牙王室在当地推行的领地分封制度，形成了这一几乎制度化的传统，继而产生了这种既掌握经济命脉，又通过经济实力来干预、控制、操纵政治，并与军人或地方武装结成同盟，具有典型的威权主义特征的势力。

三 "寡头共和"

1894年文人开始执政，开启了旧共和的第二个时期，即"寡头共和"阶段。这一时期巴西政治突出的特点是不同地区经济、政治利益集团间的矛盾和对抗，以及这种矛盾从形成到不断激化，并发展到后来的对抗和冲突，最终结束的过程。

由于历史、自然环境和经济社会发展水平等诸多因素影响，巴西东南部虽然经济发展起步较迟，但发展水平、经济规模明显高于、大于东北部。虽然奴隶制已被废除，但生产方式、土地所有制并未改变，土地仍为少数封建领主所有。随着经济规模越来越大，米纳斯吉拉斯和圣保罗产生了一个大地主和大庄园主阶层。这些种植园和庄园规模很大，因而很快形成对国家经济政治影响的势力。

在社会制度方面，虽然帝制被推翻，新的生产关系并未因共和建立而出现。那些被称为上校的大地主、大庄园主的经济社会地位无任何变化。他们除享有产品分配的优先权和占有权之外，还拥有对社会事务的影响力。为其提供劳动的都是尚未获得真正意义上的自由的奴隶，由大地主、大种植园主形成的阶层不但占据经济上的统治地位，其政治地位和社会地位还由于帝制被推翻，反而得到提升，并获得更多、更大的话语权。

共和的建立决定了社会事务、管理者或代理人的选择必须通过选票实现。佩索托离任之后的巴西进入所谓民主共和时期，选票成为民主的形式。但绝大多数选民是被役使的、没有经济社会地位的奴隶，大种植园主不代表这些社会底层选民的利益，却因为拥有对其绝对的统治和控制权而成为其政治代言人。记名投票选举方式逼迫选民只能按照主人的意愿和命令把选票投给指定的候选人。刚刚获得名义自由的奴隶未从共和制的选票政治中获得任何社会地位，反而成了统治者的投票机器。

正是由于这些社会背景和制度的缺陷，东南部大种植园主通过选举制度将手中所掌握的权力转化成为影响政治的能力，然后又通过这些能力进一步地影响国家的政治制度和操控国家资源的分配。

圣保罗共和党创始人、圣保罗州前州长德·莫拉伊斯接替佩索托就任第三任总统。自此，总统一职就一直在圣保罗和米纳斯吉拉斯的代理人之间交替转换。这两个州的咖啡种植业和畜牧业是当时巴西经济支柱产业，所以，完全被这两个州大种植园主和大农场寡头掌控的共和政治也被称为"咖啡加牛奶政治"。

这种局面长时间维持不变，除为这两个州提供更多经济利益外，也使其获得了更多政治和社会资源。国家政治长期被把持的局面不但使得其他地区无法获得政府财政支持，一些经济次发达地区如南里奥格兰德和伯南布哥的代表也没有机会进入行政管理部门，从而进一步加剧了权力和资源分配的失衡。

1918 年，前总统之子、伯南布哥的埃皮塔西奥·佩索阿在米纳斯吉拉斯州和圣保罗州支持下就任总统。他不但得到这些利益集团拥护，还拥有军队的保护和支持。

1922 年 3 月 1 日，米纳斯吉拉斯州州长阿杜·贝尔纳尔德斯击败由南里奥格兰德、巴伊亚、伯南布哥等州支持的候选人尼洛·佩萨尼亚当选总统。虽然这是"咖啡加牛奶"势力之间的又一次利益交换，但长期以来，这种以地域利益集团为特征的寡头政治已在公众中造成很深积怨和强烈民愤。这次选举结果使得矛盾激化。1922 年 7 月，里约最大兵营科巴卡巴那要塞发生兵变。

虽然兵变被迅速、残酷镇压，但强烈的反抗势头未被遏制，并引发连锁反应。1924 年 7 月，圣保罗市发生了圣保罗起义，中西部发生马托格罗索起义，东北部发生塞尔吉佩暴动，北部也爆发玛瑙斯公社起义。这些暴动或起义无一例外都被联邦政府调动大量军队镇压，在力量对比极为悬殊的情况下，这些暴动或起义很快就彻底失败。但无疑产生巨大社会影响。

这些暴动或起义有以下几个共同特点。第一，都以反对以圣保罗和米纳斯吉拉斯两州勾结的寡头政治为主要目的；第二，都只针对当时选举方式和选举过程中的弊病；第三，缺乏系统、全面的政治纲领和改革主张；第四，没有严密的组织，尤其是没有普通民众参与。暴动或骚乱的主要领导者多是代表新生力量的低级军官。

佩索阿曾镇压或挫败多起政变分裂企图，但由于各种深层次社会矛盾并未得到解决，巴西局势仍持续震荡。除上述以军人为主体的反对寡头政治兵变外，整个旧共和时期社会不稳定状态长期且普遍存在，民众反抗浪潮此起彼伏。既有发生在乡村为生存而铤而走险的强人起义，也有局部地区两个政治势力之间因对抗激化而发展成的冲突，或是小地主、小庄园主反抗买办资本、联邦政府的动乱，以及都市民众为反抗压榨、盘剥而发动的起义。

这些事件虽然影响都是局部的，且很快都被政府镇压，但反映了"刀剑共和"遗留的经济社会矛盾未根本、彻底解决的现实，也体现了当时社会的失衡，以及各种社会矛盾还在不断积累和加剧。1929 年大萧条使得许多矛盾最终激化，并直接、突出表现在巴西政坛中，因 1930 年大选而引发的各利益集团之间的冲突最后导致政府巨大动荡，从而导致共和第一阶段彻底终结。

1930 年 3 月，总统华盛顿·路易斯提名的总统候选人普莱斯特斯以绝对优势战胜南里奥格兰德州候选人瓦加斯，赢得总统大选。但瓦加斯在军人支持下废黜了总统，阻止了普莱斯特斯就职。瓦加斯的政变行为明显违反宪法，但被推翻的候任总统普莱斯特斯并未获得公众支持。旧共和时代就此终结。

对于巴西历史而言，旧共和时期所发生的最重大的事件就是开创这一历史时期的推翻帝制的军事政变。政变不但使巴西彻底摆脱了从殖民地宗主国所承继而来的封建统治，也开创了巴西的历史。

巴西殖民历史上，底层劳动民众从未形成有规模、有组织的政治势力。中层、底层殖民者中的商人、知识分子、小业主与王室之间的矛盾始终存在。这个矛盾是当时巴西社会的主要矛盾。代表当时最活跃、最迫切希望社会改革发展，最有能力改变社会现状，促进社会进步的力量，是大种植园主和大庄园主利益集团。他们一方面希望获得和占有更多经济发展成果，另一方面也不甘心于长期受制于皇权统治，也希望能够参与对经济社会资源的控制和配置，获得在发展方向和发展方式问题上更多的话语权。这些由大种植园主、大庄园主构成的利益集团成为推翻封建帝制统治的主要力量。

从政治角度看，推翻帝制革命的得益者是控制最大量社会资源的极少数人，并未使得占最广大人口的劳动者受益。由于主要生产资料仍然掌握在大种植园主、大庄园主手中，从革命结果而言，这次国家政体的转变并没有给经济社会带来非常积极的进步，广大劳动人民仍处于社会的底层，获得社会资源的权利依旧被完全剥夺。

从革命形式和过程来看，这次封建帝制被推翻是在大利益集团策动、支持下的军人群体依靠暴力完成的，这开创了军人依靠暴力夺取政权、占有政权的先例。军人领袖虽未长时间掌握权力，但佩索托专横、独裁的统治，以武力行政的方式为后来的专制政权提供了范例。控制国家社会经济政治命脉的大利益集团为实现自己的目的，通过利用和操纵军队这一国家机器，来实现夺取政权的目的并获得成功。这一过程和结果大大强化了这些大利益集团在国家治理、社会事务中的控制能力并丰富了其政治资源。这次共和革命最直接的结果，就是随之而来的在历史上长期盘踞政权的寡头政治统治。

在这个过程中，虽然寡头政权的更迭和交替始终是在宪法框架下进行的，但这种基本上完全被操控和干预的所谓民主不过是威权主义独裁专制的道具。由大种植园主、大庄园主在背后支持，并且完全代表这些利益集团的寡头利用手中掌握的经济政治权力，不断地对经济政治实行更系统、更全面和更彻底的掌控，同时又通过所谓的政治民主，将整个共和国的命脉全部掌握在自己手中。这种被操控和被干预的所谓民主政治扭曲了巴西社会，使得民众习惯、适应这种被扭曲的政治生态。也正是由于真正的民主社会不能形成、真正的民主制度不能建立，巴西社会出现了少数社会精英群体屡屡依靠暴力手段来获取权力的现象。

1889年共和的建立实际上是政治不成熟的军人在大种植园主和大庄园主策动下完成的。皇权被推翻，共和的建立并未将巴西带入一个更进步的社会，社会也并未实现真正民主。皇权只是被另一个代表极少数人利益的群体替代，真正意义上的共和远未实现。也正因为如此，才有后来佩索托、瓦加斯等独裁交替出现以及军人不断干政的局面。寡头共和现象的出现，也正是由于经济支柱、社会资源仍然被掌握在一小部分人手中，国家政权也始终为这个群体掌控，从而政治改革举步维艰。

## 第五节　瓦加斯独裁时期

### 一　瓦加斯政变

1929 年大选前，总统华盛顿·路易斯打破了多年来圣保罗州和米纳斯吉拉斯州政治集团之间的默契和约定，未同米纳斯吉拉斯州利益集团商议，就指定圣保罗州州长（前州长之子）普莱斯特斯为总统候选人。这一举动成为矛盾的开端。米纳斯吉拉斯州与帕拉伊巴州、南里奥格兰德州联合组成自由联盟联合阵线，推出南里奥格兰德州州长瓦加斯和帕拉伊巴州州长若昂·佩索阿的竞选组合。

在 1930 年 3 月大选中，普莱斯特斯以 109.17 万票当选。自由联盟指称大选过程中存在舞弊行为，拒绝承认选举结果。同年 7 月，自由联盟副总统候选人佩索阿被暗杀，引发骚动。瓦加斯在当地驻军支持下，于当年 10 月 3 日进入首都并获得三军部长支持。10 月 24 日，瓦加斯在军人支持下推翻在任总统路易斯并将其放逐海外。候任总统普莱斯特斯因总统任职仪式被取消，成为巴西历史上第一位根据现行宪法由全民投票选举产生，却未能就职、未行使总统权力的总统。

瓦加斯的行为是彻头彻尾的政变。同年 11 月 3 日，他自任临时政府首脑并开始行使总统权力。因缺乏宪法依据，瓦加斯只能以临时总统令形式行使行政权力，彻底违背了共和宪法的精神。

### 二　独裁形成

社会各界一直期待临时政府举行总统选举，但瓦加斯一直不予响应。1932 年，护宪运动在圣保罗开始孕育。运动旨在敦促临时政府举行新总统大选，并修改已被践踏的共和宪法。同年 5 月 24 日，圣保罗市爆发抗议行动，4 名学生死亡，这是关于总统合法性的斗争引发的第一起死亡事件。

同年 7 月 9 日，圣保罗州州长佩德罗·托莱多率领民众从圣保罗向首

都进发，试图以武力逼迫临时政府解决问题。这个行动被史学家称为
1932 年革命。行动组织者通过电台和报纸在圣保罗州范围内进行了广泛
宣传和动员，进军人数达 6 万人，志愿者则多达 20 万人，但行动未获得
其他州响应。圣保罗方面原希望以突袭形式占领首都，但很快就被政府出
动的 10 万多名军人完全包围。1932 年 10 月 4 日，圣保罗方面眼看突围无
望，被迫签署了投降文书。自此，这次为期 87 天的行动以大量人员死亡
和彻底失败结束。

　　1933 年，国会修宪委员会经半年多选举于当年 11 月 15 日成立。次
年新宪法颁布。新宪法规定总统由国会投票产生，并赋予总统更大权力；
同时赋予妇女投票权，改投票为不记名投票，实行小学义务教育，并予以
劳工更多保护。这些深得民心的变化获得了广泛、热烈支持。修宪成为瓦
加斯的重大胜利，其执政地位进一步巩固。从 1930 年 10 月瓦加斯发动政
变到新宪法出台，其政府始终处于违宪状态。所以，新宪法实际上使国家
政体回归宪法框架下的总统制。

　　1937 年大选前，瓦加斯与军人集团合谋，以预防、打击共产主义和
暴乱为由，为进一步独裁做准备。同年 9 月，政府称发现有共产主义者正
在阴谋策划"科恩计划"，密谋夺取政权，实行共产主义。这一谎言引发
社会混乱。瓦加斯制造社会紧张的目的很明确，民众不安情绪愈发强烈，
全国政治局势失稳。10 月 1 日，国会宣布全国进入战争状态。

三　"新国家"时期

　　瓦加斯利用民众盲目恐惧心理和由此造成的社会动荡获得广泛支持。
1937 年 11 月 10 日，他在全国电台发表广播讲话，强调所谓共产主义对
社会的威胁，以及政府在防御、抵抗共产主义传播中的必要性，同时宣布
关闭国会，解散所有政党。当日，瓦加斯还颁布赋予其更大、更广泛权力
的新宪法。其在军人支持下的一系列行动实际上是一次自我政变，标志着
其政权由违宪转为彻底独裁。这个被其宣称为"新国家"的时期由此
开始。

　　"新国家"是瓦加斯独裁的开始。为"新国家"提供保护的新宪法在

原基础上有重大变化,其中包括建立国家安全法院、新闻检查机构,实行新闻检查制度,包括戏剧、音乐在内的所有活动须经政府审核;严禁游行、集会;严控工会活动;政府可抓捕、监禁政治犯;等等。因各州州长由总统任命,市长又由州长任命,瓦加斯总统的权力被一再放大,而公民相应的选举权则被剥夺。

"新国家"时期,瓦加斯政府对经济社会发展起到了巨大、长远的推动作用。在基础设施和项目建设方面,巴西国家冶金公司、淡水河谷公司、巴西国家酒精公司、巴西再保险公司等国企均在此时期建立。政府还建设了圣弗朗西斯科河水电公司、巴西中部铁路、里约巴伊亚公路等大型基建项目。在政治和社会改革方面,瓦加斯政府开始实行劳工登记、最低工资、八小时工作、每周带薪休息等直接惠及民生的制度。在法制建设方面,政府颁布了刑法和刑事诉讼法、劳工法,建立劳工法院等。在国家发展的制度建设和基础设施建设方面,巴西成立了国家石油理事会、巴西联邦外贸理事会。在国防领域,瓦加斯在此时期设立了空军部,并组建巴西空军,巴西航空工业也由此起步。这些都为巴西日后的经济建设和发展奠定了坚实强大的基础。

二战爆发使瓦加斯在执政期间面临最大外交挑战。二战之前直到二战初期,他坚持实用主义的外交政策,后在美国的一再施压下加入反法西斯阵线,通过向同盟国提供大宗产品和在东北部海岸建立美军机场等方式支持盟军,还直接派出参战部队赴意大利战场,同盟国一道对敌作战。

瓦加斯在宪法的保护下,通过"新国家"制度一直把持总统职务到1945年。但在"新国家"后期,政界和社会各界开始公开反对"新国家"及其独裁统治,公开要求民主制度回归,反政府的力量与日俱增。1945年10月29日,在各方面压力下,尤其是在军人集团直接和粗暴逼迫下,瓦加斯辞去总统职务。

自从1930年通过政变上台,瓦加斯占据总统职务超过15年。初期,他以临时政府首脑名义统治国家。1934年第三部宪法颁布后,他以国会选出的总统身份担任总统至1937年。1937~1945年,他则通过各种手段,制造、利用动荡的政局和特殊的情势,炮制出一个对民主制度倒退的宪法，作为"新国家"总统一直连任，直至 1945 年被废黜。至此，这个以权力高度、充分集中、以国家民族主义为核心、以反共和专制为特征的政府告终。

在政府被经济寡头集团长期垄断背景下，瓦加斯依仗军人支持，以政变方式获得权力。由于打破了长期盘踞在国家政治生活和政府之上的寡头政治的统治，所以尽管其行为本身是一次对所谓民主的否定和破坏，在当时来说具有一定进步意义，并因此得到包括军人在内的社会各阶层的支持。但不论是其夺取权力的形式，还是在其就任后对权力的垄断和控制，瓦加斯也体现出他作为一个寡头政治人物的本质。实际上他的执政过程是寡头政治的另一种体现。

如果从更长的历史过程来看瓦加斯的夺权和执政，也可以看到威权政治在其获取政权和执政过程中的体现，而且这种威权主义已为广大社会民众所熟悉和默认。瓦加斯获得权力是在军人的全力拥护和支持下实现的，失去权力也是在军人推动下发生的。这说明军人已成为巴西社会和政治生活中的一股独立、强大、主动的力量，这股力量在特定环境和条件下，会干涉公众社会，参与政治活动，影响社会的发展。这种情况不但已经基本形成一种社会形态，还具有广泛、深厚的社会基础。

瓦加斯在其任内大力发展经济，而且尤其注重交通、通信、能源等基础设施，以及钢铁、机械制造等基础工业部门的建设。其政府不但保持了经济持续发展，还初步完成了巴西工业结构建设，为后续发展奠定了良好基础。

瓦加斯十分注重社会福利的改善和社会总体发展。其任期是巴西有史以来立法最集中、立法数量最多、立法质量最高的阶段。巴西在此期间完成了大量立法，其中关于石油等基础工业的法律保护了国家利益，使国家经济发展得到保障；包括劳工法在内的一些基本法律不但当时得到公众的拥护和支持，还为经济社会营造了长期发展环境。在其推动下，巴西当时还制定通过了行政法、部门法、劳动和社会保障法、商法等。很多由瓦加斯推动制定的法律至今仍有效实施。

## 第六节 民众主义时期

### 一 前民众主义时期

瓦加斯 1937 年修宪只是为巩固其强权和专制统治，其中既没有关于政府结构中总统和副总统的条款，也没有关于总统离职或无法任职情况的安排。瓦加斯被废黜后，其职务被联邦最高法院院长接替。

为尽快举行总统选举，国会得以重开，多党制也被恢复。新组建或恢复活动的政党有民主社会党、全国民主联盟、巴西共产党等。经 1945 年 12 月 2 日国会投票，民主社会党总统候选人、战争部部长加斯帕·杜德拉战胜全国民主联盟和巴西共产党联合候选人赢得选举。杜德拉在就任总统的同时，下令正式重开国会。

1946 年 9 月 18 日，杜德拉签署巴西第五部宪法，该宪法恢复了被前一部宪法剥夺的个人权利。根据新宪法，1950 年总统由全民直选产生。前总统瓦加斯再次参选。得益于其在之前任职期间所推行的一系列惠及中产阶层的措施和保护劳工的政策，他获得空前支持，以压倒性多数赢得选举，再次当选总统。就职后他仍以民众主义为执政理念，积极倡导以国家利益为主导思想的民族主义，全力推行石油工业国有化和自力更生，建立了最大国有企业巴西石油公司。

1954 年初，巴西开始面临日益严重的通货膨胀，民众因生活费用不断提升和实际收入持续降低而开始质疑政府的经济政策，瓦加斯的政敌利用经济问题不断对其攻讦，军人也开始发难。尽管瓦加斯极力调和其与军人的矛盾，但收效甚微。同年 8 月 5 日，瓦加斯最大的政敌、反对党主要领导人卡洛斯·拉塞尔达遇刺，局势进一步恶化。在军方、敌对政治势力和利益集团的共同压力下，瓦加斯于 1954 年 8 月 24 日自杀。

瓦加斯自杀后，政府因总统继任人问题陷入危机。因军人干政行为愈加直接粗暴，宪法第一、第二总统继任人均未能接替总统职务。最后，参议院第一副议长内留·拉莫斯接任总统，至下届当选总统就职时止。

从瓦加斯自杀，到 1956 年 1 月 31 日新总统就职一年多时间里，共换了 3 位总统。在这次围绕总统任职的权力争夺的冲突中，军人已毫不掩饰地站到了巴西政治最关键、最醒目的位置上。

## 二　库比契克时期

儒塞利诺·库比契克在 1955 年大选中获胜，但得票率仅为 35.68%。副总统若昂·古拉特有强烈左派倾向，其政治对手企图阻挠他就职。在以战争部部长恩里克·洛特元帅为首的护宪高级军官的直接干预和支持下，库比契克在一次未爆发的军事政变中就职，由此成为自阿杜·贝尔纳尔德斯后的第一位由民众选出，而且完成总统任期的文人总统。

库比契克上台后，以发展为其执政基础，将发展国家经济和加大加快国家基础设施建设作为政府的主要工作。上任之初，他就提出了以能源、教育、交通、基础工业、食品五大主要发展方向为主的国家发展规划，并把建设新首都作为重点工程。在他的领导下，巴西举全国之力，在短时间里完成了新首都巴西利亚的建设并完成迁都。新首都建设和搬迁充分刺激了经济，各行业得以充分就业，这些成就直接推高了政府支持率。

库比契克执政期间，经济获得长足进步，引进外资、扩大开放政策使工业化进一步完善，巴西建成了以汽车工业为主的经济支柱产业，完成了众多大型基础设施项目建设，不但社会充分就业，还为经济后续发展、进步提供了良好条件。区域规划等方面工作也为经济社会长期发展打下了坚实基础。但这造成内外债同步增加，债务负担开始变大，通货膨胀开始出现，而且一直持续并成为后期高通胀的发端。

经济发展和各方面建设成就使全国振奋，这一时期被公众称为"黄金时代"，利益集团间冲突被弱化，社会矛盾被忽视或被搁置。在库比契克任内，也发生过数次军人哗变，但都在政府干预下得以和平、顺利解决。总体而言，那个时期社会矛盾不突出，政治形势比较稳定。

## 三　夸德罗斯时期

在 1960 年总统大选中，圣保罗州州长热尼奥·夸德罗斯在右翼全国民主联盟支持下，以有史以来的最高得票数击败民主社会党和工党两个左翼政党联盟的候选人、前政府战争部部长洛特元帅。夸德罗斯的竞选象征物是其誓言扫除贪腐的扫帚，而洛特军人身份的象征为剑，这次大选被公众称为扫帚与利剑对决。因当时总统、副总统分开选举，上届副总统、左翼政党副总统候选人若昂·古拉特再次当选，连任副总统。

夸德罗斯出身平民，是政治结构中底层上来的人物，既无显赫政治背景，也没有经济靠山，更无军方支持，而且他没有强烈的党派背景，和当时两大意识形态阵营也无关联。在竞选过程中，他誓言要反贪腐、控制通胀、削减行政开支、厉行节俭，这些非常满足广大民众心理需求的口号一开始就赢得欢迎和支持，而他看似保守的形象和高得票率的预期也引起右翼的注意，于是被右翼政党联盟选为总统候选人。

但夸德罗斯就职后实行的一系列措施使右翼势力失望。因前任政府大量投资和过快的经济发展，已形成的通货膨胀在新政府就职后日益加剧。为控制通胀和外汇外流，政府宣布取消进口外汇补贴，还向国会提交反托拉斯法案，限制和禁止外资企业将利润或特许经营加盟费汇出，并要求国会就农业改革进行讨论。这些经济和外汇政策引发相关的利益集团不满。

在外交方面，夸德罗斯令人意外的举动也引起外部势力的强烈关注。他继承了由瓦加斯首先提出，并由库比契克延续的独立自主外交思想。上任之初，他就提出独立自主外交政策，并准备同包括中国、苏联等社会主义国家在内的所有国家建交。他不顾巴西同葡萄牙的传统关系，公开支持安哥拉、莫桑比克等国家人民的反帝、反殖的独立解放斗争，并强烈抨击南非种族主义政策，还强烈谴责获美国支持的外部势力侵略古巴的行径。这些外交立场和上述激进的国内政策不但给公众左倾的印象，还触动了外部势力的利益。这不论是对支持他当选的右翼保守势力，还是对同美国关系紧密、对政局可以施加影响，甚至能直接干预的军人集团来说，都是难以接受的。在当时巴西同美国的外交政策紧密捆绑的情况下，他的外交政策根本不可能贯彻实现。

在此之前，外交政策从未成为巴西社会动荡和政府危机的动因。但在冷战环境下，夸德罗斯这一系列外交举措不可避免地引起美国和亲美派的强烈反感和警惕。

1961 年 8 月 19 日，夸德罗斯热情接待古巴革命领袖切·格瓦拉，并向其颁发巴西总统授予外国人最高奖励南十字星大勋章。此举是为感谢格瓦拉赦免 20 名在古巴被捕且已被判处死刑的天主教主教。夸德罗斯为解救这些主教向格瓦拉求情，他的请求获得了满足。授勋经过勋章委员会讨论并得到包括内阁三军部长全体委员的同意，但事后遭到高级军官群体的强烈反对。反对党政党联盟的 UDN 主席也向全国发表广播讲话，公开向夸德罗斯发难，谴责他的政府"已越过了界限"。在各方直接、强大压力下，夸德罗斯提出辞职。国会立刻批准了他的辞呈。此时，距其就任总统不到 7 个月。

四　古拉特政府

根据宪法，总统辞职后，应由副总统接任总统职务。但当时古拉特正在中国进行访问，无法立刻履职。

古拉特是上届政府副总统，并曾担任瓦加斯内阁劳工部部长，是典型的激进左派。虽然与夸德罗斯所代表的政党理念不同，但二人合作有序，而且古拉特还强烈地影响夸德罗斯的执政理念。古拉特迫切而且激进的做法，使得本来就对他敌视的军人开始出手反对、阻止其接任总统职务。

根据宪法，众议长拉尼埃里·马斯里就任临时总统。马斯里向国会传递了军人内阁的意图："不希望古拉特回归。"这一消息引发社会各方政治力量迅速反应。南里奥格兰德州州长莱奥尼奥尔·布里佐拉首先宣布自己捍卫宪法的意志和决心，并通过一个由 100 多个电台组成的广播网揭露、抨击右翼军人的行径，动员、号召民众捍卫民主和宪法。古拉特得到陆军元帅洛特和陆军第三军的支持。戈伊亚、巴拉那等州的州长也声明维护宪法。

局势变得愈加紧张，军队关闭了所有广播电台，并策划用飞机轰炸南里奥格兰德州政府，同时准备开始武装镇压。古拉特除获得南里奥格兰德州政府、民众和驻扎在该州的陆军第三军的支持外，圣保罗州议会议长阿布列乌·索德烈、UDN 资深成员也公开发表声明，表示将捍卫宪法，支持古拉特。主要工业中心圣保罗以产业工人为核心的群众团体也坚决捍卫宪法的尊严。全国范围内迅速形成了以南里奥格兰德州州长布里佐拉、陆军第三军司令洛佩斯元帅为首的护宪运动。运动规模迅速扩大，有广大群众参与的运动充分体现了民众的民主意识和为民主抗争的精神。

因全社会已充分动员，国会也表示支持古拉特，面对社会各界的强烈反对，右翼军人看到通过强力阻止古拉特就职已不可能，不得已接受由国会提出的折中方案：将联邦总统制改为总理制，由总理作为行政机构首脑，行使最高行政权力。军方希望通过此举限制古拉特的权力，对于古拉特而言，这是唯一能够尽快、合法获得总统任职的途径。

1961 年 9 月 2 日，国会批准关于总理制政府提案。9 月 8 日，古拉特就任总统。作为立场温和、双方皆可接受的人选，瓦加斯前内阁成员、前司法部部长党格雷多·内维斯担任总理。至此，危机得以暂时缓解。这场围绕总统继任问题而发生在军人和民众之间的冲突，以军事政变流产、维护宪法的民众一方获胜而告结束。

经多方寻求支持和周密安排，古拉特在 1963 年 1 月成功组织了关于政府体制的公民投票，并通过公投重获总统全部权力。但其与右翼军人的矛盾并未就此缓解。在当时全面冷战的国际环境下，政治、文化、经济都深受美国影响的巴西上层社会对其左派社会主义倾向非常敌视。双方冲突因后来事态发展愈加尖锐。

因通胀率不断上升，政府计划大量引进外资和举债，通过投资来拉动经济，并推动银行、土地、教育、养老福利等方面改革。但在与国际货币基金组织的谈判中，巴西被要求削减政府支出，压缩财政赤字，这实际上宣告了政府经济计划的落空。

面对一系列不利因素和各方的反对，古拉特非但没有后退，反而更强硬地与右翼势力对立。后来，他对低级军官骚动表示宽容的态度和在一个群众集会上态度坚定地宣布要将土地、经济、教育改革进行到底的举动进一步刺激了右翼军人。这两个事件成为引发军事政变的最直接诱因。

五　军事政变

1964 年 3 月 19 日，圣保罗发生教会支持的反政府群众游行。次日，陆军参谋长卡斯特罗·布朗科向所有陆军军官发出防范共产主义威胁的指令。3月25日，支持古拉特的海员和海军陆战队士兵哗变，哗变军人喊出了支持古拉特从社会最基层开始改革的口号。这使得一次声索提高生活待遇和改善服役条件的军人集会成了政治改革宣言大会。

兵变的处理过程引发海军高层内部矛盾。最后，这次由士兵集会引发的危机似乎得到解决。但实际上这些反复的冲突和各种较量已使军方和总统之间的矛盾严重激化。

巴西军队形成过程中受葡萄牙军队影响较大，并继承其很多制度和传统，军衔、职务等级制度严苛。军官多出身于传统家庭，自小就读于军校，接受传统军事教育。士兵则多出身贫苦，在军中地位低下，收入低微，有的为获自由而从军的奴隶的处境更差。历史上，海军低级水手和士兵因境遇恶劣而当逃兵的情况并不鲜见。因巴西商船队也隶属于海军，海军相对于另两个军种，同社会的联系更直接、紧密。

这一事件所表现出来的对军队等级制度的违背和挑战使得军队高层对古拉特的敌意迅速加深。3月30日，在里约热内卢州武装警察上士和下层军官的集会上，古拉特宣称有一股强大的政治势力企图推翻政府，此举被右翼军官抨击为对军人军纪的亵渎和败坏，但实际上他们将古拉特的讲话视为对基层军人的拉拢和动员。

1964年3月31日，右翼军官指挥的米纳斯吉拉斯州的部分驻军首先发动政变，并立刻得到驻圣保罗州第二军和驻伯南布哥州第四军的配合，参与政变的里约热内卢卫戍部队则控制了城市。政变发生后，古拉特在同情他的军人保护下流亡乌拉圭。

古拉特面临的最大问题是经济。夸德罗斯任职的前一年巴西通胀率为25.4%，但政府任期第1年结束时，通胀率已达34.7%。1962年9月27日，古拉特下令制定1963～1965年经济社会三年发展规划。其要求在规划实施期间，将年经济增长率重新拉回到7%的水平。这份规划中设计的大部分改革都是跨领域，而且是结构性的，涉及税收、货币、银行系统，有的还与社会福利有关，甚至包括土地和农业改革。但在经济持续下行、政治局势剧烈动荡，得不到国会全力支持的情况下，在3个月的时间内完成一个从根本上、制度上、结构上改革的计划不但不现实，也很难获得国会批准。更何况当时的基础信息和数据很可能并不完全准确。1964 年末，通货膨胀率达 92%。

在经济形势下行且不断恶化的情况下，古拉特继续坚持政治社会改革。他提出要对财富进行更公平、更广泛的分配，还公开提出一些激进的想法，如将石油等基础工业部门的外资、私营企业收归国有，要以大地主和大庄园主的土地为目标进行土地改革等。这些措施被看作苏联或古巴式的社会主义。他还提出或使用一些对于大土地主阶层来说非常强硬，而且很极端的口号，如"能合法就合法干，不合法就违法干""要土地还是要命"。这注定引发强烈的反应。

古拉特在民众中威信一直较高，在劳动群体中号召力很强，这些都是左派领袖最典型的特征。获得总统制公投胜利后，他更加自信，不断加强同军队下层军官和士兵的交流和接触，建立群众基础，培养支持力量。这些举动不但引发资本利益集团对他的恐慌和戒备，也更进一步挑战了对他本来就高度警惕的军队高层。他具有强烈煽动性和民众主义情绪的口号和举动加强了他与底层群众的联系，并从中获得支持和拥护，同时也加深了他与统治集团之间的对立。

古拉特思想左倾。不论是通过历次与其有关的民意测验和投票结果，还是以其在下层军人中的威信看，他都有很好的民众基础，这成为他被传统右翼势力忌惮的原因。他对军人干政的可能性估计不足，是由于其对社会上各政治势力的力量对比缺乏正确的评估。

## 第七节　军政府时期

### 一　独裁政府初期

从目前已解密的档案资料看，1964 年的军事政变绝非偶然，也不仅是巴西国内不同政治势力冲突的结果。它是巴西国内对立的利益集团矛盾激化的结果，是美国中央情报局参与策划、全力支持，并直接组织的行动。美国之所以支持和策动颠覆古拉特政府的军事政变，是耽于其左倾的国内外政策。当时美国政府中决定美外交关系、对外政策的人头脑中充满冷战思维。为维护拉美作为其后院不为左翼力量介入，美国竭力打击拉美各国的进步力量和左派组织。古拉特在国内依靠、支持社会广大民众的倾向，其广泛和坚实的群众基础，所推行的维护民族利益的各种措施，在国际事务中同包括中国、苏联等东方阵营国家接近并友好的姿态和实际行动，使得敌对势力下定了推翻他的决心并付诸行动。

1964 年 4 月 2 日，巴西国会宣布总统席位空缺，并将总统权力暂时移交给众议院议长。马斯里再次就任临时总统，是为第 25 届总统。4 月 9 日，由政变军人组成最高革命指挥部，由三军部长组成的军事委员会成立。军事委员会随即签署第 1 号制度法。次日，军事委员会又颁布命令，剥夺被废黜的总统、前总统、州长、国会议员、政府部长、工会领袖、大学校长、现役元帅、将军等所有反对派的政治权利。4 月 11 日国会举行总统选举，政变领袖、陆军参谋长卡斯特罗·布朗科当选为总统。布朗科是职业军人，在军队和民众中声望较高。

4 月 15 日，布朗科就任第 26 届总统。至此，从 1961 年 1 月 31 日夸德罗斯就职，到 1964 年 4 月 15 日布朗科就职，巴西在这 3 年中经历 5 位总统。巴西历史上这个政权最不稳定的时期以军人全面独裁的开始而终结。

## 二 独裁政府巩固时期

军政府执政后立刻开始全面打击、镇压、逮捕和监禁反对派。被捕人员中既有共产党员，也有仅是被怀疑有左派倾向的人，以及现役高级将领等所有对政变持反对立场的人。军政府在外交政策上完全倒向美国，不但在政治上完全听命于美国，在经济上也依赖其支持和援助。军政府断绝了同古巴的外交关系，积极参与对古巴制裁。

军人独裁专制并未能压制民众情绪。1965 年 10 月，在地方选举中反对派赢得两个最重要的州的选举。面对这种情况，军政府颁布第 2 号制度法，宣布终止多党制，解散所有政党。为扩大和强化独裁权力，还将最高法院大法官人数从 11 人增至 16 人，增补的法官都是强硬派军人。为在国际社会保持一个不过于极端的独裁形象，军政府下令建立由亲政府的全国改革联盟和所有反对派共同组成的反对党即巴西民主运动构成的两党制。

第 1 号制度法和第 2 号制度法赋予总统的权力包括：可剥夺任何人拥有的和通过选举获得的政治权利，可不经国会同意宣布 180 天军管。根据这两个规定，军政府可随时解除任何对其有异议的公务人员或军人的职务，可不通过国会干涉地方政府事务。因军政府地位违宪，且国会已名存实亡，军政府开始以制度法实施独裁统治。

根据仍然有效的 1946 年宪法，布朗科的任期应于前总统夸德罗斯任期结束时，即 1966 年 1 月 31 日终结。但第 2 号制度法将其总统任期延长到 1967 年 3 月 15 日，宪法规定的 1965 年 10 月 3 日大选也被取消。军政府还规定今后总统将由国会以记名投票方式选举产生，总统候选人不得超过两人。

军政府进一步为其独裁统治扩充和加强权力。1966 年 12 月 6 日，司法部部长卡洛斯·依·席尔瓦提交的宪法修正案草案公布。次日布朗科宣布将于当年 12 月 12 日至次年 1 月 24 日召开国会特别会议，对宪法进行修改，以使其独裁合法化。

在经济领域，军政府采取了一系列旨在加强国家在经济发展中引领作用的政策，政府在冶金、采矿等工业领域投资大增。为吸引更多外资，政府出台了保护投资的金融政策。1965 年成立的国家住宅银行使中产阶级进入信贷市场。1966 年，巴西开始实行公积金计划，这个举措在提高了工薪阶层社会福利的同时，还进一步加强了政府的投资和调控能力。在这一时期，军政府努力推进立法：制定土地法（1964 年）、选举法（1965 年）、国税法（1966 年）、采矿法（1967 年）、公积金制度（1966 年）。作为政府管理和调控手段，建立中央银行（1964 年）、亚马孙银行（1966 年）、亚马孙地区发展管理局（1966 年）、玛瑙斯自由港（1967 年）等机构，以上这些法律和机构至今仍在巴西经济、政治领域和社会民生中发挥重要作用。

1967 年 1 月 24 日，总统布朗科签署巴西第六部宪法，并宣布新宪法将于其继任者、新总统科斯达·席尔瓦就职当天生效。

### 三 社会矛盾激化阶段

前战争部部长科斯达·席尔瓦就任总统后随即颁布第 314 号行政令，宣布国家安全法生效。席尔瓦是职业军人，作为政变的主要策划者和领导者，他是政变最中坚力量。他于 1966 年 10 月在国会选举中当选总统（反对党拒绝投票）。他就职时，民众对军政府独裁统治的反抗情绪已非常强烈，坚持城市和农村武装斗争的反对派在积极活动，最主要的是分别成立于 1967 年 10 月 8 日的革命运动和成立于 1968 年的全国解放行动。

面对日益高涨的反抗行动，席尔瓦于 1968 年 12 月 13 日签署第 5 号制度法。这是巴西历史上最独裁、对社会民主打击最大的法令。该法不但关闭了国会，还赋予总统干涉州政府和所有个人权利的权力。

1969 年 5 月，席尔瓦宣布将成立一个由社会各界组成的委员会，讨论并起草宪法修正案，修正案除将对宪法做一系列修正外，还将废除第 5 号制度法。此事被公众寄予希望，被看作席尔瓦缓和与反对派紧张对立的一种表示。但在签署该修正案前一周，席尔瓦突发重病去世。

在席尔瓦任内，巴西诞生了巴航工业、巴西邮政和电信局、中西部发展管理局等。在社会发展方面，军政府建立了全国印第安基金会、全国教育发展基金会、隆东项目局，还兴起全国扫盲运动。此外，一些大型基础设施项目开建。

因席尔瓦死于其任期结束前，右翼军人立刻成立军事委员会，宣布席尔瓦和副总统任期于 1969 年 9 月 6 日提前结束，并通过第 1 号宪法修正案。该修正案除了将权力集中于军政府，最主要目的是阻止文人副总统阿雷索作为继任人接任总统。

这一时期社会各界民众的反抗情绪不断高涨，多个以武装斗争为抗争形式的城市和农村游击队频繁活动，对独裁统治形成威胁。1969 年 9 月 4 日里约发生劫持美国大使的恐怖行动，日本驻圣保罗总领事，联邦德国、瑞士两国驻巴西大使也先后遭绑架，对军政府在国际上造成恶劣的影响。

10 月 25 日，总统继任人陆军上将埃米利奥·梅迪奇象征性地当选总统，他在就职仪式上宣布将在任期结束前恢复民主制度。

梅迪奇实际上加强了独裁专制。所有不同政见和政治行为都被禁止，新闻和出版被严格管制，反政府集会和活动被宣布为非法。陆军专门设立负责组织、执行打击反对派的陆军情报行动局，专门负责管控、打击、镇压反对派和反政府组织，并全面使用酷刑和暗杀等暴力手段，对坚持斗争的左派组织进行残酷打击。

梅迪奇任内，军政府开始实行一些事关国计民生的大项目。1970 年 7 月 16 日，他签署第 1106 号行政令，开始实施国家一体化计划。在该计划框架下，包括尼特洛伊大桥、泛亚马孙公路、伊泰普水电站在内的大型工程开工建设。1969 年，巴西发生罕见旱灾，军政府通过向农民提供亚马孙的土地，鼓励农民到人口密度极低的北部垦殖，并通过此举加强国家在该地区的主权。政府还采取各种措施，改善和提高包括公务人员在内的工薪阶层的社会福利。这些项目和措施不但对当时工农业发展有积极促进作用，在经济社会后续发展中也做出了很大贡献，至今仍在发挥积极的社会作用。

军政府还开办设立了一批国有企业，包括巴西农业研究院、巴西空管局、巴西国家电话局、Valec 铁路公司、国家农业改革和垦殖总局、社保技术和数据公司、圣弗朗西斯科河和巴纳伊巴河流域发展公司、巴西电力公司、国家住房银行等。有的国有企业如巴航工业、特种工程公司则得到扩建和扩产。这些国企不但当时为经济发展做出巨大贡献，有些至今仍在正常运行中，成为巴西经济社会发展关键环节。有的国企被民选政府卖给了私营部门或外资企业。

梅迪奇任内是巴西历史上经济发展最好的时期。不但经济高速发展，通胀也一直保持在较低水平；中产阶级群体扩大，底层民众生活也有所改善，汽车等耐用品产销大量增加，电视机开始进入普通家庭。

20 世纪 70 年代初，巴西经济仍在"巴西奇迹"快车道上发展。但在持续多年独裁统治下，民众对军人专制和缺乏民主的社会环境已明显感到厌倦，各种反抗情绪逐渐从知识界、文化界等向普通民众蔓延。军人集团中有人意识到，为避免社会矛盾激化为冲突，独裁统治急需改变，一些相对温和的声音开始出现。

进入 70 年代，持续数年的经济发展势头明显放缓并开始显现预势。随着经济增长放缓，军政府开始面临经济、政治等一系列问题。高额外债压力、国际金融市场利率不断上升、货币不稳、1973 年中东战争造成的石油价格持续上涨，都使得巴西国际收支状况日趋恶化，高通胀威胁和稍后出现的经济滑坡使得军政府面临越来越大的挑战。这些问题也使得军政府和社会公众矛盾持续加深。

四　温和派形成时期

　　1974 年，陆军上将埃尔内斯托·盖泽尔在其兄、陆军部部长支持下就任总统。盖泽尔是 1964 年政变主要策划者和参与者，也是政变领袖卡斯特罗·布朗科最倚重的助手。政变后，他先后担任最高军事法院院长、巴西石油公司董事长、总统军办主任等要职。在梅迪奇任内，他作为陆军部部长指挥打击反政府武装。盖泽尔属于军人中主张缓慢推进民主，继而在可控情况下逐渐向还政于民目标靠近的温和派。在就职演说中，他明确提出将以缓慢、渐进、稳健的方式推进民主化进程。

　　盖泽尔当选说明军人内部的分化。有人意识到社会矛盾已非常深刻，经济下行压力很可能会进一步激化社会矛盾。因此政策必须进行相应调整，与民众强烈对立的局面必须缓和。军政府中温和派已开始获得相对优势。盖泽尔上台后就开始了谨慎、持续的开放。

　　但社会上反抗情绪愈加普遍，从新闻媒体、大学蔓延到工厂、商业机构，甚至开始在政府机构出现。军队士官和低级军官因接近社会而受到愈加直接的影响。面对现实，盖泽尔开始以缓慢和渐进的方式推动去独裁进程。他一方面要避免出现民众社会对军政府秋后算账的激进要求，同时又要避免强硬派对政治开放强烈抵触甚至激烈反对。

　　在当时情况下，以高额外债支撑的经济高速发展已难以为继。规划中的对地区经济社会发展，对总体布局和发展密切相关的大型基础设施建设项目，如里约尼特洛伊大桥、泛亚马孙公路、伊泰普水电站、图库鲁伊水电站等都必须获得社会的支持。所以，尽快实现社会和解，是军政府面临和亟待解决的问题。

　　陆军部部长西尔维奥·弗洛塔是坚持极右立场的军人代表，作为总统换届最主要竞争者，他企图在盖泽尔任职期满时掌握主导权。为保证民主化政策能够持续、顺利执行，民主化进程不被中止，盖泽尔解除了弗洛塔的职务。

　　这一决定是对极右翼军人的严重打击，但事件本身意义并不仅限于此。1964年政变后，军政府内部实行的是一种类似国会内阁的制度，总统决策往往受掌握实权的军人影响。弗洛塔被解职一方面表明军政府陆、海、空、总参谋部四个内阁成员对总统掣肘的局面有所改变，同时也证明军政府内倾向于政治开放的力量已占上风。盖泽尔这一决定不但为民主化扫除了障碍，还借此宣示了自己作为总统的威信和权力。

　　1977年，为缓和日益尖锐的社会矛盾，避免更多冲突，军政府向国会提交关于民主改革的方案，但提案被否决。受挫后的军政府再次关闭国会，并以行政令形式颁布改革方案。1978年，政府出台多项强硬措施，其中包括在国家安全法框架下的一系列限制个人和群体自由的禁令，如不得在炼油厂、能源设施等关键设施和要害部门举行罢工游行等。

五　军政府末期

　　1978年10月，盖泽尔提名的候选人，巴西国家情报局局长、陆军上将若昂·菲格雷多当选为第30届总统。菲格雷多的祖父和父亲都是陆军高级军官。他11岁入少年军校，并随后入伍，曾任陆军第三军参谋长，后任总统军办主任。盖泽尔就任总统后，他曾在国家情报局创始人格尔贝里·达席尔瓦身边工作。格尔贝里是军方最重要智囊人物，是1964年军事政变积极参与者，后成为政治开放的主要倡导者。

　　菲格雷多坚定不移地执行前任交予的使命，坚持推进民主化进程。1979年8月28日，巴西颁布第6683号特赦法，所有军事政变后在押和流亡国外的政治犯获得特赦。近7000人得以回归正常社会生活，众多反对党领袖安全回国为即将到来的民主回归准备了大量社会力量。特赦法同时赦免了所有在军政府期间犯下迫害、镇压罪的军人。

　　同年12月20日，标志多党制回归政治生活的第6767号联邦法颁布，两党制局面形成。一个是亲军政府，并获其支持的右翼社会民主党；另一个则是由多个原中间、中左党派联合组成的反对党巴西民主行动党。作为民主回归的步骤，军政府开放了两党在国会、州、市政府的竞选。

此时国内政治形势已明显不利于军政府。在 1982 年州长选举中，反对派在 10 个州获胜，其中包括圣保罗、里约、米纳斯吉拉斯三个经济、政治地位最重要的州。同时，世界经济开始停滞，受国际环境影响，巴西国内经济形势持续恶化。军政府未能扭转经济下滑趋势，1983 年国内生产总值增长率下降到 2.5% 的低位。在经济衰退趋势明显的情况下，军政府为避免因经济问题可能激化的国内社会矛盾和冲突，不得不推动民主进程。

随着民主进程不断推进，军队内强硬派和温和派的对立愈加激烈。1980 年共发生 25 起炸弹爆炸事件，恐怖活动针对进步势力。面对威胁，所有政党的领袖齐聚巴西利亚，在国会声讨恐怖行径，向全社会表达了坚持民主、反对独裁的一致决心和意志。

在缓慢坚定推进民主进程的同时，菲格雷多坚持发展经济。因其执政期间国际金融市场上利率已很高，巴西承受着沉重偿债负担。第二次石油危机的滞后作用对巴西经济冲击巨大，但在其任期最后一年，巴西 GDP 仍然增长 7%。军政府还开始大力支持农业，通过发放农业贷款，鼓励农民提高生产水平。这一政策造成一些小农户破产，也为巴西后来农业规模化发展打下基础。政府对农业促进和支持政策还使得大豆、大米价格下降。菲格雷多任内完成了有史以来最大住房建设项目，体现了其政府对民生发展、社会福利的关注。

站在客观、历史唯物主义立场来回顾这段历史，可看到这 21 年的军人独裁政权对巴西的经济社会发展的影响主要有以下两个方面。

首先，独裁专制统治给巴西政治和社会造成极大伤害。在这段时间里，社会公平、人民民主、公众自由被严重践踏。据统计，政变后，数百人被迫害致死。被严刑拷打、入狱和残酷迫害的人数就更多。从社会发展角度看，独裁专制给巴西造成不可估量的损失；在国际上也造成极恶劣影响。

其次，军政府在经济发展中所获成就不可否认。在世界经济理论界，巴西唯一被提及的正面事例是发生于军政府期间的"巴西奇迹"。这期间巴西经济的重大进步源自军政府的经济政策。军人政府果断的行动为一系列规划和配套政策及施政方针的贯彻执行提供了可靠保证和充分条件，是获得这些成就的关键因素。

军政府执政期间基本建设投资和建设规模不但在巴西历史上前所未有，在拉美也史无前例，其在短时间里完成的大量基础设施投资和建设，不但为经济发展和民生福利提供了强大动力，也为后续经济社会发展奠定了基础，创造了条件。

在地区发展方面，军政府完成了数个联邦领地到州的转变，使得当地民众可以行使民主权利，还将玛瑙斯自由港规划付诸实施，于 1967 年完成建设并正式开港，为北部经济社会落后地区的发展创造了条件。出于对国家安全的敏感和对领土主权的重视，军政府规划和启动了向亚马孙地区移民的方案。大量农民从南部移民到北部，在盘活大量闲置土地的同时，还使很多农民获得生产资料，同时也使国家主权和安全得到更多保障。但生态环境因大量毁林开荒被破坏，受到环保组织批评。

# 第八节　新民主主义时期

## 一　还政于民和新共和初期

### 1. 反独裁群众运动和首次民选

从 1982 年开始，巴西社会反对独裁专制、争取民主自由的呼声日益高涨。在推翻军政府运动中的具体口号和行动就是要求实行全民参与的总统大选。1983 年 3 月 31 日，累西腓附近爆发要求实行大选的群众集会。活动由巴西民主运动党组织，虽规模有限，但消息很快被媒体传播，并得到各地民众的积极响应。

当年 6 月和 11 月，戈伊亚尼亚等大城市先后发生群众集会。反对独裁、争取民主、要求举行全民直选的群众运动开始蔓延并很快遍及全国。

由于经济形势恶化，通货膨胀率迅速增高，民众情绪更加躁动，加入该运动中的各行各业人员越来越多，工会组织也积极行动起来。类似群众集会多次发生，规模越来越大。

1984 年 4 月 25 日，众议院对巴西民主运动党众议员丹特斯·德奥利维拉提出的第 05/1983 号宪法修正案表决。修正案提议对军政府期间颁布的第六部宪法中关于总统选举的条款进行修改，恢复民主选举。提案获 117 名众议员、23 名参议员联署，在社会上引起巨大反响。根据拉美最大民意调查机构巴西民意调查和统计署调查统计，当时赞成和支持通过该提案的人数占全国人口的 84%，但提案在众议院被否决。

该宪法修正案虽未获通过，但大大激发了公众热情，并形成巴西有史以来最大的民意浪潮。军政府起初还试图压制各地的群众运动，但非但无济于事，要求民主、反对独裁的群众运动反而更趋于公开化、社会化。经济恶化、通货膨胀造成购买力降低，来自家庭和社会的压力等一系列因素开始影响到军队内部。1984 年，在野党在圣保罗举行有超过 150 万人参加的群众集会，要求立刻进行全国大选。这是 1964 年军人独裁政权建立以来最大的群众集会。这次群众集会成为巴西反对独裁、要求民主回归的一次总动员，标志着反对军政府的全民行动的开始。

因总统直选的可能性不复存在，各政党开始争夺选举团席位名额。最后从各党所获名额看，亲军政府的社会民主党占有明显优势。

在这次国会选举中，只有两个政党参加总统角逐：代表广泛民主同盟的巴西民主运动党，代表亲军政府的右倾保守势力社会民主党。前者的候选人为时任米纳斯吉拉斯州州长党格雷多·内维斯。内维斯是资深政治家，在军人专制政权时期自始至终站在独裁政权的对立面，政治立场鲜明坚定，是民主进程的积极推动者，是公认的民主力量领袖。

右倾的社会民主党因候选人提名竞争发生分裂。因获党内提名无望，该党创始人、参议员若泽·萨尔内和党内一批资深成员脱党并另组新党自由阵线党。经一系列博弈，巴西民主运动党和自由阵线党联合组成民主同盟，共同推出由内维斯和萨尔内组成的竞选组合。

社会民主党总统候选人是保守主义右派保罗·马鲁夫。他曾在军政府期间担任联邦储备银行行长、圣保罗市市长、圣保罗州州长等职。

选举前关键时刻，前总统盖泽尔宣布支持民主同盟候选人内维斯。盖泽尔是军政府中温和派代表，也是当时三军的领袖人物。他对内维斯的公开支持表明了军队高层的立场，军人群体中内维斯的反对派被迫放弃敌对态度。

在 1985 年 1 月 15 日国会的总统选举中，代表民主同盟参选的内维斯以绝对优势战胜社会民主党候选人马鲁夫，赢得总统大选。

因内维斯患急症入院治疗，3 月 15 日，根据宪法，副总统萨尔内以代总统身份宣誓就职。这是自 1964 年民选总统被推翻后的第一届文人政权。新政府的成立标志着军人专制政权的最终结束。

1985 年 4 月 21 日，当选总统内维斯因病情加重去世。内维斯是从基层成长起来的政治家，他在 1943 年担任联邦司法部部长。后又担任过参议员、共和国总理、米纳斯吉拉斯州州长等职。他所担任的所有公职或由宪法合法的总统任命，或由民众投票选出。其主张社会民主、公众自由的立场始终未变。在同军政府对立和抗争的过程中，他始终审时度势，睿智从容，因此受到民众的拥护和爱戴。他的去世被视为民主进程的最大损失。根据宪法，若泽·萨尔内接任总统职务。

2. 首届民选政府

萨尔内就职后按竞选承诺开始政治改革，并将此作为宣示其合法性的主要手段，政府开始给予之前活动于地下的各政党合法地位，恢复工会组织游行和集会的权利，同时给予新闻出版更多自由。在行政方面，开始放开关于土地改革、社会开放、生态环境、文化艺术等方面问题的讨论。

在任期五年中，萨尔内执行了内维斯当年的竞选承诺和两党所组成的民主同盟的执政纲领，坚持恢复社会民主、争取公众自由的立场。他态度坚决地推进并解决了在全国范围内直接选举、开放党禁、完成修宪等一系列社会各界热切期盼，也是政治领域亟待解决的问题。这些问题的解决不但坚定了社会公众对争取更广泛民主的信心，也为巴西进一步全面开放和进步开辟了空间。

在经历了长达 21 年的专制政权之后，不论是在国会，还是在各州政府中，右翼保守势力仍非常强大顽固。长期获得军人政权支持的右翼仍是实现全面民主的障碍和阻力。由于正常的政党政治刚刚开始回归，有的政党仍未回到政治生活中，尤其是代表广大产业工人，代表绝大多数底层民众的左翼政党仍不够强大。所以，首届文人政权的主要执政纲领都是尽快摆脱专制政权在社会上的影响和势力，争取政治上的充分民主和进步，加快政治和经济上的改革和开放。

　　萨尔内遇到的另一个挑战是经济。在新政府开始酝酿到执政之前，巴西经济形势已开始恶化。由于军政府对经济长期专制管控，经济上长期执行保守和封闭的工业产业政策，工业部门明显失去竞争力。工业产值在国内生产总值中的比重虽不断增加，但工业制成品在国际市场上不具有竞争能力。同时，巨额外债压力也使得经济失去活力。这些是经济恶化最直接原因。另一个则是两次石油危机的沉重打击。

　　军政府在执政期间曾大力开展国家基础设施建设。这是军政府在国家经济发展的远景规划和实施方面积极的一面。但由于建设资金缺乏而大笔举债，在成绩斐然的同时，也为后来经济发展危机埋下了伏笔。进入 20世纪 80 年代，巴西开始进入偿债高峰。沉重的债务、巨额本金和利息使得外汇储备急剧下降。为促进出口以换取更多外汇，巴西货币开始贬值。面对高通胀和经济形势不断恶化的局面，萨尔内于 1986 年 2 月改组内阁经济班子，开始实施克鲁扎多计划。

　　克鲁扎多计划主要手段是冻结市场上所有商品价格，并制定与通胀指数挂钩的工资政策。萨尔内号召全国人民都当市场监督员，协助政府共同打击商家违反规定私自涨价行为，以强行压制通货膨胀率上涨趋势。萨尔内为恢复经济、照顾民生所采取的举措和压制商业资本的做法受到民众欢迎，政府支持率上升。但由于商品价格冻结使生产、批发、零售环节利润全部下降，工业部门投资意愿迅速降低，开工生产减少，产量大幅回落。这不但未从根本上解决通胀问题，还导致市场供应严重不足，加价销售频发，通货膨胀再次出现，并一再被推至新高。

　　在经历了 20 余年军人政权后，民主进步势力终于战胜了独裁和专制。

1985 年大选胜利是进步力量不懈斗争和社会各界共同努力的结果，也标志着巴西历史上时间最长的军人专制的结束，还是社会进步力量不断增长、不断强大的证明。这个渐进、和平、协商的方式和过程说明，社会各界、各政治势力已基本达成关于相互谅解、顺利过渡的政权交接的共识。

作为军人还政于民后的首届文人政府，萨尔内政府将主要挑战定位于政治。在经济上，政府没有十分明确的执政纲领。由于经济脆弱和缺乏竞争力、国际经济各种不利因素等客观原因，政府缺乏行之有效的应对措施，巴西经济开始恶化，并进入"失去的八十年代"的衰退周期。

3. 首次全民直选

根据 1988 年新宪法，1960 年以来的首次总统大选定于 1989 年 11 月 15 日举行。根据新宪法，大选采取全民直接投票的方式进行。参加大选的共有 22 名总统候选人，除上届竞选失败的右翼保守的社会民主党的马鲁夫之外，还有国家重建党的费尔南多·科洛尔；代表左翼力量，有着深厚产业工人群众基础的劳工党的路易斯·伊纳西奥·卢拉；在军人独裁时期民主运动领袖人物，巴西民运党主席、资深众议员乌里西斯·吉马良斯；曾在军政府中担任司法部部长，萨尔内政府内阁成员，矿能部部长，右翼政党自由阵线党的奥莱里亚诺·查韦斯；在里约热内卢、南里奥格兰德等州有广泛和重要影响力的中左翼民主工党的资深左派领袖，里约热内卢州州长莱奥尼奥尔·布里佐拉；以及代表圣保罗工商企业界和社会经济中坚力量的中间偏右的巴西民主社会党候选人、参议员马里奥·科瓦斯，建党历史最长的巴西共产党主席罗伯特·弗雷利。

吉马良斯、布里佐拉、弗莱里等人和马鲁夫、查韦斯都是从政时间长，从政经历丰富的政治人物。吉马良斯、布里佐拉是立场坚定、观点鲜明的反对独裁政权的中左或左派。弗雷利、卢拉是曾长期坚持地下斗争，反对独裁统治，并因此被独裁政权打击迫害，一直未能公开参政的工人领袖。科洛尔则是一个来自东北部的年轻政治人物。候选人中年纪偏大、从政经历多的明显占多数。

在 1989 年 11 月 15 日投票中，22 位候选人中无人获得绝对多数票。依照宪法，获选票数最多的两位候选人——国家重建党的科洛尔和劳工党的卢拉进入第二轮投票。

这两位都参政相对晚、在政府治理方面缺乏实际经历。他们各自广泛的群众基础，他们同传统政治势力截然不同的立场给公众以新生政治力量的印象。在第二轮投票中，因传统右翼势力仍强大，所有在第一轮投票中失利的中右和右翼党派都转而支持科洛尔。劳工党因对自己力量估计过高，在制定竞选策略时未与其他党派结成竞选联盟。在缺乏足够盟友支持的情况下，卢拉败给时年40岁的科洛尔。科洛尔成为巴西历史上最年轻的总统。

科洛尔出身当地权贵，其家族所在的阿拉戈阿斯州和东北部是其最大票仓，也是经济社会发展相对落后，甚至发展停滞的地区。当地传统权贵家族势力强大，长期垄断当地政治经济资源，并通过长期以来建立的家族间相互合作、相互利用的关系，彼此之间进行利益交换，以此维持其对资源、权力的长期垄断。因当地经济社会发展水平相对低下，民众民主意识相对淡薄，对民主政治缺乏足够认识，民粹主义向来盛行。

科洛尔年轻，有良好的教育背景，这一形象不但使得长期在军人刻板、严苛、冷酷的独裁统治下的民众感到亲切，也给予急切希望改变长期压抑和禁锢社会环境的民众以希望和期盼。科洛尔曾任其家族所在城市市长，后于1987年当选为所在州州长。他在竞选中未提出切实可行的执政纲领和施政理念，仅以"横扫官僚腐败"为最大竞选口号，并誓言清除所有政府机构的贪污腐败和尸位素餐现象。这一竞选策略和拉票操作与政变前最后一任民选总统夸德罗斯的手法如出一辙。科洛尔这种以口号激动民心，博得公众信任，并以勤政形象示人、获取百姓好感的手段赢得大量选票，获得胜选。

4. 经济恶化和科洛尔失败

1990年3月15日，科洛尔就任第32届总统。其时政府所面临的主要而紧迫的问题是经济形势急剧恶化。因前任政府未能从根本上扭转经济颓势，各种不利因素不断叠加，通货膨胀率迅速升高，货币大幅贬值，民众实际购买力迅速下降。面对这种情况，科洛尔在就职后次日就宣布实施改革计划，旨在稳定经济，核心目标是抑制通胀、改革外贸和发展工业，但手段简单粗暴。

萨尔内的克鲁扎多计划夭折在于未从根源上解决问题，政府不是通过宏观经济调控和采用系统性应对措施，而是企图通过末端结构性控制来压制通胀。这种方式对经济的打击大于促进。

科洛尔计划部分沿袭克鲁扎多计划，但简单粗暴超过前政府，其手段更激进、更极端，企图通过全面休克控制通胀。科洛尔不但冻结工资、市场商品价格，还冻结民众储蓄存款以减少市场上的流动性，以此压制通胀惯性增长。

科洛尔计划中宏观调控项目包括冻结公共债务，为限制流动性而取消包括进出口的各项补贴，取消对东北部经济欠发达地区的财政补贴，实行对信息工业的鼓励政策和财政优惠政策等。为打击金融投机和金融资本的套利行为，税制改革是科洛尔政府控制通胀的重要措施，计划根据每日通胀率对一些金融获利交易的税实行指数化处理。政府还新设立一个金融交易税种，该税种不但打击了金融资本的套利行为和减少金融交易的大宗获利，还使得普通市民的银行产品也遭受损失。

作为控制通胀、减少公共行政开支、降低巨额行政赤字的重要举措，科洛尔精简了一些联邦行政机构，提高了多项与民生直接相关的政府产品的价格，如生活用电、天然气、邮政费用等。科洛尔继续推进萨尔内执政期间就已启动的私有化进程，并扩大规模，上台后立刻将联邦政府控股的圣保罗航空公司出售给关系户。1991 年 10 月，又完成了最传统、规模最大的国有钢铁企业米纳斯钢铁公司的私有化，并撤销了国有钢铁控股企业巴西冶金公司。

科洛尔计划引发流动性减少继而造成生产减少，却未能有效控制通胀。因最基本生活用品开始出现短缺，民众日常生活和最基本利益受到冲击，政府支持率开始下降。1990 年末，科洛尔计划宣告终止。次年 1 月 31 日，科洛尔计划 2 号出台，该计划在短时间内体现些许效果后，通胀指数又开始迅速上升。当年 5 月 9 日，科洛尔计划 2 号宣告失败。

1991 年中，科洛尔卷入贪腐丑闻的传闻见诸报端。1992 年 5 月，他的亲弟弟向媒体公开披露了一个围绕科洛尔本人，由总统竞选班子前司库操纵、经营的贪腐网络。随着更多的证据被公之于众，在社会公众、媒体巨大压力下，国会于当年5月27日成立特别调查委员会，众议院于9月2日启动对科洛尔的弹劾程序。9月29日，弹劾案经众议院投票表决通过。同年12月29日，在被控有罪之前数小时，科洛尔辞职。参议院批准其辞职申请，剥夺其政治权利八年。这是巴西历史上第一个由普选产生的总统被弹劾的案例。

从巴西历史文化传统、现实社会环境以及政治经济发展水平等客观因素综合分析，不论是科洛尔当选，还是其被弹劾，到最后下台，既有着深厚的社会根源，也是和社会现实分不开的。一方面是由于民众对政治民主和自由选举的意义以及具体方式缺乏了解；另外，则是政治人物对民粹主义社会环境，对广大选民对经济社会发展迫切需求和急切心理的恶意利用。科洛尔案中其贪污腐败事实也证明，在一个封建传统意识观念仍非常顽固，经济社会发展水平仍相对低下的社会环境中，政党政治和民主制度往往会成为少数人、少数占据统治地位和垄断社会资源的利益群体侵占社会资源和攫取公共利益的工具。

在经历21年军人专制统治后，立刻恢复包括总统大选在内的民主选举制度，是巴西全社会争取民主政治回归、公民自由开放的斗争的胜利，也是人民争取自主行使权力迫切心理和积极性的反映，也由此形成直接选举的社会基础。但因长期专制统治，社会环境还有待改善，民主选举的条件并不具备。不但传统保守势力仍拥有广泛的社会影响和强大的势力，民众的民主意识也有待提高，对选举政治亦需进一步了解。同时，在经历了多年专制独裁统治后，政党政治刚刚恢复，对于各党派来说，政党组织结构仍需进一步完善，政党建设也需要进一步加强。对于整个国家政治环境而言，政党之间的监督，社会对政党的监督也是民主回归的重要条件之一。

科洛尔政府的任期由副总统伊塔马尔·弗朗哥继任完成。

5. 改革发端和改革初期

1993年5月，费尔南多·卡多佐被弗朗哥总统任命为财政部部长，并在总统的全力支持下开始制订雷亚尔计划。1994年2月27日，卡多佐主持制定并领导执行的雷亚尔计划开始实施。这是政府旨在控制通胀、遏制经济进一步衰退、挽救经济的又一尝试。政府严格限制公共行政开支，并利用多项财税和金融工具，在多个领域实施改革，将控制通胀作为遏制经济衰退、实现经济增长的首要目标。

在诸多改革措施中，其中一项是将雷亚尔人为提高至与美元等值，并坚决稳定雷亚尔与美元的汇率。这一举措在保护国内消费者购买力的同时，也抑制了通胀。卡多佐和他的经济班子在央行等机构共同努力下，改变前政府所采用的极端、粗暴的休克疗法，以渐进式的调整开始并实施一系列改革。在政府积极努力和社会各界的配合下，经济持续下行的趋势开始减缓。经过一系列调整，在弗朗哥总统任期结束前，在消费未受到严重冲击的情况下，通货膨胀快速增长的势头得到初步遏制。经济形势向好促使卡多佐本人的支持率不断升高，他因此成为总统候选人之一。

在 1994 年 10 月 3 日的总统大选中，在全社会广泛拥护和总统全力支持下，伊塔马尔·弗朗哥政府前财政部部长卡多佐作为巴西社会民主党候选人，和自由阵线党组成的竞选组合在第一轮投票中就以超过 54% 的得票率获胜。

次年 1 月 1 日就任总统后，卡多佐继续执行稳健的经济政策，不断巩固改革成效。他以减少政府开支为要务，坚持继续稳定雷亚尔币值，继续人为保持雷亚尔汇率于高位。与此同时，政府开始鼓励吸引外资。为吸引大额外资，卡多佐开始向外资开放长期备受保护的石油领域。1997 年 8 月，他专门签署宪法修正案以吸引外资流入。在基本利率上升的情况下，为限制外国资本的套利行为，政府专门开征临时金融交易和资金往来税。

卡多佐坚持资产阶级自由经济理念，积极主张减少经济活动中政府的参与和国家行政行为。国有资产私有化是其任内的重要举措。军政府执政期间，强调经济建设领域国家对经济的管控，投资兴建了大批国有企业。还政于民后，萨尔内开启私有化进程，但规模很小。科洛尔也对个别非关键性基础行业实行了私有化。

卡多佐经济政策班子核心成员既有芝加哥学派背景的学人，也有在美国投资领域从业的资深专家。卡多佐本人及其经济政策班子成员都是华盛

顿共识的拥护者和践行者。为加快和全面开展私有化进程，1997 年 9 月 9
日，卡多佐签署第 9491 号法，加快了国有企业全面私有化的进程。大量
国有公路、铁路被私有化，很多国有银行被出售；同时被售出的还有国有
电话公司、电力公司等优良资产，盈利状况或盈利前景很好的巴西电话公
司和淡水河谷公司也被出售。通过大量抛售国有资产，政府摆脱了一部分
公共债务，一些公共服务设施服务水平有所提高。随着私有化力度不断加
大，巴西从国际市场获得了大量资金，1998~1999 年，巴西成为全球发展
中国家外资净流入量最大的国家。卡多佐大规模私有化行动引起广泛争
议，其中主要问题集中在私有化过程的违规行为，反对党对大量优良国有
资产被低价贱卖提出反对意见。

政府在国会得到广泛支持。卡多佐本人不但得到执政党的一致拥护，
还获得中间偏右的自由阵线、巴西民主运动党等 6 个主要党派的支持。卡
多佐 1995 年 1 月开始任职时，宪法规定总统任职一届，任期五年。卡多
佐就职后便开始积极策动宪法关于总统任职规定条款的修改。1997 年 6
月 4 日，政府提出的第 16 号宪法修正案在国会投票表决中获高票通过。
修正案对宪法中原来关于总统执政时限和连任的规定做出修改：总统可连
选连任一届，五年任期缩短为四年。为实现对该宪法条款的修改，政府和
执政党动员了所有力量。事后有传闻称在修宪提案投票前有贿选和国会议
员受贿，有涉事议员公开承认并失去议员资格。卡多佐本人未否认或确认
选票交易的存在。因当届大选包括州长、部分国会议员的选举，宪法修正
案规定州长选举及任期制度按总统选举及任期变更，该宪法修正案因州长
成为得益者而获得更广泛支持。

1998 年，亚洲金融危机使得原油价格暴跌。因石油出口收入减少，
支付能力陡然下降。俄罗斯于当年 8 月 17 日被迫宣布延期偿付已到期国
际债务，引发国际金融市场剧烈动荡，巴西也受到严重冲击，雷亚尔大幅
贬值。面对争取连任前遇到的最大挑战，卡多佐对公众宣布其保持社会稳
定、保障民生、坚持改革的决心。

在 1998 年 10 月举行的大选中，获得最大三个政党全力支持的卡多佐
和自由阵线党副总统候选人马尔科·马西奥的竞选组合在第一轮所获选票

达到近 53%，再次赢得大选，成为巴西历史上第一位通过民主选举获得连任的总统。

卡多佐修宪成功和再次当选显示了其丰富政治智慧和党派活动经验，同时也证明了其在政府治理，尤其是在抑制通货膨胀、扭转经济颓势、中止经济衰退方面所获得的成就。巴西恢复民主选举时间不长，选举中所暴露出来的问题已说明选举制度仍有完善的空间。由政府提出的关于总统任期的方案，对于政府的稳定和政策的连续无疑具有积极意义。

当选并连任后，卡多佐实践了其竞选承诺，继续推进改革进程。

为遏制货币快速贬值，银行基本利率被大幅提高，外汇储备大量减少以阻止美元流入。因基础利率升高，民众消费性支出开始减少，生产性投资萎缩，失业率上升。尽管卡多佐一再努力减少行政开支，但因高利率、国际储备减少等，政府负债大幅增加。在卡多佐八年执政时间里，巴西人均国内生产总值大幅减少，贫富差距扩大，社会不公平现象开始增加。这成为其执政期间的败笔，同时也证明了巴西经济的脆弱和不稳定。

在两个总统任期中，卡多佐在政治方面保持了社会稳定，在政党回归的情况下，没有发生政党间激烈冲突，执政党在国会获得较广泛支持，未同反对党形成严重对立。政治上的稳定使得经济改革得以顺利进行，还为经济社会发展奠定了基础。卡多佐也成为巴西历史上第一个由民主选举产生、获得连选连任，并完成连任的总统。

长期以来，巴西民众社会、媒体舆论对历届政府治理能力的判断依据和评价标准多是经济发展状况。卡多佐在其任内抑制了通胀这一经济最敏感问题，并将经济基本保持在相对稳定的状态。在他第二个任期内，巴西连续受到国际经济危机的影响和打击，各项经济指标出现回落，尤其是雷亚尔大幅贬值，这些都给选民以负面的印象。后来由于能源政策的失误，出现全国范围用电配给问题。虽然时间并不长，但因事关民生，政府威信受损。对于知识阶层和人数众多的中产阶级来说，大规模的私有化行动并未直接造福于百姓。总的来说，卡多佐为继任政府留下的，是一个各方面状态都比较稳定的经济和社会环境。

## 二 劳工党执政时期

### 1. 劳工党胜选

2002年大选是民主选举制度恢复以来竞争最为激烈的一次。由于民主制度更加完善，各党派通过数次大选获得了经验并积蓄了力量。通过联合和斗争，各政党和政治派别之间不但加深了彼此间的了解，也建立了合作基础。

巴西社会民主党凭借卡多佐政府连选连任的优势和在两个任期中扭转经济下滑趋势所获得成果，以及在政治上保持稳定等各方面的优越条件，推出了卡多佐内阁前卫生部部长、参议员若泽·塞拉作为候选人。为获得更广泛支持，执政党仍采取与他党合作的方式，与巴西最大党巴西民主运动党的副总统候选人组成竞选组合。

路易斯·伊纳西奥·卢拉第4次作为最大反对党劳工党候选人参选。因外国资本和本国业界担心其当选后会采取强硬激进的经济政策，公众预期极不利于劳工党。为此卢拉在竞选伊始就发表了一封题为"告巴西人民书"的公开信，向社会公众宣布：如当选总统，将不做任何激进的经济政治改革。为给予企业界和投资者积极和正面的预期，增强、坚定其信心，获得其信任和支持，劳工党联合数个观点鲜明、立场坚定的传统左翼政党，还专门同立场中间偏右的自由阵线合作，并邀请该党参议员、巴西纺织业巨子、大企业家若泽·阿伦卡尔作为竞选伙伴共同参选。

2002年10月6日大选第一轮投票中，无人获得绝对多数。在随后的第二轮投票中，在第一轮被淘汰的两个得票率较高的候选人希罗·戈麦斯和卡罗提尼奥支持下，劳工党和自由阵线的联合竞选组合获得胜利。据媒体统计卢拉获选票近5300万张，占所有有效选票的61.27%。这一结果创下了巴西历届总统选举得票纪录。卢拉成功当选创造了另一个历史：一个坚持反对资产阶级统治和资本主义制度的左派政党，通过议会选举的方式，第一次在巴西获得了执政权力。

大选前，因担心劳工党在获胜后会对各项经济政策做出重大调整，国际金融市场和投资人普遍持负面预期，外资大量出逃，雷亚尔大幅贬值。

但卢拉非但未如外界猜测利用政府行为对经济进行干预，还基本上延续了前政府的经济政策。他主管经济的内阁成员多是持自由市场经济观点，并曾在私营企业从业的金融或管理人员。总的来看，卢拉的经济政策基本上秉持了华盛顿共识的精神和原则。

在竞选过程中，针对私有化问题，卢拉曾以左派社会主义观点和立场声称将加强国家对经济的指导和调控作用，反对私有化。上台后，他非但未否定前政府在私有化问题上的方针政策，还继续推进私有化。在其任期内，国有地方银行马拉尼昂州银行和塞阿拉州银行被联邦政府推向市场。

与以往其他总统在竞选中支持率较高，就职后支持率立刻下降不同，卢拉在执政初期支持率高企，其与劳工党获得广泛支持的主要原因是其在执政后立刻就开展以关注民生、照顾民生为主要内容的社会福利计划。作为一个诞生于产业工人群体，又一直以广大劳动群众为坚实基础和基本力量的政党，劳工党不论是在竞选过程中，还是在执政以后，都主张经济发展的最主要目的是改善社会环境，改善民生，缩小贫富差距；并将坚持社会公平作为自己的主要施政纲领和执政方针。

2. 劳工党执政盛期

卢拉在就职之初，就开展以消灭饥饿、减少贫困为首要内容的减贫计划，并开始实施"家庭救助计划"和"零饥饿"行动等措施。这些行动从较贫困落后、贫困人口相对集中的东北部和圣保罗等主要工业中心开始，逐步向全国推广。随着由联邦政府主导的扶贫计划和行动的不断开展，各地劳工党控制的州政府也根据本地实际情况，利用当地资源，开展和推行一些因地制宜、经济效益显著的项目。这些扶贫计划尤其注重社会整体效益。在有的州，适龄学童或少年必须每天上学，放学后必须参加技能培训。通过学习和训练，贫困家庭的青少年不但可获得学习和培训技能的机会，还可以免费在学校就餐，有的还可以获得不同形式的家庭生活补贴。

卢拉政府这些举措和实际行动很快就收到了良好反应。政府不但兑现了竞选承诺，也使得劳工党作为执政党获得更广泛支持。

卢拉就任时，正逢中国经济高速发展。中国大量基础设施建设和基础工业需求使得巴西原材料产品出口剧增。这个时期巴西经济发展稳定迅速，就业充分的主要原因是当时国际市场的兴旺。其外汇储备得以迅速增加，第一次由长期负债变为债权国，控制通胀和保持汇率稳定也变得相对容易，巴西人均国内生产总值得到大幅提升。

2006年大选前，卢拉和劳工党的声望因执政中的良好表现和各项经济指标令人满意居高不下，获得民众很大信任和广泛支持。这为卢拉争取连任提供了充分的条件。在2006年的总统大选中，卢拉虽未在第一轮胜出，但在10月29日第二轮投票中，他再次以超过60%的得票率获胜。

劳工党和卢拉2002年的胜选证明了几方面的问题。第一，巴西社会公众对意识形态的认识已相对淡漠。在国家政权和政府治理问题上，候选人的政党政治观点和立场已不再是选民的主要关切。第二，巴西的政党政治已进入新的阶段，原来立场坚定、态度激进的左翼或左派政党摈弃了传统斗争方式，以新的方式方法融入公民社会，以宪法框架内的合法方式，获得执政机会并行使国家权力。第三，广大民众对传统中右势力已感到厌倦。尤其是在其执政过程中，卡多佐因将控制通胀、稳定货币等置于其经济政策、政府治理优先的地位，对社会公平、基础民生等问题却未能足够重视，不但人民生活水平未得到提高，贫富差距还开始拉大。第四，卢拉在竞选纲领中强调的发展经济、促进社会进步、消除贫困、减少贫富差距的口号博得了选民的好感和支持。第五，卢拉本人和劳工党在上一任期做出的成绩有充分的说服力。

卢拉在第二个任期继续维持其在前一任期中的经济政策和基本方针，始终保持经济政策决策团队稳定，对其他改革措施也采取循序渐进的方式。2008年美国次贷危机爆发，全球经济受到冲击。巴西经济一直基于传统工业和商业，已不完全依赖美国，金融市场业务，尤其是金融市场创新业务不多。另外，次贷危机对经济的影响，以及经济形势变化的滞后效应在短时间内未充分释放。

在卢拉执政期间，政治局势基本保持稳定，很大程度上是由于经济稳定和持续发展。巴西不但摆脱了高失业率、高通胀和汇率剧烈动荡，外汇储备还开始充裕，不再受外债偿付等传统问题困扰，基本上实现了宏观经济稳定运行。这种态势在卢拉执政期间得以较长时间维持，是多年不曾有过的。国际市场的大量需求使国内开工充分，失业率也随之降低。经济上未出现大的波动，市场未受到负面影响，人民生活水平不但没有降低，还有所改善。这些都是政治局势得以保持稳定的主要原因。

3. 劳工党执政中期

卢拉执政八年中持续保持政局稳定的一个重要原因，是执政党没有出现足以动摇其执政地位的重大失误。实际上，执政党在执政初期内部便开始出现危机。2004 年 2 月 10 日，《时代》周刊首次公布劳工党高层涉嫌贪污的证据。随着媒体不断跟踪披露，该党核心领导群体中有人参与犯罪的事实逐渐显现。资深党员、总统民事办公室主任若泽·迪尔赛尔随着丑闻曝光被迫辞去内阁职务并受刑责。但在各种危机公关的努力下，执政党和卢拉本人未受影响。

在任期内，卢拉政府应对了国际金融危机的冲击，保持了经济持续发展，经济形势趋于稳定，中产阶级群体显著扩大，外汇储备不断增加，国际信用评级提升，还实现了由国际货币基金组织中的债务国向债权国的转变。这一切，都是深化经济改革、鼓励创新、发现和开创新经济增长模式的有利条件。但其执政期间，劳工党过多地依赖现有工业结构和传统经济发展模式，并没有在发现和开发新经济增长点方面做出成绩。这是其战略性的失误。

出现上述情况的最主要原因，在于巴西经济机构、社会制度和经济社会环境。劳工党执政时间过短，经济部门，尤其是经济运行的决策部门所坚持的是资本主义自由市场的立场，坚持政府尽可能少地干涉国民经济的投资和运行，政府行为多会受到经济政策决策部门的掣肘。而且政府在投资领域并未实际掌握充足的资源，实际投资能力不足。另外，巴西经济结构已相对完整，经长期运行也已相对稳定，各经济部门都由相应的利益集团所控制，利益集团之间相对稳定的合作关系已经形成，所以政府经济政策一旦对现有的经济结构产生冲击，会遇到很大的阻力。

巴西这一轮经济形势好转始于 2000 年以后，也恰好处在劳工党开始执政时期。

在劳工党两个任期内，执政党在保持经济稳定方面成绩斐然，在促进社会进步、改善人民生活条件方面表现良好。此时也是法定最低工资上涨幅度最快的时期。这也成为政府增加消费，通过刺激消费来拉动经济的手段。贫困人口数量大幅下降，贫富差距缩小，都是卢拉政府获得公众拥护的主要原因。得益于经济向好的趋势和执政党的各种努力，政党之间未发生冲突，没有爆发危机。这些因素不但使得卢拉在第二任选举中再次获胜，也是其在第二个任期届满时，支持率仍保持在高水平的重要原因。

4. 危机形成和潜伏期

2010年大选前，劳工党决定由时任总统民事办公厅主任的迪尔玛·罗塞夫作为候选人参选总统。罗塞夫很早就投身反对独裁统治、争取民主自由的活动。在军人独裁时期，她转入地下，亲自策划、参与、实施反对独裁的武装行动，并因此被通缉，还身陷囹圄。

罗塞夫参选前曾在州政府担任行政职务，后成为卢拉内阁第一批阁员，担任矿能部部长。作为政府核心人物，她一直是党内强硬派。与当时活跃于政坛的很多人相比，她不为公众所熟悉；作为政府技术官员，也没有像卡多佐那样，参选前就在前政府中证明过自己在某一领域的执政能力和专业才干。以其个人公众影响力，她不可能获得足够信任和支持。

劳工党的竞选合作伙伴是最大政党巴西民主运动党，该党推出的副总统候选人是党主席，曾两次担任国会主席、众议院议长的米歇尔·特梅尔。劳工党还获得共产党等9个小政党的支持。对罗塞夫最重要的支持力量来自卢拉本人。在巴西，竞选者本人或竞选人支持者的个人魅力对最广大选民而言至关重要。

罗塞夫的竞争对手是巴西社会民主党候选人塞拉。就管理经历而言，塞拉曾数次当选参议员、圣保罗州长和内阁卫生部部长。

由于彼此经济政策有相似之处，双方在竞选过程中未将经济作为最重要和最关键话题。医疗卫生、健康保健、教育、减贫、缩小贫富差距、追求社会公平等事关公众利益的问题成为双方争论的焦点。

最终罗塞夫以56.05%的有效得票率获胜。这是巴西社会民主党在总统大选中第三次被劳工党击败。劳工党此次胜利更重大的意义在于，这是巴西历史上第一次由一个政党接连三次在宪法框架下的选举中赢得总统大选。这次选举另一个具有里程碑意义的是罗塞夫由此成为巴西历史上第一位女性国家元首。

这次选举结果直接证明了劳工党前两届政府的地位。能够持续执政，是劳工党在政党纲领、政府治理、议会关系、选举策略等方面的政治胜利，也证明卢拉政府在经济上灵活和务实的方针和政策，以及具体措施的行之有效，体现了劳工党在促进社会发展、争取和维护社会公平方面所取得的进步。

罗塞夫坚持卢拉的经济政策，也承继了其执政方略。前政府经济政策决策中心的关键人物、内阁成员基多·曼特加留任财政部部长，其所提出的新宏观经济指导方针要求政府更积极、更有力地干预经济，将货币政策和降息相结合，在政府任内将央行基础利率从 12.5% 降至 7.25%；国有银行对投资进行补贴。新政府以财政政策为驱动投资的主要动力，同时将雷亚尔适当贬值，但应加强外汇管控以避免货币贬值过快；政府还应加强对国内工业，尤其是对汽车工业的保护。

罗塞夫努力提振工业，并希望通过宏观调控，增产降耗，提高技术水平来抗衡国外竞争，但效果并不明显。2010 年，巴西工业增长 2.7%。2011 年和 2012 年却连续两年回落。

上述措施因实际效果有限被反对党攻讦。尽管在竞选时强调政府对经济的宏观调控，罗塞夫也仍坚持执行私有化项目，2012 年 2 月圣保罗、贝洛奥里藏特、巴西利亚三大国内机场的经营权被拍卖。

在社会福利方面，罗塞夫秉持一贯作风，并为实现竞选承诺，实施多项惠民政策。2012 年 6 月，她签署促进教育事业发展的第 12677 号法令。为解决贫穷落后地区医疗卫生状况恶劣。医疗人员缺乏等问题，政府于2013 年 7 月开始从国外引进医务人员。因 1.8 万多名注册登记的医生中大部分来自古巴，被反对党指责违反多项部门法律法规。该措施也遭到医务人员行业工会的强烈反对。

不论是从政策本身，还是从经济数据看，罗塞夫政府的头两年里没有明显失误，民众支持率保持在 48% 左右。罗塞夫本人的支持率甚至数次达到 70%。在国会同反对党也没有发生激烈冲突。

从 2014 年下半年开始，各主要媒体相继开始发布关于国内经济形势下行趋势明显的报道，不断渲染经济恶化的可能性和现实性。根据瓦加斯基金会的经济周期数据委员会对当期的数据分析，巴西经济从 2014 年第二季度开始陷入衰退。其实 2014 年底全国失业率为 5%，为历年来最低。巴西经济最为敏感的数据是消费者价格指数，巴西央行发布 2014 年该指数为 6.41%，为 2011 年以来最高，但仍低于政府 6.5% 的调控目标。

5. 劳工党贪腐案

在 2014 年 10 月总统大选中，罗塞夫在劳工党和参政党支持下争取连任。其竞争对手仍为传统政敌巴西社民党，其候选人是巴西民主精神领袖、第一任民选总统内维斯的孙子阿艾西奥·内维斯。经两轮投票，劳工党获胜。罗塞夫以 51.64% 的有效得票率获得连任。劳工党第四次击败巴西社民党。

2014 年 10 月，为挽回竞选颓势，阿艾西奥将当时仍处于保密状态的劳工党"洗车门"贪污案公之于众，意在打压罗塞夫。虽然目的并未达到，但这个足以在政坛引发剧烈动荡的贪腐大案开始浮出水面。因涉案金额巨大，牵涉面广泛，当事人地位高，所以立刻成为媒体和公众关注的焦点。随着更多证据被曝光，更多重要人物成为涉案人，劳工党政治威信和道德声誉出现断崖式塌陷。罗塞夫连任前就已面临多地发生的反政府群众游行。大选后，反政府游行越来越多，且参加人数激增。在圣保罗、里约等大城市，不但出现群众敲锅砸盆等传统抗议形式，还有暴力和毁坏公共设施的行为。这些情况前所未见。

巴西政局和经济形势的关系极其密切。在经济恶化的情况下，公众情绪被劳工党高层犯罪事实迅速激发，对执政党形成更沉重打击。2015 年 3 月，开始出现要求弹劾总统的群众集会。从 3 月 15 日开始，群情愈发激愤，接连发生声势浩大的群众游行。媒体和社会公众的诉求已与经济无关，而是直接要求政府立刻下台。当年 12 月 2 日，众议院议长爱多瓦尔多·库尼亚批准弹劾案立案。

在反对派号召下，2016 年 3 月 16 日全国范围内再次发生群众游行。媒体测算游行规模和参加人数超过 1985 年要求举行总统大选的游行。次日，众议院投票选出国会特别委员会。4 月 11 日，特别委员会经投票通过罗塞夫弹劾案。4 月 17 日，众议院批准弹劾决定。5 月 12 日，弹劾案在参议院立案，罗塞夫离职。副总统特梅尔担任临时总统。

2016 年 8 月 31 日，弹劾案在参议院以 61 票同意、22 票反对的结果通过。这是 1985 年民主选举制度回归后，第二位由民众普选的总统被弹劾并离职。与科洛尔不同的是，罗塞夫的政治权利被完全保留。至此，劳工党 13 年的执政期结束。

### 6. 后劳工党时期

2016 年 12 月 9 日，联邦检察院以滥用职权、洗钱、团伙犯罪等罪名对卢拉提出指控。2017 年 7 月 12 日，库里提巴联邦法院一审判定卢拉罪名成立，并判处 9 年 6 个月监禁，卢拉因此成为巴西历史上第一个因刑事案被判有罪的前总统。2018 年 1 月 24 日，联邦第四地区巡回法院宣布维持一审法院对卢拉的犯罪认定，并以受贿和洗钱罪将刑期延长至 12 年 1 个月。其律师团队的申诉被联邦高等法院驳回。

劳工党经长期不懈的努力，依靠广大群众，通过议会民主选举，赢得了政权。这是巴西乃至整个拉丁美洲社会进步、政治局势发展、党派斗争形式变化的体现。劳工党在执政后坚持以民为本，坚持经济发展必须服务于社会进步，在减少贫困、消弭贫富差距、促进社会进步发展方面不但受到人民普遍欢迎，在国际上也获得广泛承认。也正是凭借这一执政纲领和行政理念，劳工党在民主回归后连续赢得大选胜利，成为巴西历史上执政时间最长的执政党。即便是在罗塞夫被弹劾、卢拉被判有罪后，劳工党依旧保持很高的支持率，尤其是在经济落后、社会服务水平很低的地区。这是劳工党重视社会福利、执政为民的具体证明。

在劳工党长达 13 年执政过程中，巴西经济因其外向型特点为世界经济高速发展所拉动。同中国传统、稳定的友好关系使劳工党政府在经济发展中受益很多，巴西外贸发展迅速，投资大量进入。这期间中国成为巴西最大投资来源国，也取代美国成为巴西最大贸易伙伴。这些都是劳工党很好利用发展机遇，充分发挥自身竞争优势的具体表现。

劳工党失败的直接原因不是经济政策错误。其政策失误在于放任国内经济过于依赖国际市场，出于各方面原因，未在长达13年的执政过程中对国内经济部门进行结构性调整或增长方式的创新，未利用国内各种资源和各方面力量形成新的产业优势，也未培育出新的、内生的经济动力。因对世界经济依赖的局面未得到根本改变，最后因国际经济降速和放缓陷入衰退。

虽然获得了民众的广泛拥护，但作为执政党，劳工党的失误却也正是在政治方面。首先，执政过程中对于社会效益的追求掩盖了政党政治中选举政治的倾向。在改善贫困群众生活水平、提高民众生活质量方面，将政党资源、政府资源和行政资源直接投放在对民众的生活救济上。这样虽然获得了及时、直接的民众支持，但不能成为稳定、长期、坚实的政治基础和政府治理的保障。

劳工党的失败来自其内部。在2003年执政伊始，党内核心就出现贪腐案件，政府因当事人受刑责而受损失。但"洗车门"这样的贪腐案和其他共生案件仍然出现，并成为其作为执政党下野的主要原因。作为以广大劳动群众为基础的政党，劳工党在复杂恶劣的环境中没能处理好政党建设的问题，最后因党内腐败失去政权。

政府的稳定性和政策的连续性是拉美经济社会发展的关键。劳工党是巴西政党纲领最明确、组织结构最完整、党员群体最稳定、合法执政时间最长的政党。其在进入21世纪后通过民主选举获得政权，维持政权长达13年的经历刷新了历史，也证明了巴西社会的进步。

7. 全面转折期

副总统特梅尔及其巴西民主行动党在2016年初放弃参政党地位，不再同劳工党合作。罗塞夫弹劾案在众议院立案过程中，特梅尔积极支持并策动弹劾。罗塞夫离职，特梅尔继任总统后，立刻同原最大反对党、与劳工党长期严重对立的巴西社会民主党组成执政联盟。劳工党由此成为最大反对党。

特梅尔任临时总统前，就被曝出贪腐行为。他通过一系列运作和协调，在执政联盟帮助下涉险过关。2017 年 6 月 26 日，共和国总检察长罗德里戈·雅诺特宣布以受贿罪起诉特梅尔。特梅尔也因此成为历史上首个在任内被共和国检察院正式起诉的巴西总统。依照程序，众议院应立案并开始弹劾程序，但众议院拒绝审理。

2017 年，政府支持率一再下跌。因在竞选时只是作为劳工党竞选策略的合作伙伴，特梅尔没有具体、完整、系统的施政纲领。接任总统后，他以政府名义提出的数项改革方案被众议院悉数否决。根据最大民调机构页报信息在 2018 年末特梅尔任期结束前的调查统计，他是自 1985 年民主选举恢复以来支持率最低的总统。2017 年 8 月，其支持率仅为 7%。

2019 年 1 月 1 日，在 2018 年总统大选中获胜的右翼保守主义代表雅伊尔·博索纳罗接任总统。

2022 年 10 月，卢拉作为劳工党候选人再次赢得总统大选，于 2023 年 1 月 1 日就职。

# 第三章

# 政　治

## 第一节　政治概况

在殖民初期，葡萄牙王室就掌握了殖民地所有自然资源和社会资源，并号称拥有所谓至高无上的、不可侵犯、不可挑战的权力，巴西作为殖民地因此从一开始就不曾享有任何政治地位。葡萄牙在巴西实行的领地分封制和总督委任制使得宗主国的统治地位被进一步强化，民众中绝大多数的人是既不享受任何权利，也不拥有任何权力的奴隶和印第安人，少数平民殖民者既无政治地位，也无话语权，巴西自然不能形成任何可以与王权平等对话的政治群体。获得领地分封的领主占有所有生产资料和所有自然和社会资源。因此巴西长期处于一种特殊的、具有封建制度特征的奴隶制的社会形态下。

结构单一、生产方式极为落后的社会环境使得各社会群体间的关系因力量对比悬殊未能形成对立。不同社会阶层及其各自代表的政治力量的对立始终保持简单的状态。拥有领地和大庄园的殖民者通过对生产资料和其他资源的掌控而拥有一切，操纵所有社会活动。从1500年葡萄牙人登陆巴西，到1534年实行承袭的领地制度后相当长的时期，传统意义的政治环境并未形成。

葡萄牙王室在巴西实行的领地分封制度时间并不长，且范围有限。但这个制度在巴西历史进程和社会发展过程中产生深远且巨大的政治影响，并形成顽固、恶劣的后果。随着殖民地经济发展和社会分工的增加、人口结构变化，巴西开始出现不同的利益群体。特别是在早期经济活动向东南部和南部转移的过程中，采矿、咖啡种植等在东南部得到很大发展的情况下，一些完成资本积累的大庄园主、大种植园主开始形成利益集团，并开始提出其政治诉求。与此同时，早期封建领地和采邑式的分封制度的传统势力仍顽固存在。随着这些拥有生产资料的利益集团的经济实力不断上升，这个利益群体开始向殖民宗主国政权声索更多资源和争取更强谈判地位。同时却又极力维护和巩固这种落后而反动的以奴隶制生产方式维持的封建社会形态，并以此保证自己的政治权利和争取掌控更多的国家政权。

19 世纪初巴西独立后，皇室为尽快摆脱对外依赖，加强和巩固政权，开始大力发展经济。各种经济活动的大量出现和蓬勃发展催生了不同领域的新兴力量，各种利益群体纷纷出现。为加强内外安全而建立的军队在获得更强社会地位的同时，开始形成特殊、独立的政治群体。这是各种政治力量出现和对比变化最快的时期，政治生态也随之发生根本性变化。19 世纪末，随着奴隶制被废除和大量移民涌入，巴西社会结构受到有史以来最大的冲击，也随之发生深刻、根本性改变。已经坐大的大庄园主和大种植园主开始反抗皇室的控制和经济垄断，最后发展到联合军队推翻皇权统治，建立共和政权。

不同于欧洲的资产阶级革命，建立巴西共和的政治主体是掌控国家支柱经济产业的大封建主阶层，以及这一阶层中基于地域划分的利益集团。他们对政权的瓜分和垄断也是基于这一分配原则。巴西历史上这个时期的政治斗争的各方是不同地域的大庄园主集团，政治斗争核心即国家政权，也因此出现这些利益集团通过互惠的利益交换，达到长期垄断国家政治生活、控制国家权力的局面。直至如今，在巴西有些地方，传统的家族和利益集团仍在地区政治生活乃至国家政治生活中发挥重要作用。这也成为巴西政治生活中一个比较特殊而且传统的特征。

巴西政治受法国大革命影响。封建帝制被推翻后，联邦共和制的国家政权建立。因资产阶级革命不彻底，民主政治并未形成。封建分封和专制的传统势力在政治生活中仍具有强大影响力。另外，共和早期国内外社会动荡，与邻国的冲突使得军队地位不断提高。作为特殊政治势力，军人不但未受到制约，反而一再直接或间接地参与政治斗争。所以在很长的历史时期，巴西政治局面是脆弱的，民主政治只是假象。尽管独立后共和国宪法成为国家的最高政治准则和法律文件，但国家政权始终处于不稳定状态。

随着经济社会发展进步，知识阶层开始出现。工业化进程不断发展使产业工人也作为一个重要政治力量开始形成。左翼知识分子群体和广大的产业工人群体越来越多地参与社会活动并干预政治走向，逐渐改变了巴西政治力量的对比。他们在巴西的政治中发挥越来越大的作用，也使得政治生态发生了巨大的变化。因此，掌控经济的大资本利益集团的传统右翼势力策动军事政变成为 20 世纪巴西政治斗争的一个特殊形式和常见的现象。军人集团不但无视宪法程序，干预政府的行政事务，间接操控国家政权的运行，还直接推翻宪法政府，并实行专制统治达 20 余年。这是巴西历史上政治至暗时期。

20 世纪 80 年代，巴西进入新的历史时期，矛盾对立的各政治势力开始和解，并通过对话共同寻求宪法框架下的政治解决办法。全国政治局势趋于平稳。经过不懈努力，长期在野的左翼政党通过议会选举创造了巴西有史以来为时最长的政党执政纪录。这是巴西政治生活的巨大变化，也证明了巴西的民主政治获得有限的成功。在国际大环境影响下，在国内各政治势力共同努力下，相对稳定的政治局势为经济发展提供了良好条件和宽松的环境，巴西在这一时期获得了积极、显著的发展。

巴西联邦共和政体自建立后一直持续至今，虽然出现过倒退，但总统议会制政体已为所有党派和广大人民群众所接受。巴西政治生态中各种现象比如政党政治、选举政治、各种纷繁复杂的政治关系都充分说明了巴西政治在其历史发展过程中的特征。

1988 年，巴西颁布第八部宪法。根据宪法，巴西实行联邦议会总统制。行政、立法和司法三权分立，分别行使宪法赋予的权力。

在行政机构级别划分上，分为联邦、州和市三级，分别由总统、州长和市长行使各级行政权力；总统依照宪法赋予的权力执政。立法机构由联邦议会、州立法大会和市议会三级组成，分别在联邦、州和市行使立法权。

## 第二节　宪法

1. 第一部宪法（1824~1891年）

1822年，佩德罗四世宣布巴西独立，建立君主立宪制的帝国。1824年3月25日，巴西首部宪法即帝国宪法颁布，该宪法最基本原则是赋予皇帝作为帝国最高统治者的个人绝对权力，确认其至高无上的神圣地位。该宪法第99条规定：皇帝本人神圣不可侵犯，不对任何过错承担任何责任。该宪法赋予有财富能力的自由人以选举权。法律规定实行死刑。

这是巴西实行君主立宪制时的唯一宪法，也是到目前为止巴西实行时间最长的宪法。1891年帝制被废除，该宪法被废止。

2. 第二部宪法（1891~1934年）

1889年11月15日，军人发动政变推翻帝制。1891年2月24日，军人临时政府颁布巴西合众共和国第一部宪法，即巴西第二部宪法。

这部宪法废除了先前帝国宪法中所规定的国会制和集权制，以及关于皇帝权力的条款，并将总统制写入宪法；赋予行政、立法、司法各自的权力，规定共和国总统由全国选举产生，任期4年，不得连任。

新宪法规定除文盲和妇女外，所有21周岁以上男性均可参加选举。这虽然只是有限扩大了民主，但在当时具有进步意义。该部宪法的另一个重大变化是不再规定天主教为国家宗教，取消了宗教在国家政治中的地位。新宪法还废除了死刑。

3. 第三部宪法（1934~1937年）

热图里奥·瓦加斯于1930年通过政变上台，长期在没有宪法制约的情况下实行统治，社会民众不满情绪日增。1934年7月，瓦加斯宣布颁布第三部宪法，以缓解社会上对其政权合法性的普遍质疑和强烈反对。该宪法最大的变化是关于选举权方面的规定：宪法赋予妇女选举权，将选民年龄降至18周岁，并规定投票是每一个公民的宪法责任和义务，但关于文盲无权投票的规定被保留。

该宪法首次体现了宪法在劳动保护等社会福利方面的意义，首次确定了最低工资和八小时工作制、每周休息日和带薪假期等制度成为劳动者的宪法权利。宪法还禁止雇用童工和男女同工不同酬。新宪法除在促进民主方面有很大进步外，在提高社会福利、促进社会公平方面也有积极作用。这部宪法是巴西历史上实行时间最短的宪法。

4. 第四部宪法（1937～1945 年）

1937 年，瓦加斯解散国会，并于同年 11 月颁布第四部宪法，以加强其集权和专制。巴西学界普遍认为该宪法具有鲜明的独裁特征，是巴西第一部专制宪法。

该宪法规定总统由选举团选举产生，任期六年。立法和司法机构被合并，合二为一的国会为总统所掌握。新宪法加入了对反政府人士的监禁和流放的有关条款，恢复了死刑制度，并首次加入了关于新闻检查制度的条款，同时剥夺了公众罢工权利。

5. 第五部宪法（1946～1967 年）

1945 年 10 月，瓦加斯辞职，其继任者加斯帕·杜德拉总统于 1946 年 9 月 18 日签署巴西第五部宪法。此时国会已重开，新宪法由重开的国会投票通过。

该宪法恢复并重新确立三权分立原则，再次确定了联邦共和国总统制的国体，终止了关于新闻检查的规定，再次废除了死刑，并恢复了民众罢工的自由，将总统间接选举改为由全体选民直接投票选举产生。

6. 第六部宪法（1967～1969 年）

1964 年，军人发动政变推翻民选政府。这是巴西历史上又一次，也是最严重的军人干政。1967 年 1 月，军政府卡斯特罗·布朗科总统签署并颁布第六部巴西宪法。

1967 年宪法是军人极右翼集团为使专制政权合法化，并以此建立一个宪法框架下独裁政府的步骤。该宪法赋予军政府极大权力，恢复了死刑条款，加强了对罢工的限制，突出表现了其独裁、专制的一面。宪法规定总统由国会选举产生，任期五年；各种权力向联邦行政机构高度集中。军政府主持的这次修宪对民主制度造成了极大伤害。在该宪法颁布前后，军政府颁布多个制度法①，其中前五个造成的后果恶性最大。随着后续颁布的多项制度法成为宪法的组成部分和具体细则，社会政治环境进一步恶化。

7. 第七部宪法（1969~1988 年）

第七部宪法于 1969 年 10 月 17 日颁布。该宪法只是作为 1969 年第一宪法修正案对第六部宪法做了一个简单重复。

因席尔瓦总统突发重病被迫离职，军政府颁布第 12 号制度法以加强军人政权的地位，以防大权旁落，并彻底排除了副总统以平民身份获得总统权力的可能性。

政府同时还颁布了新闻法、国家安全法。虽然这是两部应被视为部门法的法律，但在当时情况下，这实际上就是第七部宪法的补充。从立法角度看，这两部法是为了严格限制对当时第六部、第七部宪法的质疑和反对。在巴西历史上，尤其是在 21 年的军人独裁统治时期，这两部法律在更大程度上扩充和加强了独裁政权已拥有的广泛权力，并对公众社会、民主环境和公众自由造成更严重的侵害。

8. 第八部宪法（1988 年至今）

根据 1985 年 12 月 27 日颁布的第 26 号总统令，国会修宪委员会于 1987 年 2 月 1 日在巴西利亚成立。1988 年 9 月 22 日，宪法草案在国会得到通过。1988 年 10 月 5 日，萨尔内总统宣布巴西新宪法正式颁布。

新宪法的颁布宣告了军人独裁专制的彻底终结，也标志着巴西政治进入一个新的历史发展阶段。新宪法彻底终止新闻检查制度，恢复公众言论自由，还进一步将选举权扩大到包括文盲和 16 周岁以上青年在内的巴西公民。在社会福利方面，宪法规定每周工作时间由 48 小时减至 44 小时，提高工龄保障基金、失业保险以及确保带薪假期、罢工权力、120 天产假等社会福利。

---

① 1964 年巴西发生军事政变后，军人政权无视国会，践踏民主，在政府统治缺乏合法地位的情况下，以总统行政令的形式取代相关法律，并作为行政依据。后又以独裁专制的手段，将行政令在未经表决的情况下转变为法律（decreto lei）。该词组以前被译作行政法，该译法与传统法律意义上的行政法有冲突，而且易混淆，故本书译为制度法。

巴西宪法五大基本原则如下。

第一，国家主权。巴西领土主权完整是主权的具体表现，在巴西领土主权范围内国家权力至高无上。巴西宪法是其主权的表达和解释。

第二，公民权。所有在巴西出生，或获得巴西国籍的人都是巴西公民，均可充分享受巴西公民权利并受到巴西宪法保护，同时也必须尽到巴西公民应尽义务。

第三，人的尊严。宪法规定每个公民的尊严都受到保护，宪法保护所有公民不受任何形式的侵害。

第四，劳动和自由创业的社会价值。宪法第 170 条规定：自由创业和劳动是巴西的立国基础。

第五，多元政治。作为民主社会根本原则和社会多元化的保证，多元政治是巴西宪法最基本的原则。作为社会多元政治的保障和具体体现，宪法第 17 条规定，巴西必须有两个以上的政党。

## 第三节 选举制度

巴西实行的是民主普选制度，全体选民直接投票选举总统和地方行政官员、议会议员等，行政、立法机构组成人选均通过直接投票选举产生。

宪法规定，年龄在 16 岁至 18 岁，不论是在巴西出生，还是后来获得巴西国籍而成为巴西公民的人均享有选举权，但该年龄段的选民有行权或弃权的自由。年满 18 周岁的公民必须投票。文盲、年满 70 周岁的人可自由选择是否行权。可以证明自己在投票当日无法到达投票站的人，可不参加投票。

失去或不具有民事能力的人，不拥有巴西国籍的人，被法庭判决有罪的人等，都属于被法律剥夺选举权或无选举权的人。违反选举有关规定，如未事先登记而失去选举资格的人也不能参加选举。

被选举权则有一系列条件限制。候选人必须代表某一个党派，任何人都不得以独立候选人身份参选。对不同的竞选目的有不同的年龄要求。竞选巴西总统、副总统、参议员的候选人的最低年龄为 35 周岁；竞选州长、副州长的候选人必须年满 30 周岁；竞选其他层级的议会议员和行政机构部长的候选人则必须在参加竞选的时候年满 21 周岁。市议员候选人的年龄可降至 18 周岁。

巴西每四年举行全国大选以产生共和国总统、众议员、参议员、各州议员、市议员和各市市长。有的年份只选举议员，四年一次的总统选举年是大选年。

有意参加竞选的人必须提前登记，并经选举法院审核后方可获得候选人资格。获得候选人资格后便可开始竞选宣传，但必须严格遵守有关规定。各党派在电视上的竞选广告播出时长不同，由选举法院规定，播出时必须严格按规定执行。投票前一天，一切竞选行为都必须停止。投票日不得有竞选行为。

巴西于 1996 年废止纸质选票，全面普及电子票箱。选民可选择任何一个候选人，或投出白票，也可以将选票作废，或不选择任何候选人，而只选择有获选人的政党。

在总统大选和州长、市长选举中，获胜者须获得绝对多数，即超过50%的选票。如在第一轮投票中无人获得超过 50%的选票，则由得票最多的两名候选人进入第二轮投票，在第二轮投票中获得票数多的候选人为获胜者。在人口少于 20 万人的城市，获得票数为简单多数的候选人即为胜选。参议员、众议员以及州、市议员选举中，获得票数为简单多数的候选人即为胜选。

## 第四节　总统和行政机构

一　总统

巴西总统是巴西联邦共和国的最高政府首脑、最高行政长官、三军总司令。根据巴西宪法，巴西政体为总统制。巴西总统制政体源自 1889 年巴西合众国宣布成立之初，并且得到巴西第一部宪法的确认。在后来不同的历史阶段中，曾出现过国家政体被短时间改变的情况，但巴西总统制的根本性质始终未改变。

1988 年宪法原规定总统任期五年，不得连任。此条款经修改后变为：巴西总统由选民直接投票选举产生，任期四年，任期结束时可直接竞选连任，但只能连任一届。

除意外情况外，如当选总统在规定就职日期十天后仍未就职，国会将宣布总统职位空缺。若总统被弹劾且弹劾案成立，总统必须暂时离职，由副总统以临时总统身份接替。如弹劾案未获通过，则总统、副总统恢复任职。若弹劾案获得通过，则总统失去职务，副总统接替成为总统。在总统和副总统受弹劾或总统和副总统职位空缺的情况下，众议院主席、参议院第一副主席、最高法院院长将作为顺位继承人依次接替总统职务。总统未获国会批准不得擅自出国，否则国会可因此免去其职务。

当选总统须在国会众议院全体议员大会上就职，就职仪式由众议院大会主席主持。总统就职时宣誓依法坚持、捍卫、执行宪法，促进全体人民的幸福、维护国家团结、完整和独立，并接过代表巴西国旗的总统绶带。巴西总统可以根据自己的意愿，在不受任何人，不受包括国会在内的任何机构干预下，选择、指定、任命其直接的助理人员和内阁各个部委、机构的部长。总统权力还包括如下方面。

（1）行政方面

①在内阁部长协助下，担任最高行政领导，管理联邦行政机构。

②规定联邦行政管理机构的组成、职权和作用，设立或取消联邦公共职务。

③领导国家政府，拥有任免内阁部长、联邦区和地区行政长官的最终权力。

④拥有决定和落实政策的权力。

⑤向国会提交预算提案，拥有决定预算的最终权力。

（2）立法

①依照宪法程序和规定，提出立法程序。总统可以向国会提出法律建议，批准、颁布法律，执行法律的法令和规定，颁布具有法律效力的临时措施。在紧急情况下，拥有不经国会批准颁布并实施法律的权力。

②总统有权否决国会通过的法律，除非参众两院全体议员以 50% 的票数推翻总统决定，否则该法案不生效。

③总统拥有决定国会议事日程的权力，向国会提交国情咨文，介绍国内形势和阐明将采取的必要措施，在国会开会后 60 天内，向国会提交上一年度预算执行情况。

（3）司法

总统有权任命最高法院法官和其他相关成员。

（4）军政

①国会休会期间，在受外敌入侵的情况下，对敌国宣战。

②批准外国武装力量通过本国领土或在本国领土作短暂停留。

③担任武装部队总司令，任命武装部队最高统帅，统领国内一切武装力量。

④在全国或在部分地区发布国家动员令，确定应急措施，发布戒严令和紧急状态令，下令和实施联邦干预。

（5）外交

①保持与外国的外交关系。

②在国际交往中代表巴西签订国会尚待研究的条约、协议和协定。

巴西总统还拥有建议批准特赦或减刑等其他权力，以及使用总统官邸等特权。

巴西历任总统见表 3-1。

表 3-1　巴西历任总统

| 任职时间 | 姓名 | 外文姓名 | 就任形式 | 卸任 |
|---|---|---|---|---|
| 1889～1991 | 德奥多鲁·达·丰塞卡 | Deodoro da Fonseca | 政变军人推选 | 辞职 |
| 1891～1894 | 弗洛里亚诺·佩索托 | Floriano Peixoto | 副总统继任 | 任期满 |
| 1894～1898 | 普鲁登特·德·莫拉伊斯 | Prudente de Moraes | 选举获胜 | 任期满 |
| 1898～1902 | 坎波斯·萨利斯 | Campos Sales | 选举获胜 | 任期满 |
| 1902～1906 | 罗德里格斯·阿尔维斯 | Rodrigues Alves | 选举获胜 | 任期满 |
| 1906～1909 | 阿方索·佩纳 | Afonso Pena | 选举获胜 | 病故 |
| 1909～1910 | 尼罗·佩萨尼亚 | Nilo Peçanha | 副总统继任 | 任期满 |

续表

| 任职时间 | 姓名 | 外文姓名 | 就任形式 | 卸任 |
|---|---|---|---|---|
| 1910~1914 | 艾尔梅斯·达·丰塞卡 | Hermes da Fonseca | 选举获胜 | 任期满 |
| 1914~1918 | 瓦莱斯劳·布拉斯 | Venceslau Brás | 选举获胜 | 任期满 |
|  | 罗德里格斯·阿尔维斯 | Rodrigues Alves | 选举获胜,病故 | 未就职 |
| 1918~1919 | 德尔芬·莫雷伊拉 | Delfim Moreira | 副总统继任临时总统 |  |
| 1919~1922 | 埃皮塔西奥·佩索阿 | Epitácio Pessoa | 选举获胜 | 任期满 |
| 1922~1926 | 阿杜·贝尔纳尔德斯 | Artur Bernardes | 选举获胜 | 任期满 |
| 1926~1930 | 华盛顿·路易斯 | Washington Luís | 选举获胜 | 任期满 |
|  | 儒里奥·普列斯特斯 | Júlio Prestes | 选举获胜被废 | 未就职 |
| 1930~1945 | 热图里奥·瓦加斯 | Getúlio Vargas | 政变 | 被废黜 |
| 1945~1946 | 若泽·利尼亚雷斯 | José Linhares | 政变军人指定 | 任期满 |
| 1946~1951 | 加斯帕·杜德拉 | Gaspar Dutra | 选举获胜 | 任职满 |
| 1951~1954 | 热图里奥·瓦加斯 | Getúlio Vargas | 选举获胜 | 自杀 |
| 1954~1955 | 卡费·菲里奥 | Café Filho | 被指定 | 辞职 |
| 1955 | 卡洛斯·鲁斯 | Carlos Luz | 临时总统 | 被弹劾 |
| 1955~1956 | 内留·拉莫斯 | Nereu Ramos | 临时总统 | 任期满 |
| 1956~1961 | 儒塞利诺·库比契克 | Juscelino Kubitschek | 选举获胜 | 任期满 |
| 1961 | 热尼奥·夸德罗斯 | Jânio Quadros | 选举获胜 | 辞职 |
| 1961 | 拉尼埃里·马斯里 | Ranieri Mazzilli | 临时总统 |  |
| 1961~1964 | 若昂·古拉特 | João Goulart | 副总统继任 | 被废黜 |
| 1964 | 拉尼埃里·马斯里 | Ranieri Mazzilli | 临时总统 |  |
| 1964~1967 | 卡斯特罗·布朗科 | Castelo Branco | 政变军人推选 | 任期满 |
| 1967~1969 | 科斯达·依·席尔瓦 | Costa e Silva | 政变军人推选 | 病故 |
|  | 佩德罗·阿雷索 | Pedro Aleixo | 副总统继任 | 未就职 |
| 1969~1974 | 埃米利奥·梅迪奇 | Emilio Medici | 选举获胜 | 任期满 |
| 1974~1979 | 埃尔内斯托·盖泽尔 | Ernesto Geisel | 选举获胜 | 任期满 |
| 1979~1985 | 若昂·菲格雷多 | João Figueiredo | 选举获胜 | 任期满 |
| 1985~1990 | 党格雷多·内维斯 | Tancredo Neves | 选举获胜,病故 | 未就职 |
|  | 若泽·萨尔内 | José Sarney | 副总统继任 | 任期满 |
| 1990~1992 | 费尔南多·科洛尔 | Fernando Collor | 选举获胜 | 被弹劾 |

续表

| 任职时间 | 姓名 | 外文姓名 | 就任形式 | 卸任 |
|---|---|---|---|---|
| 1992～1995 | 依塔马尔·弗朗哥 | Itamar Franco | 副总统继任 | 任期满 |
| 1995～1999 | 费尔南多·卡多佐 | Fernando Henrique Cardoso | 选举获胜 | 任期满 |
| 1999～2003 | 费尔南多·卡多佐 | Fernando Henrique Cardoso | 选举获胜 | 任期满 |
| 2003～2007 | 路易斯·伊纳西奥·卢拉 | Luiz Inácio Lula da Silva | 选举获胜 | 任期满 |
| 2007～2011 | 路易斯·伊纳西奥·卢拉 | Luiz Inácio Lula da Silva | 选举获胜 | 任期满 |
| 2011～2015 | 迪尔玛·罗塞夫 | Dilma Rousseff | 选举获胜 | 任期满 |
| 2015～2016 | 迪尔玛·罗塞夫 | Dilma Rousseff | 选举获胜 | 被弹劾 |
| 2016～2019 | 米歇尔·特梅尔 | Michel Temer | 副总统继任 | 任期满 |
| 2019～2022 | 雅伊尔·博索纳罗 | Jair Bolsonaro | 选举获胜 | 任期满 |
| 2023年至今 | 路易斯·伊纳西奥·卢拉 | Luiz Inácio Lula | 选举获胜 | 任职中 |

资料来源：笔者根据相关资料整理。

## 二　行政机构

本届巴西政府于 2023 年 1 月 1 日组成。政府主要由 38 个部级机构组成。

内阁成员如下。

副总统兼发展、工业、贸易和服务部部长热拉尔多·阿尔克明（Geraldo Alckmin）

总统府民事办公室主任鲁伊·科斯塔（Rui Costa）

总统府总秘书处部长马尔西奥·马赛多（Márcio Macêdo）

总统府机构关系秘书处部长亚历山大·帕迪利亚（Alexandre Padilha）

总统府新闻事务秘书处部长保罗·皮门塔（Paulo Pimenta）

总统府机构安全办公室主任马科斯·阿马罗（Marcos Amaro）

联邦大律师局局长若热·梅西亚斯（Jorge Messias）

联邦监察总署署长维尼修斯·卡瓦略（Vinícius Carvalho）

农牧业部部长卡洛斯·法瓦罗（Carlos Fávaro）

城市部部长雅德尔·巴尔巴略·菲略（Jader Barbalho Filho）

文化部部长玛格丽特·梅内塞斯（Margareth Menezes）

科技创新部部长卢西亚娜·桑托斯（Luciana Santos）

通信部部长儒塞利诺·雷森德·菲略（Juscelino Rezende Filho）

国防部部长若泽·穆西奥·蒙泰罗（José Múcio Monteiro）

农村发展与家庭农业部部长保罗·特谢拉（Paulo Teixeira）

地区一体化发展部部长瓦尔德斯·戈埃斯（Waldez Góes）

社会发展和援助、家庭和抗击饥饿部部长惠灵顿·迪亚斯（Wellington Dias）

人权部部长西尔维奥·阿尔梅达（Silvio Almeida）

财政部部长费尔南多·阿达（Fernando Haddad）

教育部部长卡米洛·桑塔纳（Camilo Santana）

体育部部长安德烈·福福卡（André Fufuca）

管理部部长埃丝特·德维克（Esther Dweck）

种族平等部部长阿尼埃勒·弗朗哥（Anielle Franco）

司法与公共安全部部长里卡多·莱万多夫斯基（Ricardo Lewandowski）

环境和气候变化部部长马里纳·席尔瓦（Marina Silva）

矿产与能源部部长亚历山大·西尔韦拉（Alexandre Silveira）

妇女部部长西达·贡萨尔维斯（Cida Gonçalves）

渔业与水产养殖部部长安德烈·德保拉（André De Paula）

计划与预算部部长西蒙妮·特贝特（Simone Tebet）

港口与机场部部长西尔维奥·科斯塔·菲略（Silvio Costa Filho）

原住民部部长索尼娅·瓜雅雅拉（Sonia Guajajara）

社会保障部部长卡洛斯·卢皮（Carlos Lupi）

外交部部长毛罗·维埃拉（Mauro Vieira）

卫生部部长尼西亚·特林达德（Nísia Trindade）

劳工部部长路易斯·马里尼奥（Luiz Marinho）

交通部部长雷南·卡列罗斯·菲略（Renan Calheiros Filho）

旅游部部长塞尔索·萨比诺（Celso Sabino）

创业、微型企业和小型企业部部长马尔西奥·弗兰萨（Márcio França）

## 第五节　国会与立法

### 一　国会

巴西国会是宪法框架下的立法机构。

国会具有立法、监督政府、决定国家政治经济体制、制定财政税收和预算支出、制定对内对外政策等权力。巴西国会为两院制，由参议院和众议院组成。国会基本职能是两院议员在维护国家主权和整体利益的前提下，根据具体情况和实际能力，为自己所代表的联邦行政单位争取利益议事、决策。

巴西国会每一届期限四年，每年两次会期。根据2006年8月22日颁布的第50号宪法修正案：巴西国会两院每年2月2日到7月17日在巴西利亚同时开会，7月18日休会；第二次会期是8月1日至12月22日，此后国会进入休会期。在休会期间召开的会议必须通过相关程序特别召集。经特别召集的会议是国会特别会议。

### 二　参议院

根据1824年帝国第一部宪法，首届参议院于1824年3月25日组成。首届参议院议员由皇帝任命。首届参议院会议于1826年5月6日在里约热内卢召开。第57届参议院于2023年2月组成。

参议院有参议员81人。参议员名额分配体现联邦各行政单位在国家事务中的代表权平等原则，每个联邦行政单位（26个州、1个联邦区）3个名额。参议员须是满35周岁、在本土出生的巴西人，由在本州登记的选民投票选举产生，但参议员候选人不限于本州居民，得票多数者即告当选。参议员任期八年，可多次连选连任。

参议院设主席和第一副主席、第二副主席和四名秘书长。上述职务任期均为两年。每两年的2月1日参议院开会当天，全体参议员以不记名投票选举产生参议院主席和副主席、秘书长、参议院主席团成员。参议院主席为国会主席。当主席空缺时，第一副主席作为第一顺位继承人接替，依次类推。此外，参议院还设有执政党领袖、多数党领袖和少数党领袖三个席位。

1988 年宪法第 52 条规定，参议员专属权力主要有以下几项。

以玩忽职守罪起诉、审判共和国总统、副总统、联邦最高法院大法官、联邦总检察院总检察长、共和国总检察长、国家大律师、内阁部长、武装部队总司令。

审议、批准共和国总统对联邦最高法院大法官、联邦审计法院大法官、巴西中央银行总裁和董事、共和国总检察长、外交使团团长以及宪法规定的其他有关职务的任命。

批准对联邦、各州、联邦区、地区、市政当局的财政拨款。

根据总统建议，审议和确定联邦、各州、联邦区和市政当局综合债务总额。

审议、批准联邦、各州、联邦区、市政当局和联邦政府机构控制的其他实体对外与对内的信用借贷和债务的最高限额和条款。

审议、批准联邦对各项外债、内债的信用担保的限额和具体条款。定期评估国家税务系统的功能以及联邦、各州、联邦区和市税务局的绩效。

为各州、联邦区和市政当局的动产债务设定最高限额和条件。

审议、决定全部或部分废止经联邦最高法院最终裁决并宣布违宪的法律。

以绝对多数票和无记名投票方式决定共和国总检察长任期结束前的免职事宜。

定期对共和国、各州、联邦区、市的国税系统运行状况，以及对国税制度管理进行评估和检查。

巴西参议院共设有 13 个常设专业委员会，专业委员会负责对属于参议院审议范围的事务提出提案、召集会议并组织投票表决。

### 三 众议院

国会众议院就是传统意义的下院，第一届议会于 1824 年 3 月 25 日成立，于 1826 年 5 月 6 日召开第一次会议。2023 年国会众议院是第 57届议会。

第 57 届众议院共有议员 513 名。因每个州/联邦区的众议员名额根据该州/联邦区人口数而定，理论上众议员人数是动态的。每年联邦最高选举法院根据巴西国家地理和统计局的人口统计数据对名额进行调整，或维持原来名额。根据 1988 年宪法第 45 条和 1993 年第 78 号补充法的有关规定，圣保罗作为全国人口最多的州拥有 70 个众议员名额，米纳斯吉拉斯州有 53 个众议员名额，里约热内卢州有 46 个名额。而阿克里、亚马孙、阿马帕、朗多尼亚、罗赖马、托坎廷斯等北部州仅各有 8 个名额，东北部塞尔吉培、北里奥格兰德州和中西部马托格罗索州、南马托格罗索州也是各有 8 个名额。

众议员的产生方式也是通过本州选民投票选举，得票相对多数的候选人当选。众议员候选人必须是年满 21 岁、在巴西出生的巴西人。每届众议员任期四年，可连选连任。

国会众议院主席由所有众议员投票选举产生。众议院主席是共和国总统第二顺位继承人。如发生总统、副总统均不能任职的情况，总统职务由众议院主席担任。每一届众议院会议设主席团，主席团主席负责主持所有众议院会议、召集投票、宣布投票结果、宣读众议院会议决议等。

当众议员被任命为内阁部长、州务秘书，当选州或联邦区首长、短期外交使团团长等公职时，众议员可申请离任，并在办理相关手续、保留议员任期后离任。离任议员的公职结束后恢复任职。议员在离任期间，其任期由其事先指定并在联邦最高选举法院注册登记的候补人担任。若议员在任期内死亡、辞去议员资格或被剥夺议员身份，众议院主席团会召请候补人对空出的席位进行补充。

众议院设有执政党领袖、反对党领袖、多数党领袖、少数党领袖等党团席位。众议员还可根据自己的选举纲领、代表人群、选民利益、施政宗旨等组成国会内的党团组织。众议院有的党团组织是按议员所代表的地区形成的，有些则是按照行业组成的。

宪法规定，国会众议院决定对总统、副总统、内阁部长的弹劾程序。一旦弹劾案付诸表决，经众议院投票，只要有三分之二同意票，弹劾程序就开始启动。如总统在国会会期开始后 60 天内未向议会提交报告，众议院可追究总统责任。

从传统意义上看，众议院是下院，是直接来自基层的百姓代表，更能体现和代表广大民众利益和关切，所以众议院议题和提案所涉及的面也要广泛得多。也正因为如此，众议院的专业委员会要比参议院的多一些。

## 四　国会专业委员会和特别调查委员会

国会参众两院根据各自所负责的议事领域和议事范畴设立专业委员会，专业委员会从议员中选举产生。专业委员会设主席，对所在议会主席团和大会负责并报告工作。专业委员会享有提案权、议案初审权、调查建议权和部分监督权。专业委员会可传唤包括内阁部长在内的任何部门任何政党、机构、官员、个人并要求其为特定问题作证。专业委员会另一主要职能是对相关议案进行初审，提出初步意见后作为提案提交大会商议和表决。

国会专业委员会主席和成员在每届国会换届开会的时候改选。多数情况下，如果担任主席或专业委员会成员的议员仍旧保持当选时的议员资格，则继续任职。专业委员会主席或成员因辞去议员资格、选举落选、议员资格被剥夺而留出空缺时，将由大会重新选举其他议员增补。若议员死亡、担任其他公职而造成空缺，专业委员会成员资格由议员本人的候补人获得。

国会两院还可根据特定专案成立临时的国会特别调查委员会。国会特别调查委员会的成立必须先由议员以提案形式建议。提案提交所在大会，获立案后经大会商议并表决。提案通过后，委员会成立并投票选出委员会成员。

特别调查委员会可由众议院或参议院各自单独成立，也可由两院联合成立。不论哪种情况，特别调查委员会都拥有调查政府部门、民间机构、党派、个人的权力，并可为调查、澄清、证实相关事件或问题传唤相关人员，或采用其他取证方式获得证据。特别调查委员会有权做出调查结论，向国会提交调查报告，并提出审理意见。如有必要，则请国会提交联邦总检察院，进入进一步司法程序。得出结论后，特别调查委员会撤销。

宪法修订是国会两院专属职能。在各方通过充分协商讨论，并就宪法修改问题形成一致意见和共同立场后，由国会两院选出修宪委员会。委员会候选人可以是除议员外任何有被选举权的人。国会修宪委员会设主席一人，委员会主席即新宪法总起草人。巴西联邦共和国最近一次修宪是在1988年，国会修宪委员会于1987年2月1日在巴西利亚成立。1988年宪法颁布后，修宪委员会解散。

## 五　国会议员特权和惩戒罢免

根据巴西宪法，为保证议员能够正常行使权力，参议员和众议员享有国会豁免权。国会豁免权的具体体现是议员享有人身不受侵犯的权利，议员不能被扣押或是监禁，除非其犯下不可保释的现行罪行。未得到其所属议院明确批准的情况下，国会议员不能被审判。

国会议员因行为不检或其他违反法律的行为将被指控。这一过程须经所属议院投票，并在三分之二的票数不利于当事人的情况下，当事人议员资格被中止或终止，司法机构才能启动相关的法律程序。

一旦国会议员被证明有严重过错或触犯法律，则其议员身份就可能被剥夺。剥夺议员资格的程序是议员所属议院的内部程序，由议员所属议院的道德和纪律委员会负责审议，并提交大会表决。

巴西国会参议院和众议院关于议员违纪或犯罪则资格被剥夺的制度早就存在，但直到2000年，参议院才第一次出现议员资格被剥夺的情况。

# 第六节 司法

## 一 司法体系

巴西司法体系由根据宪法设立的各司法机构构成：联邦最高法院、联邦高等法院、地区联邦巡回法院、军事法院、州（地方）法院。除此之外，巴西司法体系还包括高等选举法院、高等劳工法院、联邦审计法院。

法院负责审理的案件与案件管辖权限有关，生态环境方面的法律属联邦法范畴，所以与环保有关的案件一般在联邦法院审理。与外国人有关的法律也是联邦法，因此涉外籍人员官司也是由联邦法院审理。劳工法是一部联邦法，有关劳资纠纷的案件由高等劳工法院负责审理。

## 二 联邦最高法院

联邦最高法院是巴西最高司法机构，也是司法系统终审机构。1808年，葡萄牙王室逃到巴西时，曾考虑将葡萄牙最高法院迁至里约热内卢，并在那里继续司法活动。1822年，巴西帝国宪法就提到巴西最高法院。现在只是为突出和强调巴西司法系统所具有的联邦共和国的特征，该机构被称作巴西联邦最高法院。

巴西联邦最高法院共有 11 名大法官。大法官由精通法律且从未有过任何过失的巴西人担任。其人选必须是在巴西出生，年龄在 35 周岁以上、65 周岁以下的巴西公民。大法官由总统任命，但任命需经参议院投票并获得多数同意票后方能生效。

联邦最高法院审理与宪法、国会、总统等有关的各类案件。包括审理和判决共和国总统、副总统、参议员和众议员、各部委的部长、共和国总检察长、高等法院大法官、联邦审计法院大法官犯罪的案件；审理其他各种不同的渎职罪，也负责审理和判决巴西联邦或联邦行政单位同外国或国际组织的纠纷或争议。联邦最高法院还审理和判决包括联邦政府、各个州、巴西利亚联邦区政府的违宪案件。

### 三 联邦高等法院

根据 1988 年宪法第 104 条，联邦高等法院应至少有 33 位大法官，这 33 人中应有 1/3 是来自地区联邦巡回法院的法官，另 1/3 为地方法院即各州（联邦区）法院的法官，还有 1/3 应为执业律师或联邦、州（联邦区）检察院的检察长。

联邦高等法院大法官的遴选过程复杂。当法官位置空缺时，联邦高等法院发布竞选公告，凡符合条件者均可报名参选。收到参选者报名并根据条件筛选后，联邦高等法院召开大法官全体会议，对有资格的参选者进行投票。会有一个包含三名得票最多者的候选人的名单被提交给共和国总统，由总统选定一名候选人。随后总统提名被提交到参议院宪法、法律和公民权委员会，委员会对总统提名先进行投票，通过后再提交参议院大会进行投票表决。这整个过程中的投票方式，不论是在联邦高等法院内部，还是参议院，均为不记名投票。得到总统提名，并获得参议院批准的候选人由总统任命为联邦高等法院大法官。之后在就职典礼上宣誓就职。

联邦高等法院的职能范围和司法权力主要包括以下方面。

审理和审判与共和国各个司法系统、各级司法机构、各个行政部门包括大法官、州长在内的所有人员有关的法律案件。

审理和签发针对内阁部长、三军司令以及高等法院的决定的禁止令。

审理和签发对第一条中所涉及的所有当事人的人身保护令，包括内阁部长、三军司令等，但与选举法院管辖权有冲突的案件除外。

审理和判决所有司法机构之间的冲突和争议。

审理联邦行政当局与司法当局之间，或一个州（联邦区）司法当局与另一州（联邦区）行政当局之间，或联邦区司法当局与联邦之间的管辖权冲突。

审理和签发除了联邦最高法院、军事法院、选举法院、劳工法院和联邦司法机关的管辖权之外的所有案件的强制令。

对以下普通上诉案做出裁定：

（a）联邦地区法院或各州、联邦区法院在做出判决时，一次性或最后一次裁定的人身保护令；

（b）地方法院或各州法院在驳回该项决定时，一次性裁定的安全令；

（c）当事方一方是外国机构、个人，另一方是本国机构或个人。

## 四 地区联邦巡回法院

共和国临时政府成立之初，司法结构和形式根据第848号政府令被基本确定。1891年宪法颁布后，巴西司法制度一直在调整和改革，联邦司法体系在各地区的司法程序和活动经历诸多变化，名称也多次变更。

根据1946年宪法，巴西增设联邦上诉法院。基于这项宪法变更，巴西第一次被划分为五个司法管辖区，并设立五个联邦上诉法院。1966年5月30日，第5010号法颁布，地区联邦巡回司法结构被确定，全国划分为五个区，每个区设立一个地区联邦巡回法院，在每个州（联邦区）增设一审联邦法庭。

巴西1988年宪法对联邦司法体系和结构做出改革，联邦上诉法院被撤销，取而代之的是联邦高等法院，并在五个司法管辖区各设立一个地区联邦巡回法院。地区联邦巡回法院作为联邦司法系统二审法院，负责审理法律规定由其管辖的一审案件、下级法院移送审判的一审案件、对下级法院的判决或裁定提出上诉或抗诉的二审案件、检察机关按照审判监督程序提出抗诉的二审案件等。

联邦高等法院系统的五个司法管辖区如下。

第一区：阿克里、阿马帕、亚马孙、巴伊亚、巴西利亚联邦区、戈亚斯、马拉尼昂、马托格罗索、米纳斯吉拉斯、朗多尼亚、帕拉、皮奥伊、罗赖马、托坎廷斯。第一地区联邦巡回法院所在地：巴西利亚。

第二区：圣埃斯皮里图、里约热内卢。第二地区联邦巡回法院所在地：里约热内卢。

第三区：马托格罗索、圣保罗。第三地区联邦巡回法院所在地：圣保罗。

第四区：巴拉那、南里奥格兰德、圣卡塔琳娜。第四地区联邦巡回法院所在地：阿雷格里港。

第五区：阿拉戈阿斯、塞阿拉、帕拉伊巴、伯南布哥、北里奥格兰德、塞尔吉培。第五地区联邦巡回法院所在地：累西腓。

地区联邦巡回法院各由 7 名联邦法官组成，联邦法官人选条件和最高联邦法官相同，必须获得总统任命和参议院多数票同意。地区联邦巡回法院负责审理所有与联邦法有关的案件，包括与外国人违法有关的案件，以及所有应由联邦司法系统管辖的案件。

## 五　地方法院

巴西国体为联邦制共和国，所有联邦行政区划单位都有自己独立的立法机构，也有相应的独立司法机构。巴西地方司法机构即州（包括联邦区，下同）法院。所有州法院的所在地均为州政府所在城市。

巴西各州法院是本州最高司法机构。州法院的执法依据主要是本州的法律条文，所以各州司法系统结构不尽相同。一个州可能会根据本州的案件类型和司法需求设立类型不同的法庭，也可根据案件审理数量和实际需要设立数量不同的法庭，各州法官人数也因此差异很大。

各州法官和联邦法官享受同等特权。法官资格一旦获得后便可终生拥有，且不可被剥夺，法官薪酬也不可被削减。但法官不得参加除了司法以外的任何政治活动，不得接受贿赂，不得在任何党派内承担工作。

## 六　其他司法机构

巴西司法体系还包括一些专业司法机构。

### 1. 军事法院

军事司法机构，分联邦军事法院和州军事法院两种。联邦军事法院负责审理所有与现役军人、军事、军队驻地、军队财产、军队事务有关的案件。州军事法院只审理与州武装警察、消防队等准军事机构和准军事事务有关的案件。在有关法律界定的特殊情况下，联邦军事司法机构有权审理平民在军事管制区内的犯罪活动，或是与军人有关的案件。

根据巴西联邦第 8457/1992 号法，联邦设高等军事法院，其所在地为巴西利亚。高等军事法院 15 名大法官中 10 名为军衔为将军的现役军人，其余 5 名为平民。另设有 12 个联邦军事法院。1988 年宪法规定，在驻有超过 2 万名现役军警的州或联邦区才设立军事法院。

2. 选举法院

最高选举法院设在巴西利亚，在各州设有派出机构。高等选举法院及其下级法院从低至高的排序为：选举法庭、地方选举法院（在每个州和联邦区各设一个）、高等选举法院。各级选举法院负责审理和处理所有与选举有关的法律问题和事件，尤其是处理政党之间的争议和违反选举法的案件，以及监督投票、计票等选举过程的有关事宜。选举法院负责选举前的候选人和选民的登记。除非违宪，高等选举法院的决定一旦形成便不可变更，不可撤销。

3. 劳工法院

高等劳工法院设在巴西利亚，在各州首府或联邦区设有地区劳工法庭，其职能是调解劳资争议，并根据劳工法有关规定，对争议各方不能达成调解的案件进行审理和判决。每个地区劳工法庭须至少有 7 名法官，其中至少有 1/5 的法官是在劳动争议领域执业 10 年以上的律师。

4. 巴西国家司法理事会

该理事会主要职能是控制和管理司法体系各机构的财务，并负责检查和监督各级法官的任职情况。

# 第七节　政党和社团组织

一　政党地位和组成

宪法规定，巴西是多党制国家。任何参加竞选总统、议员、地方州长的候选人必须拥护某一政党纲领并具备该党成员身份。政党是巴西政治中最主要的行为体，也是不同社会阶层和团体的代表形式。宪法还规定，任何有选举权的公民均可组建政党。

在巴西，组建一个政党的最基本要求是首先召集 101 位以上有选举权并在巴西境内居住的公民，并共同起草、制定一个包括政党理想、纲领、组织结构、组织纪律的章程。然后在这些参与起草和制定政党章程的人（政党的创始成员）中产生政党的领导集体。领导集体由起草和制定党章的创始成员选举产生。得到创始成员一致同意并通过的党章和政党领导集体人员组成情况须在联邦公告上公示，并在巴西利亚的公证处完成公证认证手续。

在完成上述程序之后，还必须征得 50 万个拥有选举权的公民的签字。签字须来自全国三分之一以上的州，每一个参与签字的州所提供的签字数量不得少于该州有效选民总数的千分之一，以体现党派充分、普遍的代表性。这一切完成后，便可以向主管部门巴西联邦最高选举法院提交建党申请。经审核并获批后，新党便告正式成立。新成立的政党在被批准后一年方可推出本党的候选人参选。

## 二　政党政治传统和特点

由于独特的历史背景和特定的社会环境等，巴西的政党建设和政党活动具有几个比较显著的特点。

第一，政党历史都不长。目前所有政党中，巴西共产党成立于 1922 年且始终坚持活动，但该党于 1962 年发生分化。后形成巴西共产党和巴西的共产党，两党都形成了各自的组织结构和纲领；另一个历史较长的是成立于 1965 年并一直坚持活动的巴西民主运动党。其他党派建党都晚于 1980 年。

第二，政党内部和政党之间各种合并、重组频繁出现。有的历史很短的政党也曾合并或重组，有的则是多次合并、多次重构。

第三，除左派政党外，很多政党成员来源广泛、成分复杂，突出的例子是巴西民主运动党。因军政府时期实行两党制，所有反军政府、反独裁的社会力量几乎全部集中到该党，其组织成分复杂。这一特点又造成有的政党纲领边界模糊，党派间的联合，尤其是竞选的联合和合作频繁。在同一届大选中，同一政党在不同的州常会与不同党派结盟。有的政党内因缺少明确纲领，力量复杂、分散，有"政界大篷车"的绰号。

第四，巴西政党对党派忠诚无严格要求，这在政党内部和相关法律上都是被允许和接受的。一党党员可随时脱党并加入他党，新加入的党的政治纲领无需和原来的党十分契合。在巴西国会，议员曾经可在当选后改变自己的政党属性后加入另一党派。尽管这是当事议员对其所代表的政党的竞选纲领的一种背离行为，但在现实中屡屡发生，并曾在法律上得到认可，而且已经成为政治生态和法律框架下的合理行为。这使得选民在选举中所选的往往不是候选人所代表的政党，也不是政党在竞选中所强调的政党纲领和执政理念，而是候选人本人。

巴西选举法规定，作为候选人资格或先决条件，任何人都必须拥有一个党派成员的身份，执守某一政党纲领。1995年8月19日，巴西国会通过第9096/95号法。该法律旨在规范候选人的身份和资格。该法第25条和第26条规定，各政党党章必须有确立关于党派忠诚和遵守党纪的条款。

对于这种政治人物对所在党派不忠诚，对选民不尊重，对选举纲领不严肃的问题，巴西最高选举法院虽一再规范，但出于历史、传统等原因，也禁止无方。尽管现行法律已禁止当选后的政治人物随意脱党或是跳槽，但仍留有多个后门。当事人在以下情况下可免责：第一，当选公职后脱党另立新党；第二，感觉受党内排挤，得不到尊重；第三，所在党决定和其他党派合并；第四，所在政党纲领发生根本性变化。截至2008年，巴西全国各级选举法院受理相关案件8595起，所有这些案件均由党派忠诚问题引发。兴讼方的要求无一例外都是剥夺当事人的任职资格。

前总统博索纳罗也曾数次转党。博索纳罗于1988年开始从政时加入基督教民主党，于1993年脱党后多次改变党派和党籍。2018年他第七次变换党派，加入社会自由党，并以该党总统候选人身份参加当年大选获胜。2019年11月24日，他退出社会自由党，组建新党"为了巴西联盟党"。因未满足有关规定，建党申请被拒。2021年，他放弃建党计划，加入自由党。

上述情况不但常见于政坛一些缺少较强背景、影响不大、处于上升期的人物，一些有十分深厚社会资源、显赫政治背景、较高政治地位的人也是如此。军政府还政于民后的首位民选总统，号称巴西民主之父的内维斯的孙子阿艾西奥·内维斯1986年就开始从政，后脱离其祖父组建的巴西民主运动党，转投该党政敌巴西社民党。

巴西政党政治服务于竞选政治，是选举政治、选票政治的一个组成部分。其特征源自特定社会条件和独特政治环境。这些现象似乎有悖于传统观念中的政党理论和政党原则，但此类现象可以在曲折的社会发展过程中延续至今，说明其本身就存在社会学意义的合理性和必然性。

## 三　主要政党

巴西现有根据宪法登记的政党 32 个（见表 3-2），主要政党如下。

1. **巴西民主运动**（Movimento Democrático Brasileiro，MDB）

前身为巴西民主运动，1980 年更名为巴西民主运动党，2017 年改回现名。在军政府期间，曾是执政集团国家革新联盟（ARENA）唯一合法反对党，为目前巴西第一大党。因建党背景特殊，该党成分复杂，成员既有顽固保守派，也有进步改革派，包括激进左派。前总统科洛尔、前巴西共产党主席弗雷利、当年军政府合作者德尔芬·内图都曾是该党党员。2011 年，该党主席、国会主席特梅尔以主要参政党副总统候选人身份与劳工党总统候选人联合参选，2016 年该党由参政党身份直接变为反对党。特梅尔因罗塞夫被弹劾而继任总统，实现该党有史以来首次执政。该党始终活跃在政坛，坚持走中间道路，同情左翼政党。对内坚持主张维护民主制度、社会公正、缩小贫富差距，支持土地改革和保护、发展民族工业。对外主张执行独立外交政策，尊重各国自决权，主张多边主义和自由贸易。

2. **劳工党**（Partido dos Trabalhadores，PT）

巴西第二大党，拉美第一大左翼政党。主要领导群体有工会领袖、知识分子、艺术界人士等反对专制、捍卫民主左翼人士。群众基础是大圣保罗地区产业工人。该党纲领明确，主张一切无产者联合起来；全社会应从最广大民众利益出发，公平、合理地享受社会资源，经济上主张公平分配财富；提倡改革，保障劳动者权益；对外主张各国相互尊重、加强国际合作，维护世界和平。该党组织结构强，群众基础好。2002 年，党领袖卢拉当选总统后，该党创造了巴西历史上一个政党接连四次赢得总统大选的纪录。2018 年大选中，全国 27 个州中有 4 位该党州长、6 名参议员、55 名众议员。2022 年，劳工党候选人再次赢得总统大选。

3. 社会自由党（Partido Social Liberal，PSL）

由伯南布哥企业家卢西亚诺·比瓦尔组建。比瓦尔参加 2006 年总统大选，因选票低（不到 1%），位居倒数第二。2018 年前该党仅一人当选众议员。2018 年众议员博索纳罗入党，当年该党有 52 名候选人当选众议员，4 人当选参议员，成为众议院第二大党；另在圣保罗州议会有 76 名议员当选，赢得圣保罗议会主席席位。博索纳罗当选巴西第 38 届总统。该党对内主张政治改革，打击腐败，实行自由经济，扩大市场开放，强力打击犯罪，恪守党派纲领为社会自由主义，主张经济自由化，各方面较保守。持传统社会观，反对禁枪、堕胎、同性婚姻等。对外主张发展有利于提升国家经济和国际地位的双边关系。

4. 社会民主党（Partido da Social DemocraciaBrasileira，PSDB）

由巴西民主运动党异己成员组成。该党主张走中间路线，但实际偏右，主要力量为社会民主党、基督教民主党、主张自由经济的人士。因在圣保罗的影响和势力较大，该党多次赢得州长和圣保罗市市长选举。在 1999 年总统大选中，该党候选人费尔南多·卡多佐成功当选，因经济改革初见成效，在选民支持下获连任。该党主张坚持并完善民主制度，实行经济开放，发展自由经济，改善投资环境，鼓励外国投资，改革分配制度，缩小贫富差距。

5. 进步者党（Progressita）

原名为进步党（Partido Progressista，PP），全国第四大党。2017 年 8 月变更为现名。进步者党于 1995 年 9 月由改革进步党和进步党合并而成。但在此之前曾经历多次合并改组，党史比较复杂。该党脱胎自军政府时期与军人合作的极右翼全国改革联盟，代表人物为前军政府交通部部长、圣保罗州州长保罗·马鲁夫。军政府期间，经济领域所有部长均出自该党（仅一人除外）。在劳工党执政期间，该党加入执政联盟。2016 年 4 月，在罗塞夫被弹劾的过程中与执政党决裂，转而支持弹劾案。

进步者党的纲领是建设自由、民主、正义的多党制和有多方参与、多方合作的社会，主张发展以社会公平为目的的自由市场经济；主张所有经济活动都应以创造共同财富为宗旨；主张信仰自由，在不损害国家主权和尊严的基础上，逐步推行改革开放；主张在保障全国各地区、各阶层均衡发展的前提下，实现社会正义和国家现代化。

6. 自由党（Partido Liberal，PL）

该党 1985 年由两个小党合并而成，并一直使用该名称至 2006 年。2006 年自由党与国家秩序和重建党合并后更名为共和国党（Partido da República，PR）。2019 年 5 月，恢复原名自由党。主张贸易保护主义和对市场进行适当干预。

7. 巴西社会党（Partido Socialista Brasileiro，PSB）

其前身为 1946 年成立的民主左派党，1947 年更为现名，1965 年被解散。1985 年还政于民后沿用 1947 年名字重建。党员多为知识界人士，主要群众基础在圣保罗。该党左倾，政治上主张国家管理民主化，保障党派享有充分自由；经济上主张发展工业生产；在社会领域主张充分维护工人权利；在对外方面主张遵循国家权利和义务平等的原则，支持多边主义。

8. 巴西的共产党（Partido Comunista do Brasil，PC do B）

1962 年从原"巴西共产党"中分裂，但仍将 1922 年 3 月 25 日作为建党日。典型左派政党，分裂时坚持共产国际路线，自称坚持马列主义。该党在军政府时期坚持武装斗争。1985 年 7 月获合法地位。拥有《工人阶级报》《原则》两份全球发行的刊物，曾有较强群众基础，包括一个青年组织和一个以工人、工人工会为主的组织巴西劳动者中心。主要成员是城乡劳动者、青年学生和自由职业者；坚持发动农民的道路，主张土地改革、财富和资源平均分配，争取社会公平。

9. 巴西共产党（Partido Comunista Brasileiro，PCB）

巴西典型左派政党。该党坚持马列主义，建党纲领、施政理念始终未变。

1992 年，该党党内高层在党代会上宣布解散，并另组新党。少数老党员和坚持共产党纲领的成员决定坚持原称谓，继续组织活动。2014 年，该党代表大会一致决定组织重建，重新建立广泛反对资本主义、帝国主义联合阵线，继续革命斗争。2015年，该党宣传机构"民众力量"成立。2018年，党早期机关报《团结之声》恢复发行。

10. 公民党（Cidadania）

原为社会主义民众党（Partido Popular Socialista，PPS），2019年3月23日，在社会主义民众党特别代表大会上改为现名。该党于1992年由巴西共产党原主席罗伯特·弗雷利率党领导层大部分成员成立。

表3-2 巴西政党情况

| | 党派 | 简称 | 建党时间 |
|---|---|---|---|
| 1 | 巴西民主运动党 | MDB | 1965/12/04 |
| 2 | 劳工党 | PT | 1880/02/10 |
| 3 | 巴西社会民主党 | PSDB | 1988/06/25 |
| 4 | 进步者党 | PP | 1995/08/08 |
| 5 | 劳工民主党 | PDT | 1979/06/17 |
| 6 | 巴西劳工党 | PTB | 1945/05/15 |
| 7 | 民主党人党 | DEM | 1985/01/24 |
| 8 | 自由党 | PL | 2006/10/26 |
| 9 | 巴西社会党 | PSB | 1947/04/02 |
| 10 | 公民党[Cidadania(原PPS)] | 无 | 1992/01/26 |
| 11 | 基督教社会党 | PSC | 1985/05/15 |
| 12 | 共和党人党(Republicanos) | 无 | 2003/12/16 |
| 13 | 巴西的共产党 | PC do B | 1962/02/18 |
| 14 | 绿党 | PV | 1986/01/17 |
| 15 | 民主社会党 | PSD | 2011/03/11 |
| 16 | 自由社会党 | PSL | 1994/10/30 |
| 17 | 全国动员党 | PMN | 1984/04/21 |
| 18 | 团结党(Solidariedade) | 无 | 2012/10/25 |
| 19 | 基督教工人党 | PTC | 1985/07/11 |
| 20 | 前进党(Avante) | 无 | 1989/05/15 |
| 21 | 基督教民主党 | DC | 1995/03/30 |
| 22 | 我们能党 | PODE | 1945/05/02 |

| | 党派 | 简称 | 建党时间 |
|---|---|---|---|
| 23 | 自由和社会主义党 | PSOL | 2004/07/07 |
| 24 | 巴西劳工改革党 | PRTB | 1994/11/27 |
| 25 | 社会秩序共和党 | PROS | 2010/01/04 |
| 26 | 爱国者党(Patriotas,原巴西生态党 PEN) | 无 | 2011/08/09 |
| 27 | 巴西女性党 | PMB | 2008/09/13 |
| 28 | 新党 | NOVO | 2011/01/12 |
| 29 | 可持续网络党 | REDE | 2013/02/16 |
| 30 | 统一劳动者社会主义党 | PSTU | 1994/06/05 |
| 31 | 巴西共产党 | PCB | 1922/03/25 |
| 32 | 工人阶级事业党 | PCO | 1995/12/07 |

资料来源:巴西最高选举法院。

## 四 民间社团组织

巴西社团组织的宗旨、组织形式、人数多寡、范围大小各不相同,基本上可分成工会组织、党派组织、球迷俱乐部,还有其他以各种名义和为了不同目的组织起来的团体。除政党、工会和一些特殊行会或社团外,多数民间组织都声称不将政治分歧带入社团,更不介入党派斗争。但一旦个人与群体的联系建立,巴西人会自然而然地产生出明显的组织身份认同。

巴西工业联合会成立于 1938 年,是巴西工业企业的最高管理和协调机构。下设 27 个工业联合会、1250 个行业工会,会员成员超过 70 万个工业企业,是巴西工业企业的资方工会,也是巴西最大的组织团体。从建立之初,就一直是行业工会领导,行使行业组织领导的权力,团结各行业和地区行业工会,维护成员的利益,消弭化解矛盾,在涉及国家和地区利益的问题上,以主要参与者的身份代表相关行业和地区工会,并作为经济领域最重要的成员,参与国家政治和政策的制定。

巴西每个行业都有组织严密和成员众多的工会组织,政府向其提供服务和各方面支持。工人工会有全国统一、结构完整的组织。1983 年 8 月 23

日成立的统一工人工会是巴西最大的劳动者联盟和最强大的左翼工人组织。

巴西还有一些以行业或专业领域划分的专业技术人员的组织。这些组织是学术、专业和技术交流渠道和平台，也是其成员为争取政治地位和经济利益的斗争工具，如药剂师学会、护士协会、不动产测量师协会、酒吧侍者协会等。还有一些跨行业、跨领域组织，其组织者和成员是各行业的代表人物或领军人物。这些组织规模不大，但往往因其成员的经济社会地位的重要性而在社会事务中发挥重要作用。

巴西足球球迷俱乐部是另一个成员非常多、会员稳定而且分布范围特别广泛的组织。

桑巴学校是一种特殊民众组织。这种以跳桑巴舞为唯一目的的组织，无论是形式还是管理方式都和学校无关，而更像游戏组合。桑巴学校只在每年狂欢节期间短时间集中活动，其组织松散，无入会标准，无入会手续，任何人都可以在狂欢节前加入，也可随时离开。参与者按自己意愿和组织者安排参加狂欢节游行活动。除节前排练和节日游行外，没有其他活动。桑巴学校也因此是最不区别社会地位，无贫富差距，更没有意识形态分歧和政治立场之争的全民组织。

历史最悠久、规模最大、组织结构最完整、活动最多的桑巴学校在里约。贝伦和萨尔瓦多著名的桑巴学校也比较多，且组织严密。

巴西所有大学和高等院校都有学生社团，学生组织政治倾向较强，但相对不活跃。每当政治风潮到来，学生社团才组织起来并积极投入斗争。

巴西还有一些结构严谨、内部关系紧密、成员意志趋同的组织，如退役军官俱乐部、军警警员俱乐部、退休海员俱乐部等。这些组织对成员的选择和接纳有严格制度和程序，需有资质的介绍人推荐，递交申请，经会员投票或审批。这些组织人员稳定，组织内部也较团结。

# 第四章

# 经　济

## 第一节　经济概况

### 一　经济简史

#### 1. 殖民时期（1500~1808 年）

葡萄牙人到达巴西之前，今天属于巴西的整个地区的人类社会仍处于史前状态的新石器时期晚期，人类生产活动极简单，基本上只有小规模部落或聚落的采集式生产活动。当地原住民印第安人的主要活动多集中在大西洋沿岸地区和临近海岸的丛林。

葡萄牙人到达巴西后，采集式生产方式仍在继续，但已发生根本性变化。变化之一是红木成为生产活动中最主要采集对象；变化之二是采集目的已发生本质性变化，和早期采集生产的目的已完全不同，从原来只是为满足最基本生存需要，变成以商品交换为唯一目的；变化之三是采集和第一次交换后的红木不是为在当地流通和交换，而是成为殖民主义早期重商主义的一个生产环节，实际上是殖民统治、殖民掠夺的一个主要商品和生产环节。

这些变化导致巴西经济活动开始出现并形成。这些活动从出现之初就决定了巴西早期经济所具有的几个显著特征。

第一，经济的外向性，巴西早期经济活动的主要目的从一开始就不是为满足本地区民众的需求。

第二，经济活动的单一性，这种特征表现为初级产品输出，从刚开始的红木，到后来的蔗糖。

第三，经济高度的垄断性，巴西王室作为殖民宗主国从一开始便垄断了经济活动的主导、支配地位。这种垄断不但具体表现在对生产资料的全部占有，还体现在定价权、交易权、经营权等方面。

巴西这一时期经济活动所表现的产品的初级性、市场的外部性、生产过程被高度垄断、产品价值在外部实现等一系列特征，都决定了巴西早期经济活动中早期殖民主义重商主义的性质，这些生产只是早期殖民经济的初级环节。

1530 年前后，葡萄牙殖民者从西非将甘蔗引种至巴西，随之开始的垦殖成为巴西现代意义农业的开端。但这种垦殖活动与传统农耕社会生产方式具有根本的区别。从生产要素构成来看，这种垦殖是以殖民者为土地等生产资料的所有者，以奴隶为主要劳动力，而不是以农耕者本人为土地占有者，而且将甘蔗作为单一的对象。上述特点决定了这种垦殖的目的和传统农耕的本质不同。巴西的甘蔗种植虽然也包括土地、农作物等主要生产要素，却仍是早期重商主义的殖民经济的具体体现。

1539 年前后，葡萄牙殖民者开始从西非向巴西贩卖奴隶。跨大西洋贩奴不但支撑了当时日益扩大的甘蔗种植，也进一步扩大、发展了巴西殖民地经济。当时最先形成规模种植的甘蔗园主要在伯南布哥、巴伊亚等地，贩奴船也将这些地方作为主要港口，这些地方因此很快形成了种植园、糖厂、奴隶交易市场等商业集中、经济相对比较发达的中心地带。

甘蔗垦殖形成规模不久，17 世纪末巴西东南部发现金矿、宝石矿等矿产资源。因贵金属和宝石开采可获得更高利润，经济活动开始向南方转移。

淘金热使得巴西经济首次出现较大发展。17 世纪末，巴西人口为 30 万人。到 18 世纪末大量移民涌入，人口接近 300 万人。面对殖民地经济发展，为统治和垄断殖民地经济，葡萄牙王室于 1785 年禁止巴西设立包括制造业在内的所有工业。巴西因此长期停滞在初级产品生产阶段，始终不能摆脱殖民统治和掠夺。

因荷兰在安的列斯群岛的成功，东北部甘蔗种植和蔗糖生产中心地位被削弱。同时米纳斯吉拉斯、里约热内卢、圣保罗三地因淘金和其他矿产开发逐渐成为经济中心。

2. 帝国时期（1808～1889年）

这一时期巴西经济发展大体可分为两个阶段，第一阶段是独立之前，从1808年到1822年独立。

1808年葡萄牙王室迁至巴西后，为满足殖民统治财政等需要，向友好国家开放巴西港口，建立贸易关系，并开展贸易往来，这成为巴西自由贸易的开端。葡萄牙王室于1808年宣布取消之前关于在殖民地不得建立工业和制造业的禁令，放开工业经济发展。巴西工业开始以简单和初级的冶炼业、制造业起步，并出现棉毛纺织、机械制造作坊等，工业化由此发端。这个阶段虽时间较短，但因起点较低，而且推动有力，所以意义显著。

1822年巴西独立，社会生产力得到进一步解放，长期被殖民统治掠夺制约的经济开始蓬勃发展，帝国经济进入第二个发展阶段。18世纪中叶咖啡被军人从北部经帕拉州引种到巴西，获得成功。19世纪中叶咖啡经济形成，并迅速扩张。经济中心在巴纳伊巴河流域形成。与18世纪60年代出现在米纳斯吉拉斯的淘金热和19世纪70年代亚马孙地区的橡胶热一样，巴西经济始终没有脱离单一初级原料商品生产的模式和外向型市场的特征。

因商业价值高于甘蔗，咖啡成功引进进一步刺激大种植园经济，并使得咖啡于19世纪成为巴西对外贸易的主要商品。咖啡大量出口赢得大量外汇，使得经济总量不断扩大，对交通、运输等基础设施提出更高要求。道路、桥梁、港口、储运等设施建设开始兴起。工业化局面开始形成。

第二帝国时期巴西经济开始大规模发展。咖啡种植和出口使得资本积累、外汇储备大量充盈之后，佩德罗二世于19世纪中叶开始积极推行工业发展政策。

1844年，为发展和促进制造业，皇室颁布《布兰科法》，对进口制成品加征较高关税。在政府引导和经济利益驱动下，巴西本国资本成为工业化建设的主要力量，并开始对工业制造业和基础设施建设大规模投资。铁路、公路、桥梁、港口、通信等项目建设进入了第一个快速发展时期。

3. 共和早期寡头政治和瓦加斯时期（1889~1947 年）

在完成推翻帝制、建立共和历史使命后，第一次军人独裁结束。因当时政治、社会等因素，军人政权并未给经济带来变化。因共和革命不彻底，经济在政治局势影响下，短期内迅速形成由地方利益集团垄断的局面。由于工业仍处于起步时期，经济格局并未发生实质变化，仍然以单一的种植业为主。作物也仍旧是南方的咖啡，东北部的甘蔗、砂糖等，另有米纳斯吉拉斯州畜牧业。

咖啡种植业在巴纳伊巴河流域的资本回报明显高于东北部，因资本积累相对较快，东南部大种植园主、大农场主开始掌握更多的社会资源，并结成联盟，逐渐控制了国家社会与政治，从而形成寡头政治局面，经济社会发展区域性失衡开始出现。圣保罗和米纳斯吉拉斯两地寡头集团轮流坐庄的局面使得大量国家和公共资源流向这两个地区，该地区也由于获得大量财政转移而出现更多的基础设施和公共服务，并成为东南部经济发展相对迅速、平稳、健康的主要原因。

19 世纪下半叶，巴西开始引进移民。来自欧洲、日本的移民进入后多聚居在巴纳伊巴河流域自然条件相对较优越、经济活动较集中的地区。移民所带入的经营管理经验提高了该地区经济发展水平和发展质量。在此之前就已形成的经济发展不平衡现象更加突出。

1930 年瓦加斯发动政变打破了寡头政治僵局，并以专制和宪政两手维持政权长达 15 年。在其任职期间，巴西经济非但未受二战爆发冲击，反而因工业化取得实质性进步，获大幅发展。瓦加斯基于民族主义和实用主义外交政策，采取以工业化为基础、为主线的经济方针，依靠国外资金、技术兴建了大量工业项目，完成了在原料、交通、能源等工业基础领域建设的大量投资，初步建立和完善了工业持续发展和扩大规模的基础条件。他还先后建立了国家石油理事会（1938 年）、国家钢铁公司（1941年）、淡水河谷公司（1943 年）、圣弗朗西斯科河水电公司（1945 年）等关键机构和项目。历史事实证明，巴西现代工业基础形成于瓦加斯时期，其在工业化基础设施建设方面的作为，为后来巴西经济发展和进步提供了坚实保障。

### 4. 库比契克/古拉特时期（1956~1964年）

儒塞利诺·库比契克在竞选之初提出5年等于50年的口号。1956年上台后，他以国家发展主义纲领为执政理念，提出明确、具体的，以工业化、现代化为中心目标的国家发展纲要，即所谓目标计划。计划几乎涵盖国民经济从能源、通信、交通、钢铁等基础产业，到教育和食品等所有部门共30个领域。库比契克希望尽可能提高工业在国民经济中的占比，以工业化和现代化发展作为推进国家进步的动力，打击大地主、大庄园主对巴西政治经济的垄断。在其任职期间，巴西基础设施建设有长足进步，新首都的建设和迁都是拉丁美洲迄今为止投资最多、工程最大的基础设施建设项目。这一时期巴西的建设发展标志其现代化经济建设的开始。

库比契克还提出大量利用外国资金、技术发展国有工业的设想，并具体考虑引进国外汽车工业投资和技术。但其财政宽松政策给经济留下了隐患，政府财政赤字开始扩大，通货膨胀也开始显现并持续上升。

库比契克离任后，巴西经济经历了快速发展后的动荡。右翼势力的对抗，因此而产生的政治社会动荡和冲突使得经济状况恶化。1964年发生的军事政变打断了文人政府经济管理体制，军人独裁成为巴西经济的主导力量，并一直持续21年。

### 5. 军人独裁时期（1964~1985年）

军政权建立之初，卡斯特罗·布朗科总统就出台政府经济行动规划，充分体现了军人对国家经济的重视，以及其对国家经济总体布局的规划和干预能力。

1968~1973年，军政府利用国际金融市场较低利率大笔举债，这些资金被集中投入经济生产部门和基础设施建设项目。在投资拉动下，巴西GDP平均年增长率约10%，通胀则一直被控制在15%~20%。基础设施和民用建筑年增长保持在15%。巴西经济这一高速发展阶段后被称为"经济奇迹"。这一时期巴西已有基础工业结构得到进一步健全、完善，成为瓦加斯后巴西国内又一个基础设施建设强度最大、布局最广、质量最高的阶段。大型国有企业、大型能源、交通、通信、金融企业集中设立。这不但为当时的经济发展提供了有力的支撑，也对经济后续发展起到了关键作用。

在此期间，巴西钢材、生铁、水泥、石油、能源产量大幅提升，政府通过宽松的金融财政政策，鼓励投资和消费，市场更加繁荣和活跃。在产业结构调整方面，政府政策引导取得显著成效。1979 年，巴西工业制成品出口首次超过原料和大宗农产品出口。

1929 年大萧条后，巴西开始实施进口替代政策。从 20 世纪 60 年代开始，被美国操纵的拉美和加勒比经济委员会就积极倡导在拉美国家推行此政策，其宗旨是通过进口替代减少进口，积累资金，同时鼓励这些国家利用国外资金和技术，加大国内工业建设投入；通过从国外引进工业化所需技术和生产设备，形成国内制造、生产能力；在满足国内市场所需的同时，成为国际市场同类产品的竞争对手。这实际上是美国处理落后产能，进一步通过工业技术和金融资本控制拉美经济长远整体战略布局的一个步骤。

在这一政策指导下，巴西引进大量外资，由国外资本掌控的汽车工业体系在国内建立并被打造成本国支柱产业，形成了成熟、合理的产业链条。通过这些政策，巴西制造业进一步完善，还促进了市场消费。但进口替代同时也为民族工业提供了竞争保护伞，在没有先进技术和产品竞争情况下，巴西工业技术创新、工业产品升级改造问题被忽略，产品竞争力下降的问题愈加突出。在军政府对经济过度干涉下，市场缺乏竞争。政府这个阶段的行为加剧了这一问题的严重性。

1971 年，巴西股市崩盘，市场预期大受打击，从 1973 年始，全球经济增速放缓。1974 年 3 月第一次石油危机使巴西经济深受打击。石油价格突然暴涨不但使得巴西经济迅速放缓，其在全球范围内引发的通货膨胀也不可避免地波及巴西。因石油进口的巨额外汇开支剧增，巴西开始出现财政赤字。因出口乏力，创汇能力已不能支撑发展速度和需求，通货膨胀急剧飙升。1979 年，伊朗危机引发第二次石油危机，原油价格从每桶 13 美元涨至 34 美元。巴西国内通胀指数达 94.7%，到 1980 年，则涨至 110%。此后，巴西的通货膨胀如同脱缰之马，不再有停顿的迹象。

与此同时，巴西和其他拉美国家一样，因巨额外债，债务负担沉重。1979 年 10 月，美联储宣布升息，由此拉开拉美债务危机序幕。1980 年，墨西哥政府宣布债务违约，引发前所未有的金融海啸。随后爆发的两伊战争使得国际原油市场价格就此居高不下，原油需求几乎完全依赖国外的巴西经济被推至崩溃边缘。巴西也从此进入一个"失去的十年"的普遍萧条时期。

6. 还政于民后经济调整时期（1985~2003 年）

1985 年，还政于民后的第一届文人政府就职。在沉重债务压力下，巴西陷入日趋严重的通货膨胀，以及由通胀造成的经济停滞和严重衰退之中。货币迅速贬值，外汇储备几近枯竭。国民经济在与衰退的斗争中举步维艰。

1990 年 3 月，费尔南多·科洛尔总统就职后立刻实施科洛尔计划。计划首要目标是控制通货膨胀。政府通过休克疗法控制通胀：冻结居民存款、市场商品价格、工资；开征金融交易税，提高水、电、煤气、邮政等政府服务的费用，取消对进出口、计算机工业项目的财政补贴；大幅减少市场通货，限制流通，并将很多税、利息、工资提高比例等根据当月通货膨胀率指数化。通过此举，政府减少了市面上近 80% 的现金流通，并将通胀率从 3 月的 81% 迅速压到 6 月的 9%。但这一措施使得商业和工业生产陷于停顿。

科洛尔计划一再失败。1991 年 5 月 10 日，计划 1 号和 2 号班底被撤。驻美大使马尔西利奥·莫雷依拉携国际货币基金组织的 20 亿美元回国任财政部部长，开始实施科洛尔计划 3 号，但通胀不降反升。1992 年 9 月 29 日，科洛尔被弹劾并下台，科洛尔计划失败。

伊塔马尔·弗朗哥继任总统后任命费尔南多·卡多佐为财政部部长，并支持其制定雷亚尔计划。旨在降低通胀、稳定经济、推进改革的雷亚尔计划是军人于 1985 年还政于民之后第一个较为全面、系统、完整的经济改革和发展规划。

1995 年 1 月卡多佐赢得总统大选。民主化初期混乱和动荡局面已趋于缓和,卡多佐本人就任总统前主持并实行了一系列稳经济、促增长的政策初见成效。他对内继续坚持雷亚尔计划的基本原则,继续调整改革,力求保持政治和社会稳定;对外则通过各种渠道加强同大国交流,在国际社会争取广泛支持,以求获得有利的外部环境。这种政策的连续性促使经济趋于稳定。

卡多佐通过稳定价格进一步保证市场稳定。雷亚尔汇率长时间处于高位,银行基础利率开始上升,他还采取增加税种、提高税率、减少行政开支、吸引投资等一系列配套措施,其中新税种 CPMF 打击了市场金融投机和资本套利行为。

卡多佐持资产阶级自由经济立场,他根据国际货币基金组织的建议,开启了大规模经济改革。他顶住各种压力,开始巴西历史上最大规模国有资产私有化行动。通过出售大型国有资产,国库增收达 780 多亿美元,从而大大缓解了政府财政压力,减少了行政开支,同时也为经济发展获得了喘息之机。大规模私有化引发社会强烈反响,政府因此备受诟病。尤其是淡水河谷、巴西电话公司等优良大型国有资产私有化,遭到左翼党派强烈反对。

首任任期结束前,卡多佐通过多方努力,在国会获得支持,完成了宪法关于总统任期规定的修订,从而成为第一位在宪法框架下连选连任的共和国总统。这一法律修订对于巴西保持经济政策稳定性和连续性意义重大。卡多佐也因此能够在自己经济班子支持下继续经济改革。在其执政期间,国际经济因 1997 年亚洲金融危机和 1998 年俄罗斯经济危机冲击动荡,巴西受到影响,但因经济政策得当,并未受到严重冲击。卡多佐执政后期,通货膨胀已重新抬头。他利用浮动利率等货币和金融工具克服了影响,为继任者打下了良好的基础。

7. 劳工党执政时期 (2003~2016 年)

劳工党执政初期,经历一次时间不长、强度也不大的通胀期。因财政收入大幅提高,政府不但没有沉重赤字负担,还平衡了公共行政收支。前任政府除留下一个相对稳定、秩序良好的经济环境外,还有 2002 年从国际货币基金组织获得的 300 多亿美元借款。卢拉延续了卡多佐利用浮动汇率的手段，较好地控制了通货膨胀。劳工党执政纲领中也未出现事先欧美资本所担心的左倾政策，市场对权力交接的预期比较积极，未出现动荡。

在经济、政治、社会相对平稳顺利的环境中，卢拉未对前任经济政策进行调整，不但未采取任何激进的财政、金融手段，更没同包括外国资本在内的大企业、大资本利益集团发生冲突，政府还留用了前朝经济班底的一些人。

在卢拉执政 8 年中，中国经济高速发展为巴西经济提供了巨大动力，大量订单给巴西创造了大量就业机会。作为以外部市场为主要商品销售方向的传统初级产品出口国，巴西这一时期巨额外汇收入大多来自对中国的矿物、农产品出口。

世界经济发展所创造的外部环境，国内政治社会稳定带来的内部条件，使得巴西经济社会局面向好。劳工党执政纲领中始终强调收入分配合理，社会充分公平，让全社会充分、共同分享发展成果。同时，劳工党致力于减少贫困人口，促进社会公平。中产阶级人口大量增加，贫困人口相应减少，市场繁荣，消费增加，经济社会进入 30 多年未见的稳定繁荣期。这些都是劳工党执政期间的显著成就。

但巴西政府未将这一时期经济发展红利转化为进一步生产力。当 2008 年美国次贷危机引发的金融海啸爆发后，巴西经济迅速降温，并在短期内因缺乏内生发展动力而减缓（见图 4-1）。

罗塞夫继任后，延续卢拉的经济政策和执政纲领。2014 年，受次贷危机引发的金融海啸和诸多递延影响，世界经济放缓引发大宗商品价格下跌，巴西开始面临经济衰退威胁。

2014 年通货膨胀率为 6.4%，虽然是 2011 年以来最高，但仍在央行压力测试可接受范围内。失业率为 6.8%，也在预期之中。当年央行基准利率已从 7.25% 上升至 11.75%。从政治局势发展进程看，2014 年，劳工党贪腐舞弊案开始被揭露，经济恶化的时间正好与执政党出现危机的时间重合。罗塞夫虽以微弱优势当选，但随着劳工党"洗车门"等丑闻不断曝光，民众对劳工党政府的反感愈加强烈。经济政治局势开

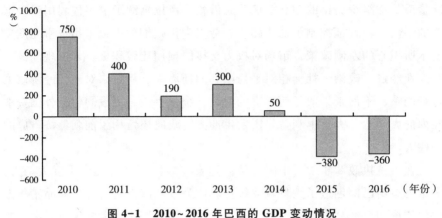

图 4-1　2010~2016 年巴西的 GDP 变动情况

资料来源：巴西国家地理和统计局。

始动荡。

2015 年通货膨胀率升至 10.67%，创 2002 年后新高。2015 年、2016 年失业率分别为 8.5% 和 11.5%。2016 年底，失业率升至 12%。2017 年则升至 13.7%。金融领域对政府不再信任，政局剧烈动荡使得市场信心尽失。

2016 年 8 月 31 日，罗塞夫离任。当年通货膨胀率为 6.28%（见图 4-2），圣保罗等主要经济中心的通胀率低于全国水平。这一结果好于巴西央行和国际货币基金组织的预期，市场信心得到稳定。2019 年第三季度失业率为 11.80%。

## 二　经济特点

巴西是一个独立、能够自给自足发展、以外向型为主要特点的自由经济体。

根据巴西国家地理和统计局 2019 年 2 月 28 日公布的统计数字，2018 年巴西国内生产总值为 6.9 万亿雷亚尔。按同日雷亚尔兑美元汇率计，则 2018 年巴西国内生产总值为 1.835 万亿美元。据同一机构统计，巴西国内生产总值 2018 年增长了 1.0%。这是巴西在经历了 2014 年短暂的经济

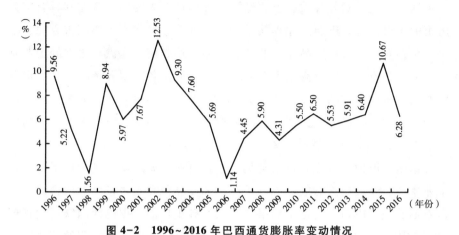

**图 4-2　1996～2016 年巴西通货膨胀率变动情况**

资料来源：巴西国家地理和统计局。

衰退后国内生产总值连续第二年出现增长。该机构统计，2017 年巴西人均 GDP 为 3183350 雷亚尔。根据巴西《圣保罗页报》，巴西人均 GDP 在 2018 年上涨 0.3%。

巴西经济呈现以下几个非常鲜明的特点。

第一，体量比较大。根据国际货币基金组织 2018 年统计数字，巴西是世界第九大经济体。作为世界上最重要新兴国家之一，巴西是位于美国之后的美洲第二大经济体。

第二，经济结构比较完整，包括第一、第二、第三产业，呈丰富的多样性；是世界上经济结构比较合理、相对完整、资源自给、充满活力的国家。第三产业为巴西国民经济中占比最大的部门。农牧业作为巴西经济中最传统的部门，生产能力处于世界领先地位，不但完全满足本国人民需要，还为全世界消费者提供大量优质农牧产品。巴西工业部门是拉美国家中起步最早的，如今巴西拥有除中国外全世界发展中国家门类最多、结构最完整、最具竞争力的工业体系。工业能力、规模、质量是让巴西跻身世界重要经济体的最主要原因，其经济结构、体量、质量、潜力都是其作为一个新兴国家不断发展，并成为具有较强竞争力的国家的关键因素。

第三，充分对外开放。巴西经济的外向性首先突出表现在其具有悠久历史的出口传统。巴西产业界几乎始终将外部市场作为主要销售方向，不论是包括农产品、矿产品在内的初级产品，还是钢铁、汽车之类的工业制成品或半制成品，以及高技术产品如飞机，以及各种服务贸易产品。根据巴西权威机构公布的数字，截至 2019 年 11 月，2018~2019 年度巴西出口总额为 2058.63 亿美元，进口总额为 1647.89 亿美元，分别比上一年同期减少 6.4% 和 2.1%。贸易顺差为 410.74 亿美元。

第四，巴西经济充分自给自足。巴西自然资源丰富，其中包括现代化工业生产、建设所必需的能源、矿产，如高品位和蕴藏量巨大的铁矿、丰富石油储藏。巴西一直是全球第二大铁矿砂出口国，据巴西国家石油管理局（ANP）2011 年 2 月 16 日公布的数字，2010 年巴西已探明的石油储量为 139.86 亿桶，加上未探明的储量，其石油总储量可达 269.3 亿桶。巴西有丰富的土地资源，不但有广阔的可耕地，还有大量水域、牧场等可供发展高效农业。另外，巴西的人口年龄结构比较年轻，有丰富、年轻的劳动力储备。

第五，巴西对外资、外来先进技术持欢迎的态度，具有较强的接受、吸纳、融合能力。巴西是较早开始在政府主导下有计划、有目的引进外资的国家。因其强大的市场潜力，丰富的劳动力资源，比较完整的工业结构，巴西为国际资本所瞩目，也因此成为全世界利用外资最大的发展中国家之一。

第六，巴西较早就建立了全面和具有操作性的法律体系。所有外资进入巴西后都必须按照国内法进行登记注册，在完成合法登记和注册后都和本国企业一样享受同等国民待遇。巴西对与国家安全有关的领域如军工、造船等行业有限制，对与生态安全、环境保护有关的行业有负面清单，或是极严苛的审批程序。

## 三 经济布局和产业分布

巴西经济起步较早，后呈阶段性发展，但从未中断。受自然环境、地理条件以及历史、社会、文化等因素影响，其发展很不平衡。经济发展呈区域性不平衡是巴西经济显著特点，也是长期以来存在并一直难以解决的问题。

在巴西出现经济活动之初，以红木为单一商品的采集式生产就因资源的稀缺性和可获得性仅发生于东北部沿海有限区域。1530 年前后，葡萄牙殖民者将甘蔗引进巴西，但作物的种植主要在东北部沿海地区。在南部和东南部发现黄金等矿产后，经济中心开始转移，而甘蔗和砂糖主要产地却因为没有产业升级，发展相对停滞。

巴西全国被划分为北部、东北部、中西部、东南部、南部五个大区。这一划分充分体现巴西经济的实际差异。

东北部是巴西最早有现代人类生产活动，也是最早与外部市场有贸易往来的地区。萨尔瓦多、澳琳达、圣路易斯等城市都是最早直接与欧洲通商的港口。作为当时甘蔗主产地和蔗糖生产中心，上述港口不但长期大量输出当地商品如红木、蔗糖等，也是外部市场商品输入的主要进口港。正因为如此，这些城市最早有贸易活动、最先聚居大量人口，并最早形成繁荣的中心城市。

东北部是石油化工生产基地。巴伊亚州卡玛萨利市建有南半球最大的石油化工集群。但东北部工业投资较少，地区总体经济较落后，也相对贫困。即便是在本地区，各州间差异也比较大。巴伊亚、伯南布哥、塞阿拉是该地区经济较好的三个州，其余州经济发展则低于全国平均水平。

东南部是巴西经济的火车头。咖啡种植引进巴西后，圣保罗、米纳斯吉拉斯、里约热内卢成为经济支柱产业咖啡的主要产地，并逐渐发展为全国经济和政治中心。根据权威机构统计，巴西工业制造业超过 70% 的产能集中在东南部，仅圣保罗一地的工业企业数量和规模就占全国的 40.3%，其产值占全国 GDP 的 51.8%。汽车、钢铁、重型机械加工、化工、高科技等产业部门最大、最重要的企业全部集中在此地区。东南部一直以来是全国经济中心，消费能力也最强，第三产业因此最为发达。

北部是最落后的地区。该地区 7 个州中，4 个位列全国 GDP 排名最末。北部虽拥有丰富的自然资源，但由于技术和政治因素一直未获开发利用。北部经济目前仍以第一产业为主，第二产业主要是亚马孙州的石油工业和帕拉州的采矿业。朗多尼亚、托坎廷斯的农业近年来发展迅速，而且规模扩大较快，成为经济亮点。北部最重要制造业基地是玛瑙斯自由港工业区。该工业区是北部最大劳动力就业中心和北部地区税收最大来源。由于其支柱产业始终是以组装加工为主，虽设立时间较长，但仍未形成创新能力，也无法实现自主发展。北部还有相当数量人口保持采集式生产生活方式，从事小规模淡水渔业捕捞等。

巴西南部由 3 个州组成，区域面积最小，是城市化程度最高，三个产业发展最均衡、最协调的地区。除当地优渥丰饶的自然资源外，良好的人文环境也是经济保持健康发展的重要原因。南部第一产业是农业、牧业和林业，主要经济作物是大豆、玉米、大米、小麦、烟草，另有少量近海捕捞。该地区农业已实现集约化、规模化和产业化。很大一部分农、牧、林产品在当地加工并生产为葡萄酒、奶制品等高附加值商品，很多生产过程已实现标准化管理，所以该地区农产品在欧洲等地占有传统市场，出口量很大。

南部是全国的第二大工业中心。除钢铁工业外，还有规模化的化工、制革、纺织、家具等传统工业集群。近年来林产工业在原有基础上又有发展，规模化食品加工业发展很快。阿克里港周边原来有全球最大的制鞋业中心，但在产业结构调整中已迁到中国等国家。因经济社会一直处于较高水平，南部第三产业发展良好。

巴西中西部长期以来是农业产区，人口密度较低，畜牧业为该地区经济支柱产业，牲畜和人口的比例为 4：1。主要农作物为大豆、玉米，戈伊亚州是全世界最大的大豆产地之一。近年来中西部成为制药、生物制品工业相对集中的地区，有形成制药、生物制品工业中心的趋势。中西部经济中农业的重要性也使得物流、化肥、农药等生产企业纷纷进入，成为该地区经济发展的重要动力。

巴西经济分布呈现一些地域上的特点，但这些现象并非规划和布局所致。政府对经济的干预能力不强，经济布局循市场趋势形成和变动。因实行联邦制政体，联邦政府不干涉地方政府投资和经济发展政策。长期以来，巴西经济始终处于投资饥渴状态。在吸引投资的问题上，很多地方政府，尤其是一些经济相对落后的地区并不考虑行业布局问题。

# 第二节 农业

## 一 农业概况

作为国家最重要的经济部门，农业在巴西出现和发展都比工业早，也广泛得多。在葡萄牙人到达巴西之前，印第安人赖以生存的生产活动主要是采集和渔猎，有的族群种植食用木薯、紫薯等块根类作物，但种植方式仍为粗放和原始的，规模极小，也很分散。除此之外，基本上没有现代意义的农业耕种。

虽然农业随着甘蔗的引种而在巴西出现较早，但以本地民众消费为主的农作物大面积种植始于19世纪末。1888年，巴西全面废奴，并开始从欧洲引进劳动力。在此过程中，一些种植园主将土地作为劳动报酬，部分来自欧洲的移民在获得土地后开始垦殖，起初只是为了自给自足，后来逐渐形成商业化种植。东南部也由此成为巴西现代农业开始的地区。

优越的自然条件和历史上特殊的殖民地地位使巴西农业获得大幅发展，并很快成为大宗农产品主要生产国，其每年农产品出口占全球农产品贸易的7.3%，是第三大农产品出口国。巴西是大豆、蔗糖、肉、咖啡的最大出口国。

多年以来，巴西人口从乡村流向城市的趋势未变。2007年乡村人口占全国人口的16.6%，2012年已降至15.1%。同期农业劳动力占全国劳动人口的比例也从12.3%降至10.2%。耕作水平提高也促进了农业人口的减少。根据联合国粮农组织2012年统计，巴西可灌溉耕地面积为540万公顷。

图4-3显示了2000年到2017年巴西粮食产量的变动情况。根据统计，1980~2017年耕地面积扩大一倍，但同期粮食产量从1980年的4000万吨，增加到2017年的2.36亿吨，增长了6倍。

2020年，巴西农业产值再创历史纪录，达4705亿雷亚尔，比上年同期增长30.4%；全国粮食、蔬菜、油料作物总产量达2.554亿吨，比上年

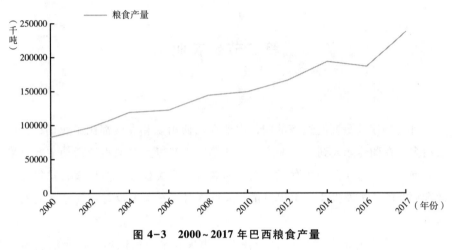

图 4-3　2000~2017 年巴西粮食产量

资料来源：巴西国家地理和统计局。

增长 5%。其中大豆、玉米对这一大幅增长的贡献最大；玉米首次超过甘蔗，居农业产值第二位。产值增长高于产量的增长是因为当期美元兑雷亚尔升值。

## 二　农业分布情况

甘蔗被引入后首先在东北部种植，巴西规模化农业就此发端，东北部因此成为最传统农业区，其中最主要的是伯南布哥、圣保罗和马拉尼昂。

目前东北部经济仍以农业为主，甘蔗仍为最大宗农作物，也是经济支柱产业。该地区是蔗糖和酒精生产的重要原料产地，也是各种热带水果主要产地和出口基地。

干旱是东北部农业面临的一大问题。因气候条件恶劣，土壤沙化严重，该地区有大范围干旱或半干旱地区，且有恶化趋势。因缺少投资，很多农民仍从事以种植粮食作物为主的传统农业，多是以家庭为单位的小农耕生产，耕作中机械化投入少，规模小，产量低，主要作物是豆类或其他谷物，多是为维持自给自足。从总体情况评估，东北部农业技术含量、产量和产值、发展水平都相对落后。

东北部畜牧业发展水平相对落后。因气候、土地等自然、环境条件限制，该地畜牧业一直未得到高水平发展。主要满足当地需求。

巴西农业始于东北部，但繁荣于东南沿海。16 世纪中叶，甘蔗种植和制糖在东北部和东南部同时开始。如今这两个地区仍大面积种植甘蔗。东南部，尤其是圣保罗内地如今是全球最大、种植水平最高的甘蔗生产中心，也是蔗糖单位产量最高的地区之一。咖啡被从国外引进后，先在北部试种成功，后被引入巴纳伊巴河流域大面积种植，成为巴西最大宗农产品。该地区多低矮丘陵，温润多雨，适于高品质咖啡生长。

因距离都市市场较近，为满足市场上对各种农产品的需求，东南部农业表现出更丰富的多样性。各种农作物，尤其是经济作物具有更高附加值。在圣保罗州和米纳斯吉拉斯州海拔相对较高的地区，优质水果、蔬菜品种非常多。圣保罗和里约远郊还有一些专门种植各种名贵花卉的专业户。

东南部农业在发展过程中获得大量工业支持，是南美洲最早实行农业机械化的地区。如今，该地区是南美洲农业机械化水平最高、最成熟的地区。

南部农业发展开始稍晚，但发展迅速，水平也高。主要作物有大豆、甘蔗、玉米和皮棉。19 世纪中后期，欧洲移民进入巴西，南部农业由此起步，嗣后的迅速发展也得益于移民。南部巴拉那、圣卡塔琳娜、南里奥格兰德三州土地和自然环境与欧洲多有相似之处，以德国人、意大利人、波兰人为主的欧洲移民到达该地区并获得土地后，将欧洲农业开垦方式和经营经验与当地条件相结合，很快就将这个地区变成高产、优质粮食产区和其他经济作物产区。如今这里是巴西农业最发达的地区，并突出表现出以下几个特征。第一，集约化程度高。大豆、玉米等粮食作物都采用大规模、大面积耕作方式。第二，科技含量高。除有大规模、大范围粮食作物生产外，南部一些较小的农户种植的农作物各有特色，并主动将农业科技引入生产活动。第三，由于解决了集约化、规模化耕种和经营问题，巴西南部如今是全国农业机械化程度最高的地区。

该地区农业高质、高产、高水平发展还得益于农业科研。当地有巴西最传统的农业教育和科研机构，有的是公立科研院所或大学，有的依托于民营资本。这些科研机构都有专门的研究课题，与当地的作物和耕作有密切联系，从而可更快、更直接地解决农业生产中的问题。

中西部是巴西农业发展最快的地区，并已成为最主要的农业产区。20世纪 70 年代初，美国农学、植物遗传学家诺尔曼·博劳格的绿色革命理念被引入巴西并被迅速接纳。除有大量农业投资，当地农业还因该地区得天独厚的自然条件得以迅速、高质量发展。中西部地形平缓、土地辽阔，适于大规模、大面积农业耕作，也为机械化、集约化、统筹化农业提供了良好条件。如今戈亚斯、马托格罗索、南马托格罗索是巴西农业规模化、集约化发展水平最快和最主要大豆产区（见表 4-1），也是全球大豆最高产地区之一。

表 4-1　2017 年巴西主要大豆生产州大豆产量

|  | 州 | 大豆种植面积（万公顷） | 产量（万吨） |
| --- | --- | --- | --- |
| 1 | 马托格罗索 | 970.0 | 3245.5 |
| 2 | 巴拉那 | 543.8 | 1625.3 |
| 3 | 南里奥格兰德 | 577.8 | 1918.7 |
| 4 | 戈亚斯 | 347.6 | 1143.7 |

资料来源：巴西国家地理和统计局。

中西部地处巴西亚马孙地区边缘的潘塔纳尔湿地，每年被季节性洪水泛滥淹没，不具备耕作条件。但这些地区土地平缓，水源充足，有大量天然牧草，是传统天然牧场。20 世纪 60 年代资本开始进入马托格罗索和南马托格罗索，并开始毁林开荒。以肉牛为主的畜牧生产迅速形成规模。如今该地区畜牧业经营者都拥有大面积牧场。

巴西北部大部是被亚马孙热带雨林覆盖的冲积平原，很多土地为沙壤，不适宜农业耕作。北部土地面积最大，但农业生产规模最小，水平最低。不论是可耕地面积，还是产量产值，北部农业都很不发达。国际社会对亚马孙雨林保护的压力、政府对亚马孙的生态环境保护政策，都是造成北部农业欠发达的政治因素和社会原因。

北部传统农业活动主要是在贝伦附近。该地区人口密度相对较大，另因地处河流入海地带，土壤和地形都相对适于农业种植。但农作物产量不能形成规模。与其他地区相比，存在很大差距。

20 世纪 60 年代，在军政府的鼓励和优惠政策驱动下，南部大批农业人口迁至北部。移民无偿获得土地和各种鼓励政策后，开始大规模垦荒和进行农业开发。因当时批出的土地都是繁茂的原始雨林，垦荒移民到达后，以最简单、最原始的方式毁林开荒。毁林开荒时大量木材资源被无端浪费，造成巨大损失。现该地区主要作物为咖啡、大豆、可可。如今朗多尼亚已成为北部农业最发达的州，有的作物产量非常高。阿克里州也有农业移民，但农业发展水平远不如朗多尼亚州。

## 三 畜牧业

畜牧业是巴西农业重要部门。东北部的大甘蔗种植园经济催生了巴西最早的经济文化中心。为满足人民日常生活需要，葡萄牙人从欧洲引进奶牛和肉牛，畜牧业由此发端。随着经济中心不断向南、东南转移，畜牧业随之转移。造成畜牧业转移的另一原因是气候。东北部干旱频发，畜群常因缺水而造成损失，很多牧民不得不南迁。

随着南部沿海大片原始森林被砍伐，大量牧场被开发。潮湿多雨的气候使得畜牧业很快在东南部迅速发展。如今，东北部仍有部分牧场，但畜牧业最发达的区域分布在东南部、中西部和南部。除南部有些地区主要生产奶制品外，其余都是肉牛养殖。

巴西土地广阔，自然条件优越，有极佳牧场，肉牛全部放牧，品种都从国外引进。从印度引进的内洛尔牛是目前巴西存栏最多肉牛品种。其他引进品种还有印度婆罗门、英国的安格斯、西班牙的克利罗等。很多牧场主坚持保持肉牛的品种纯净。巴西是全世界肉牛存栏最多和牛肉最高产的国家之一。

因肉牛养殖在国民经济中的重要性，巴西农业科研部门对该领域非常重视。农业部下属巴西农业研究院有专门科研机构，很多大学也有专门科研课题。2016 年，巴西肉牛存栏数为 1.823 亿头。巴西奶牛品种是分别引自荷兰的黑白花奶牛即荷斯坦，以及从英国引进的更赛和爱尔夏。

巴西禽类养殖起初只是农户为满足市场需求，产业化养殖形成于 20世纪中叶，并快速发展。20 世纪 50～70 年代，巴西禽类养殖迅速扩大，并以集约化生产方式占领市场。大型禽类养殖企业从种禽培育、禽种供应，到养殖和宰杀全部以规范化、程序化管理。1970 年，巴西全年肉鸡产量仅为 21.7 万吨，2016 年已上升至 1290 万吨，并稳居世界肉鸡最大出口国地位。

巴西生猪养殖和猪肉产量长期处于世界领先地位。随着杂交技术于 1970 年进入生猪养殖领域，巴西在生猪品种改良等遗传培育技术方面取得长足进步，从而使得生猪产量迅速增加，质量也有很大提高。1970 年，巴西猪肉年产量为 70.5 万吨，2017 年已达 370 万吨。如今巴西是全球第四大猪肉出口国。

2022～2023 年巴西畜牧业情况见表 4-2。

表 4-2　2022～2023 年巴西畜牧业情况

| 年份 | 牛（头） | 猪（头） | 鸡（只） |
| --- | --- | --- | --- |
| 2022 | 234851536 | 44388351 | 1568518471 |
| 2023 | 238626442 | 42997536 | 1577570401 |

资料来源：巴西国家地理和统计局。

## 四　林业

### 1. 林业概况

巴西林业在拉丁美洲和智利同处领先地位。以现代林业产业角度看，不论是技术还是经济指标，巴西林业都处于世界先进水平。

巴西最早的经济活动就是红木采伐。这种原始掠夺式生产方式并非现代意义的林业，但可从侧面体现林业在巴西经济社会发展中所占地位和曾发挥的作用。

巴西现代林业分为两个阶段。第一个阶段是发端于以天然林采伐和以此为原料的木材加工。这一林业活动开始较早，始于殖民时期中期。这一时期巴西的林业活动主要是木材采伐，这一生产活动的主要区域一是位于东部和东南部沿海大西洋沿岸雨林，另一部分则是位于北部的亚马孙热带雨林。

红木被早期殖民者掠夺殆尽后，巴西林业采伐对象和木材加工的主要树种为蓝花楹及其相同种属的珍贵木材，以及巴西黑黄檀等其他珍贵材种。这些木材不但质量极高，而且色泽和纹理非常美观。其被采伐后，除满足当地殖民官员和农场主、种植园主需求外，还被大量卖到欧洲，进入细木工加工环节，被制作成高档家具。因资源极有限，用这些木材制成的成品不但数量少，而且都是小件家具。由于这些木材资源稀缺，且需求量大，蓝花楹属种的木材被采伐得几近绝迹。时至今日，在巴西自然环境中已看不到胸径 30 厘米以上的此类树木。

这一时期东部、东北部和东南部的家具加工业是产业链的下游产业，虽也有少量以房屋建筑为目的的砍伐活动，但未形成产业。作为蓝花楹等最高档的材种的替代品，当时还有少量珍贵热带树种被采伐和利用，如塞州黄檀、绒毛黄檀、亚马孙黄檀等，其具体用途也是制作高档家具。这种以珍贵材种为原料，以细木工加工手段，以高档家具为最终产品的生产经营不但规模小，且因资源稀缺而很快变得难以为继。

2. 林产工业

珍贵材种变得稀缺后，南部和东南部的细木工加工生产活动开始衰落，以贝伦为中心的北部林产业开始兴旺。与之前东部和东南部林业不同的是，北部林业开发不仅拉动了家具制作行业，还开启了锯材和原木向国外出口的贸易，继而进入以木材加工和产品出口为主的现代林业第二个阶段。

贝伦周边就是漫无边际的亚马孙热带雨林，从采伐地到港口的运输距离很短，形成以贝伦为中心、以木材原料出口为主要形式和目的的北部林业产业。这样的林业活动自开始就蓬勃兴旺，后来又带动亚马孙河中游的玛瑙斯也开始以木材出口为目的的森林采伐。起初只是原木被采伐后截成数段装船运出。后来发展成开始有葡萄牙人和当地的资本开设锯材厂，将采伐后的木材粗加工后再装船运出。

巴西政府很早就开始保护林业资源。1950 年以前，政府就严格禁止亚马孙热带雨林原木出口，并对雨林木材利用制定了严格的法规。这些规定不但包括一份详细的负面清单，还对所有可供出口的材种有严格的规格限制。所有可出口的材种都必须加工成最大尺寸为 3 英寸厚、8 英寸宽、2 米长的规格。巴西亚马孙地区的木材出口长期以锯材为主。

20 世纪 60 年代末，当地资本开始在亚马孙州、帕拉州建设胶合板厂，以当地丰富的木材资源为原料，将天然林木材加工成规格不一的胶合板并投放市场。这种高效、高质木材资源利用方式不但大大地提高了当地自然资源的附加值，也为当地提供了大量就业机会，创造了多重社会效益，为当地经济社会发展做出了很大的贡献。

在亚马孙、帕拉两州最早投资胶合板加工的都是本土企业，或是以当地人作为代理人的外资企业。其中比较出名的有康本萨胶合板公司、约道尔胶合板公司、卡洛利纳胶合板工业公司、亚马孙胶合板公司、玛瑙斯胶合板工业公司、三棵松木材工业公司、马纳萨木材工业公司等。20 世纪80 年代初，木材加工成为玛瑙斯自由港工业区四大支柱产业之一，玛瑙斯和贝伦成为南美洲最大的热带材胶合板生产和销售中心。90 年代后，全球最大的热带材生产企业如长青集团（EverGreen）、黄传宽机构（K. W. C.）等企业集团齐聚玛瑙斯。中国在当地的独资企业华西木材工商股份有限公司于 1984 年进入亚马孙州木材加工领域，经营一个年产量超过 1.2 万立方米的胶合板厂。

里约 92 环发大会后，巴西政府开始调整亚马孙地区产业政策，并开始对以胶合板为主要生产企业的木材加工业严加限制和打击，亚马孙和帕拉的所有胶合板企业彻底撤离。

3. 人工林

巴西林业另一大产业集群在东南部和南部圣保罗、巴拉那、米纳斯吉拉斯、圣卡塔琳娜等州。这一地区全都是人工林，分阔叶和针叶两种。东南部是以桉树为主的阔叶林，南部则是以巴拉那松、湿地松、加勒比松为主的针叶林。

巴西在桉树引种、科研、培育、造林、采伐、利用等方面长期处于世界领先地位，不论是在速生人工林造林面积，还是森林生长指标、林木总蓄积量等方面，都一直领先（见表4-3）。

据原巴西林产工业协会主席、国际林纸工业理事会主席伊丽莎白·德卡瓦里奥介绍：经过多年研发，巴西桉树林每公顷年生长量可达到50立方米。巴西人工林产业在不断发展过程中，格外注重林业科研投入。如今，巴西所有桉树都是经过数代培育，已充分适应当地自然环境，并对自然生态影响较小的品种。巴西林业产业还常年在桉树人工林比较集中和成规模地域开展对大西洋热带雨林和原始生态恢复工作。

表4-3　2019年巴西主要人工林分布情况

单位：千公顷，%

| 州 | 米纳斯吉拉斯 | 圣保罗 | 巴拉那 | 巴伊亚 | 圣卡塔琳娜 | 总计 | 占全国人工林的比重 |
|---|---|---|---|---|---|---|---|
| 人工林面积 | 1490 | 1180 | 817 | 676 | 645 | 4808 | 72 |

资料来源：巴西农业部。

1990~2014年，巴西人工林面积增长52%，其中大部分是各种桉树。2016年，巴西速生桉树为全国工业用木炭提供了98.9%的原料，为纸和纸浆工业提供了80.2%的原料，另还提供了85.8%的薪炭，并为其他用途提供了54.6%的木材。

# 第三节　工业

## 一　工业概况

从历史上看，巴西工业是循传统、常规的路径发展的。葡萄牙王室曾严禁巴西开展工业活动，导致19世纪初叶巴西工业才开始起步并历经曲折发展，但由此不断进步。在寡头政治时期，圣保罗、米纳斯吉拉斯两州利益集团长期垄断国家机器，这两个州工业发展明显快于好于其他地区。20 世纪 30 年代，瓦加斯任总统期间，工业结构初步形成。库比契克总统也为工业建设和发展做出显著贡献，为国家工业化建设和发展奠定了基础。军政府在发展现代工业、建立完整工业结构、工业现代化建设方面发挥了积极作用。如今，巴西是世界上后发国家中工业化程度最高、工业结构最完整、工业产值最高的国家之一。

巴西的工业体系涵括从基本消费品生产到尖端技术的各个门类，其中主要为汽车制造、石油化工、食品加工、非金属矿产开采、钢铁冶炼、纺织、机械加工、军工等行业。在工业化过程中，围绕这些基础产业出现了其他工业部门，由此形成了完整的产业链条，进一步促进了经济社会的发展。在发展工业效益规模，提高工业技术水平，健全工业结构体系过程中，巴西还根据自身具体情况，利用本国的优越条件，发挥本国的竞争优势，建立、健全了几个主要的、基础的、关键的工业部门，并且通过建设和加强这些部门的竞争能力，巴西工业规模和技术水平得到进一步提高。

二 能源工业

因 20 世纪 70 年代全球接连发生两次石油危机，巴西生产成本陡然上升，竞争力急剧下降，经济因石油美元高涨受到强烈冲击。面对这一局面，巴西政府开始寻找新的、基于自身能力的可再生能源来源，建立新的能源结构，以满足能源需求和发展需要。在大力发展水电资源的同时，巴西通过以蔗糖生产酒精，达到逐步减少对传统化石燃料的依赖，最终替代石油等矿物燃料的目的。

为此，巴西政府根据 1975 年 11 月 14 日第 76593 号行政令制定并实施"酒精优先"计划，动员各方力量为生物能源工业建设共同努力。巴西用酒精替代汽油的尝试始于 20 世纪初叶，但未获突破性进展。石油危机发生后，根据政府规划，国有、民营研究机构开始为该计划投入大量科研力量。

如今，巴西甘蔗种植面积占国土面积的 1.2%，并计划通过利用退化牧场和尚未开垦的土地逐步扩大甘蔗种植面积。在 2017/2018 年榨季，巴西甘蔗乙醇产量已超 280 亿升。酒精生产厂家可通过利用生产过程中的下脚料实现能源供应完全自给自足。目前甘蔗生物质能产生的生物电已达 2100 万兆瓦时，2017 年向全国电网送电占全部电力能源消耗的 4.6%。预计到 2030 年，生物质能将满足全国 18% 的电力需求。

通过实施合理的能源政策，巴西已建成全球最大生物质能生产和利用体系，以年产量计成为全球最大的甘蔗乙醇生产国、全球第二大乙醇生产国，成功地从石油进口国，发展成为近乎能源独立的国家。2003 年，混合燃料汽车（FFV）进入市场，甘蔗乙醇用量大幅增加，目前 100% 使用甘蔗乙醇作为燃料的汽车已在巴西问世。由此，巴西成为世界上第一个可以完全不使用石油能源驱动汽车的国家。2011 年，巴西酒精产量为 211 亿升，占全球燃料用酒精产量的 24.9%。

巴西政府 2018 年启动"生物创新计划"，旨在通过向货运行业引入生物质燃料来减少行业对矿石燃料的依赖，并大幅降低碳排放水平。

成立于 1953 年 10 月的巴西石油公司是巴西唯一具有全球竞争能力的石油能源企业，曾长期为国有独资企业，目前仍为国有控股企业。公司在全球 25 个国家开展经营，业务包括石油、天然气及其副产品的勘探、开采、精炼、加工、销售、运输。按销售收入计，曾长期居全球前 30 位。

巴西石油公司在全球的权益储藏为 165.7 亿桶原油和天然气，生产井口 13174 个，投产并运行中的海上石油平台 134 座，输油管道 3.464 万公里，船队有船 300 多艘。2010 年，公司平均日产原油 1539 桶、天然气 5870 万立方米，公司有加油站 7710 个，风电场 4 座，雇员 86111 人。2013 年，公司净利润为 235.7 亿雷亚尔。以市场价值计，该公司是美洲第二大企业。据彭博能源 2010 年统计，按市值计，巴西石油公司为国际能源领域第二大企业。

2010 年，该公司完成历史上最大公开募股，增值金额达 728 亿美元。公司 2014 年卷入党派斗争后陷入丑闻，账面上出现 215.9 亿雷亚尔巨额亏损，其中因 2004~2012 年贪污案损失超过 61.9 亿雷亚尔。受国际原油价格下跌、油田市值下降、政治丑闻等负面因素的叠加影响，公司 2015 年账面亏损 348 亿雷亚尔。

2015 年 4 月 1 日，巴西石油公司宣布中国国开行向其投资 35 亿美元。2017 年 12 月，巴西石油、天然气和生物燃料管理署宣布，巴西近海深海油田开采的原油首次超过国内原油生产的 50.7%。2012 年，桑托斯外海深海油井采油只占全国石油开采的 10%。2016 年，巴西国内石油产量提高了 4%，其中近海油田产量增速大大超过平均水平。

巴西对清洁能源的研发、推广、利用、普及仍在进一步加强。风电有望成为巴西第二大能源。巴西风力发电协会主席艾尔比娅·甘诺姆称风电所占份额将很快超过生物质能发电，成为仅次于水力发电的第二大电力来源。目前巴西水力发电量为 9.71 万兆，生物质能发电量为 1.47 万兆。截至 2018 年底，巴西共有 568 个风电场，分布于 12 个州。此外，巴西还大力发展核电。

三　钢铁工业

钢铁工业是巴西最重要、最成熟、最完善的工业部门。19 世纪初叶，葡萄牙王室迁至巴西后，决定开展各种工业生产活动，其中冶金和铸造作为所有工业活动的基础，是当时优先发展的项目。1917~1930 年，在巴西第一次工业化过程中，巴西现代钢铁工业建成。

在巴西工业发展历史上，钢铁工业始终被政府和民族资本置于非常重要地位。在起步阶段，巴西钢铁工业就开始引进拥有雄厚技术力量和生产能力的外部合作者。1921 年，米纳斯吉拉斯州钢铁工业资本同欧洲传统钢铁企业、比利时和卢森堡资本合建合资公司。20 世纪 30 年代在美国的资助下，巴西钢铁工业开始大发展，于 1939 年建成首个年产超过 5 万吨的钢铁厂。但巴西对国外进口钢材的需求和依赖的局面仍未改变。一直到 1946 年，巴西国家钢铁公司在里约热内卢的钢铁厂建成，这种情况才得到根本改变。20 世纪 50 年代，巴西钢铁年产量接近 80 万吨，并持续增长，于军政府期间超过 550 万吨。

作为基础工业部门，巴西钢铁工业建立和发展过程中，政府作用始终是关键性的。政府不但是规划、投资、建设、引领的主体，还承担了管理和实施的角色。在相当长一段时间里，国有大型冶金、钢铁生产企业是国家钢铁工业最主要的力量。20 世纪 90 年代，新自由主义经济理论影响南美并成为主流经济政策指导思想和理论依据，巴西开始大规模私有化进程。1991 年，巴西政府出售国有钢铁企业，两年后，年生产能力 1950 万吨、占全国钢铁生产能力 70% 的 8 家国有钢铁生产企业被悉数出售。

因拥有丰富、优质铁矿资源，大量生物质燃料（早期用大西洋雨林中的各种硬木，后用速生桉树烧制的木炭作为冶金燃料，这种方式持续到 20 世纪 80 年代），同时也因当地经济相对比较发达，对钢铁产品需求旺盛，巴西钢铁生产在米纳斯吉拉斯、圣保罗两州起步。后来，这些地区率先完成了钢铁生产所需的资本积累、技术储备、建设能力，并形成了一支强大的产业工人队伍。以加工制造业为基本和主要结构的工业活动在南部和东南部出现和展开，这一地区始终保持对国内钢铁产品强劲需求。直至今日，巴西主要钢铁生产中心仍然集中在上述地区。随着科技进步和产能发展，南部和东南部的一些传统优势可能会逐渐减少。东北部塞阿拉州的新炼钢生产线落成并投产。因靠近主要铁矿产地，有良好的物流条件和其他区位优势，东北部可能会出现钢铁发展契机。

经过长期发展，截至 2020 年，巴西共有分布于全国各地的 32 个钢铁生产基地，分别属于 12 个大型钢铁生产企业，全国粗钢年生产能力为 5150 万吨，2020 年钢铁产量为粗钢 3140 万吨（2019 年为 3540 万吨），就业人数为 103308 人。巴西在世界钢铁出口国排第 12 位，其钢铁产品出口到世界 100 多个国家。同时巴西也是世界第六大钢铁产品净出口国。

经全面、彻底私有化后，巴西钢铁生产企业开始基于全产业链提高企业新的核心竞争力。在政府、社会、资本等各方努力下，巴西不但保持了其在全球钢铁工业领域的重要地位，还在其他金属冶炼部门有长足进步。目前，巴西拥有美洲最大钢铁生产基地，在有色冶金和非铁金属生产、科研和销售方面也居世界前列。

尽管美国在针对输美钢铁和铝的问题上不断向巴西施压，持续放出关于要对巴西等国相关产品加征关税的言论，但巴西钢铁仍对其产销形势表现乐观。该机构预测巴西钢产量和国内钢铁销售量将出现增长。

四　汽车工业

汽车工业是巴西主要支柱产业。其产值占巴西全年工业产值的五分之一，但对国内工业乃至全国经济的拉动和引领作用远大得多。根据巴西工商外贸部统计，2016 年巴西汽车产量为 177 万辆，在全球各国汽车产量中排名第十；同期汽车销售量达 205 万辆，在全球各国汽车销售量中排名第八。

1956 年，巴西民族资本开始启动汽车工业，一个名为罗米工业股份的厂家开始生产一种平民汽车，名为罗米伊赛塔。但产品未进入市场。

巴西汽车工业起步伊始，潜力巨大的汽车消费市场就吸引了西方主要工业国家的汽车企业。1959 年，德国大众在圣保罗州建厂，向市场推出一款小型九座客车和一款家庭乘用车，由此拉开国际知名汽车品牌在巴西的竞争大幕。雪佛兰和福特随后也相继进入巴西。这两个厂家起初只生产卡车，后于 1968 年进入家庭乘用车生产领域。1973 年，意大利菲亚特进入巴西。至此，四个欧美汽车巨头瓜分巴西汽车市场的局面形成。后又不断有新的竞争者加入，法国雷诺、标致、雪铁龙等品牌以建立总装线的形式进入巴西，克莱斯勒和奔驰也以生产商用卡车和大客车等形式加入竞争。巴西乘用车市场长期为大众、雪佛兰、福特、菲亚特所垄断，汽车工业资本基本上也为外资所控制。尽管巴西国内汽车市场上有国产品牌，如 Agrale、Americar、Puma、Marcopolo 等，但其市场份额微不足道。

巴西民族汽车工业在国产化方面不断尝试，也曾取得成效，但在与国际知名品牌的竞争中始终功亏一篑。占国内市场份额最多的国产品牌 Troller 于 2007 年被福特收购。2007 年巴西汽车产量达 300 万辆历史峰值，成为世界第六大汽车生产国，但整车国产化问题始终不能解决。巴西是金砖五国中唯一没有完全自主汽车品牌的国家。

巴西汽车消费市场巨大、成熟且多样化。进入 21 世纪，国际知名汽车品牌在巴西的竞争愈加激烈。除已在巴西经营多年，拥有成熟品牌，形成生产能力，有稳定市场份额、完成销售布局的几大知名车企外，以丰田、尼桑、本田等日本品牌和现代、大宇等韩国品牌为代表的亚洲新竞争者开始进入巴西。中国自主汽车品牌江淮、奇瑞、长城、力帆、吉利、金杯、福田等也以不同形式进入巴西，其中奇瑞于 2014 年投资 5.3 亿美元在巴西建厂。

目前，巴西共有 31 个汽车生产厂家（汽车、农用车辆、公路运输车等），在 11 个州 54 个城市中共有 67 个生产基地。另有约 590 个汽车配件厂，5592 个汽车销售代理、专卖商家。1994～2012 年，巴西汽车工业领域投资总额为 680 亿美元，为 130 万人提供了直接和间接就业机会。巴西全国各种类型、型号、规格的汽车生产能力为 505 万辆，农用和公路运输车为 10.9 万辆。2015 年，巴西汽车销售收入（含汽车配件）为 591 亿美元。2016 年，巴西汽车和汽车配件出口创汇 179 亿美元，进口 178 亿美元。2015 年，巴西汽车工业产值占全国工业产值的 22%，占全国国内生产总值的 4%，同年创造各种税收 397 亿美元。

## 五 航空工业

巴西航空工业起步于 1950 年，现在是后发国家中高技术含量、高附加值、高水平工业的典范。巴航工业公司成立于 1969 年 8 月 19 日。在成立后很短时间内，公司就迅速发展，并在技术设计、工程建造、经营管理、市场推广、营销售后方面获得很大成功。到 2018 年，巴航工业先后开发、生产不同类型、不同用途的各种型号飞机 30 多种，销往 56 个国家，包括全球所有超一流航空公司在内的 85 个不同航空公司都有巴航工业飞机。2008~2017 年，巴航工业公司共向用户交付各种类型飞机 2263 架，其中包括各种不同型号的军用飞机。

2012 年，巴航工业公司外销收入比上一年增长 17.6%，成为巴西最大出口厂商之一。2016 年，巴航工业公司销售净收入为 214 亿雷亚尔（约合 61 亿美元），2018 年成为全球航空工业领域第三大企业，仅次于波音和空客。在支线航空领域，巴航工业公司是全球产品系列最全、机型最多、交付飞机最多的制造厂家。目前，该公司已在全球完成布局，在世界各地拥有很强的营销队伍，还在各主要市场关键城市建立了备件中心、技术支持和售后服务部门。在国防领域，巴航工业公司军用飞机部门也有非常成功的产品。公司于近年开发出的 KC390 军用涡喷运输机是南美首架在当地完成规划、设计、生产、试飞的中型喷气军用运输机。

巴航工业公司同中国航空工业和民航运输部门较早就开始广泛深入的合作。中国南方航空公司、中国东方航空公司、四川航空、海南航空、河北航空等国内航空公司机队中都有巴航工业公司的飞机。2000 年该公司在中国成立了分公司，2002 年，中国和巴航工业公司的合资企业在哈尔滨成立。

2018 年 7 月 5 日，美国波音宣布以 47.5 亿美元收购巴航工业民航部门 80% 的股份，双方成立合资公司，巴方保留 20% 的股权。新冠疫情发生后，波音放弃了收购行动。巴航工业公司成功的发展历程和所取得的成就证明了巴西民族航空工业已储备了强大力量。巴航工业公司不但为本国工业发展、国家经济社会进步做出了巨大贡献，还为后发国家工业向高科技附加值、高科技含量的转型树立了典范。

六　化学工业

化学工业是巴西基础工业部门，也是国家经济重要支柱产业和最主要工业部门之一，在巴西工业产值中占比超过 10%。在全球化学工业排行榜上，巴西长期稳居前十。

巴西化工是拥有超过 1000 家工厂的超大工业部门，产品多是工业化工原料、化工半成品、制成品等，巴西化工作为上游产业形成大量产业链条，有的产业链被拉得很长，也有的科技含量较高。

巴西普通化工生产基地主要在南部和东南部，其中大量化工企业集中在圣保罗州。巴西还有两个超大型化工生产基地，分别在圣卡塔琳娜州特里雍弗和巴伊亚州卡玛萨里，后者是石油化工基地。

　　巴西化工实力强、产能大，产品包括工业化工原料、医药化工原料、化肥、农药等产业化工产品，以及个人卫生用品、化妆品、油漆、涂料等个人或家庭化工产品。2018年，巴西化工产品净销售额为1279亿美元（见图4-4），其中出口117亿美元。据巴西化工协会统计，按销售额计，巴西化工和石油化工在世界排名第六。

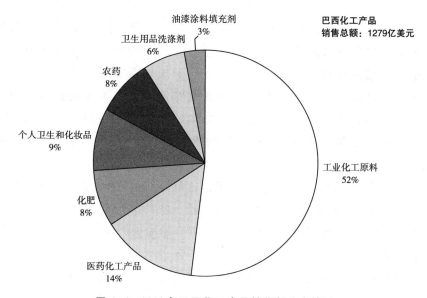

**图4-4　2018年巴西化工产品销售额分布情况**

资料来源：巴西化工协会。

　　在近些年的产业升级改造中，巴西化工未能跟上发展。目前，巴西国内市场和工业部门所需的各种化工产品或半制成品中，有近1/3来自进口。其中一部分是因缺乏产业升级改造，缺乏科技水平提高而不能自给自足；另一部分是由于巴西本身就缺乏关键化工原材料。一些化学溶剂、苛性钠和氯衍生品等化工产品也一直依赖国外供货。

七　其他

　　巴西纺织、两轮车、食品和饮料加工等工业部门也有较强的核心竞争力，市场占有率也很大。巴西这些工业部门在美洲地区名列前茅。

巴西国防工业有较强实力，曾居世界前列。在国际军火市场上，巴西产品曾卖到不少国家。巴西最大杂志《请看》披露，截至2009年，巴西的防卫产品出口到85个国家，2019年销售额达到12.3亿美元。巴西期望能够进入世界上最大的军火市场美国，也迫切希望向北约国家出口防卫产品。

巴西食品加工存在规模小、质量不稳等情况。国外企业通过收购并购进入这些领域，并在饮料行业已占有较大份额。面对国外资本强力竞争，巴西食品工业通过联合、并购形成较强实力，是本国资本占比相对较高的行业。以肉鸡为主的禽类养殖，以肉牛和肉猪为主的畜牧业及奶制品业为国内食品加工业提供支撑的同时，还联合连锁超市，将产品推向市场。创立于1953年的食品加工企业JBS公司就是突出代表。

巴西主要工业部门大量利用外资，这虽为工业升级改造和技术进步提供了资金保障，但也造成巴西工业长期处于技术链下端，长期得不到技术更新。一些工业部门因被外资控制，创新自主知识产权动力不足，产品技术含量偏低，继而在国际市场上竞争力不强。

因曾长期实行进口替代政策，国内企业可在缺乏竞争环境下占据国内市场，工业部门长期缺乏创新动力，技术得不到更新，产品升级换代乏力。在有些新技术领域如电视等影像传输和显示技术，巴西基本上放弃了竞争。信息产业开始在全球发展时，巴西既未从占领市场的角度去争取，也没有以合作者的身份，参与到全球竞争行列之中，与一些技术领先的国家共同开发国内市场。这是巴西工业发展政策上的战略失误。

# 第四节　金融业

## 一　金融监管和监管机构

巴西现代意义的国家财政金融系统建立于1988年宪法颁布之后。为适应国家民主改革中的经济社会平稳、健康发展需要，并为保持社会稳定，满足国家各领域和各部门间的利益平衡，重新构造财政金融体系，巴西开始建立一个稳定、高效的政策研判、制定机制。

1996 年，政府颁布第 2698 号行政令设立金融政策委员会。委员会以巴西央行为主组成，负责根据政治经济发展和国际国内市场变动制定相应财政金融政策、货币政策，并确立银行基本利率。委员会还具有通过货币政策工具调节经济流动性的特殊授权。该委员会负责巴西银行基本利率的确定和发布。

巴西货币金融体系由不同的金融货币机构和非金融货币机构组成。巴西中央银行作为政府专门机构，负责金融货币政策的规划和制定，并承担对市场和各种货币金融机构的监管责任，拥有监管权力。根据央行对全国货币金融管理和运行的设计和规定，巴西货币金融管理体系基本上分为三个不同层面（见表 4-4）。

**表 4-4　巴西货币金融管理体系及划分**

| 政策层面 | 监管机构 | 经营机构 | |
|---|---|---|---|
| 全国货币金融理事会（CMN） | 巴西央行（BACEN） | 揽储机构和其他金融机构 | 其他金融中介机构、第三方财务管理机构 |
| | 巴西证监会（CVM） | 期货交易市场 股票证券市场 | |
| 全国私营保险机构理事会（CNSP） | 私营保险监事会（SUSEP） | 再保险公司 保险公司 融资公司 补充性社会保险机构 | |
| 国家补充社会保险理事会（CNPC） | 国家补充社会保险管理局（PREVIC） | 封闭式补充社会保险机构（退休基金或养老基金） | |

资料来源：根据巴西央行信息整理。

巴西货币金融管理体系按行业分为以下几个部门，并由相关机构负责管理。

（1）金融部门：全国货币金融理事会、国家货币体系资源理事会、巴西中央银行。经营者为各商业银行、投资银行、融资公司、金融合作机构、基金公司等。

（2）证券市场：巴西证监委、期货交易市场、股票证券市场。经营者为证券经纪人/经纪商、动产证券经纪人/经纪商、证券发行人、发行商、动产证券发行商。

（3）保险行业：全国私营保险机构理事会、全国私营保险系统资源理事会、私营开放社会保险管理理事会、私营保险管理局，经营者为保险公司、融资公司等。另外还有国家补充社会保险理事会、国家补充社会保险资源议事会、国家补充社会保险管理局，经营者为各开放补充性社会保险机构、再保险公司、封闭式补充社会保险机构。

巴西国内金融市场实行指导利率制度。Selic 利率是巴西金融市场经调整的银行间拆借平均利率，由巴西货币政策委员会根据联邦证券清算和托管特别制度分析和制定，通过计算加权平均利率和一天调整后融资业务获得。这些业务以联邦公共债券结算，并由计划或清算所有承诺交易的形式进行资产清算。

## 二　银行和银行体系

巴西第一家银行巴西银行兴办于葡萄牙王室于 19 世纪初迁至巴西之初。该银行现为国有，业务包括几乎所有金融领域，并在许多国家设有代表处。该银行目前是巴西金融领域中排名最靠前的机构之一，也是巴西最大企业之一。

巴西实行和欧美国家一样的金融市场分类方法、管理结构、运行方式、市场细分等通常做法。中央银行作为政府的金融政策和经营法规的制定、执行部门，也承担市场监管、行业规范等政府职能。国有银行联邦储备银行、巴西银行等除作为政府金融机构主要承担政府项目的金融支持和项目融资之外，也在商业市场开展吸储、放贷等业务。作为扶持地方政府的措施，联邦政府曾出资在各州设立州银行，但这些银行大多已在私有化过程中被拍卖。另外，联邦政府还有一些为促进地区发展而建立的政策性银行。

　　金融业的主体私营股份制银行根据市场和目标客户的选择，分为投资银行、商业银行、合作银行等不同形式。还有一些附着于其他产业链上的，以融资、信用、中介为主要业务的合作式或其他形式的金融机构。这类金融机构在房地产、汽车销售、农业生产等方面起到积极作用。

　　长期以来，巴西市场始终受西方金融资本重视。因负有巨额债务，货币大幅贬值，资本货物大幅降价，欧美银行借机进入并争夺巴西市场。先后进入巴西的外国银行包括花旗银行、波士顿第一国民银行、里昂信贷、巴黎国民银行、劳埃德银行、意大利农业银行、三菱银行、东京银行、荷兰皇家银行、标准渣打、鹿特丹银行等，甚至包括梵蒂冈教廷银行，以及后来进入的香港汇丰银行。这些银行的主要业务是资产管理，其中主要是债权管理，但都同时经营零售业务，有的甚至将零售作为主要业务，如香港汇丰银行和目前非常活跃的桑坦德尔银行。

　　随着开放的不断深入，国内资本逐渐成熟壮大，并表现出本土金融资本的竞争优势。在激烈竞争下，外资银行开始放弃巴西。目前，除少数几家仍坚持在经营外，多数外资银行已撤出巴西金融零售业。表4-5是巴西主要银行情况。

表 4-5　巴西银行

| 银行 | 外文名称 | 所在地 | 股东国 |
| --- | --- | --- | --- |
| 依塔乌联合银行 | ItauUnibanco | 圣保罗 | 巴西 |
| 巴西银行 | Banco do Brasil | 巴西利亚 | 巴西 |
| 巴西折算银行 | Bradesco | 奥萨斯科 | 巴西 |
| 联邦储备银行 | Caixa Economica | 巴西利亚 | 巴西 |
| 巴西桑坦德尔银行 | Santander Brasil | 圣保罗 | 西班牙 |
| 萨弗拉银行 | Banco Safra | 圣保罗 | 巴西 |
| BTG投资银行 | BTG Pactual | 里约热内卢 | 巴西 |
| 西库银行 | Sicoob | 巴西利亚 | 巴西 |
| 沃托兰汀银行 | Banco Votorantim | 圣保罗 | 巴西 |

续表

| 银行 | 外文名称 | 所在地 | 股东国 |
|---|---|---|---|
| 南里奥格兰德银行 | Banrisul | 阿克里港 | 巴西 |
| 美国花旗银行 | City Banking | 圣保罗 | 美国 |
| 东北银行 | Banco Nordeste | 福塔莱萨 | 巴西 |

资料来源：巴西央行。

1997 年，中国银行率先在巴西开办代表处。随着中国经济的不断发展和对外开放步伐越来越大，尤其是随着进入巴西的中资企业越来越多，以及中国对巴西投资和其他金融业务的增加，中国主要银行和金融服务机构已进入巴西市场。

## 第五节　交通运输业

巴西交通运输的主管部门是交通部。该部下设的国家运输基础设施局负责制定国家交通运输领域方针政策，还作为联邦政府主管和执行部门，负责使用联邦政府投资，完成交通运输系统规划、投资、建设，并负责对全国交通运输系统的运营、管理、维护和保障等工作。

### 一　公路运输

在巴西四种主要交通运输方式中，公路运输所占比重最大。根据巴西政府下属物流规划公司统计，2015 年汽车公路运输占到全年全国运输总量的 65%。

巴西是拉美开始公路建设较早、投资最大的国家。历届政府对基础设施投资和建设非常重视，其中军政府对全国公路网络建设做了前瞻性和有整体发展意识的规划，并投入大量资金，建成了拉美国家中最先进、完善的公路网。

巴西自然条件适合公路建设。得益于工业化进程和比较完整的工业化结构，尤其是政府在工业发展过程中和基础工业构建中优先发展汽车工业，促进了公路运输迅速发展。在 20 世纪 70 年代经济高速发展过程中，工农业的快速进步使得运输市场快速形成，众多大型、大规模基础设施的建设，也刺激了物流产业。巴西汽车物流是根据本国实际情况，在资金积累过程中逐渐形成的。

目前巴西全国公路里程共计 156.36 万公里，其中 94.7% 为州、市公路，另 5.3% 为联邦公路。在全国公路网中，约 21.35 万公里为沥青路面，另外 86.3%（135.01 万公里）未铺设路面。国有资产私有化后，全国公路网中大约 12.8% 由私营部门通过审批获得特许经营许可经营管理。

2017 年全年，巴西公路运输共运送旅客 8870 万人次，其中 4250 万人次是跨州旅行的乘客，州内旅行人数为 3960 万人次，国际旅客 90 万人次。另外还有包车旅行的乘客 930 万人次。

巴西具有资质的货运车辆都须经国家陆运管理局核准登记，经登记的货车信息进入全国公路货物运输商目录。根据该目录统计，巴西全国保有货运车辆情况如下：以汽车合作社登记的有 22400 辆，以经营汽车运输的企业名义登记的有 1039000 辆，以个体经营者进行运输的车辆有 608600 辆，共计 1670000 辆。

## 二 航空运输

巴西是拉丁美洲乃至所有新兴国家中民航事业最发达国家之一。20 世纪 90 年代，政府仍经营民航。地方政府控股的瓦里格航空公司曾是唯一有国际航线的巴西民航公司，有多条定期飞往其他国家以及非洲、欧洲、亚洲多个国家的航班。因其良好信誉和优质服务，瓦里格航空成为全球首个航空公司合作机制星空联盟创始成员。当时第二大航空公司 VASP 为圣保罗州政府控股，第三大航空公司泛巴西航空（Transbrasil）的主要股东是联邦政府。

以上三家航空公司先后倒闭，或在私有化过程中被收购。目前巴西没有具有全球竞争力的航空公司。政府也不再投资和经营民航业务，只是投资基础设施建设和改造，同时鼓励私营部门进入民航市场。

巴西是全球拥有机场最多的国家之一，截至 2015 年全国共有机场 2499 个，其中私人机场 1911 个，政府拥有民用航空机场 588 个，其中隶属于联邦政府的 66 个、各州政府的 255 个，隶属于不同市政府的 251 个。在所有机场中，有 31 个每年运送旅客超过 100 万人次的机场都在各州首府城市，其中 19 个已开通定期国际航班。根据巴西政府统计，巴西是全世界第三大国内商业航空市场。

巴西国家民航管理局是巴西民航业务主管部门，其下属机构巴西空港基础设施管理局是国有企业，负责枢纽机场经营管理和飞行控制，并直接管理 52 个机场。在巴西所有机场中，起降率最高的 5 个机场分别是圣保罗瓜鲁柳斯机场、贡戈尼亚机场，巴西利亚儒塞利诺库比契克机场和里约卡莱昂机场和贝洛奥里藏特贡粉斯机场。货运量最大的 5 个机场分别为圣保罗瓜鲁柳斯机场、维拉科布斯机场、玛瑙斯机场、卡莱昂机场和巴西利亚机场。

在私有化进程中，10 个属于联邦政府、起降率非常高的国有机场被以授权形式交由私营机构运营管理。通过这种转让，联邦政府每年可获收益 500 亿雷亚尔。

2017 年，巴西国际国内旅客人数为 1.124 亿人次，与 2016 年同期相比，下降 7.2%；同年航空货运量为 1.03 亿吨，比上一年同期下降 5%。2016 年，圣保罗贡戈尼亚机场是巴西各大枢纽机场中唯一运输旅客人数增长的机场，增幅为 7.83%。

巴西交通事业发展极不均衡。南部、东南部有设计合理、设施完善的公路交通网络，东北部则落后，基本适应当地经济社会发展。在中西部和西部，交通设施和条件有很大改善。北部人口密度非常低，经济社会发展水平落后，道路条件极其恶劣。为改变这一状况，巴西联邦政府于 2012 年设立支线航空发展计划，以推动中短程民用航空在这些地区的发展，加强这一地区的交通建设，改善该地区交通状况。

该计划由国家民航建设基金投资，资金来源为私营机构向联邦政府支付的国有机场授权使用费、乘客和航空公司所缴纳的机场建设费用等。规划内容是为 96% 以上民众聚居点提供 100 公里内的机场服务。

目前，巴西全国人口的五分之一，即 4000 万人口的居住地距机场超过 100 公里。

### 三　水运

巴西有数个水运资源发达的水系，民众也具有丰富的水运经验，具有悠久的水运传统，水运曾是巴西历史上最重要的运输方式。在殖民早期，船只建造投资相对较低，水运经营、管理成本也相对低廉。水运是巴西目前四个主要运输方式中最早兴起，长期以来也是最为重要的运输方式。

巴西水运分为内河航运和沿海航运。沿海航运里程约为 8500 公里。沿海航线主要运行于南部、东南部沿海港口和北部之间的港口城市。位于巴西工业、农业中心的东南部、南部和北部缺乏良好的交通运输条件，所以沿海运输是这些地区之间相对有效的交通运输方式。

截至 2015 年巴西拥有规模化运营港口 37 个，装备基本装卸设备的小港口 52 个，另有如下几条主要内河运输航线：巴拉那河铁特河水道，塔巴若斯河水道、亚马孙河水道、圣弗朗西斯科河水道、托坎廷斯阿拉瓜伊亚河水道。在内河航运方面，圣弗朗西斯科河水运里程超过 2350 公里，为全国最长的内河航运河流。在其 64.1 万平方公里的流域内，有圣弗朗西斯科、帕拉卡图、格朗德、科伦特斯等重要内河港口。流域横跨米纳斯吉拉斯、巴伊亚、伯南布哥、阿拉戈阿斯、戈亚斯、巴西利亚等州和联邦区，占国土面积的 7.5%。

卡多佐执政后，政府从一般性经营领域退出，大批国有资产被出售。原港口港务主管部门巴西国家港务局被撤销，码头和港口设施最先被私有化。其中亚马孙河圣塔伦港的两个燃料码头和里约热内卢港的小麦码头于 2017 年被拍卖。政府还通过投资伙伴计划，与私营部门合作经营港口等大型基础设施，在这一计划中，私营资本通过租赁的方式从政府手中获得 15 个港口经营权。

巴西 7 个主要海港分别由 7 个港务公司（见表 4-6）管理，这些港务公司隶属于总统港务秘书处，均为联邦政府绝对控股（99%）的国有企业。虽成立时间不一，成立之初股权分配各异，但这些公司的股权后来均被政府收购。

政府还根据河流和水道分布，成立了由联邦政府控股的 7 个内河水道管理公司。这些公司负责经营和管理东亚马孙流域、西亚马孙流域、圣弗朗西斯科河、巴拉那河等 7 个不同流域的水道。

2016 年，巴西水运货物总量为 9.2 亿吨，2017 年略有增长，为 9.97 亿吨。在所有水运货物中，固体货物占 65.8%。巴西水运主要货物为铁矿砂、石油、大豆、铝矿砂、玉米、化肥、煤炭等。

表 4-6　巴西港务公司情况

| 名称 | 简称 | 所在地 | 管辖范围或港口 |
| --- | --- | --- | --- |
| 帕拉港务公司 | CDP | 贝伦 | 贝伦、马卡帕、圣塔伦、西亚马孙水道、托坎廷斯-阿拉瓜伊亚水道、特列斯-塔帕若斯水道 |
| 塞阿拉港务公司 | CDC | 福塔莱萨 | 福塔莱萨港 |
| 巴伊亚港务公司 | Codeba | 萨尔瓦多 | 萨尔瓦多、伊利奥斯、阿拉图 |
| 圣保罗港务公司 | Codesp | 桑托斯 | 桑托斯港 |
| 圣埃斯皮里图港务公司 | Codesa | 维多利亚 | 维多利亚、里阿绍湾 |
| 里约热内卢港务公司 | CDR | 里约热内卢 | 里约热内卢、尼特洛伊、安哥拉多斯雷斯、伊塔瓜伊 |
| 北里奥格兰德港务公司 | Codern | 纳塔尔 | 纳塔尔、马赛奥、萨利纳斯 |

资料来源：巴西交通部。

北部地区交通基础设施非常落后，道路和设施因缺乏管护条件很差，传统水运仍是内地最主要的交通运输方式。在客运方面，航空、水上客运是仅有的出行方式。该地区定期航班价格昂贵且有限，绝大多数内地民众选择乘坐内河客轮。

四　铁路运输

巴西幅员辽阔，适于发展铁路运输。与其他运输方式相比，巴西铁路运输系统落后且不完善。2016 年，巴西铁路运能位居拉美之首，达 5039 吨公里，但主管铁路建设的部门承认，与阿根廷相比，其在网络、系统管理方面、先进程度方面都较差。

巴西铁路线路集中在东南部和东北部，根据巴西全国轨道交通规划（PNV）2017 年统计资料，现有铁路通车里程为 3.06 万公里，另有 1.71 万公里已规划并将开建。巴西铁路现有通车线路之间不能形成网络，这使得铁路运力资源得不到充分发挥和利用。

巴西铁路建设规划中有三个主要线路系统，其中最主要的是南北铁路系统（FNS）。该系统将成为全国物流主干，建成后不但可增加运输里程，还可以连接现有铁路，形成网络。项目全部完成时通车里程将达 4155 公里，将横贯或联通帕拉、马拉尼昂、托坎廷斯、戈亚斯、米纳斯吉拉斯、圣保罗、南马托格罗索、巴拉那、圣卡塔琳娜、南里奥格兰德等州的重要资源、农业、工业、商业中心。

第二个是东西一体化铁路（FIOL）。该线路规划设计构想是向巴伊亚州南部的卡艾提特和塔尼亚苏铁矿产区、巴伊亚州西部和托坎廷斯东南部的主要粮食产区提供经济快捷的物流。项目完成后全部通车里程将达 1527 公里。

第三个是泛东北部铁路。这是政府铁路提速和发展规划的主要项目，旨在通过铁路网络加快东北部经济运行和发展。线路一端为皮奥伊州，另一端到伯南布哥苏阿比港和塞阿拉佩森港，项目建成后将便利东北部大宗产品运输调出，通车里程将达 1728 公里。

自 1990 年私有化进程开始后，巴西政府先后向私营部门发放了 13 个线路特许经营权。为加速发展全国铁路运输，提高铁路在国民经济中的积极作用，联邦政府制定了铁路提速发展规划，2017 年完成铁路建设投资 6.13 亿雷亚尔。目前，有五个路段正在施工建设。它们分别是南北铁路戈伊亚州到圣保罗州长度为 682 公里的路段，FIOL 线从巴伊亚州境内伊利奥斯到卡艾提特 537 公里的路段，巴伊亚州内的卡艾提特到巴雷拉斯 485 公里路段，1753 公里的泛东北部新线项目，以及卡拉加斯铁矿铁路 892 公里复线工程。

在运能方面，巴西铁路共有机车 2043 台，各种用途不同的普通和专用车厢 102024 个。2017 年，全国铁路运输货运总量为 5.39 亿吨，这些货物中数量占比依次为铁矿砂、大豆、砂糖、煤炭、玉米、豆粕、柴油、纸浆、冶金产品和生铁等。另全国铁路客运系统共运送乘客 12.14 亿人次。

# 第六节　商业

## 一　商业概况

巴西国内市场需求经常处于旺盛状态，商业非常发达。这一现象受多方面因素影响，但首先是因为巴西民众有非常强的消费意识。

长期以来，金融资本在巴西经济中势力很大，并同其他产业资本协同，通过各种方式获取非生产性利润。即便是经济形势较好的情况下，巴西经济也会保持适度、轻微的通货膨胀。通胀造成货币缓慢贬值，银行所能提供的高收益投资产品又只是针对金融投资者，普通百姓储蓄存款只能有限保值甚至不能保值，这也间接地促进了商业的繁荣。

巴西商业结构很完整。根据成立于 1981 年 11 月 23 日的巴西批发和分销商协会的统计，该协会会员遍及全国各地，经营范围涉及市场几乎所有商品，并向全国超过 100 万个商业网点提供批发商品。经该协会会员企业批发的商品占全国市场销售商品的 51%。

巴西国内市场零售业非常发达。零售业主力军是各大连锁超市。巴西国内超市销售方式于 1953 年在里约热内卢开始，并迅速普及。如今巴西拥有全拉美普及最广、销售额最高、商品种类最多的各种不同的连锁超市企业。

超市的集约化、系统化、规范化、制度化管理和经营方式使得商品销售环节减少；质量管理统一，服务方式规范，很快被民众接受。目前巴西连锁超市根据不同地区和范围的居民人数、收入情况、需求特点、消费水平等具体情况，形成了满足当地居民需求的商业网点，主要经营食品、日用品、药品、白色家用电器、图书、玩具、文具等。

根据民众分期支付、提前消费生活方式和特点，超市经营者与银行、金融信用机构合作，建立起适应民众的商业消费信用体系。在商业和金融机构合作下，商家根据消费者不同的经济状况、支付能力授予消费者不同的信用额度。消费者可通过分期付款、赊账等支付方式提前消费。这种策略不但极大方便了消费者，也使得门店销售额大幅增加，还使得银行等金融机构因此规避了大量风险，大大降低了各环节管理成本。如今，这种消费和支付方式已完全成熟且非常规范。这种由商家和金融机构合作开发的支付方式是拉动内需的一个强有力的支持。

2016年8月，巴西最大的经济商业类杂志《检查》经调查统计后，公布巴西2015年销售额最大的前31家连锁商业企业，前十名见表4-7。

表4-7　2015年巴西十大连锁零售商排名情况（按销售额）

| 排名 | 公司 | 经营类型 | 门店数量（家） | 销售额（10亿雷亚尔） | 员工数量（人） |
|------|------|----------|----------------|----------------------|----------------|
| 1 | 面包山 | 超市 | 2181 | 76.933 | 146000 |
| 2 | 家乐福 | 超市 | 288 | 42.701 | 76077 |
| 3 | 沃尔玛 | 超市 | 485 | 29.323 | 71864 |
| 4 | 美国商店 | 超市 | 1041 | 20.741 | 20715 |
| 5 | 路易莎连锁 | 百货 | 786 | 10.498 | 21450 |
| 6 | 草药店 | 化妆品 | 3962 | 10.100 | 7000 |
| 7 | 拉伊亚药店 | 药品 | 1235 | 9.424 | 26520 |
| 8 | Cencosud | 电器 | 222 | 9.267 | 33301 |
| 9 | 销售机器 | 电器和家具 | 1100 | 8.586 | 30000 |
| 10 | 瑞内尔商店 | 百货 | 380 | 8.070 | 17000 |

资料来源：巴西《检查》杂志。

零售业是巴西经济最敏感的晴雨表。根据权威的官方调查统计机构巴西国家地理和统计局2019年2月13日公布的调查统计数据，2018年巴西市场零售额比上一年增长2.3%。这既表明社会工资水平缓慢的回升，同时也反映了公众对发展的信心，并将这种信心体现在消费行为上。2020年2月12日，该机构宣布2019年巴西市场零售额比上一年同期增长1.8%，但收入上升5%。这也是巴西国内市场零售额连续第三年增长。

## 二 摊贩商业

摊贩商业是巴西经济中普遍的现象。该词被翻译成非正式商业，但从具体形式看，摊贩商业虽缺乏某些规范化特点，但不论是从其所具备的基本要素，还是从其本身系统性、制度化来说，这种商业形式都具备了市场交易活动的全部特征。巴西摊贩商业经营规模很大，在经济中占有显著地位，发挥了重要作用，也由于实际情况而无法统计具体数据。巴西有关部门曾根据统计数据，认为巴西的摊贩商业规模居全球第二位。

巴西摊贩商业在各地因商品和服务不同特点各异。其经营模式、盈利方法、在经济中所占的地位、所发挥的作用等都是巴西经济中的特别现象。究其根源，巴西摊贩商业形成之初很可能与被解放的黑奴有关。

在彻底废奴之前，已有少量黑奴因不同原因获得自由。这些黑奴虽不再无偿为奴隶主工作，却仍然没有基本生产资料，也无从就业。一些自由的黑奴本来就居住在城市，在日常生活中曾经承担商品选择、交易议价、购买运输之类的活动，已熟悉这种交易、经营和获利方式。获得自由后，他们便开始以这种办法获得生活费用，并逐渐形成摊贩经营的起源。

巴西摊贩商业非常分化，既有以出售各种小商品为主，以小城市或大都市低消费人群为主要客户的小贩，也有只是销售、经营某种农副产品的小摊，还有提供各种服务的商户，如理发、饮食、裁缝等。不论是哪一种，摊贩商业不但是巴西整个商业链条中重要一环，也是社会劳动力在经济不振或是动荡时期的重要就业途径。摊贩商业的出现和长盛不衰实际上是政治经济不稳定的一个反映。政府稳定性得不到保障，政策不具备延续性，继而造成经济不能平稳发展，造成失业率上升和民众生活水平下降。摊贩经济的盛行和多样性一方面体现消费群体的高度分化，有大量低消费水平人群存在，另一方面也体现了巴西人民吃苦耐劳、积极上进的企业家精神。

在巴西，经济增长和就业直接相关。在就业问题上，摊贩商业具有特殊意义。根据权威机构的数据，摊贩商业的兴衰和经济形势呈负相关关系。摊贩商业是巴西经济中重要组成部分。这是长期以来得到包括国际劳工组织等有关机构确认的现实。

出于各种原因，巴西经济规模未能提供足够的就业机会，摊贩经营成为很多不能在大工业条件下就业的人群的生活来源，同时也成为随时可能失业的人群在经济突然恶化时的避险方式。所以巴西摊贩商业始终处于活跃状态。

摊贩商业是新兴自由市场经济国家、经济欠发达国家固有的现象。巴西劳动法对劳工利益保护过度，对企业严苛。经济衰退中企业为减少成本被迫裁员，政府又缺乏对劳动力市场的干预、调节能力，民众只能自寻出路。摊贩商业在经济中占比太大首先会对零售行业形成冲击，也造成大量税收和社会福利保障基金流失。对大多数摊贩商业从业者来说，也因不做劳动登记而失去劳动保护和社会福利。摊贩商业因其固有问题如与商业企业的恶性竞争，商品合法性和质量保证、流通环节中税收等，很难成为巴西经济中得到认可的形式。

在巴西，摊贩商业因其所固有的特征和社会影响，极易为政治所操控并成为票仓。摊贩经济是经济现象，但也真实、充分反映了巴西社会诸多问题。摊贩经济更是典型的社会问题。

巴西很多小商贩经营的小商品来自中国乡镇企业，所以巴西摊贩商业也成为中巴贸易的一个环节。

# 第七节　旅游业

巴西国土面积辽阔，地域跨度范围大，自然形态复杂多样，旅游资源非常丰富，人文资源丰富多样，具有发展旅游业的独特优势。

巴西政府很早就认识到政府在旅游业发展中具有独特重要地位，并较早就将政府治理引入旅游管理。1966 年 11 月，全资国有企业巴西旅游机构成立，这是军政府对旅游业全面管理和指导的机构，其宗旨是促进巴西旅游业发展，创造更多的就业机会。该机构在各州有下属单位，但不从事任何经营业务。

这一政府机构的另一重要职能是通过其派出机构对各地的旅游业进行

监管，包括对旅游经营机构和从业人员的登记、注册，定期进行资格审查和认证，以保证旅游市场正常、有序运行。在 20 世纪 60 年代，这种管理意识在发展中国家是超前的，也是具有前瞻性的。

20 世纪 70 年代，政府控股瓦里格航空公司是巴西旅游开发的最大推手。该公司凭借主营业务，利用资本市场资金，在各旅游热点城市布局、投资建设高档酒店，并在此硬件基础上建立了以其主营业务为主干的产业链，形成了超前、充满现代旅游经营意识的旅游酒店网络。瓦里格航空公司当时建设的酒店后来成为巴西高端旅游服务典范，即便在其倒闭后很多年，其旗下酒店仍极受垂青。

20 世纪 80 年代，瓦里格航空公司推出"巴西护照"。该服务无需购买，任何乘坐其航班入境巴西的旅客都可获得该公司飞往国内另外三个城市的免费机票。产品推出后受到广泛欢迎，瓦里格航空公司销售额大幅提高的同时，也拉动了很多小城市的旅游业，促进了这些欠发达城市的经济社会发展。

2001 年，卡多佐签署第 2216 号总统令，设立体育和旅游部。旅游事业第一次被纳入联邦政府管理范畴。2003 年 1 月，卢拉就任总统当天签署第 103 号行政令，设立旅游部。旅游部下设旅游政策国务秘书处、全国旅游发展规划国务秘书处，以及原来的监管单位巴西旅游机构，旅游部还设有咨询协商机构巴西全国旅游发展理事会。

在旅游部的行政架构下，旅游政策国务秘书处的职能是与巴西全国旅游发展理事会协商、研究对旅游发展的监督和管理方面的立法，以及推广、促进旅游业的各种规章制度的建立和健全。全国旅游发展规划国务秘书处则负责全国各地的旅游资源开发，挖掘各地的旅游资源潜力，以及旅游基础设施的规划、建设、完善，提高旅游服务质量等。建立最早、成立时间最长的巴西旅游机构仍是政府对旅游业的管理部门。在全球化环境下，该部门在巴西旅游开发、推广、促进、营销方面的职能进一步加强和扩大。

由于社会制度相同，文化传统相似，宗教信仰相近，巴西向来是欧美游客所钟爱的旅游目的地。里约因丰厚的历史传统、多彩的文化特征、独特的人文风情、秀美的自然风光等特点，成为最受各国游客喜爱的旅游城市，也一直是拉美和南半球到访游客最多的城市。东北部沿海的城市群和乡村则是另一个为欧美游客所喜爱的地区。其他地区如亚马孙，为生态环保、民俗风情、河流或丛林探险、印第安文化、野生动物、钓鱼等各种旅游项目市场提供了更多的机会。

经多年发展，巴西旅游市场已充分开放，相对成熟，但也面临多方面挑战。其中首先是缺乏政府的规划和引导。20世纪90年代后经济社会混乱的局面在很大程度上影响了巴西国家形象，也降低了游客的预期。巴西政府虽设立旅游部，但该部没有管理机制和架构，缺乏对行业直接、有效的促进、培育能力。2020年，旅游部联邦预算为9.88亿雷亚尔。

地方政府是旅游业投资主体，政府投资主要是道路建设、环境整治等，以及对经营者的指导培训等扶持项目。经营者大部分为小微企业。很多州政府都设旅游局，将旅游作为当地重要经济活动。但政府对旅游业的促进作用不能充分体现。亚马孙州曾有官员说旅游局只是竞选后的一个荣誉或象征职务。巴伊亚州政府官员则解释说：旅游多是现金交易，对当地税收和就业贡献都比较小，且投入产出比不高，所以不是优先发展的产业。

巴西旅游业虽起步较早，但目前不在旅游业发达国家行列。世界旅游组织统计（见表4-8），巴西接待游客人数方面成绩不佳，2018年接待游客6600万人次，在全球游客接待总量中仅占0.5%，与其资源拥有情况明显不符。

表 4-8　2016~2018 年世界主要国家接待游客情况（与巴西对比）

单位：百万人次

| 国　别 | 2016 年 | 2017 年 | 2018 年 |
|---|---|---|---|
| 全　球 | 1241.2 | 1328.8 | 1401.0 |
| 法　国 | 86.9 | 82.7 | 89.4 |
| 西班牙 | 75.3 | 81.9 | 82.8 |

续表

| 国　别 | 2016 年 | 2017 年 | 2018 年 |
|---|---|---|---|
| 美　国 | 76.4 | 76.9 | 79.6 |
| 中　国 | 59.3 | 60.7 | 62.9 |
| 意大利 | 52.4 | 58.3 | 62.1 |
| 土耳其 | 30.3 | 37.6 | 45.8 |
| 墨西哥 | 35.1 | 39.3 | 41.3 |
| 巴　西 | 6.5 | 6.6 | 6.6 |

资料来源：世界旅游组织。

　　旅游业未形成产业链，没有龙头企业，业界经营者无力对设施进行升级改造，大多数旅游热点设施相对陈旧，服务落后，这些都是巴西旅游业的短板。另外，虽然地方政府都认识到旅游业对地方经济的促进作用，但政府无力支持其成为当地的支柱产业。全球最大生态旅游中心玛瑙斯在 20 世纪 80 年代是欧美高端游客热点打卡地，由瓦里格航空公司投资并管理的大型五星级热带酒店一房难求。因缺乏配套设施，经营理念和方式更新不足，缺乏宣传和营销手段，加上其他社会环境影响，玛瑙斯旅游业大不如前，国外游客剧减。2019 年，豪华休闲旅游酒店代表玛瑙斯热带酒店破产。东北部本来也是旅游热点线路，但也面临同样问题。

## 第八节　对外经济关系

### 一　对外贸易

　　因长期以殖民地的形式存在，巴西经济始终是殖民宗主国经济的一个组成部分，巴西也因此远未形成一个完整、独立、自给自足的经济体系，体现了经济非但不能自主，还极度单一的殖民地经济特征。其经济作物绝大多数被葡萄牙掠夺，并投入世界贸易之中，因此对外贸易成为巴西经济最重要的组成部分。从其独立之日起，巴西的统治者就将对外贸易作为保证其生存的立国之本和维系其统治的根本保障。

独立之初，巴西就将争取相互开放港口、建立对等互利的商贸关系和获得外交承认置于几乎等同的地位。除了在 20 世纪 60 年代初，军政府期间因意识形态对立曾短时间拒绝同东欧等社会主义国家开展贸易之外，经济对外开放、贸易互通有无是巴西历届政府的广泛共识。

巴西的对外经济政策与外交政策以及对外关系原则一脉相承，相互呼应。巴西外交部的一项重要职能就是促进巴西同世界各国之间的贸易往来。巴西贸易与投资促进局是外交部重要下属单位，负责在全球拓展外贸出口。巴西积极主动促进、加强、巩固、拓展同其他国家的贸易关系，强烈反对市场孤立主义和贸易保护主义。除在外交部外，其他部委也有外贸促进机构。博索纳罗 2019 年就任总统后，撤销了原巴西工业和外贸部。原机构职能被精简后，大部分被转移到经济部，对外贸易促进机构非但没有削减，还得到进一步加强。经济部下属与外贸有关的机构还有外贸商会、外贸国务秘书处、对外经济关系国务秘书处，以及数个营销、金融、外贸实务等方面的对外贸易支持和促进机构。其中有利用业界影响和力量从事贸促的单位，也有专门为争取贸易平等地位、反对保护主义和单边主义的部门。

巴西外贸商品以大宗产品和原料商品为主，传统出口商品是咖啡、糖、可可、铁矿砂、大豆等。巴西长期以来是以上几类商品的最大出口国。通过积极的营销和推广，巴西与世界主要经济体建立长期、稳定的贸易关系，也一直积极加入其他非传统商品市场的竞争，如扩大非工业制成品市场份额，在全球航空器市场上找到细分市场和自己的定位。巴西出口商品范围非常广泛。

巴西最早在拉美实现和完成工业化，经济在与世界经济融合的过程中形成壮大，其工业基础和结构在拉美是最系统、最完整的，但因建立在美国过剩、落后产能基础上，又在美国误导下长期以进口替代作为工业发展的指导方针，缺乏自主研发能力、产品缺乏竞争力等弱点明显，在国际市场缺乏竞争优势。在全球工业普遍升级改造、竞争加剧环境下，巴西工业外贸因缺乏核心竞争力而显乏力。

近几年巴西外贸情况见表4-9、图4-5。

表4-9 2013~2020年巴西外贸情况

单位：亿美元

|  | 2013年 | 2014年 | 2015年 | 2016年 | 2017年 | 2018年 | 2019年 | 2020年 |
|---|---|---|---|---|---|---|---|---|
| 进口 | 2396 | 2290 | 1714.53 | 1375.52 | 1507 | 1812 | 1773 | 1567 |
| 出口 | 2422 | 2251 | 1911.34 | 1852.35 | 2177 | 2395 | 2254 | 2069 |

资料来源：巴西经济部。

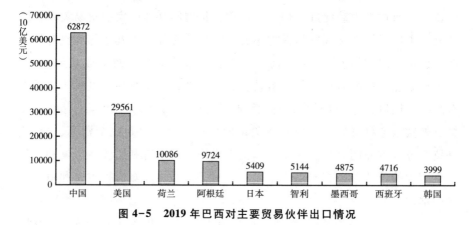

图4-5 2019年巴西对主要贸易伙伴出口情况

资料来源：中国商务部，https：//countryreport. mofcom. gov. cn/record/view110209. asp？news_ id =67250。

## 二 利用外资和对外投资

巴西对外资向来持积极欢迎的态度，先后两次大范围和高强度工业化都是在外资助力下完成的，也一直保持了利用外资的传统。

巴西在发展经济过程中利用外资的成果显著。二战前夕，巴西利用美国资金，建成了当时拉美最大的钢铁生产企业，为后续工业发展奠定了基础；20世纪中叶，巴西又利用美国、意大利、德国的资金和技术，建立了拉美最大的汽车工业，形成了以汽车工业为主干的产业链和价值链，进入世界最大汽车生产国行列。20世纪80年代，巴西则利用日本资金在北部落后地区建成了拉美最大的电子产品生产基地。巴西还通过定向引资，吸引了大量德国中小型企业进入圣保罗地区，形成了拉丁美洲规模最大的工业园区。

20世纪90年代末，卡多佐政府开启了大规模私有化进程，出售优良国有资产，大量外资涌入巴西。1998年，巴西成为全球吸引外资最多的发展中国家。

在新的一轮世界产业结构调整过程中，巴西又获得了新的吸引外资机会。联合国贸易和发展会议2020年报告显示，巴西2019年共吸收外资750亿美元，超过2018年的600亿美元。同期进入南美洲的外资为1190亿美元，其中巴西所获逾半。在联合国公布的2019年全球国外直接投资目的地排名中，巴西居第四位，与上次排名相比上升2个位次。

巴西从20世纪末开始吸引外资势头强劲有多方原因。第一，政府坚持私有化进程。1995年，政府通过修宪，扩大了对外资开放的领域和行业。随后一大批包括大型通信、金融、能源企业在内的国有优质资产被推向市场，吸引了大量的国际资本。

第二，良好的市场环境，巨大的市场潜力，可观的市场前景，给予国外资本强烈的向好预期。

第三，巴西关于外资的法律法规不断健全，自由外汇市场不断完善，对外资的管理水平也不断提高，这些转变使外资感受到经营环境向好。

第四，新的投资项目和机会不断出现，这包括巴西对外资的负面清单不断缩小，巴西政府对可再生能源汽车等绿色环保行业和领域的持续开放和鼓励等，都推动外资流向巴西。2007年，巴西近海发现大型盐下层油气构造，这又成为吸引外资进入巴西的另一利好。

巴西吸引外资的另一特点是投资来源的变化。长期以来，美国、德国、意大利等是巴西传统外资来源国（见图4-6）。近年来，尤其是随着中巴两国之间贸易额不断增加，中国投资在巴西的份额也在变化，中国曾连续两年成为巴西最大外资来源国。巴西近海大型海底油田的发现，吸引了大量中国投资。巴西政府对水电站等能源企业的私有化，也吸引了中国投资。

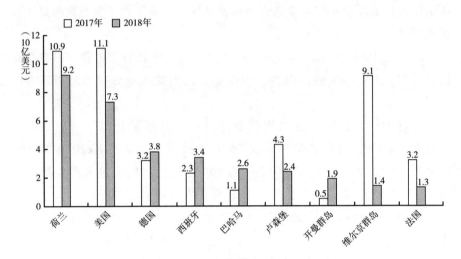

图 4-6　2017～2018 年巴西吸引外资情况

资料来源：巴西中央银行 2019 年国外直接投资报告（Relatório de Investimen to Direto 2019）。

巴西外交部统计，荷兰仅 2017 年对巴西投资就约 110 亿美元。目前荷兰对巴西的 FDI 存量近 1200 亿美元。按这个数字，荷兰对巴西的投资已超过美国。1995 年，在巴西投资的荷兰企业仅 50 家，2013 年增至 150 多家。这说明荷兰对巴西投资是高质和高效的。联合国贸易和发展会议 2019 年《全球投资趋势监测报告》显示，2018 年巴西吸收的外国直接投资同比减少 12%，但荷兰对巴西的投资力度并未减弱。

荷兰在巴西的投资主要是通过 M&A 和绿地两种途径。进入巴西的荷兰企业的共同特点是规模大且专业。此外，荷兰化工企业阿克苏诺贝尔、生产和经营日用品的联合利华、全球三大工程疏浚集团之一的博斯卡利斯（Boskalis）、工程承包公司阿尔卡迪斯（Arcadis）、白色电器飞利浦等传统行业公司也相继进入巴西。在服务业方面，则有 ABN 安陆银行和荷兰合作银行等。壳牌巴西除是巴西第二大能源企业之外，还同巴西最大的生物能源集团柯桑集团合资经营，共同开发生物质能源。另外鹿特丹港也投资了塞阿拉州贝森港建设。

联合国贸易和发展会议 2020 年世界投资报告指出，因疫情会加剧某些国家政治和社会动荡，使其结构性弱点凸显，经济出现衰退，从而加重引资困难。在制造业方面，报告显示 2020 年第一季度流向巴西汽车行业的资金已减少 64%。Unctad 显示，2019 年巴西成为缔结国际投资协定最活跃的经济体，共缔结了三项新的国际投资协定。

20 世纪 80 年代债务危机后，巴西长期处于外汇饥渴状态。2008 年前后，巴西外汇收入逐年增加，储备逐渐充裕，对外投资的条件才逐渐形成。但只是少数拥有较长期全球经营业务的公司具备对外投资意识和能力。

目前巴西对外投资的主体是一些大型企业和高新技术企业，对非投资主体淡水河谷、巴西石油是以资源获得和占有为导向。另巴航工业也以市场为主要目标在全球布局。巴西政府对本国资金投资海外持鼓励和支持态度，并通过一些政府机构出台具体措施和办法，方便和帮助相关企业和资金走向海外。巴西目前是金砖国家中唯一尚未建立海外投资保险体系的国家。

移动通信是巴西资金走向海外的另一先锋行业。巴西移动通信和信息产业因其巨大市场容量和发展前景，成为国际资本和本国企业争夺的对象。其移动通信和信息产业在接纳外资的同时，壮大了自身实力，也形成了相对于周边国家的竞争优势。有的则是通过葡语国家这一路径，进入非洲，甚至亚洲。这些巴西资金借助技术优势进入海外市场。

三 对外援助

在对外援助和接受外来援助方面，巴西曾长期是受援国，是美国在拉美最大的援助对象，美国也是巴西最大的援助来源国。美对巴援助始于二战，金额最大的援助是军事援助。1976 年，巴方宣布废止巴美于 1952 年签署的两国军事互助条约。

美国国际开发署是承担美国联邦政府对巴非军事援助的机构。美巴之间战略性双边合作项目多由该机构负责，其中包括亚马孙生物多样性项目。2012~2017年美巴多边技术合作等援助项目见表4-10。

表4-10　2012~2017年美国对巴西经济援助情况（财政年度）

单位：千美元

| 经援项目 | 2012年 | 2013年 | 2014年 | 2015年 | 2016年 | 2017年 |
|---|---|---|---|---|---|---|
| 支援发展基金 | 12800 | 11462 | 12500 | 10500 | 0 | 0 |
| 全球卫生和健康计划 | 1300 | 881 | 500 | 300 | 500 | 300 |
| 国际打击毒品交易和执法 | 3000 | 2000 | 0 | 0 | 0 | 0 |
| 反核扩散、反恐、排雷等 | 300 | 270 | 240 | 240 | 240 | 0 |
| 国际军事教育和训练 | 638 | 572 | 618 | 546 | 625 | 625 |
| 合　计 | 18038 | 15185 | 13858 | 11586 | 1365 | 925 |

资料来源：美国国会图书馆国会服务部。

有些欧洲国家对巴西有不同名义的援助项目。巴西政府对外国援助持敏感谨慎态度，拒绝他国政府将援助与政治或其他问题挂钩。卡多佐执政期间，巴西已开始拒绝某些经济援助。

近年来西方国家对巴西渗透和影响的方式变化多端，某些以经济援助为形式的行为不再以政府出面，而是以各种非政府组织的形式进行，但这些非政府组织资金来源背景各异。有的国家政府则是通过对地方政府提供各种名义的援助，比如北欧有些政府就以环保宣传、普及教育等名义向亚马孙地区的一些州政府提供援助。巴西法律规定地方政府无权与外国政府协商决定任何事务，但还是有项目可在国会获批。

巴西一直向非洲国家提供援助。劳工党执政期间，卢拉对非外交政策积极主动。为开拓非洲市场并获得更多资源，巴西通过对非经援，积极、主动拓展对非友好关系。巴西对外援助由外交部下设机构负责，受援国主要是佛得角、几内亚比绍、圣多美和普林西比等葡语国家，葡语国家共同体和南大西洋合作和平区是巴西对外经济合作和对非经援的主要抓手。

2013年5月25日，巴西宣布豁免13个非洲国家共计9亿美元债务。

其中获债务豁免最多的两国是刚果共和国（3.52 亿美元）、坦桑尼亚（2.37 亿美元）。受惠的还有几内亚比绍、科特迪瓦、几内亚、加蓬、毛里塔尼亚、赞比亚等。卢拉执政期间，豁免莫桑比克 3.2 亿美元的优惠贷款。

巴西对非经援着眼于长远目标，项目以农业为主，巴西农业研究院是主要执行单位，重点是推广巴西的农业机械化经验。巴西石油和淡水河谷也是经援的主要推手。

### 四　和中国的经贸关系

中巴两国经济存在很多互补性，两国经济结构也较相似。首先，农业在两国国民经济中占比都较大，同时两国还具有工业基础都比较好、工业结构较完整、工业门类比较齐全、生产能力比较强、物流条件较完善等相似之处。这些都是两国经济趋同之处。

1974 年建交后两国经贸关系迅速发展。1978 年 1 月 7 日两国签订第一个贸易协定，1979 年 5 月签订中巴海运协定。菲格雷多总统 1984 年 5 月访华，两国签订了贸易协定补充议定书。这些都为后来中巴经贸关系正常和快速发展奠定了坚实基础。

军政府期间，巴西采取孤立封闭政策，中巴贸易量极少。中巴建交后，巴西将发展两国贸易置于优先地位，两国贸易额开始增加。1984 年 5 月，为配合菲格雷多总统访华，巴政府在北京、上海两地举办巴西商品展览会，这是中巴展会交流的首次尝试。

20 世纪 80 年代，中巴贸易开始稳步增长，但正逢巴西经济进入衰退，且因中国在改革开放初期，工业产能和市场消费都处于低水平发展阶段，两国间贸易优势和互补的特点未能充分体现。另巴西当时的进口替代政策和中国外储水平不高等因素，也阻碍中巴贸易迅速发展。中国向巴西出口商品中仍有很大一部分是小商品或日用品，以及儿童玩具和陶瓷、地毯等工艺品。最稳定占据巴西市场的中国商品是每年圣诞节前需求很大的彩灯，以及一些数量不大的工业产品、化工原料等。

通过多年交流合作，双方政府和业界都对发展两国贸易的重要性和必要性有了充分的认识。进入 21 世纪后，中国经济不但初步完成了产业结构的升级改造，还形成了完整、系统的产业链和供应链，中国对初级原料产品的需求开始显现，由此带动了中巴贸易加速发展。2003 年劳工党执政后，中巴经贸合作持续增长，在短时间内屡创新高（见图 4-7）。在这个时期，中巴经贸交流和增长体现以下几个特征。

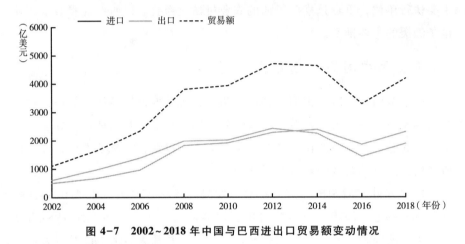

**图 4-7　2002~2018 年中国与巴西进出口贸易额变动情况**

资料来源：国际货币基金组织，http：//data. mofcom. gov. cn/gbtj/gbtj. shtml？ id = 223&type = 3。

第一，两国贸易发展迅速，并始终处于稳定、健康发展过程中。除 2015 年和 2016 年由于巴西国内政治经济危机贸易额稍有下滑外，其余时间整体处于增长中。

第二，贸易量增幅巨大。在各方力量积极推动和在诸多有利因素影响下，两国间贸易量不断上升。2009 年，中国取代美国成为巴西最大贸易伙伴，巴西也成为中国在拉美的最大贸易伙伴。这既体现了中巴之间经贸合作的巨大潜力，也表明了双方之间生产部门和市场更相互熟悉和适应。巴西作为初级产品提供方，赢得了中国生产部门的认可和消费市场的接受。中巴之间互为最重要贸易伙伴地位将会长期维持。

第三，中巴之间贸易商品领域非常广泛。巴西向中国输出铁矿砂、大豆等大宗货物，也出售支线飞机等高科技产品。中国已改变以前对巴只出口小电器、小五金的情况，除继续占领巴一般工业制成品市场外，还出口高端机电产品和高技术产品。2011 年，巴西成为仅次于俄罗斯的中国汽车第二大输出国。目前在巴西销售的中国汽车品牌超过 10 个。华为公司是中国向巴西出口高技术产品最主要代表。大型项目拉动国内机电产品对巴出口能量巨大。在大型工程机械方面，徐工、柳工、三一、中联都已占据巴西市场一定份额。中车集团也以成套设备方式向巴西出口地铁车厢等。以华为、中兴、百度为代表的很多高技术企业还以服务贸易的形式向巴西输出产品。

第四，两国间贸易始终保持较稳定平衡状态。中巴双方交易额之大、增速之快、商品品目之多为世界上所有贸易伙伴关系中所罕见，且中巴之间始终未发生贸易冲突。这一方面体现了双方业界的智慧和合作精神，另一方面，也反映了两国政府技术掌控和政策协调能力，以及两国政府的合作愿望。更重要的是，两国政府都能够本着开放经济、自由贸易原则，对双方间贸易分歧通过世界贸易组织磋商和谈判机制来解决。在这个问题上，中巴经贸关系的巨大成功和良好发展态势都已成为世界贸易秩序的例证。

第五，两国政府间的相互信任和相互配合是中巴贸易进一步发展、水平进一步提高的最关键保证。中巴自建交以来，双方友好合作一直顺利发展。双方间不但没有根本冲突，在世贸组织、金砖国家、G20 等多边机制中还有广泛合作。巴西历届政府支持和倡导自由市场、贸易开放原则，这是和中国政府关于不同意识形态、不同社会制度的国家间应当求同存异、共同发展，促进国家间人民交往，增进人民福祉，共建人类命运共同体的倡议是相通的。

中国商品因价廉物美、迅速适应市场变化而很受巴西市场欢迎。早些年，中国在双方贸易中处于顺差地位。2005 年后，中国增加大宗产品进口，目前巴西已连续多年保持对华贸易顺差（见图 4-8、图 4-9）。作为全球最大牛肉、猪肉、鸡肉出口国，巴西正在不遗余力地争取打开中国市场。在其他行业和领域，两国业界也正在为建立两国间产业供应链而努力，基于各自对本国市场的了解和熟悉，通过各自在本国市场的销售网络，为双边贸易做出贡献。

巴 西

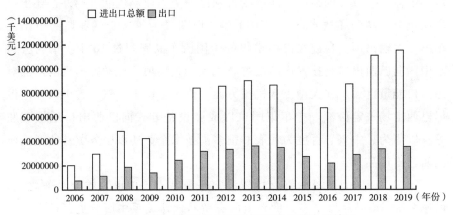

**图 4-8 2006~2019 年中国对巴西出口额变化情况**

资料来源：中国商务部。

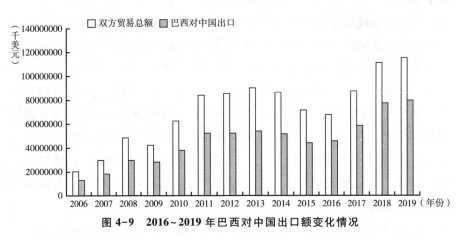

**图 4-9 2016~2019 年巴西对中国出口额变化情况**

资料来源：中国商务部。

# 第五章

# 军　　事

## 第一节　军事概况

在殖民政府时期，因未遭受外敌大规模入侵，巴西的武装力量是独立前葡萄牙王室派出的殖民宗主国军队。殖民政府在各种国际关系中的斡旋和趋利避害、历史条件和地缘关系特殊性都使巴西免受外敌入侵。虽然殖民地社会各种矛盾冲突不断，但因统治势力和对立群体力量①对比过于悬殊，社会结构相对稳定，巴西未发生大规模内战。

巴西独立后，皇室建立的军队在为扩张领土发动数次战争的同时，也曾作为国家机器镇压历次起义。在此过程中，军队通过对外领土扩张和对内镇压起义而发展壮大。在第二次世界大战中，作为反法西斯同盟国武装力量，巴西陆、海、空三军参加了反法西斯战争。

巴西武装力量建立较晚，却在历史进程中发挥过至关重要的作用。巴西军人干涉甚至积极参与国家政治。在历史上，巴西军人不止一次改变历史发展方向和进程。在多次干政事件中，巴西军人既作为主要力量推翻封建统治、建立共和，也曾作为民主的有力支持者，终止封建寡头政治。军人在 20 世纪 60 年代发动军事政变，在其后长达 20 多年的独裁专制中，

---

① 此处提到的对立群体并非只是底层民众。在很长时间里，发生在巴西的反对王权或帝制的斗争都是源自中等殖民者和王权之间的矛盾。这些所谓的起义、革命、暴动的主要力量也是殖民者，有的甚至是经济社会地位比较重要的有产者、军人、宗教人士、地方官员等。

军人干政对民主社会造成极大伤害。但军人政权也对巴西经济社会发展，尤其是对工业化建设和加快现代化进程起到了非常重要的作用。

还政于民后，巴西军队紧盯国际军事动态，不断提高自身装备和技术水平，加强自身各方面力量建设。巴西军队不但坚守主权、领土、法律捍卫者的职责，还积极参与国内执法行动和国内经济社会建设。

巴西国防战略中未树立明确假想敌。拉丁美洲发生大规模战争的可能性极小，但因领土辽阔，邻国众多，情况复杂，面对动荡地区局势，巴西政府一直在加强国防力量。巴西海洋疆域辽阔，近年在近海发现巨量石油储藏，巴西政府和军人感到捍卫本国主权和国家利益的重要性和紧迫性，坚定了打造一支强大军队的决心和信念。

巴西一直努力争取成为世界大国，并为实现这一目标不断付出各种努力。为在国际事务中发挥更积极、更重要作用，巴西政府和军人坚信必须建设一支强大的现代化军队。这也是巴西始终不遗余力地建设本国航天科技力量，建设包括核潜艇在内的战略打击能力的原因。

## 第二节　建军简史

### 一　早期武装力量情况

巴西武装部队海陆空三个军种构成其最基本、最主要的力量。作为保卫领土完整、主权独立、人民自由的力量，巴西三军宗旨相同，因组成形式、装备方式、作战方式和遂行任务不同而相对独立，形成背景和形式也各不相同。

海军在巴西三支武装力量中成军最早。1808 年，葡萄牙王室流亡巴西，为保存军事实力，王室将海军官兵和舰只全部转移至巴西，海军最高指挥机关、王室海军学院也随舰队一同转移。这实际上是葡萄牙皇家海军全军移防。

葡海军这次移防成为巴西海军建军的契机。这批海军人员和舰只不但构成了巴西海军的最初建制，也成为其最核心部分和最主要战斗力。1822

年 9 月 7 日，葡萄牙、巴西和奥加维斯联合王国王子佩德罗四世宣布巴西独立，并自我加冕为巴西皇帝。海军当时是帝国建制最完整的武装力量。1822 年 6 月 11 日被确定为巴西海军建军日。当年 11 月 10 日，原葡萄牙海军旗舰马尔丁德弗雷塔斯号被更名为巴西帝国海军旗舰佩德罗一世号。葡萄牙当时在南美洲的海军基地、后勤设施、海军作战舰只、装备都在巴西。不论是从历史上，还是从部队组建过程看，巴西海军都是直接从原葡萄牙海军整编而来。除船只、人员、装备外，巴西海军的治军理念、部队建制、作战方式、号令体制等，基本上承继自葡萄牙海军。巴西海军史与葡萄牙皇家海军历史是不可分割的。

　　从 17 世纪初叶始，巴西东北部沿海不断受到法国军舰和走私船的侵扰。当地人约洛尼姆·奥布盖尔克·马拉尼昂是巴西贵族和印第安人的后代，并非法律意义上的葡萄牙人。他凭借过人能力，在打击入侵者战斗中成为杰出军事领袖。1614 年 11 月，约洛尼姆受命指挥抵抗法军的军事行动。经战前充分准备、全面部署，广泛战役动员和精准的战役指挥，他率领当地军队和民众在战斗中战胜并驱离了入侵者。这一胜利使约洛尼姆成为首位为保卫葡萄牙殖民地主权、指挥战斗并战胜敌人的巴西人。他被巴西海军作为英雄写进军史。

　　巴西陆军最早统帅和军官都是殖民军官。1822 年独立后，巴西人民的自我国家身份认同得到加强。陆军作为新生主权国家的捍卫者，怀有强烈的归属感和责任心。所以在成军之初，与海军相比，巴西陆军没有那么强烈的葡萄牙传统情结。

　　17 世纪中叶，荷兰两次派出庞大舰队入侵巴西。巴西军队于 1648 年 4 月 19 日在瓜拉拉比斯高地同荷兰军队展开决战并彻底击败荷兰人。该战役是巴西人民为捍卫领土主权、保护民族利益而开展的反抗入侵者的军事行动，是抵御、打击、驱赶外来侵略的英勇斗争。战役因其重要意义被写进巴西历史，战役第一阶段爆发之日被作为巴西陆军建军日。

　　瓜拉拉比斯战役以巴西全面胜利而告终。胜利增强了巴西人民对本民族力量、对自己的军队的信任感和克敌信心，参战人员除葡萄牙军人和殖民者外，还有印第安人、在巴西出生的殖民者后代、奴隶和其他国家的移民。这成为后来巴西陆军兵员构成特点。

巴西建立空军的想法由来已久，起步也较早，但成军较晚。二战期间，为实现集中部署、统一指挥，尽快形成战力，瓦加斯总统于 1941 年 1 月 20 日下令成立空军部，陆、海军下属航空兵归属空军部。这个日子成为空军建军日。

## 二 独立战争中的武装力量

巴西的第一支正规军事力量于 1549 年随王室派出的首任总督托梅·德·索萨到达巴西。这支 150 人的葡萄牙军队当时主要使命是作为葡萄牙的主权宣示和殖民宗主国的军事存在和威慑力量，同时还作为设立在当地的殖民政府的镇压机器，承担保护殖民政府的任务。

为加强对殖民地的控制和统治，葡萄牙王室制定了各种法律以剥夺在巴西出生的人的各种权利。其中一条就是禁止在巴西出生的人参军，以防出现对殖民统治的反抗和威胁。长期以来，巴西并未形成正规的本土武装力量。

巴西军队于独立后形成。独立前，王室对殖民地的横征暴敛导致市民阶层对殖民统治的反抗日趋强烈，推翻殖民统治、争取独立自由成为民众的强烈愿望，使得随之而来的独立战争成为应和民心的事，这也是巴西军队在反抗独立势力作战中得到民众支持、屡获胜利的原因。

因有的军官选择返回葡萄牙，海军雇用英美军官来弥补军官的短缺。兵员则通过征召在巴西出生，包括获得自由的奴隶等入役以补充不足。1823 年底，巴西海军已基本恢复作战能力。独立战争期间，海军沿东北沿海北上，协助陆军清剿打击反对独立的力量，在这场内战中发挥了重要作用。

从军事角度看，历时两年的独立战争不论是从交战范围、作战规模还是伤亡人数看，都只能算是局部、地方武装冲突，未形成战役规模。巴西史学界对冲突死亡人数无详细统计，只是宽泛估算 2000～3000 人战死。这其中还包括帝国海军在帕拉州一次杀俘行动中杀害的 250 多名反独立军人。

葡萄牙于 1825 年 8 月和巴西签订友好同盟条约，独立战争就此结束。巴西军队在这场独立战争中经历了考验，佩德罗一世通过战争加强了对军队的掌控。

### 三 对外扩张和对内镇压

1825 年，西斯普拉提纳战争爆发。巴西为扩张领土，利用地区动乱趁机出兵，但战争于 1828 年结束时，巴西失去拉普拉塔河出海口和对该地区的控制权。

1831 年，为彻底消除内战隐患，佩德罗一世下令整编陆军，取消了地方势力和寡头政治的民兵组织和地方武装，成立国民警卫队。

在摄政政府时期，坚持复辟王室殖民统治的各利益集团不甘失败，纷纷向帝国政权挑战（见表 5-1）。长期殖民统治造成的经济社会矛盾日益尖锐，暴动和起义层出不穷。之前的起义或暴动群体或是没有武装的市民，或是最底层民众。但发生在巴西最南端的法罗皮利亚斯革命因得到地方财团和政界人士支持，延续长达 10 年。在摄政政权强权意志下，陆军和海军一道镇压了南部的骚乱和打着共和旗号的分裂主义行径。

在这个时期所经历的多次历练中，作为统治集团的国家机器，军队战斗力迅速生成，由海军和陆军组成的帝国军队在战斗中得到进一步加强。

表 5-1 巴西历史上各次民众起义和暴动情况

| 起义/暴动名称 | 起止时间 | 动乱原因 | 主要发生地域 |
| --- | --- | --- | --- |
| 卡巴纳达骚乱 | 1832~1832 年 | 主张葡萄牙王室复辟 | 伯南布哥、帕拉、阿拉戈阿斯 |
| 卡巴诺战争 | 1835~1840 年 | 反对贫穷 | 帕拉、亚马孙、（大）朗多尼亚 |
| 萨比那达骚乱 | 1837~1838 年 | 巴伊亚独立分裂 | 巴伊亚 |
| 奔特维斯战争 | 1838~1841 年 | 农民和黑奴起义 | 马拉尼昂 |
| 联邦主义者革命 | 1833~1834 年 | 地方分裂主义倾向 | 巴伊亚（瓜纳伊思暴动） |
| 玛烈暴动 | 1835~1835 年 | 穆斯林黑奴暴动 | 巴伊亚 |
| 法罗皮利亚斯革命 | 1835~1845 年 | 分裂主义暴动 | 南里奥格兰德、圣卡塔琳娜 |

资料来源：根据史料整理。

1841 年称帝即位后，佩德罗二世在辅政大臣协助下继续实行富国强兵政策。这期间海军得到很大发展，舰队和兵员都有所扩充，指挥和管理机构等都有进一步完善，战斗力得到进一步加强。

1864 年，乌拉圭国内政治纷争导致社会动乱。巴西以本国利益受到威胁为名出兵乌拉圭，实际上是为推翻乌执政党，扶持其傀儡上台，并达到领土扩张的目的。战争于次年 2 月 2 日结束，巴西因拥有强大海军获全面胜利。同年，巴拉圭扣押巴西商船并导致包括一名州长在内的巴西人死亡。巴西又以打击巴拉圭建立大巴拉圭国的企图，与阿根廷、乌拉圭建立三国同盟，对巴拉圭开战。

战争于 1870 年 3 月结束。巴拉圭彻底战败。这是南美历史上规模最大的战争，巴西派出参战人员 15 万人，阵亡近 5 万人。阿根廷参战人员约 3 万人，死亡近 1 万人。巴拉圭也遭受很大人员损失。巴西史学家胡里奥·若泽·奇阿维内托在他 1988 年出版的《巴拉圭战争》一书中，估计巴拉圭在战争中死亡人数超过其总人口的 75%。巴拉圭战败后除必须支付巨额战争赔偿外，大片领土被巴阿两国瓜分，其中 9 万平方公里巴拉圭领土被划入巴西版图。

西斯普拉提纳战争后的对外战争使巴西的军事力量得到进一步加强，尤其是陆军实力增长很快。除建制和装备的强化外，陆军中还涌现出一批勇武强悍的军人领袖。在对国内各地连年不断的暴动骚乱的镇压中，陆军开始介入政治，并开始受到利益集团的影响和操控。这些都是导致军人于 1889 年 11 月发动政变、推翻帝制的主要原因。

## 四 军队在巴西近代史中的地位和作用

1889 年 11 月，军人发动政变推翻帝制并建立共和，但实际上军人只是作为经济政治集团的工具。这一事件首次表现出巴西军人参与政治的积极性及其对国家前途的强烈关注，也反映出其缺乏政治成熟和对政治经济的认识以及管理能力。事件开启了军人干政。

政变后的共和政权经历了短暂的军人独裁。两名军人总统都采取传统的强力手段实行统治，对反对派严厉镇压，使得矛盾一再出现并激化，冲突升级。海军出于对帝制的传统忠诚和反抗陆军集团所表现的强势举行兵变,遭到佩索托总统强力镇压。最后佩索托依靠专制统治将政权维持到任期结束。

一战期间,巴西海军参加了南大西洋沿岸打击德国潜艇的行动,并于1917年10月派出少量辅助人员赴欧洲加入协约国军队参战。

19世纪末,大资本财团形成利益集团,将国家拖入寡头统治困境,使得本就尖锐的社会矛盾日趋激化。1930年10月,瓦加斯在军人支持下发动政变夺取政权。这是军人第二次强势干政。与第一次军事政变一样,这次军人仍是政治强人的工具。

瓦加斯任总统期间,利用军人支持把持、巩固政权,执掌政权达15年。他首开共和时代独裁统治先例,在军人支持下关闭国会,实行新闻管制,直接派遣军队镇压民众反抗。军人群体,尤其是陆军不断加大和加强对政治的影响和对政府、政治问题的干涉。在军人威逼下,瓦加斯独裁政权于1945年终结。

第二次世界大战期间,巴西海陆空三军都加入了反法西斯同盟作战部队,陆军和刚成军的空军远赴欧洲战场。海军则在美国海军统一部署指挥下,加入南大西洋沿岸护航。

战后,社会因缺乏合理、通畅的对话方式和机制处于不稳定状态,军人直接参与国家政治经济决策和管理并推举出己方代表加斯帕·杜德拉元帅。杜德拉于1945年12月赢得宪法框架下的大选并掌握政府权力,从而在历史上第一次实现了军人通过选举掌握政府权力。该事件在很大程度上进一步激发了军人参政的动力。

以杜德拉为代表的军人集团卸任后,瓦加斯在换届选举中再次获胜。在其执政期间,军人始终强烈影响和干扰政局,并导致其在总统任上自杀身亡。

五 军人专制和现代巴西军队

瓦加斯去世后的混乱局面在库比契克1956年初就任总统后暂时得到稳定。但继任总统热尼奥·夸德罗斯过分低估军人参政愿望和已掌握的各种资源，就职后不久便被迫辞职。古拉特继任后，其强硬态度和激进政策导致右翼军人发动政变并将其推翻。这次，以陆军为主的政变军人不再作为政治强人的工具，而是走到台前直接执政，由此开始了巴西历史上时间最长的军人独裁统治。

军人专政期间，军政府下令关闭国会，解散政党，迫害反对党；民主被践踏，公众自由被剥夺，社会政治经济受到极大伤害，公众秩序遭到野蛮践踏。这是巴西近代和当代政治生活中的至暗时刻。

出于历史和现实诸多原因，军人在巴西政治生活和公众社会中地位特殊，从 1964 年政变前一直到 2006 年，军方长期把持政府内阁中 4 个部委。1808～1967 年，军队最高指挥机关是由陆军掌握和把持的联邦战争部，海军和空军同为独立内阁成员。在国防政策、军事战略和军事指挥方面，战争部比海军部、空军部有更大权重。不论是在国家事务还是在军队建设问题上，陆军都是武装力量中最强势的。1967 年，陆军最高指挥机关战争部变更为陆军部。

陆军在军中有更多话语权，也始终对国家政治事务更加关心，参与意识更强。陆军不仅是历次政变的发动者和主要力量，在政变过程中也始终发挥积极、主要作用。在 21 年军人独裁统治过程中，总统一职始终由陆军高级军官担任。在军政府执政期间，陆军对国家经济发展和建设所起的作用也最大。

在执政期间，军人集团不但完成了全面、长期的国家发展规划，也制定了经济社会发展政策和指导方针，组织了大规模基础设施建设。其间，巴西完成了现代化工业改造，实现了适应现代化经济社会发展的工业结构建设，完善了政府管理结构，强化了政府在经济社会发展中的管理机制，为经济社会发展奠定了坚实基础，做出开创性贡献。在军人执政期间，巴西创造了有史以来经济发展最好纪录，这是拉美各国至今未达到的。

巴西武装部队作为主权国家的武装力量和国家机器，在历史上发挥过重要作用。伴随世界局势发展，国际环境变化，经济社会进步，巴西军队在捍卫国家主权、民族独立斗争中确立了自己坚强的地位和强大的战斗力。

## 第三节 国防体制

### 一 国防政策和战略思想

2005 年 6 月 30 日，卢拉总统签署第 5484 号总统令，批准巴西国防政策。2012 年，该政策被调整和更新。

巴西国防政策最高原则是消除外部威胁，抵御一切外来侵略。这也是制定巴西国防政策、国防战略的指导方针和一切与国防相关的计划编制、工作执行的依据和准则。全国所有军事部门和民事机构，国家体制中全部领域和部门都必须积极参与国防能力建设和具体工作。具体目标和实施细则按国防政策执行。

巴西国防政策分为两个主要部分。一个是关于国防思想、理念和国防目标的政策部分，包括巴西国内外环境，即全球和地区环境态势的分析和评估；另一部分是国家安全、国防建设的指导思想和具体指导方针，即战略实施部分。其全部内容，包括国防目标的选择、原则的确立、细则的确定均基于宪法基本精神，并与国家外交方针和外交政策相契合。

巴西在国际社会和国际事务中坚持本国宪法中关于不干涉他国内政，以及在联合国等各国际组织主持下，和平解决各种争端或冲突的原则。坚持维护本国利益，为维护世界和平和安全做出更大贡献。

作为国防政策的核心，巴西国防首要目标为捍卫国家主权、保证领土完整、维护国家利益，保卫巴西在海外公民财产利益及所有属于巴西的资源；加强民族间融合和团结，维护国家统一、地区稳定。

巴西国防战略主要方针和基本原则如下。

（1）捍卫和保证国家主权，保护国家的资源，捍卫国家领土完整。

（2）保卫国家利益，保护本国国民，保护巴西在海外权益和财产。

（3）维护国家统一和全民团结，并为之做出贡献。

（4）促进地区稳定。

（5）为维护世界和平与国际安全做出贡献。

（6）加强巴西在世界各国间的地位和话语权，使得巴西能够在国际事务中进一步提高自身价值，并获得更重要地位。

（7）保持军事力量现代化、综合化和常备不懈状态，不断提高军队在本土作战的专业水平和协同行动的各种应对能力。

另外，加强和提高全社会对国防事业重要性的认识，大力发展独立开发、自主发展为指导思想的国防工业基地建设，掌握关键和必要国防科学技术；基于作战需要建设军队，为军队提供和配置与国防战略规划和作战能力匹配的装备和物质条件，以及建设国防后勤体系和能力，建设国家动员体系，加强国家战争动员能力。

## 二 国防和武装部队的指挥系统和号令体制

巴西宪法规定，共和国总统为三军总司令和所有武装力量最高统帅，国防部为政府武装力量最高领导、协调、管理机构。1999 年 6 月 9 日，卡多佐总统签署第 97 号法。根据该法，国防部正式挂牌成立。在此次政府机构调整中，陆军部、海军部、空军部、总参谋部被撤销，上述部委部分职能被并入国防部。陆、海、空三军直属国防部领导。这标志着政府在整合三个主要军种指挥系统的进程中迈出了重要一步。

2010 年卢拉总统对国防部进行机构改革。改革后的国防部由两个下属副部级部门组成，一为联合参谋总部，总参谋长由陆海空三军最高军衔现役或预备役军人担任，人选由国防部部长提名，由总统任命。联参总部负责全国国防领域与军事有关的所有事项，负责协调、加强三军协同作战能力、部队调动和派遣、和平时期和战争状态下军事行动指挥等；还负责协助部长下达有关战争期间各项军事行动命令。联参总部下设作战部、战略规划部、后勤和动员部。国防部另一下属副部级机构为国防部执行秘书处，执行秘书长（国防部副部长）负责行政事务和部际间协调。秘书处下设北方水道项目管理局、预算与部际秘书处、人事教育卫生秘书处、军工秘书处、综合和亚马孙防卫系统管理司。

国防部另设两个委员会，一是国防军事委员会，委员会成员为国防部部长、三军司令、总参谋长；另一个是国防最高管理委员会，委员会成员除上述五人外，另有国防部执行秘书长。国防部有两个直属单位：巴西高级战争学院、武装部队巴西利亚总医院。

国防部负责根据巴西国防现实态势和国家防卫战略，每四年编写国防白皮书。巴西第一本国防白皮书于 2012 年出版。

不论是在战争情况下，还是在和平时期，巴西武装部队所有军事行动都依照表 5-2 军事指挥系统和号令体制进行。

表 5-2 巴西军队指挥系统和号令体制

| 标志 | 作战规模 | 作战单位 | 最高指挥 |
|---|---|---|---|
| XXXXXX | 战区 | 4 个或以上集团军 | 元帅、四星上将 |
| XXXXX | 集团军 | 2 个或以上集团军 | 元帅、上将 |
| XXXX | 军 | 2~4 个军 | 将军或上将 |
| XXX | 军 | 2 个或以上师 | 上将、中将 |
| XX | 师 | 2~4 个旅或团 | 中将、少将 |
| X | 旅 | 2 个或以上团，3 个以上营 | 少将、空军少将、上校或空军上校 |
| III | 团 | 2 个或以上营 | 上校 |
| II | 营 | 2~6 个连 | 中校或少校 |
| I | 连 | 2~8 个排 | 少校、上尉、中尉 |
| ••• | 排 | 2 个或以上班 | 中尉、少尉、上士 |
| •• | 班 | 2 个或以上作战小组 | 上士 |

资料来源：笔者根据有关资料整理。

## 三 国防预算

在很长时间里，巴西陆、海、空三军曾是联邦政府中独立部委，三军有各自独立预算体系。卡多佐总统任职后，对军队在政府中机构和编制进行调整，成立了国防部。自此，巴西武装部队各军种独立预算体系才统一为由国防部编制、制定国防预算体系。

巴西历届政府对加强国防力量、提高军队装备和训练水平都非常重视。2008 年 12 月 18 日，卢拉总统签署第 6703 号行政令，批准巴西国防战略五年规划。该规划旨在提高巴西武装部队现代化水平和国防能力。2008 年军费预算为 244 亿美元，其中用于装备更新采购预算 56 亿美元。次年，军费总预算被提升至 502 亿美元，军购预算则提高到 109 亿美元。

巴西每年国防预算由国防部依照国防战略规划，按防务领域重要性和优先关系汇总、编制，最后提交，具体工作由国防部执行秘书长主管。各军种按预算程序，根据实际需要和具体情况准备各项预算材料，编制各项基础文件；并根据自身装备发展规划、现有装备情况、军事设施建设和营建情况、兵员征召情况等制定军种预算报告，向国防部提交。部际秘书处负责汇总各军种提交的预算材料，编制各项规划，然后按程序具体办理各项预算工作。

根据巴西有关立法，各军种武器和装备由各军种司令部负责做出规划、编制计划，并提交国防部有关部门。武器装备选型、采购、部署由各军种自行负责。自劳工党执政以后，巴西军费开始连年增长（见图 5-1）。

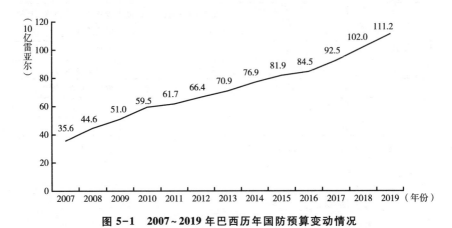

**图 5-1　2007~2019 年巴西历年国防预算变动情况**

资料来源：巴西国防部，https：//defesa.gov.br/orcamento。

2005~2019 年，巴西军费预算与国内生产总值增长比例基本持平。2014 年经济开始出现衰退，国防预算在 GDP 中占比开始出现小幅上涨，国防预算和开支实际数额仍呈上升态势（见表 5-3、图 5-2）。

表 5-3 2010~2019 年巴西国防预算及占 GDP 的比重

单位：亿雷亚尔，%

| 年度 | 2010 | 2017 | 2018 | 2019 |
|---|---|---|---|---|
| 当年国防预算 | 595 | 925 | 1020 | 1125 |
| 占 GDP 的比重 | 1.53 | 1.4 | 1.49 | 1.53 |

资料来源：巴西国防部。

2005~2018 年，巴西 GDP 增长率在 1.4%~1.5%，但军费增长明显超过 GDP 增长率。尽管如此，军费预算和开支仍非常紧张。三军种都面临预算问题，其中装备更新问题相对更突出。以陆军装备为例，作战部队配备的制式枪支是巴西生产的奥地利 FNFAL 步枪，该型号装备部队后 40 多年才开始系统换装。弹药装备和储备也不能完全达到正常水平。

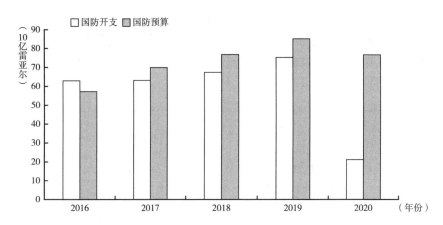

图 5-2 2016~2020 年巴西国防预算和国防开支情况

资料来源：巴西政府透明、监察和审计部。

陆军资料显示，2012 年，陆军预算约为 280.1 亿雷亚尔，但这些资金 90%用于支付人员费用。自 2004 年以来，陆军预算仅 10%可用于部队训练和装备更新。2017 年和 2018 年巴西国防及相关领域的预算情况见表5-4。

巴西国防预算对不同军种有明显侧重。除陆军作为最大军种开支在国防预算中占比相对最大外，海军军费预算和开支变动较大。2018年以前海军军费低于空军，但2017年海军投入开始超过空军，2018年则大幅超越空军（见图5-3）。

海军和空军预算主要用于装备更新，这两个军种预算开支在总体国防预算中所占比例较大。

表5-4　2017年和2018年巴西国防及相关领域的预算情况

单位：亿雷亚尔

| 预算项目 | 2017年 | 2018年 |
| --- | --- | --- |
| 科技创新 | 35 | 28 |
| 风险和灾害管理 | 9.25 | 17 |
| 燃料 | 1.239 | 0.822 |
| 空间技术开发 | 2.668 | 1.514 |
| 国防预算开支 | 132 | 110 |
| 核能技术开发 | 10 | 6.146 |
| 海外任务和行动 | 11 | 9.35 |
| 国防部 | 549 | 587 |

资料来源：笔者根据有关资料整理。

近年来，巴西国防预算因受经济下行影响而屡遭削减。军费不足的情况不但使得如Mansur舰舰导弹、达曼塔列级护卫舰、核动力潜艇等几项国产关键装备研发、制造、试验计划被搁置，还可能会影响部队正常换装。

### 四　军官晋升和军衔制度

巴西人和已获巴西国籍的外国人均可加入巴西军队。但必须是出生于巴西的本国人，且须完成高等教育后才可晋升为军官。巴西军队军官培养有以下途径。

第一，军事院校培养。军事院校全部向社会公开招生。因军校教学质

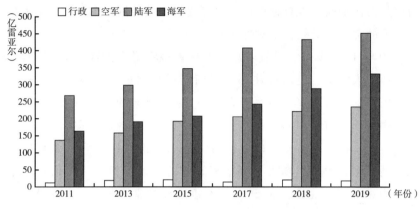

图5-3 2011~2019年巴西国防预算分配情况

资料来源：巴西国防部。

量高，又都是公立，每年报考考生很多，竞争很激烈。学生毕业后可自由择业，如选择加入现役，则进入军官晋升序列。这是巴西军队后备军官最大来源。

第二，在公立大学中以委培方式吸收、储备后备军官。这种情况常见于医学、工程、电子、通信等技术领域。在普通院校委培的学生入伍后须服役满一定年限。当事人如不想长期服役，可按有关规定在服役年限满后退役。

1967年6月8日，军政府颁布第5292号法，专门规范关于医学、五官科和兽医学等高等专科院校毕业生服志愿兵役事宜。该法律经数次修订，后由军政府末任总统菲格雷多于1984年12月4日签署第7264号法批准，为现行法律。

第三，遴选、派遣优秀士兵到军队专业学校进行培养和训练。巴西军队有中等专业学校，培养和训练士官或低级军官。经学习和进修，这些军人有的以高级士官身份继续服役，有的则进入军官序列。但通过这一途径培养的军官不会晋升到更高军阶。

巴西武装部队对军官进修和培训非常重视。进入高级军官序列，达到战役级指挥职务的军官须进入陆军指挥参谋学院或高等战争学院进修。上述两校是巴西最高军事教育机构，除接受极少数外国友军和特定国家作为学术交流的文职人员外，不对外开放。

1980 年 12 月 9 日，总统若昂·菲格雷多将军签署第 6889 号联邦法，批准巴西军人宪章，巴西武装部队军衔制度根据该宪章执行。在战争状态下，巴西陆海空三军最高军衔为元帅，在和平时期最高军衔均为上将，依次为中将、少将。少将之下为上校、中校、少校校级军官。尉官为低级军官，其军衔也基本按照以上区分，上尉是准中级军官，是直接参加作战行动最多，也是战场最重要指挥军官之一。巴西军队军衔制度中最低军衔为见习军官（见表 5-5）。从军事院校毕业的学生加入现役后第一年都是见习军官。

表 5-5　巴西军衔制度

| | 陆军军衔 | 海军军衔 | 空军军衔 |
|---|---|---|---|
| 高级军官 | 陆军元帅 | 海军元帅 | 空军元帅 |
| | 陆军上将 | 海军上将 | 空军上将 |
| | 陆军中将 | 海军中将 | 空军中将 |
| | 陆军少将 | 海军少将 | 空军少将 |
| 中级军官 | 陆军上校 | 海军上校 | 空军上校 |
| | 陆军中校 | 海军中校 | 空军中校 |
| | 陆军少校 | 海军少校 | 空军少校 |
| 基本作战军官 | 陆军上尉 | 海军上尉 | 空军上尉 |
| | 陆军中尉 | 海军中尉 | 空军中尉 |
| | 陆军少尉 | 海军少尉 | 空军少尉 |
| | 陆军准尉 | 海军准尉 | 空军准尉 |
| | 见习军官 | 见习军官 | 见习军官 |
| 士兵 | 军士长 | 军士长 | 军士长 |
| | 二等上士 | 二等上士 | 二等上士 |
| | 三等上士 | 三等上士 | 三等上士 |
| | 军士 | 军士 | 军士 |
| | 列兵 | 水手 | 列兵 |

资料来源：根据相关资料整理。

除高等、中等军事院校外，巴西陆军有少年军校体系。该体系通过巴西陆军奥索里奥基金会在全国设 13 所少年军校。军校分别设立在驻军较多的城市，校长为陆军现役校官，学制与公立学校相同。除经严格考试从社会上择优录取极少数平民子女外，少年军校只招收军人子弟和殉职军人后代。这些学校为各军事院校提供了大量后备人选。由于在军校经历的特殊教育，而且很多军人家庭仍然保持家族从军传统，所以这也是巴西军官的稳定来源。

五 兵役制度和战争动员

在巴西独立前，在巴西出生的人不能加入葡萄牙派驻殖民地的军队。在独立战争中，巴西当地民众成为反殖民统治的重要力量，也是陆军兵员的主要来源。巴西宪法规定，全国战争动员是政府为保证国家主权完整、民族独立的有力武器，也是政府的权力和责任。

巴西实行义务兵役制。法律强制规定：所有巴西健康的男性公民在年满 18 岁后必须报名参军。每年 1 月 1 日至 6 月 30 日是兵役登记时间，满足条件的男性公民必须提交个人资料。提交个人资料即被视为主动报名参军。符合条件的在国外的巴西公民也必须提交有关材料，或亲自到当地巴西领事机构办理有关手续。巴西兵役制度对女性公民为非义务兵制。

卢拉总统于 2007 年 12 月 27 日签署第 11631 号法，后又于 2008 年 10 月 2 日签署关于全国动员的总统令。根据上述法律，政府建立国家动员体系。在面对外来入侵和干涉、重大自然灾害等各种紧急情况下，政府可根据该体系的有关规定动员全国包括财政、物资、人员等各种资源以反抗入侵者或抵抗灾害。上述法律和法规包括国家兵役制度和战争、灾害全国动员的有关条款。

国家动员体系一旦启动，动员对象不但包括现役、预备役军人，也包括平民。国家对各种物资的生产、销售、使用进行重新调配，对各种人员服务进行调度和使用；全国动员还可能对公有或私营生产部门进行统一安排调度，对各种社会商品统一征用；等等。

巴西各州武装警察、消防队都是准军事部队，其成员均为武装力量预备役人员。

## 第四节　军种和部队编成

### 一　陆军

巴西陆军共有 650 个作战或支援单位，全部兵员为 21.7 万人。陆军司令部为最高指挥机关，负责陆军所有军事或非军事行动的规划、部署、指挥。

陆军司令部下设两大部门，分别为负责作战的参谋部和负责司令部机关、情报、后勤、通信、行政等的勤务部。参谋部通过八个战区司令部指挥作战和其他军事行动，勤务部则负责作战的支持行动。另有四个非常设咨询参谋机构。

陆军作战体系根据战略部署按地区被划分为八个战区司令部（见表 5-6）。战区司令部为所在战区的作战或其他军事行动中的指挥机构，下辖军区和各作战部队或战略、战术后勤和支援单位。有的战区司令部下设作战部和参谋部；有的战区则只有参谋部；有的战区作战部和参谋部都没有，只有司令部。和平时期，在战区司令部范围内驻扎的各野战部队和所有陆军军事单位都受战区司令部指挥。

表 5-6　巴西陆军八个战区

| 司令部 | 简称 | 驻地 | 所辖军区 |
| --- | --- | --- | --- |
| 亚马孙司令部 | CMA | 玛瑙斯 | 第 12 军区 |
| 东部司令部 | CML | 里约热内卢 | 第 1、第 4 军区 |
| 东北部司令部 | CMNE | 累西腓 | 第 6、第 7、第 10 军区 |
| 北部司令部 | CMN | 贝伦 | 第 8 军区 |
| 高原司令部 | CMP | 巴西利亚 | 第 11 军区 |
| 西部司令部 | CMO | 大坎普 | 第 9 军区 |
| 东南部司令部 | CMSE | 圣保罗 | 第 2 军区 |
| 南部司令部 | CMS | 阿克里港 | 第 3、第 5 军区 |

资料来源：巴西国防部官网。

作为上级机关，八个战区又从地域上被划分为 12 个军区，各个军区根据各自防区执行各种军事任务。具体划分情况见表 5-7。

巴西陆军分步兵、骑兵（机械化步兵）、炮兵、陆军航空兵、工程兵、通信兵、医务兵等兵种。除作战部队之外，军区还有下属各兵种和其他作战部门，如野战医院、后方医院、弹药和物资仓库、训练场、通信中心等。

表 5-7 巴西陆军军区驻防情况

| 军区 | 指挥机关所在地 | 防区 | 所属战区 |
|---|---|---|---|
| 第 1 军区 | 里约热内卢市 | 里约热内卢、圣埃斯皮里图 | 东部战区 |
| 第 2 军区 | 圣保罗市 | 圣保罗 | 东南部战区 |
| 第 3 军区 | 阿克里港 | 南里奥格兰德 | 南部战区 |
| 第 4 军区 | 贝洛奥里藏特 | 米纳斯吉拉斯部分 | 东部战区 |
| 第 5 军区 | 库里提巴 | 巴拉那、圣卡塔琳娜 | 南部战区 |
| 第 6 军区 | 萨尔瓦多 | 塞尔吉培、巴伊亚 | 东北部战区 |
| 第 7 军区 | 累西腓 | 阿拉戈阿斯、伯南布哥、帕拉伊巴、北里奥格兰德 | 东北部战区 |
| 第 8 军区 | 贝伦 | 帕拉、阿马帕、马拉尼昂部分 | 北部战区 |
| 第 9 军区 | 大坎普 | 马托格罗索、南马托格罗索 | 西部战区 |
| 第 10 军区 | 福塔莱萨 | 马拉尼昂部分、皮奥伊、塞阿拉 | 东北部战区 |
| 第 11 军区 | 巴西利亚 | 托坎廷斯、戈亚斯、巴西利亚联邦区、米纳斯吉拉斯部分 | 高原战区 |
| 第 12 军区 | 玛瑙斯 | 朗多尼亚、罗赖马、阿克里、亚马孙 | 亚马孙战区 |

资料来源：巴西国防部官网。

巴西陆军强调作战机动性，作战部队已实现摩托化，战术思想是尽可能避免长时间近距离接敌作战。团以下作战单位不配属炮兵，较小口径火炮基本上装在装甲运兵车和主战坦克上。巴西陆军编成最大为师，但以旅为主。在南北两个主要作战方向，南方是建制较大，配备有重型坦克、区域防空系统等作战装备，为战役级行动投入的部队。北部的部队最大编成为旅，多是快速反应、有空中力量支持和保障的较小的作战单位，以及开展特种兵训练的丛林作战部队。

巴西陆军大口径火炮基本上从国外采购，其中有美国 M108 型 105 毫米口径自行榴弹炮和 M109-A3 型、M109-A5 型 155 毫米口径自行榴弹炮，以及英国 L118 型 105 毫米口径加农炮。巴西陆军炮兵装备还包括美国 M101AR 型 105 毫米口径和 M114AR 型 155 毫米口径加农炮，以及意大利 OTO Malara M56 型 105 毫米口径加农炮。在地面防空火力方面，配有意大利和瑞士联合生产的厄利空（Oerikon）35 毫米口径、瑞士博福斯（Bofors）40 毫米口径自行自动高炮和德国 1A2 猎豹自行近防系统。较小作战单位配备的 60 毫米和 80 毫米口径迫击炮购自以色列和英国。

巴西拥有较强的步兵作战车辆、装备开发和制造能力，其基本乘用车辆为本国制造。瓜拉尼型 6×6 装甲车为巴西陆军目前配备的最新、最多的作战车辆。该车具有机动性强、适应各种战场环境等特点，可通过国产 KC-390 中型运输机进行空运。另外还有较轻型的 AV-VBL 型 4×4 装甲运兵车和两个重型型号，即 13 吨秃鹫 6x6 装甲车和 14 吨、装备一门 90 毫米口径滑膛炮的响尾蛇 6×6 装甲车，另有少量美国 M113 型装甲车。目前巴西陆军坦克全部购自国外，分别为德国豹式 1A1、1A5 和美国 M60A3 三个型号。

陆军特战、警备、侦察单位装备有少量从德国、以色列进口的单兵武器，其余单兵装备均为国产。其中最多的是获比利时授权生产的 FAL-M964 型 7.62 毫米口径步枪。陆军装备这种武器已逾 40 年，现已逐渐换装，新的单兵制式武器是由本国军工企业 Imbel 公司生产的 1A2 型 5.56 毫米口径步枪。

巴西陆军装备有多种类型国产多管火箭炮。其中 Astro II 型、Astro 2020 型装备得比较多。这两款产品各有多个型号。此外，Astro 2020 型除可发射常规火箭弹外，还可发射 SS-40G 可制导火箭以及 AV/MCT-300 型巡航导弹。

## 二 海军

作为巴西建军最早的军种，海军曾是葡萄牙和巴西领土扩张的主要力量，也多次与侵略者作战。不论是在独立之前，还是在独立后，海军都参加了巴西重要军事行动，并曾在两次世界大战中参战。海军是巴西参战最多的军种，它不但为保卫国家主权完整立下了辉煌战功，也是巴西国家主权、民族尊严的象征。

独立前，巴西海军就拥有拉美最强大舰队。独立后，巴西海军不论是在舰船吨位，对海、对空打击能力，还是在海军飞机数量、性能、作战能力等方面，都保持拉美最强地位，至今仍是拉美第一、美洲第二大海上力量。

巴西海军除布防于领海，还部署于内河。巴西境内的内河航道、水域管理、航行指挥、船只监理均由海军负责。

出于特殊历史原因，海军是巴西三军中继承欧洲王室海军传统最多的军种。1808年，葡萄牙皇家海军学院随王室搬迁至里约后很快重开。因之前葡萄牙王室严禁在巴西开展高等教育，所以沿袭至今的巴西海军学院是巴西历史最悠久的高等学府。根据传统，巴西海军军官均毕业自海军学院。

巴西海军有严格的军衔和职务等级制度，军衔和职务严格对应，作战舰只最高指挥官为校级。巴西海军军官任职情况见表5-8。

**表 5-8 巴西海军舰上指挥体制**

| 级别 | 军衔和指挥 | 舰种 |
| --- | --- | --- |
| 1级 | 海军上校（巡洋舰舰长） | 航母、直升机母舰、登陆舰 |
| 2级 | 海军中校（护卫舰舰长） | 大型驱逐舰、潜艇、护卫舰、驱逐舰、扫雷舰、运输舰 |
| 3级 | 海军少校（轻护卫舰舰长） | 护卫舰、远洋拖船 |
| 4级 | 海军准尉（船艇船长） | 扫雷艇、内河巡逻艇 |

资料来源：巴西海军官网。

巴西从 20 世纪 50 年代就拥有航母，但都是购自欧洲的退役航母。巴西目前的航母是 2018 年 3 月退出英国皇家海军现役的两栖攻击舰，满载排水量 2.15 万吨。该舰于 2018 年 6 月 29 日加入巴西海军，并成为巴西海军旗舰，船名大西洋号，舷号 A140。

巴西海军按防御范围和海区划分为 9 个海军军区（见表 5-9）。

表 5-9　巴西海军军区布防情况

| 海军军区 | 指挥机关所在地 | 辖区 |
| --- | --- | --- |
| 第 1 海军军区 | 里约 | 里约热内卢州 |
| 第 2 海军军区 | 萨尔瓦多 | 巴伊亚州 |
| 第 3 海军军区 | 纳达尔 | 北里奥格兰德州 |
| 第 4 海军军区 | 贝伦 | 帕拉州 |
| 第 5 海军军区 | 里奥格兰德 | 南里奥格兰德州 |
| 第 6 海军军区 | 拉达里奥 | 南马托格罗索州 |
| 第 7 海军军区 | 巴西利亚 | 联邦区 |
| 第 8 海军军区 | 圣保罗 | 圣保罗州 |
| 第 9 海军军区 | 玛瑙斯 | 亚马孙州 |

资料来源：巴西海军官网。

根据作战性质和所遂行的任务不同，巴西海军被划分为以下几个主要兵种。

（1）海军航空兵

巴西海军航空兵的历史可追溯到 1916 年，但屡次被裁撤。1996 年，空军第一舰载机大队飞机退役。经海军一再坚持，卢拉总统于 1998 年 4 月 8 日签署法令，同意部署、装备从科威特购买的二手美国 A-4 天鹰战斗机组成海军舰载机大队。巴西海军最终得以装备完全属于编制内的固定翼飞机。

巴西海航飞行中队驻扎在不同地域，在里约的基地有训练中心和维修中心，其拥有的主要作战飞机为 AF-1A 和 AF-1 天鹰，此外还有超级美洲豹、超级山猫、小羚羊、海鹰、松鼠、贝尔等直升机。

除装备少量固定翼空战飞机外，巴西海航以直升机作为作战平台，用反舰导弹攻击敌方舰只，是打击敌方水面舰只的主要力量，并承担预警、侦察、通信、搜索、营救等作战辅助行动，是反潜任务中主要作战力量。巴西海军航空兵为此配备有各种空中和水面反潜装备。

（2）海军陆战队

编制为9个营，按营驻扎在各海军军区所在地。海军防化、防生物、防核作战力量隶属海军陆战队。除极少数常规运输车辆和一种火箭炮、一种制式手枪之外，巴西海军陆战队其余作战运输车辆、武器装备全部从西方国家进口。

（3）潜艇部队和海军特战分队

1914年，巴西海军就已配备潜艇部队。巴西是南美洲唯一能依靠本国技术和生产能力建造潜艇的国家，现拥有南美洲最强海下打击力量。海军特战分队隶属于潜艇部队。巴西海军还有一个海军造船厂、一个海军弹药库、六个海军基地。

巴西海军没有明确假想敌，以其舰船配备情况看，其海军主要战略方针是以威慑和保障其海洋利益，尤其是近海海洋利益为主。

除作战舰只外，巴西海军还有其他类型辅助船只，包括破冰船、油轮、远洋拖船、教学船、训练帆船、医院船等。另有以大洋水文和其他信息收集为主的海洋科考船9艘，还有大洋水文调查补给船。

为保卫本国海洋疆域，捍卫本国海洋权益，也为支持巴西作为地区大国的经济政治地位，争取更多、更大的国际空间，巴西不断加强本国军事实力，对加强海军力量尤为重视。巴西海军不但建立了武装部队中优秀人员队伍和强大科研能力，也承担了扩大和强化国防力量最主要任务和重大装备研发项目，其中包括国防规划中预算最大的军备项目潜艇发展计划和有垂发装置的新型护卫舰的建造项目等。这是巴西海军迄今为止规模最大的造舰工程。更重要的是，这是其依靠本国技术和生产能力的海军发展计划。

三　空军

巴西空军对外宣称其警戒和行动范围为 2200 万平方公里,其中包括国土领空 853.8 万平方公里、专属经济区 253.92 万平方公里,以及获国际社会承认的 992.2 万平方公里空域。

巴西空军起步很早,开始只是作为海军初级飞行训练的航空俱乐部。但空军非但长期没有成军,还被数次撤编。创建空军的主要倡导者瓦加斯总统于 20 世纪 40 年代下令对空军单独成军进行研究,并设立负责航空主管部门基本管理机构,该机构除负责空军组建和指挥外,还负责民用航空的基础设施建设、民航制度建设、飞行控制、技术监督等一系列业务管理。

二战爆发加快了巴西空军建设。为统一指挥、提高战斗力,1941 年 1 月 20 日,政府组建航空部。1941 年 5 月 22 日瓦加斯签署第 3302 号总统令,撤销陆军航空兵和海军航空兵建制,将武装部队所有飞机、设施设备、人员集中统一到航空部编制下,巴西空军正式成军。经整编后的巴西空军拥有飞机数量超过 400 架,但基本不具备作战能力。后从美国租得少量战机。

1942 年 8 月,巴西向纳粹德国、意大利宣战。同年底,派遣军队赴欧洲战场,参与欧洲盟国作战。除地面部队外,巴西还派出一个轰炸机大队和一个侦察通信中队,并于 1944 年抵达欧洲,进入战区后被编入美军,受美军统一指挥。这是巴西空军首次参战。

巴西空军指挥机关分作战指挥、飞行指挥两个系统。作战指挥部既是空军主要领导机关,也是作战指挥中心。巴西空军所有作战单位、基地、场站、料库等都归该部指挥。

飞行指挥部是按不同作战要求和作战手段划分编成的指挥部门,该部除配备保证其作战、作业和遂行任务所需机种、人员和设施外,还有特定职能。四个飞行指挥部具体划分如下(见表 5-10)。

表 5-10 巴西空军飞行指挥系统情况

| 番号 | 指挥部驻地 | 任务和职能 |
|------|-----------|-----------|
| 第 1 指挥部 | 纳塔尔 | 飞行员高级培训 |
| 第 2 指挥部 | 里约热内卢 | 人员、物资的搜索和人员救援、海面监视、对海作战支援 |
| 第 3 指挥部 | 巴西利亚 | 协调管理战略和战术打击力量,空中防卫 |
| 第 4 指挥部 | 里约热内卢 | 对陆作战支援 |

资料来源:根据有关资料整理。

作战指挥方面,巴西空军按空域被划分为 7 个空中战区司令部,所有空军基地分属这 7 个空战司令部管辖指挥(见表 5-11)。

表 5-11 巴西空军作战指挥布防情况

| 空战司令部 | 驻地 | 管辖空域 |
|-----------|------|---------|
| 第 1 空战司令部 | 贝伦 | 帕拉、马拉尼昂、阿马帕 |
| 第 2 空战司令部 | 累西腓 | 皮奥伊、塞阿拉、北里奥格兰德、帕拉伊巴、阿拉戈阿斯、塞尔希培、巴伊亚、伯南布哥 |
| 第 3 空战司令部 | 加来昂 | 圣埃斯皮里图、里约热内卢、米纳斯吉拉斯 |
| 第 4 空战司令部 | 圣保罗 | 圣保罗、南马托格罗索 |
| 第 5 空战司令部 | 卡诺阿斯 | 南里奥格兰德、巴拉那、圣卡塔琳娜 |
| 第 6 空战司令部 | 巴西利亚 | 戈亚斯、托坎廷斯、马托格罗索、联邦区 |
| 第 7 空战司令部 | 玛瑙斯 | 亚马孙、罗赖马、阿克里、朗多尼亚 |

资料来源:根据有关资料整理。

空军另一个主要部门是飞行管理指挥部。飞行管理指挥部负责领空警戒和空域飞行指挥管理。具体工作由空军空管局负责,空管局根据经立法批准的空域管理体系将全国领空划分为 4 个空中警戒和空域飞行管制区。每个管制区下设空域警戒及飞行指挥管制联合中心。该中心负责其所管辖的空域内包括军用飞机和民用飞机在内的所有飞行器的起飞、飞行和降落。空中航线最繁忙的东南沿海，设有 1 个地区飞行保护中心，该中心为空军空管局直接下属单位。具体划分情况如表 5-12 所示。

表 5-12　巴西空军飞行指挥空管系统情况

| 空警飞行指挥联合中心 | 空域 | 驻地 | 雷达站数量（部） |
| --- | --- | --- | --- |
| 第 1 空警飞管中心 | 东南部 | 巴西利亚 | 18 |
| 第 2 空警飞管中心 | 南部 | 库里提巴 | 16 |
| 第 3 空警飞管中心 | 东北部 | 累西腓 | 10 |
| 第 4 空警飞管中心 | 北部 | 玛瑙斯 | 26 |
| 地区飞行保护中心 | 东南沿海 | | 9 |

资料来源：根据有关资料整理。

空军还另外设有 5 个空域控制中心、47 个接近控制中心、59 个塔台。

巴西空军司令部有 2 个直属单位，分别是空军飞行表演队和特勤运输大队。特勤运输大队为总统专机机组；此外，还有 2 个以上的特战步兵营和 1 个搜救分队。

巴西空军有 8 所专业技术院校，其中包括空军作战指挥学院、空军技术学院、空军专业技术学院（空管）、空军后勤学院等。巴西空军注重军种内的高科技创新，还承担多项国家高科技项目研发和运作。空军不但负责和参与所有导弹等制导武器的研发和试验，还负责国家和平利用空间的有关工作，包括卫星和运载火箭等空间技术领域的工程。空军编制内还有很多科研机构，包括奥坎德拉火箭发射场等。

2016 年，巴西空军现役军人 75402 人，士官 25864 人，义务兵 29030 人。学员和见习军官 2964 人。在职文职人员 5488 人。从 1982 年开始，巴西空军开始招收女兵。

2017 年，空军司令尼瓦尔多·罗萨多空军中将宣布，根据有关条例，空军参谋部将实行机构改革调整，以使空军作战部在不断现代化的同时，经费、装备、物资、人员管理水平得到大幅提高。

不论是从部队规模，还是从可能遂行的军事任务所需装备来看，巴西空军都是南美洲的强者。其主力战机一直从国外购买，为替换退役的幻影 2000，近年选定了瑞典鹰狮。但与拉美有的国家空军相比，巴西空军虽然飞机数量较多，性能却并不突出，如委内瑞拉早已拥有 F-16 战机，后又购买了更先进的 SU-30 主力战机；智利也早已装备 F-16 战机，而且是升级型号。

巴西空军现役飞机中，还有美国 C-130 大力神运输机和黑鹰直升机。巴航工业公司 KC-390 型运输机已入役。从巴航工业公司研发能力和工程技术水平看，这将成为巴西空军主要运输机型。劳工党执政期间，巴西从俄罗斯引进 Mi-35 武装直升机。

巴西在主力战机这一作战平台投资不大，但对武器选择和配备比较重视，战机配备各种不同作战环境下的各型导弹，针对不同打击目标，选择具有相应性能的武器。在巴西空军各型导弹中，MAA-1 食人鲳是依靠本国力量研制开发的，已量产。A-Darter 是巴西与南非合作研发项目，产品于 2019 年完成验收。巴西制导武器研发和生产能力不足，这两型武器能否满足作战需要还要经实战检验。博索纳罗任总统时已同美国签订新军事合作协议，涉及军工领域合作。

## 第五节　国防工业和建设

### 一　军工规划和发展

巴西是拉美人口最多、国土面积最大的国家，拥有拉美最强大的武装力量。因在拉美国家中邻国最多、海岸线最长，所以巴西始终面临加强国防力量、提高军队装备技术水平和作战能力的问题。从帝国时期起，巴西对国防工业和装备制造就非常重视，不断提高军队装备水平始终是政府重点关切。

巴西工业基础好，工业结构相对完整，具有国防工业实力，曾是国际防卫产品主要生产国之一。但其国防工业又有很多短板。巴西具备世界上最先进支线飞机研发制造能力，还拥有地面常规武器，尤其是较先进作战平台方面的设计、开发、生产能力。但在军事装备技术不断更新，技术含量不断增加，传统作战方式已改变的情况下，巴西军工受到科研和技术水平的限制。

巴西主战飞机、制导武器、雷达、声呐等探测装置基本依靠进口，主战坦克等战场主力装备也已明显落后。巴西面临提高国防科技水平和生产能力的需要。2012 年之前，巴西国防工业由总统民事办公室负责。2012年 3 月 21 日，国会通过第 12598 号法，决定国防工业规划、协调、部署等全部工作归国防部。2013 年 3 月，国会立法设立国防工业部际混合委员会。混委会由国防部牵头，由陆军、海军、空军、经济部、科技部组成，作为国防部长在国防工业发展、规划决策方面的参谋和咨询机构。混委会还负责制定国防工业政策和发展纲要、提交有关建议、审批有关项目等。

混委会提出 PAED 防务装备发展计划。混委会根据巴西国防工业的基础和所面临的问题，提出了原则性规划。强调要针对巴西所面临的、关系到战场优势和胜负的决定性因素，认识到加速发展国防工业的必要性和紧迫性，坚持国产国防装备工业是军队装备唯一保障的原则。在决定胜负的关键技术、重点产品生产能力方面坚持自力更生、独立自主。在不受任何外界影响情况下，保证本国技术、生产能力可满足军队装备需要。

针对政府财政赤字大、国防预算有限等问题，该计划强调国防装备工业投资须兼顾社会效益和国防工业投资的就业拉动作用，强调对相关产业的带动作用和国防工业对形成产业链的引导作用。尤其是通过国防工业投资，达到提高工业技术水平、形成价值链、为全社会创造更多价值的目的。该计划回顾了巴西国防工业发展历史，分析国际防卫技术发展水平、工业结构、生产能力，认为通过加大国防工业投资，加速其发展，可使巴西重回军工生产和销售大国行列。

该计划是政府对国防工业规划和发展的纲领性文件，其中提到利用外资、引进国外技术等方针和举措。其中心思想是通过政府在国防工业领域的投入，加快国防装备现代化进程，提高部队作战装备技术水平，在国防装备设计、生产方面尽快、尽可能达到自力更生，并以此拉动经济，创造更多社会效益。

为规范、促进国防工业发展，保证混委会工作顺利落实，作为国防装备工业发展的法律保障，国会通过了 20 个配套法律和近 60 条补充条例。与上述规划和政策配套的还有国防工业基地建设计划（BID）。此计划着眼于建立一整套对国防工业企业的优惠政策和制度，包括国防装备产品生产方向，对国有国防装备企业的投资建议等，以及对民营和合作经营的国防工业企业的资质认定和注册，对国防产品分类和建立标准。

## 二 各军种主要装备研发情况

巴西三军装备长期以来各自为政，预算、采购、训练、换装基本上独立进行，三军装备制式并不完全统一。对于一些适应性较广的通用装备，国防部和总参谋部共同协调，选择个别能够满足三军不同作战要求的装备。

1. 国防部系统工程

（1）直升机项目（H-XBR）

巴西三个军种都装备大量直升机。各军种根据不同作战要求和战场态势装备不同机型。国防部将其作为重点项目，项目经考察、论证、选型、定型和确定引进方案，原型机为空客 H225 型超级美洲豹军用型，由巴西直升机公司 Helibras 经空客授权生产。共生产 50 架，除两架总统专机外，其余全部装备部队。

（2）空间系统战略工程（PESE）

由空军执行。该工程首要目的是掌握独立、自主开发、不受外界条件限制的军用或民用空间技术。工程包括制定自主空间发展战略，研究、开发和建造本国通信、遥感、全球定位系统卫星和运载工具。

（3）防御与战略通信地球同步静止卫星（SGDC）

巴西第一颗百分之百自主掌握、操控的卫星，能够全面获得国土资源等其他信息，并保证互联网全面覆盖。项目投资 27 亿雷亚尔，由国防部和科技部合作进行。卫星将搭载由巴西电信公司控制、用于国防部通信系统的 K 波段，并能满足国防战略通信和其他通信系统需求。

2. 海军装备发展项目

（1）核动力潜艇发展计划（Prosub）

巴西海军装备现代化计划潜艇建造工程。项目包括自主建造 4 艘常规潜艇和首艘核潜艇。项目始于 2008 年，包括一个海军造船厂、一个潜艇基地、一个为造舰配套的结构加工基地，计划总投资 371 亿雷亚尔。第一艘里阿束艾罗号舷号 S22 已于 2018 年 12 月下水。潜艇标准吃水量 1870 吨，作战半径 11000 海里。第二艘乌玛伊大号于 2020 年下水。

（2）海军核能项目（PNM）

巴西和平利用核能计划组成部分。项目始于 1979 年，预算 68 亿雷亚尔。海军希望掌握核潜艇关键技术以尽早大幅提高作战能力。项目包括一个铀提炼厂。2021 年一个反应堆原型已在陆上建成，并在做模拟传动实验。

（3）反舰导弹工程（MANSUP）

巴西一直装备法国飞鱼 MM38，该型号停产后海军迫切希望获得国产同型装备。该产品是海军和 Avibras 公司共同开发的替代型号，弹重 860 公斤，长 5.78 米，弹径 0.344 米，翼展 1.135 米。该弹于 2018 年 11 月和 2019 年 3 月两次实弹射击均失败。2019 年 7 月再次实弹射击，导弹击发、飞行均正常，但在靶船前 50 米处掠过。

（4）达曼塔列级护卫舰

海军蓝色亚马孙项目组成部分。于 2017 年开始实施建造 4 艘新型达曼塔列级护卫舰计划，这是拉美首个带有垂发系统的型号。项目预算约 20 亿美元，计划 2024~2028 年交付。舰艇作战任务设定为近海防御，包括搜寻、营救、国际合作等其他军事任务。项目于 2017 年 3 月 30 日公开招标。2019 年 3 月 27 日，由巴西、美国的 3 个公司合作的蓝水联合体中标。

3. 陆军装备发展项目

（1）边境整体监测系统（SISFRON）

由陆军负责开发和执行的大型边界监测和警戒项目。使用卫星、雷达、地面传感设备等其他技术手段对边境地区进行全面监控，保证边境的安全，并为部队的单独和大规模行动提供实时、完整、确切的情报和信息。因国产技术和能力不能完全满足项目规划和设计要求，国产部分大约占70%。

（2）瓜拉尼轮式装甲输送车

该陆军装备升级项目的作战平台为一国产轮式装甲车，国产化率90%。技术升级部分主要是战场指挥系统、武器系统和通信等。计划生产1580辆，2018年底已交300辆，计划在2038年底全部装备到部队。

4. 空军装备发展项目（PROJETO F-X2 F-39 Gripen E/F）

（1）KC-300国产中短程运输机项目

最大国产军用飞机，是军用飞机领域技术进步的集中表现。项目有超过50家本土企业参加，合作方还有阿根廷、葡萄牙、捷克等国。这是巴西军用运输机主干机型，各项技术指标先进。可运输大型武器装备，军方已订购28架。巴西期待该机很快在国际市场上打开销路。

（2）A-达尔特（A-Darter）空空导弹项目

原为南非独立开发的第五代红外成像制导近距空空导弹项目。巴西空军于2006年10月16日同南非武器装备集团签约。巴西合作方是空军科技发展局、空间技术中心和相关技术合作单位（Mectron、Avibras等）。项目总投资约为13亿美元，巴方投入50%。该导弹将被搭载在南非JAS-39 Gripen以及巴方A-1M、F-5BR、FAB以及海军A-4BR等平台上。

# 第六节 国际军事合作

## 一 对外军事政策

巴西国防部在对外政策与国防的关系问题上态度非常明确：两者是互补且密不可分的。维护地区稳定，建立更加合作的国际环境有利于巴西整体国家利益，国防部和外交部之间应加强情报交流和工作规划方面的合作。

巴西政府认为，在全球化局势下，通过类似南美防务理事会和其他政治军事对话，同其他国家建立和加强军事、外交关系，可大大提升巴西对外政策和国防部门在处理国际事务中的前瞻性、连贯性，应对国际形势变化和全球治理的结构变化，从而更好地保护巴西海外权益。

为争取在新的国际环境下获得更多话语权和代表权，巴西积极参加各种军事交流，尤其是加强同联合国成员国之间的军事交流。巴西在各种军事和防务论坛等场合都呼吁对联合国安理会进行全面改革，这是其对外政策中的主要和一贯立场。

巴西国防部认为，在越来越多与国家主权、国家利益相关的问题上，如气候变化、可持续发展、民族包容等，各国应加强和提升多边主义在国际事务和国际关系中的重要性，加强对话，并通过对话方式加强进一步协调和合作，以达到降低风险、解决问题的目的。巴西积极参与南美防务理事会、南大西洋合作与和平区论坛等多个地区军事论坛。巴西还加入了一些其他的国际防务领域的条约和协议。

巴西是联合国和国际军事或军备领域主要条约和公约签字国，先后加入《禁止核武器条约》《禁止化学武器公约》《防止核扩散条约》《禁止或限制使用某些常规武器公约》《禁止和销毁生物和化学武器公约》等国际公约和条约。

## 二 亚马孙地区防卫

巴西北部边界线长，邻国众多，但人口稀少。军方始终极为重视亚马孙地区，视其为国防重点。20 世纪 60 年代，军方促成了针对亚马孙问题的多项立法，主持制定了从南部向亚马孙地区大量移民的政策。巴西还曾通过立法，颁布一系列支持、鼓励、优惠配套政策措施，鼓励移民到北部进行农业垦殖，以增加人口存在的方式达到宣示、巩固、加强主权的目的。军方很早就制定出详尽执行计划，实施对亚马孙地区监测和防卫。

在巴西国防部机构设置内，负责亚马孙防卫事务的专门机构由副部级官员分管。另外，还有以下亚马孙地区防卫部署。

1. 北方水道工程

1985 年，由总统府规划、国务秘书处牵头，外交、内政、陆军、海军、空军、总参等部委组成部际工作组，对北部边界国防进行研讨论证。后总统批准该国防计划，计划被命名为北方水道工程。

该工程范围从北部与邻国边界开始，涵盖索里蒙斯河和内格罗河，面积约 1.2 万平方公里（后有调整）。工程通过派遣人员、投入资金、构建基础设施等措施，建立空中监测网络、支援协助、情报收集系统，并加强军队在该地区的部署。通过对人员监视、国土防卫、阻吓渗透、威慑入侵等手段，达到维护国家主权的目的。北方水道工程建设由军方执行，也由军方管理。工程指挥机构设在国防部，由国防部秘书长直接负责。

该工程实施方案中驻军部署被细化到作战排。

2. 亚马孙警戒系统

20 世纪 80 年代末，总统战略事务国务秘书处和空军部、司法部联合调研后，联名提交关于亚马孙防卫态势报告以及系统的建设和部署建议，并获总统批准。与北方水道工程不同，亚马孙警戒系统是由卫星遥感、飞机航拍、信息分析、情报研判等技术手段为主的监测工程。因资金问题，系统建设一再推迟，并于克洛尔任内中止。1993 年，弗朗哥总统下令开展项目实施。1995 年美国雷神公司中标。该系统投资 14 亿美元，是巴西 20 世纪最大国防投资项目，系统实体中心在玛瑙斯，2002 年 7 月 25 日正式建成并投入使用。

3. 亚马孙保卫体系

该体系为亚马孙警戒系统提供信息支持和补充，网络覆盖亚马孙地区 9 个州，包括地面信息搜集和处理，信息搜集点超过 700 个。体系指挥中心位于巴西利亚，由陆军负责，另在玛瑙斯、贝伦、波多韦柳设 3 个地区中心。

在 2019 年亚马孙大火问题上，政府的强硬态度反映的是军人的立场。军方认为在战争状态下亚马孙是不设防地区，这一观点反映了其对现实的客观认识，同时也表现了巴西政府，尤其是军人坚持与周边亚马孙邻国以和平方式处理好地区事务的立场。

三　参加国际维和行动

20世纪30年代，巴西作为协调人对哥伦比亚和秘鲁之间冲突进行调解。1947年，为推动阿尔巴尼亚与保加利亚之间签订的《普罗夫迪夫条约》落实，联合国巴尔干特别委员会为干预"希腊北部邻国向希腊游击队提供援助问题"，派出军事观察团，巴西派出军事人员参加，后又积极派出武装部队和军人参加国际维和行动。

从20世纪50年代起，巴西就开始积极参加维和行动，军方参与维和行动积极性很高。1956年，巴西首次派出整建制部队加入联合国紧急部队，参加联合国对埃以之间的苏伊士冲突危机的干预。

根据巴西国防部资料，巴西先后参加约50次联合国军事行动，共派出军事人员约5万人次，所参加的联合国维和行动包括：苏伊士运河维和行动（1956~1967年）、东帝汶维和行动（1999~2004年）、莫桑比克维和行动（1992~1994年）、安哥拉维和行动（1995~1997年）、海地维和行动（2004年至今）等。在2010年1月12日的地震中，巴西派驻联合国海地维和行动部队中有18人牺牲。目前，作为联合国军事观察员的巴西军人仍驻扎在塞浦路斯、中非共和国、刚果共和国、几内亚比绍、苏丹、南苏丹等国。

2005年，巴西在里约建立陆军维和行动指导中心。2010年中心改制为巴西维和行动联合中心，又名塞尔吉奥·德梅洛中心，以纪念2003年为联合国使命在伊拉克殉职的巴西同名外交官。中心负责训练巴西政府派到联合国维和的军人、警察等。此外，中心还为将参与联合国维和或其他行动的其他国家的军人、警察和平民提供相关培训。训练中心根据联合国的各种任务设计、开办课程，为在冲突地区和战争环境下为联合国工作和服务的新闻媒体以及人道主义行动人员、安保人员、生态环境监测人员提供培训和指导。

四 国际多边和双边军事合作

巴西对军事外交和军事多边关系非常重视,并通过各种平台扩大国际军事合作。2008年12月,巴西作为创始成员国与12个联合国成员国在联大成立南美防务理事会。该多边机制的宗旨是加强南美地区政治稳定,为地区经济社会发展提供良好条件,并在各国间建立南美防务伙伴的身份认同。

2003年,印度、巴西、南非三国对话论坛(IBAS)成立。除外交关系外,该论坛军事领域交流较多。巴西与南非因共同面临大西洋安全问题,军事交流较密切,双方防务技术和作战装备研发合作也达到较高层次。印度多次受邀参加巴西联合军演。

巴西参加的多边军事论坛还有:拉美武装部队参谋长和军种总司令会议、美洲国防委员会、南半球安全委员会、美洲国家国防部长会议、美洲国家陆军会议、美洲国家海军会议、美洲空军合作体系等。巴西国防部对金砖机制重要性充分重视,明确强调金砖机制对各成员国在军事和防务领域合作的重要意义,并积极呼吁将金砖国家之间的军事合作引入金砖机制。

长期以来,巴西为发展中国家提供军援,并通过同这些国家军队建立友军关系,进一步巩固和加强相互之间的合作。巴西为纳米比亚海军建设提供训练支持;空军空勤技术组从1982年起就常驻巴拉圭,为巴拉圭空军提供技术支持。陆军通过下设的玛瑙斯丛林作战训练中心、里约联合国维和行动中心等为欧洲、北美、拉美国家友军提供军事训练。

巴西海军向佛得角派驻顾问组,为该国海军训练军官和士兵,为其提供军装,并共同进行对海空中侦察和巡逻,共同加强对南大西洋各种非传统安全威胁(海盗、非法捕鱼、毒品走私、人员偷渡等)的威慑和打击。

巴西同阿根廷军事合作由来已久。为提高电子战技术水平,两军在这方面有合作和频繁人员交流。双方除合作开发KC-390型军用运输机项目外,还合作研发军用无人机。阿根廷为巴西南极站提供支持和帮助,另阿陆军有意向购买巴西新型瓜拉尼轮式装甲输送车。

巴西和乌克兰的军工合作主要是巴西旋风4型火箭项目。该项目始于2003年，目标是在奥坎德拉火箭发射场将该型火箭发射升空。巴西同捷克保持良好军事合作关系。捷克直接参与KC-390型军用运输机研制开发，双方在电子战、生化武器防护、激光武器、核武器防护方面有长期合作。

巴西和俄罗斯军事合作层次较高且范围广泛。两国保持政治军事战略层级对话，并就国际安全形势保持沟通。除军事院校和人员交流、大型军演信息交换外，双方还成立了电子战和特战联合工作组。巴西从俄购买了萨姆单兵防空导弹和铠甲近防武器系统，以及12架米-35型武装直升机。上述装备均已入役巴西陆军和空军。

组织和参加多国军事演习是巴西军队加强对外联络、建立军事友好关系的渠道之一。巴西举办的费里诺行动由国防部组织，受联合国监督，有多国武装部队参加。演习主要目的是根据联合国维和行动、人道主义救援行动的宗旨和有关要求，对参演的安哥拉、巴西、佛得角、几内亚比绍、赤道几内亚、莫桑比克、圣多美和普林西比、葡萄牙、东帝汶9个葡语国家的军队指挥和作战人员进行相关培训。各军种也积极参加其他国家举办的多国军演。

南克鲁塞罗多国空军联合军演（Cruzex）由巴西空军组织，每两年举行一次。2002年开始时仅阿根廷、巴西、法国、哥伦比亚四国参加。2010年美国加入，后逐渐有其他西方国家加入。2019年11月18日，多国空军联合军演在纳塔尔空军基地举行，为期12天。参演国家14个，巴西、美国等7国派了飞机，葡萄牙派遣地面作战人员。委内瑞拉、德国、挪威、印度、英国、玻利维亚只派观察员。巴西还积极参加智利空军举办的萨利特里空演和由阿根廷空军举办的赛博空演。

里约热内卢拉美航空航天防务和安全双年展是拉美最大的航空航天领域专业展会，也是拉美最大的防务产品和解决方案展览。巴西军方与国防工业制造厂家和服务商通过展会积极交流，寻找合作伙伴。

# 第六章

# 社　会

## 第一节　社会基本情况

### 一　概述

巴西的人文历史、丰富的自然资源和天然禀赋、不同时期迁居于此的各国移民，都是构成公众社会特征的要素。也正是这些要素以及它们共同作用后所产生的效果，使得巴西社会逐渐形成，并形成巴西社会结构，也使得巴西社会在趋于稳定的同时又不断发生变化。

巴西社会最典型特点是其文化的复杂性和多样性。从 1500 年开始，巴西社会最主要的社会公众是葡萄牙移民。大量的非洲奴隶是巴西早期社会生产活动的另一关键要素，但他们长期处于无任何权利、无任何社会地位的境况。19 世纪巴西开放移民，来自世界各国的移民使巴西人口构成逐渐复杂化、多样化。移民带来的社会、物质资源，也包括不同文化。这些资源和文化极大地丰富了巴西社会的方方面面，成为巴西人民的社会财富，并为巴西经济社会发展提供越来越多和越来越重要的动力。

经济上，巴西社会呈现积极、活跃、充满活力的一面。在宗教信仰的支持和企业家精神的激励下，在与生俱来的乐观、积极人生态度的鼓舞下巴西人不断进取，利用各种资源将巴西建成拉美最大经济体，跻身于全球快速发展国家行列。经济发展促进了社会进步。在经济上取得的进步和成就，是巴西全社会充满力量、积极求变的最好证明。

巴西社会在政治上是多元的，各种利益集团并存、各种政治势力的斗争和联合是巴西社会的主要特征。传统家族、官僚、封建领主等落后势力对资源的掌控，资本和传统势力之间的利益交换，是造成诸多社会问题的直接原因。巴西今天还面临经济社会发展失衡、社会资源分配不公、经济社会局面亟待改善等挑战。政治问题是巴西所有社会问题的最主要、最深层次的根源。

除了军政府曾短时间坚持孤立主义思想之外，巴西一直以来都是一个保持充分开放的社会。这种开放体现在意识形态方面，也体现在经济、文化领域。开放的社会环境和开放的民众心态使得社会和外界始终保持交流。巴西独特的历史传统，特有的人口结构和社会文化环境都使得这些交流顺畅和便捷。

在这些交流过程中，各种文化形式、意识形态、宗教理念、行为方式、生活态度都不断地影响巴西民众，文化的多样性也在不同方面改变社会结构，重塑社会形态。随着全球化和地区一体化进程的不断发展和深入，随着资本和技术流动越来越便利，巴西的社会结构不断受到越来越强烈的冲击。

军人独裁统治曾给巴西社会造成严重伤害，但巴西经济也是在那个时期经历了迅速和高质量发展。随着工业化结构基本建成，巴西不但形成了强大和高素质产业工人队伍，还催生了真正意义上的中产阶级群体。这些都对巴西现代化环境下社会结构的形成产生了积极影响，促进了巴西社会的进步。

经过 20 世纪末的一系列变革和调整，进入 21 世纪的巴西经济社会发展速度加快，质量也有所提高。虽然还会有各种反复，但巴西的国际地位将进一步提高，经济发展会进一步加快，社会将更加稳定。

二 国民生活

联合国开发计划署（UNDP）每年根据各国人均收入、人均寿命、受教育情况进行统计、分析、评估，并基于这些分析和评估编制世界各国人类发展指数。巴西 2019 年人类发展指数为 0.759，比 2018 年有所下降。

在当年全球 188 个国家和地区中，巴西居第 79 位，名次和 2018 年持平。UNDP 的 2022 年《人类发展报告》显示，2021 年巴西的人类发展指数为 0.754，排名降至第 87 位。

在 2019 年《人类发展报告》巴西篇中，联合国开发计划署指出巴西在发展过程中的最大问题是缺乏社会公平，由此产生的社会财富分配不均亟待解决。

1985 年还政于民后，受石油危机和债务危机等负面因素的冲击，巴西经济在 20 世纪 80 年代处于混乱和衰退之中，通货膨胀率居高不下。政府的一些举措非但未缓解经济恶化的状况，反而造成市场混乱。同时期，国内社会环境也趋于恶化，随着人民生活水平大幅下降，诸多社会问题频繁出现。经过 90 年代初的改革和调整，巴西经济社会逐渐走出衰退。这些进步也反映在人类发展指数变化上。从 1990 年开始，巴西人类发展指数开始有所上升。

在巴西历届政府不懈努力下，改革调整取得成效。经济社会发展水平有所提高，劳工党执政后，坚持对内继续改革、对外开放的政策方针。得益于世界经济良性发展的有利环境，巴西加快和加大了进一步融入世界经济的步伐。巴西经济进入一个相对长期和稳定的增长阶段，社会总体水平也有相对显著提高。

劳工党根据其竞选纲领中所承诺的执政目标，致力于关注社会公平、减少贫困、创造共同繁荣的经济社会环境，将经济发展成果分享于社会，经济社会局面发生显著变化。与劳工党执政之初相比，中产阶级群体扩大了 20% 以上。得益于政府推行针对边远贫困地区和城市低收入人群的"零饥饿"计划，巴西低收入人口大幅减少，减贫成果显著。

经济社会发展水平的提高明显体现在国民预期人均寿命变动情况上。根据联合国开发计划署的调查统计，1990~2020 年，巴西人均国民收入增长约 39.5%，全民教育尤其是基础教育水平有很大提高，其他与人类发展指数有关的指标也有不同增加（见表 6-1）。

在南美各国 HDI 排名中，巴西长期以来与哥伦比亚排名相当，低于智利和阿根廷、乌拉圭，但其可持续发展水平居南美首位，说明其发展既有质量，也有潜力。从近十年情况看，巴西人类发展指数基本处于相对平稳、持续上升状态（见图6-1）。

表6-1　2015~2022年巴西人类发展指数各项指标变动情况

| | 出生时平均<br>预期寿命（岁） | 平均预期<br>就学时间（年） | 实际平均<br>就学时间（年） | 人均GDP<br>（PPP雷亚尔） | 人类发展<br>指数 |
| --- | --- | --- | --- | --- | --- |
| 2015 | 75.0 | 15.3 | 7.6 | 14490 | 0.755 |
| 2016 | 75.2 | 15.4 | 7.7 | 13907 | 0.757 |
| 2017 | 75.5 | 15.4 | 7.8 | 13975 | 0.760 |
| 2018 | 75.7 | 15.4 | 7.8 | 14068 | 0.761 |
| 2019 | 75.7 | 15.4 | 7.8 | 14068 | 0.759 |
| 2020 | 75.9 | 15.4 | 8.0 | 14263 | 0.765 |
| 2021 | 72.8 | 15.6 | 8.1 | 14370 | 0.754 |
| 2022 | 73.4 | 15.6 | 8.3 | 14616 | 0.760 |

资料来源：联合国开发计划署。

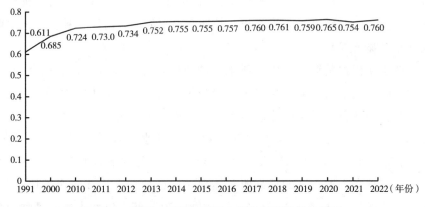

图6-1　1991~2022年巴西人类发展指数变化情况

资料来源：联合国开发计划署。

巴西社会财富分配状况评价方面得分为0.574，在全球189个国家和地区中排第102位，这是巴西HDI总排名较低的主要原因，说明尽管其在经济发展中取得一定成就,但在医疗、教育、总体收入方面还存在很多不公平。根据联合国调查统计,巴西收入最高的1%的人的收入占全民总收入的28.3%。

巴西经济社会发展中长期面临的一个挑战是区域性发展的不平衡。产生这一现象的因素多且错综复杂,除自然禀赋和物产资源方面差异外,还有历史遗留、传统观念等社会因素。这些问题造成了地区发展水平差异,这些差异又反过来扩大和加剧各种不利因素的负面影响,由此造成各种资源分配不均,尤其是在国家各种政策、规划制定过程中对发达地区的倾斜,使得这些差异成为系统性问题。

巴西若昂皮涅罗基金会和巴西应用经济研究院与联合国开发计划署合作,对巴西各州和各城市人类发展指数进行调查统计,并根据统计结果做出相应的人类发展指数的评估。这三个机构每十年完成一次合作调查统计。

根据2010年调查统计,在巴西5565个城市中,东南部和南部沿海的6个州中有44个城市的HDI值超过0.8,即经济社会发展水平已达发达国家水平。人类发展指数值在0.7~0.799的城市有1945个。HDI值低于0.5的城市有32个,都在巴西北部和东北部最落后地区。排名居末位的是帕拉州梅尔加索市,HDI值为0.418。

## 三 就 业

对绝大多数巴西人而言,就业是稳定、较高质量生活方式的保证。与绝大多数新兴国家相同,在巴西,经济总体运行情况和发展趋势对就业的影响是最迅速、最直接、最明显也是最广泛的。

在2015年巴西国内政治危机引发的经济衰退中,就业市场反应迅速,局势恶化。尽管2017年经济有好转迹象,但就业情况无显著变化。根据巴西国家地理和统计局数据,2018年就业形势继续恶化,失业率从2018年第四季度的11.6%,上升至2019年第一季度的12.7%,社会失业人口从1220万人增加到1340万人。

巴西2019年第三季度就业率为11.8%,第四季度降至11.0%,2019年全年平均失业率为11.9%。该数字比2018年12.3%平均失业率稍低,有超过 1000 万的失业人口。

根据巴西国家地理和统计局的入户抽样调查统计，2021 年第三季度到 2024 年第三季度的失业率变动情况见图 6-2。

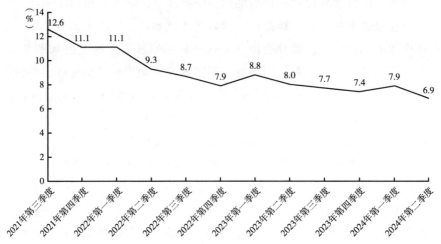

**图 6-2　2021 年第三季度至 2024 年第二季度巴西失业率季度周期变化情况**

资料来源：巴西国家地理和统计局。

自政治局势趋于稳定，市场动荡开始缓解，失业率缓慢但相对稳定地下降。就业市场衰退和萧条的最大受害者始终是低收入、受教育程度较低人群，尤其是未经正规职业训练、没在大生产环境下掌握一技之长的劳动者。在巴西，这种就业者主要集中在经济社会发展水平相对低下的地区，或是从内地或北部到大城市寻求就业的人。

在东南部圣保罗州、里约热内卢州、米纳斯吉拉斯州等传统工业、商业、技术中心，就业市场成熟，很多劳动者凭借专业训练和专业技术获得较稳定的工作岗位，包括从事体力劳动的产业工人，他们就业能力相对强，就业机会也更多。

长期以来，巴西受过高等教育的年轻人基本不缺就业机会。在圣保罗州或巴西南部工作机会相对比较多的大城市，市场对新技术、新产业反应迅速，并很可能会重新组合形成新市场，提供新的机会。对于都市青年人来说，职业选择往往更是问题。尤其是在近些年高新技术、管理技术和思创市场大行其道的情况下，完成学业后究竟是就业还是创业，反而成为难题。

就业市场调查结果显示，在 2016 年开始的经济衰退和持续恶化过程中，摊贩商业快速发展，非正式就业人口剧增。根据全国持续入户调查统计，这期间因失业或其他原因无法进入就业市场的人数达到正式就业人口的 41.3%，以各种形式从事摊贩商业或非正式交易的人数达到 3868.3 万人。2019 年第二季度，经济衰退势头被初步遏制，失业率企稳在 11.8%。

全国持续入户调查是巴西经济研究最重要，信息范围最广、最翔实的数据库之一。2019 年 8 月 30 日，正值经济非常低迷时，该项目负责人西马尔·阿泽维多专门提到了经济形势与摊贩经济的关系："上季度（2019 年第一季度），办理劳动登记人数明显增多，但本季度未出现类似情况。这说明目前劳动力市场有大量未经劳动登记、自筹就业出路的人，比如家政人员等。目前全国就业市场上未经劳动登记的人群之大是自 2012 年来所未见的。"

## 四 工资和收入状况

1935 年，瓦加斯总统开始推动建立最低工资制度。最低工资的最初计算方式是按不同地区确定一个家庭每月所需基本食品价格，即当地一个菜篮子里的商品价格金额，然后将该金额乘以 10，即得出最低工资的金额。最低工资的计算方法后经多次修改完善，根据 1936 年 1 月的第 185 号法、1938 年 4 月第 399 号总统令、1940 年 5 月 1 日第 2162 号总统令被确定，于 1940 年 5 月 1 日开始实行。在实行之初，因各地商品价格不同，全国共有 14 个最低工资标准，金额最高的最低工资要比最低的高约 2.67 倍。1995 年 5 月至 2020 年 2 月巴西最低工资变动情况见图 6-3。

最低工资根据行业和工种的不同而异。工作繁重和工作条件艰苦的行业、工种的最低工资会稍高，并且每年调整，具体数额根据联邦政府每年提出的最低工资基数，由工人工会和资方工会谈判商定。谈判在每年 5 月

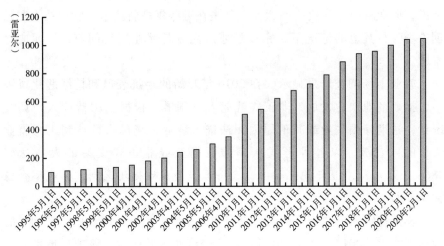

**图 6-3　1995 年 5 月至 2020 年 2 月巴西最低工资变动情况**

资料来源：巴西国家地理和统计局。

1 日前完成。政府每年 5 月 1 日公布新的标准。当年最低工资从 5 月开始按新标准发放。

　　最低工资可作为工资发放标准。工作年限长、工作能力强且技术技能比较全面的工人，工资往往可按数个最低工资核定和发放。在一些统计调查中，收入水平也会用最低工资来作为统计单位。

　　出于多种因素，巴西人收入来源复杂。尤其是在大工业或商业中心城市，很多人的收入并不只是来自工资。在经济分析和评估中，有一个常见指标即月平均收入。该指标指所有每周都工作并因此获得某种报酬，或是有其他财务收入的人每个月所能得到的平均收入。该指标也是通过连续入户调查获得数据，并根据调查数据统计和计算得出巴西人均收入变动情况。2017~2019 年巴西人均收入季度变动情况见图 6-4。

　　巴西社会除少数拥有大量财富的人之外，高收入人群是大城市那些有良好教育背景、很好就业机会的中青年专业工作者，比如律师、财务人员、教师、工程技术人员、企业经理、服务行业专业人员、设计师等。2019 年巴西不同行业收入情况见图 6-5。

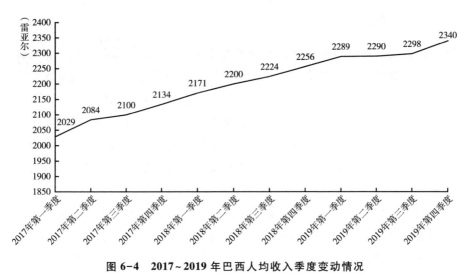

**图 6-4　2017~2019 年巴西人均收入季度变动情况**

资料来源：巴西国家地理和统计局。

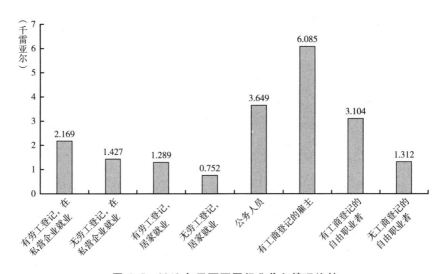

**图 6-5　2019 年巴西不同行业收入情况比较**

资料来源：巴西国家地理和统计局。

## 五　消费

巴西人会通过分期支付、赊购等方式购买绝大多数商品和服务，在商场、超市和其他商业机构，分期支付是最主要的支付方式，为此金融机构和零售企业也合作建立了一整套体系。当高端消费人群用个人支票支付时，有的顾客支付时会一次签出数张金额相同、签发日期不同的支票，支票总额是采购金额，分成几张支票是为多次支付。如今信用卡是巴西有固定收入、已建立个人信用的消费者主要支付方式，刷卡时同样可设置多次支付。

分期支付是巴西最常见、最主要的支付方式。一般是在购买商品或服务时消费者先支付30%或更低的首付（最低首付可免），然后分数次将余款付清。一般每月付1次，具体次数由商家根据消费金额和客户支付能力设置。很多支付周期是5~6个月，有的可能是1年。

## 六　政府经济适用房政策

住房是巴西城市化进程中的典型问题。在经济社会发展和都市化不断深化的过程中，内地贫困人口进入城市，引发民众住房问题。

除末届军政府曾经从联邦预算中拨出专款建造面向低收入群体的经济型住房外，联邦和各级政府没有为解决本地低收入人口住房问题而设计大规模、系统、完整的经济适用房建设规划或方案，其主要原因除政府财政不足外，还有政治因素。联邦社会福利框架下有鼓励和支持民众购买、建造自有住房机制，如劳工法规定的工作年限保障金。但出于各种原因，很多工薪阶层，尤其是低收入人群并不能靠这个机制解决住房问题。

在一些处在城市化进程的城市，政府通过多种方式改善民众住房条件和居住环境。如巴西北部有的市政府以较低价格或免费形式向有修建住房计划的民众出让土地。政府在市郊划出区域，让无房民众申请并建房。无能力在市区购房的市区居民也可以通过获得这些相对价廉的建房土地来改善住房条件，政府这一措施受到民众欢迎。

巴西东南部、南部城市贫民窟因当地贫穷市民和北部、东北部移民聚居而形成。在就业机会较多，或不断有新产业形成的地区，贫民窟改进和优化进程会更快，若政府治理能力较强，则形成良性发展。圣保罗市周边曾有不少贫民窟。现在以圣保罗市为中心的大圣保罗城市圈已形成，并成为巴西乃至整个拉美经济社会发展状况相对较好的地区。里约热内卢市的罗西尼亚曾是拉美最大贫民窟，根据巴西媒体报道，近年来那里的居民中有 85% 已进入中产阶级行列。

玛瑙斯市因有自由港工业区，每年吸引大量来自亚马孙州及其邻州，甚至来自委内瑞拉、玻利维亚、秘鲁、海地等国的人。随着这些人不断进入，玛瑙斯市形成低价住房需求，城市面积、规模因此不断扩大。政府通常在划批新居民区后，在区内开辟简易道路，解决供水供电，将道路两边土地按地块分给合格申请者，并由其自行建设。

1988 年宪法涉及的公民权利条款中未提及居住权。2000 年国会通过宪法修正案，居住权被写进公民基本权利条款即宪法第六条。2004 年 2 月 4 日，该修正案在国会通过。负责公民居住权和居住条件改善的联邦部门是基础设施部、地区发展部以及女性、家庭和人权部和地方政府。

本着照顾民生、提高民众生活水平的宗旨，劳工党政府于 2009 年 3 月开始在全国范围内实施名为"我的生活我的家"的经济适用房项目。这是巴西有史以来最大规模的面向中低收入人群的经济适用房项目。

该资金来源包括全国社会福利住房基金和联邦政府城市部年度预算，由城市部划拨至国家储备银行后投入项目。联邦政府通过联邦储备银行为低收入家庭购买经济适用房提供标准不同的补贴或财务优惠。补贴和优惠等级分为五档。月家庭收入低于 1600 雷亚尔，即按 2009 年的最低工资标准计算为 4 个最低工资的家庭购房时可获现金减免。家庭月收入等于或低于 9000 雷亚尔，即 18 个最低工资的家庭可以优惠利率购房。低收入家庭或个人经申请，被审核获得相应资格后，即可参加项目成为受益人，并通过上述政策购买政府新建的住房。

2018 年，巴西联储银行宣布，先后有 1370 万人受益于经济适用房项目，通过此项政策获得了自有住房。这是巴西有史以来最大的民生改善工程。大量低收入民众实现了自有住房梦想，这是劳工党执政后对竞选承诺的实践，体现了一个有明确执政纲领的政党的责任担当。项目本身也得到了社会的普遍欢迎。这个项目对低收入民众生活水平的普遍提高，对于城市总体规划管理，以及后期其他民生配套工程实施具有很多积极意义。劳工党在民众中获得拥戴，在很大程度上源于这个项目。

项目后期也引发争议。争议焦点既有关于工程技术的，也有其他方面的。《圣保罗州报》报道，圣保罗购房者、人类学家安东尼奥·黎赛里奥在采访中指责政府在建设未来贫民窟。联邦结算法院和瓦加斯基金会对项目进行的联合调查于 2019 年完成，报告指出项目地点都位于离市中心较远的郊区，可能未满足喜欢住在城市中心，或是距市中心不太远的副中心地带的民众的心愿。

因项目本来就是经济适用房类型的民生工程，投资中土地购置费不能占比太大。即便是政府在土地价格较高的地方拥有地块，从资源有效合理配置角度看，此类项目也不应建在土地价格较高的区域。但在巴西政治生态中，政府稳定性和政策持续性无法保障。一旦执政党落选，反对党执政，项目整体规划可能因各种原因被搁置，相关配套工程不能继续进行，项目居住环境可能会越来越差，居住质量不断下降，最后出现安东尼奥所描绘的情况，并沦为政治斗争的工具。

巴西民众自有住房情况一直在变化。根据权威机构 2011 年全国入户抽样系统数据，当年全国自有住房率达 75%，其中 70% 已全额支付完毕，住户已获完全产权。另有 4.7% 在按揭中。租赁住房占比只有 17.3%，其余为住户获赠。

2014 年同一调查表明，2004～2014 年，居民固定住房中租赁住房比例一直在上升。2004 年，租赁住房占比为 15.4%，2011 年为 17.3%，2014 年则已达 18.5%。自有住房占比则从 2011 年的 75.0% 回调到 2004 年的 73.7%。2014～2015 年巴西住房拥有和使用情况见图 6-6。

巴西地广人稀，自然条件优越，绝大多数地区适于人类居住，民众住房条件容易提升。相对于北部和东北部而言，南部和东南部经长时间稳定和较高质量的经济发展，城市和乡村住房条件普遍比较好，民众住房问题基本得到解决。

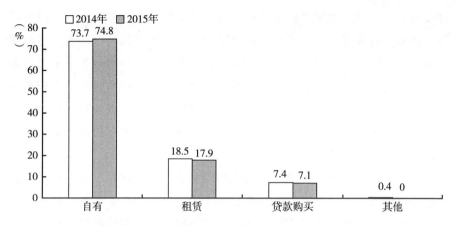

图 6-6    2014~2015 年巴西住房拥有和使用情况

资料来源：巴西国家地理和统计局。

在很多城市扩大和发展进程中，很多贫困家庭进入城市后无法解决住房问题，只能非法占用公共用地。这些家庭经常集中居住，搭建简陋住所，贫民窟也就此形成。出于选举等其他目的，政府往往会征用被占土地，无偿或以极低价格批给这些住户，解决这些民众的居住用地问题。

用地问题解决后，建房过程会比较长。在巴西可常见一些房子的二楼或三楼矗立着很多暴露的钢筋，但实际上有些家庭已在这种状态下生活了较长时间。有些仍处在建设之中的房子会出于各种原因提前被交易出去。

同时，巴西政府还努力提高贫困民众现有居住条件，使更多普通百姓得以享受经济发展的益处。

# 第二节    社会保障和社会福利

## 一    社会福利传统和观念

巴西社会保障服务理念形成较早，源于殖民时期。从历史资料和各地早期慈善机构分布情况和规模看，在巴西历史上，公共救助是天主教传播组成部分之一，最早实施公共救助的主体是天主教在各地的机构。在巴西很多城市，尤其是大城市，都有带有强烈天主教色彩的慈善医院、孤儿院等。各种慈善机构往往位于市中心显著位置，成为当地地标建筑。当时的公共救助行为主要是对公众疾病的救治，以及对无力承担相关费用的妊娠妇女的资助和母婴关怀等。仅从建筑看，这些救助机构当时就已有相当规模。比如在玛瑙斯、贝伦、圣路易斯、马赛奥等城市，由政府和教会，或由教会独立建立的慈善机构建筑不但仍然存在，很多还在使用之中。有的慈善机构至今仍由教会主持运作。

巴西公共救助开始较早，有关机构很早就已达到比较专业的水平。在亚马孙腹地玛瑙斯市附近的密林中，至今仍可见约 200 年前教会和政府合建的麻风病院遗址。从其占地范围和建筑形制看，是当时颇具规模的专项投资。

巴西政府制定的医保制度是在全国范围内统一实行，面向全民的健康卫生医疗保健制度。医院建设、医疗设备购置和配备一般由州政府或市政府负责。各地医院、急救中心、妇产医院等实施统一医疗保健制度的医疗实体基本上是地方政府出资建设的。这些医疗机构也往往成为竞选宣传的内容之一。在马拉尼昂州，前总统萨尔内影响很大，其家族成员在当地政府任职多，当地各种医疗机构多以其家族成员名字命名，这种情况也常见于别的城市。这也是巴西社会福利、社会保障的一个独特现象。

## 二 社会保障理念和政策

巴西社会保障思想体系形成时间较早。社会保障较早便已形成相对成熟的制度，并建有为社会和民众提供社会服务的实体机构。

社会保障在巴西最早提法是公共救助，在葡萄牙王室到巴西前就已出现，但不是政府行为，也没有明确的法律地位。体现社会保障精神的"公共救助"于 1824 年被写进巴西帝国宪法而成为法律。当时公共救助行为的实施者不是政府，而是由私人或私人机构通过政府或教会，或两者共同建立的慈善机构服务于社会。

在后来历次修宪中，社会保障始终作为公民重要权利被写入宪法。关于社会保障的内容被写入 1988 年宪法第 194 条到第 204 条。宪法规定：

社会保障是政府和社会为确保公众卫生健康、福利和社会援助等有关权利而采取的一系列行为的体系；建立、组织、管理社会保障体系是政府的责任。

宪法规定社会保障体系须具备面对所有人的普惠性、公众不分其来源的普适性、各项服务对所有人一律平等的公平性等几个基本性质。宪法还规定：社保资金来源于联邦、州、市的财政预算，由全社会根据法律，通过直接和间接方式提供；其他资金还来自各种雇用他人劳动，并以任何方式支付报酬的自然人或机构。在支付劳动工资和报酬、获得收入和利润时，必须从中扣除相应款项。

巴西社会保障体系由三部分组成。

第一，社会保障。包括公共社会保障机制和预缴费用的生活保障机制，包括退休、失业等社会保障机制。

第二，社会救助。对困难民众提供免费社会保障政策。包括对残疾人员、失能人员和贫困家庭等群体的救助等。

第三，公共卫生和医疗保健服务。根据宪法促进公共卫生，减少公众社会的疾病风险和为社会公众提供基本医疗和健康保健服务。

## 三　社会保障管理机构和系统

巴西社会保障体系的管理和运行由以下机构和系统负责。

（1）巴西国家社会保障理事会。该机构于 1991 年 7 月 24 日根据第 8213/91 号法成立。法律规定：理事会是全国社会保障体系最高决策机构。法律对理事会的法定权利和职能范围做了明确、详细的规定，并规定理事会由联邦政府代表、养老金和社会福利金受益者、在职受薪劳动者和资方代表共同组成。

（2）社会福利数据公司。该公司根据 1974 年 11 月 4 日盖泽尔总统签署的第 6.125 号法成立，为联邦经济部控股的全资国有企业，具有独立法人地位，拥有自有资金并自主经营，其资产构成方为联邦政府（51%）和巴西国家社会保险局（49%）。该公司是巴西全国社保系统和联邦政府各部委机构在社保领域的数据提供商、唯一技术服务商，为全国社保系统提供与社保体系有关数据的采集、处理服务，以及对相关数据存储和管理，并依照相关法律向有关具有资质的机构提供数据，接受全社会对公共数据和信息的查询。

（3）全民医疗健康统一保障体系（SUS）。SUS体系基于1988年宪法关于全民社会保障原则建立，根据1990年9月19日颁布的8080/1990号法建构和具体执行，是巴西有史以来覆盖面最大、结构最完整的全民医疗保障体系。

（4）巴西国家社会保障局。该机构隶属于联邦经济部，负责全国社保制度框架下的资金管理和各项社会保障、社会福利资金发放。于1990年6月27日根据第99350号政令成立，其前身为巴西社会福利资金管理局和国家社会保障局。该机构在全国共有1500个社保站，工作人员有近3.5万人，是巴西政府序列中职工最多的机构之一。该机构主要职能包括：根据相关法律和制度收存和管理全国社保制度框架下所有社保资金，对享受社会保障的人员，包括因各种情况退休的人员、领取产假工资的人员、抚恤金领取者、长期患病者、伤残者、犯罪服刑人员低收入家属等的资格评估和认定；并按规定为上述各类社保对象发放社会保险金。

实施社会福利和保障是巴西政府的宪法责任。除联邦政府有关社会福利和社会保障法律制度框架下的福利之外，地方政府也可建立自己的福利保障制度。包括国有企业在内的社会其他机构和团体同样可以依法依规建立和提供福利和保障服务，如巴西银行就有独立的退休福利制度。民间慈善组织或团体也可以提供福利或救助服务。私营机构还可以从事以盈利为目的的保障和福利服务。这些机构可依照相关法律法规，通过同有关方签订协议的方式，向受益方提供福利和保障服务并承担相关法律责任和义务。

# 第三节　社会结构

一　移民

巴西早期居民由葡萄牙移民和印第安人组成，现代社会则由各国移民和移民后裔组成。长期以来不断流入的各国移民对巴西社会的形成起到了决定性作用，也给巴西现代社会中的文化、政治、经济等留下了深刻印记。正是大量、长期、不断的移民流入，使得巴西人口迅速增加，并形成特征鲜明的社会结构和形态。

学界普遍认为，最早在美洲定居的人类于最近的小冰河期跨越白令路桥来到美洲大陆。这些从东亚开始迁徙的人群在进入美洲大陆后一路南下，最终来到巴西并定居于此。根据巴西国家地理和统计局有关研究资料，当初生活在巴西的各印第安族群人口总数在 180 万~600 万人。

葡萄牙人是近代到巴西的第一批移民群体，即被葡萄牙王室册封而获得巴西土地的贵族及其随从、仆人等。这批移民最典型的特点是民族的单一性。这些葡萄牙人驱使当地印第安人采伐红木，并用工业品或装饰品与其交换。在 1500 年到 1822 年，进入巴西的葡萄牙移民人数为 50 万~70 万人。

1535 年前后，葡萄牙殖民者开始大规模向巴西贩奴。起初贩奴只是为满足甘蔗种植对劳动力的需求，但很快就成为一种盈利方式。早期殖民者对奴隶的无偿奴役成为巴西当时普遍的社会现象。不但大甘蔗种植园有奴隶，地方低级官员，甚至普通市民家庭都奴役奴隶。根据学者研究，从 1536 年到 1850 年的 300 多年，共有近 500 万名奴隶被贩卖到巴西，由此使得巴西成为非洲大陆以外黑人最多的国家。非洲裔成为巴西社会最早、最大、最主要人口组成部分。

1808 年，葡萄牙王室为将中国茶叶引种进巴西，从中国内地引进数百名茶农。因此，除葡萄牙人和非洲裔，第一批有组织的移民是华人。这些中国同胞的事迹鲜见于史，但史料明确记载他们曾为里约热内卢皇家植物园建设做出贡献。

1818 年 5 月 16 日，皇帝颁诏下令从欧洲移民。1819~1820 年，261 个瑞士家庭共 1686 人到达巴西，在里约热内卢山区建立移民村并定居。1824 年 5 月 3 日，德国移民进入同一地区。因当时在巴西的葡萄牙人不被认为是移民，所以瑞士人和德国人被视为最早进入巴西的欧洲移民，里约热内卢也成为第一个欧洲移民聚居之地。

19 世纪中叶，英国舰队已在大西洋沿岸打击贩奴贸易，巴西大咖啡种植园劳动力开始短缺。咖啡园主转而雇用欧洲移民为劳力，他们以部分工资支付这些欧洲移民，有的也以土地作为报酬。当时有大量土地可垦殖，欧洲移民通过多种方式获得土地并成为其所有者。在获得基本生产资料后，有的移民放弃为种植园工作转而自己耕作成为农民，有的则进入城市。

19 世纪初巴西独立后，葡萄牙人不再能移民巴西。德国成为巴西主要移民来源国，并很快在数量上超过瑞士，成为人口最多的移民群体。其余移民主要来自意大利、西班牙等。进入 20 世纪，来自日本、黎巴嫩等亚洲国家的移民剧增。根据权威统计数字，1884 年到 1959 年，巴西接收移民共 4734494 人，其中意大利人 1507695 人、葡萄牙人 1391898 人（见表 6-2）。1820~1975 年，巴西接收的移民人数为 5674569 人。

表 6-2　1884~1959 年巴西移民主要来源国和移民人数情况

单位：人

| 来源国 | 1884~1893 年 | 1894~1903 年 | 1904~1913 年 | 1914~1923 年 | 1924~1933 年 | 1934~1944 年 | 1945~1949 年 | 1950~1954 年 | 1955~1959 年 | 合计 |
|---|---|---|---|---|---|---|---|---|---|---|
| 德国 | 22778 | 6698 | 33859 | 2339 | 61723 | N/D | 5188 | 12204 | 4633 | 176422 |
| 西班牙 | 113116 | 102142 | 224672 | 94779 | 52405 | N/D | 4092 | 53357 | 38819 | 683382 |
| 意大利 | 510533 | 537784 | 196521 | 86320 | 70177 | N/D | 15312 | 59785 | 31263 | 1507695 |
| 日本 | — | — | 11868 | 20398 | 110191 | N/D | 12 | 5447 | 28819 | 188723 |
| 葡萄牙 | 170621 | 155542 | 384672 | 201252 | 233650 | N/D | 26268 | 123082 | 96811 | 1391898 |
| 黎巴嫩 | 96 | 7124 | 45803 | 20400 | 20400 | N/D | N/A | N/A | N/A | 189727 |
| 其他 | 66524 | 42820 | 109222 | 51493 | 164586 | N/D | 29552 | 84851 | 4.599 | 596647 |
| 总计 | 979572 | 85211 | 1006617 | 503981 | 713132 | N/D | 92412 | 338726 | 247944 | 4734494 |

资料来源：巴西国家地理和统计局。

巴西长期秉持对所有国家、种族、民族移民开放和欢迎的政策，从未有过任何法律或行政命令限制、禁止某个国家或民族移民进入巴西，外国移民往巴西的流入从未停止。进入 21 世纪，外国移民流入有所增加，但来源与之前不同。新移民多为中美洲海地、洪都拉斯、危地马拉等国因贫困迁徙的人口。因国内政局动荡，经济社会状况恶化，委内瑞拉人也大量进入巴西。但其中很多只是经过巴西,继而去向阿根廷、智利等。另由于利比亚、叙利亚内战和持续动荡的局势,一些处于战争区域或受战事威胁的中产阶级通过在巴西的阿拉伯社团进入巴西。非洲贫困人口也将巴西作为移民目的地。这些非洲移民多来自非洲葡语国家,另也有部分来自西非塞内加尔、马里、贝宁等国。

巴西社会与移民有着千丝万缕的联系。移民和移民社会的出现、存续给巴西带来了发展动力和发展机遇。各种社会矛盾和冲突也未反映、体现到种族问题上,从未形成以移民为主体或对象的冲突。以下几个现象很说明问题。

第一,天主教是巴西最传统宗教,目前仍为信众最多的第一大宗教。随着移民进入,新宗教不断出现,不同宗教或教派林立,但人们始终友好亲善。巴西未出现任何形式的宗教冲突。

第二,进入巴西的移民中有来自世界上冲突地区的不同民族、不同种族,这些移民进入巴西后,放弃了对立情绪和排斥心理。巴西移民特点之一是群体性移民,很多以家族、聚落形式迁至巴西。这些从未共同相处更未共同生活的族群在巴西相遇,在巴西和平共处。

第三,巴西宪法规定结社或组成政党是公民的自由。但巴西没有以人种、民族、宗教形成的组织或政党,也没有任何政党提出过以人种、种族利益为宗旨的党派纲领。

第四,各国移民先后进入巴西社会,很快找准行业分工,早期移民所从事的行业多为其后代群体所承继。如意大利人经营中长途运输,黎巴嫩人经营建材和工具零售,中国人经营商业批发,德国人开工厂,日本人种植蔬菜和水果,等等。这些分工在没有政府指导或干预情况下完成,并形成行业分工明确、领域划分合理、族群间相互尊重、相互合作、相互依存的现代生产社会。巴西未出现过移民群体之间的行业恶性竞争。

二　国内人口迁徙和流动

巴西近现代发生过几次较大的国内人口迁徙,这些事件对巴西经济社会发展、当地社会人口结构产生影响。19 世纪 70 年代,东北部塞阿拉州遭遇连年干旱，引发饥馑。而北部亚马孙州当时正值橡胶黄金时期，劳动力的大量需求引发塞阿拉州民众向亚马孙州迁徙。当时人口总数约为80万人的塞阿拉州向亚马孙州移民约12万人。这次人口流动部分缓解了东北部灾情，也解决了亚马孙州劳动力问题。从更长时间维度和更宽泛的广度来观察和分析，这次沿海向内地的人口流动的意义更深远。

1960年，新首都巴西利亚市开始建设，这一巴西历史上最大工程形成了人口迁徙，大量年轻、高素质人口从各地进入新首都工地。工程完成后大量年轻人留下，新首都落成后又有大量高素质人群进入。政府将首都从沿海迁至高原的目的就是为使国家政治、文化中心向国土中心地带转移，并以此带动内地发展。数十年后，巴西利亚市不但成为全国政治中心，同时也成为人口最年轻、人口素质最高的城市。

20世纪70年代，政府为推动北部地区发展，以各种优惠条件鼓励南部农业人口向北方移民。这次政府主导的人口迁徙使亚马孙地区人口结构发生巨大变化。人口数量增加对当地经济社会发展形成巨大推动。现朗多尼亚州已成为农业大州。移民所产生的影响使得当地人类发展指数大幅上升。

因沿海、南部经济一直更好，社会服务产品、水平、质量都更高，巴西人口迁徙模式相对固定，主要表现为从北向南、从内地向沿海移动，这种情况多年来没有变化。北部大量农业人口常受灾害或其他因素影响失去土地继而破产，或因贫困等放弃耕作。这是造成大量北部，尤其是东北部农业人口南下，向东南部沿海工业中心迁徙的原因。这种情况目前仍在发生。

巴西北部、东北部经济社会发展水平低于南部和东南部，希望能有更好学习条件和就业机会的年轻人也向南迁徙。这种情况不可避免地造成并扩大了地区间经济社会差距，加剧了经济发展不平衡。

这种方向相对稳定的人口流动现象并非只出现在经济社会地位较低的人群。因经济发展水平明显较高，东南部和南部其他社会服务设施、条件、水平也明显较好，各种消费选择也更多，因此吸引北部和东北部高收入人群向圣保罗、里约等都市迁徙。

### 三 社会阶层

巴西人口超过 2 亿人，国土幅员辽阔，经济结构完整，所以很难以一个标准或一个方式来划分其人群结构。从不同角度观察，会对巴西的社会结构形态有不同认识和理解。

冈比纳斯大学教授费尔南多·多科斯塔的研究报告显示，巴西收入最高的 10% 的人群的人均收入是收入最低的 40% 的人群的人均收入的 13 倍。这个收入差距在不同地区有不同表现，皮奥伊州收入差距最大。在圣卡塔琳娜州、戈亚斯州、阿拉戈阿斯州和马托格罗索州这个差距最小，为 10 倍。

2017~2018 年，巴西处在世界银行所确定的日实际购买力平价低于 5.50 美元贫困线之下的人口从 26% 降至 25.3%（约为 5250 万人），相当于 110 万贫困人口脱贫。生活在世界银行划定的极度贫困线下，即每日实际购买力平价低于 1.9 美元的巴西人占总人口的 6.5%，约为 1350 万人，这一比例自 2012 年没有变化。

巴西各地的社会阶层因地而异。2018 年巴西减贫成就集中体现在东南部，近 70 万人脱贫，占当年脱贫人口总数的 64%。贫困人口集中在北部、东北部城市化程度低的地区。马拉尼昂州贫困线下人口占全州人口的 53%；其次是亚马孙州，为 49.2%；再次为阿拉戈阿斯州，为 47.4%。圣卡塔琳娜州贫困人口占比最低，为 8%。

在巴西政府和全社会努力下，民众受教育水平有所提高。根据联合国教科文组织 2015 年统计报告，在拉美地区 16 个国家中，15 周岁以上的人口文盲率相差很大。巴西的文盲率为 8.0%，是该地区五个文盲率最高的国家之一。

巴西社会资源分配长期不合理，贫富分化问题由来已久且严重。但总的来说巴西社会阶层并未完全固化，不但存在上升通道，还有新的上升通道出现。2005 年后中产阶级群体迅速扩大，就是例证之一。随着近年来高等教育发展，很多年轻人通过学习获得更多就业机会。外资不断进入也提供更多的就业机会。另外，巴西民众企业家精神普遍较强。在就业形势不好时，很多人会选择从事摊贩经营来改善生活状况，有的往往由此走上小微企业经营之路。巴西的社会制度和社会环境为这种选择提供支持。社会舆论和公众价值观对通过这样的努力所获得成功予以认可和鼓励。

由于发展方式问题，巴西经济对外依存度高，利益集团对经济掌控能力太强，政府缺乏调控能力，政策连续性和稳定性也比较差，造成经济发展不稳定且脆弱，导致中产阶级很容易失去其经济社会地位，一些做小生意的小商户很容易在变动中破产。

四　社会规范和生活理念

自由、民主、秩序、进步是巴西人民最重要的价值规范和理想追求目标。从历史发展和社会沿革过程来看，巴西社会规范的形成和演化是多方因素共同作用的结果。巴西实行资本主义社会制度，这一基本制度决定了社会运行规则和方式。作为一个有 2 亿人口，多人种、多民族的社会，各族群的特点、行为方式必定都受其民族的历史、传统、价值观影响，也必然在巴西人民的价值规范和道德伦理上有所反映。

巴西受天主教影响深远，大量民众思维观念、行为准则受天主教影响较深。虽然宗教信仰充分自由，多种信仰并存，但巴西的主流宗教还是天主教。巴西自 1985 年的专制政权终结后，各种党派很多，政治见解也完全自由、这对巴西社会自由、民主的价值观形成和加强发挥了重要作用。

在不同社会阶层，环境因素和条件不同，人们追求各有不同。很多富裕、传统家庭注重子女各方面素质培养。在巴西，仍然有一些数代从军而且以此为傲的家庭。

尽管社会不断变化发展，但不少巴西家庭仍坚持传统观念。优越的物质条件，良好的教育环境和家庭传统，是有些年轻人获得成功的因素，这些年轻人也往往由于家庭教育和职业训练而成为社会中坚。

形成多种价值观、多种不同社会规范的另一原因是地区间经济社会发展水平的差异。现实生活中有的地区封建传统习惯仍比较强大和普遍，加上不同领域和行业的区别，社会分工的差异，使得巴西社会价值观具有丰富多样性和复杂性。

很多家境贫寒的年轻人积极向上，坚持努力。长期以来，巴西优秀球员出身贫寒。在包括贝利、罗马里奥、罗纳尔多这样出身贫困，功成名就的前辈及其个人奋斗成长经历的激励下，很多年轻人凭借自己的努力，发挥自身天赋，通过艰苦训练和律己的精神改变命运。

因社会资源分配不公，受教育机会不均，很多年轻人在成长道路上会更艰辛。同时很多特殊条件和天赋又给予很多年轻人很奇特的成功机会。巴西向来高产超级模特，很多女孩子由于爱美和各种天赋而走上一条成功道路。这也成为不少年轻人的理想。

巴西人的性格、生活习惯与殖民地文化有千丝万缕的联系。形成巴西文化的主要部分来自拉丁民族，自由、开朗、奔放是巴西人民的性格基调。其中最典型表现之一，就是巴西人民思想不受历史和过往的羁绊。在与拉丁文化长期共存过程中，其他民族人民的性情和生活习惯被逐渐弱化。

巴西人民崇尚自由的生活理念，提倡个性解放，追求随意的生活方式，但他们对家庭也非常重视。在节假日，数个家庭集合起不同年龄、不同辈分的三四十人甚至更多的家庭成员一起外出活动也很常见。巴西人民热爱聚会、联欢，就是源自他们热情开朗的个性、慷慨大度的态度和乐观向上的精神。

# 第四节　医疗卫生

## 一　医疗卫生概况

巴西较早就引入现代医疗卫生概念，也较早建立了社会医疗卫生体系。随着经济发展，巴西医疗卫生事业得到长足发展，在拉美始终处于领先地位。但很多民众长期无法享受公平、合理的医疗卫生福利，这是长期以来困扰巴西医疗卫生体系的问题。

从 20 世纪 40 年代始，巴西医疗卫生事业就一直在持续发展和进步。20 世纪 40 年代到 70 年代，巴西人口增长率为 129.1%，同期医生人数增长率为 184.4%，从 20745 人增加到 58994 人。巴西对医生的培养从 1950

年起开始加速，医生人数增长率始终超过全国人口增长率。1970 年，巴西医疗卫生教育事业进入快速发展阶段，当年全国人口为 9450 万人，医生人数约为 6 万人，即每 1340 人有 1 名医生。1970 年到 2000 年，全国人口增加 79%，同期医生队伍壮大到 291926 人，增幅达 394%，医生人数实现了近四倍的增长。1970 年到 2017 年，全国医生人数增加 665.8%，增长近 6.7 倍（见表 6-3），同期全国人口仅增加 119.7%。2016 年，人口与医生比例进一步缩小，每 375 人就有 1 名医生。2019 年，巴西每 1000 人有 2.2 张病床。

表 6-3　1970~2017 年巴西全国登记注册医生人数和全国总人口比例变动情况

| 年份 | 医生人数(人) | 人口数(人) | 医生与人口比例(近似数) |
| --- | --- | --- | --- |
| 1970 | 58994 | 94508583 | 1∶1602 |
| 1980 | 137347 | 121150573 | 1∶882 |
| 1990 | 219084 | 146917459 | 1∶670 |
| 2000 | 291926 | 169590693 | 1∶581 |
| 2010 | 364757 | 190755799 | 1∶523 |
| 2017 | 451777 | 207660929 | 1∶459 |

说明：医生人数为 1970 年到 2017 年登记注册的医生统计数。全国人口数来自巴西国家地理和统计局所公布的信息。

资料来源：巴西医生人数统计（2018），https：//jornal.usp.br/wp-content/uploads/DemografiaMedica2018.pdf。

巴西医疗卫生事业所获得的进步和成就是全社会对医疗卫生的重视的结果。巴西各届政府一直重视医疗卫生事业，这也是巴西在医疗卫生领域处于拉美前列的原因之一。1988 年，享有医疗卫生服务作为公民基本权利被写进宪法。

多年来数据表明，巴西婴儿死亡率呈下降趋势（见图 6-7）。在金砖国家中，巴西这方面略强于印度和南非。

在一些边远贫困地区，因缺乏合理、基本医疗卫生条件，以及营养不良等，妊娠妇女死亡率较高。

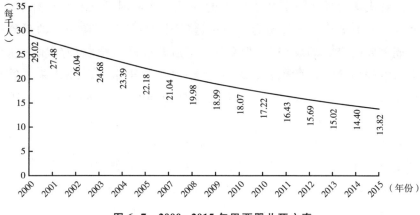

图 6-7  2000～2015 年巴西婴儿死亡率

资料来源：巴西政府官网，http：//tabnet. datasus. gov. br/cgi/idb2011/matriz. htm。

巴西联邦医学理事会和圣保罗州医学理事会 2011 年调研表明，医疗资源问题并非医务人员不足，也不是单纯医疗资源短缺。受财富集中情况、收入水平等因素影响，医务人员分布呈地区性不均衡。不论是医生绝对数，还是医生人数与人口数量相对的比例，北部、东北部地区与圣保罗、里约热内卢、贝洛奥里藏特等经济发展水平较高的大城市相比差距很大。

各地发展水平受政治、经济、社会、文化因素影响存在巨大差异，导致各种资源长期分布不合理，医疗资源地区性不均衡现象尤为突出。表 6-4 是巴西五大地区医疗资源情况。

表 6-4  巴西按地区每千人医生比例

| 地区 | 千人/医生人数 | 每名医生/人口数 | 主要州 |
|------|------|------|------|
| 北部 | 2 | 900 | 亚马孙、帕拉、阿克里、朗多尼亚、阿马帕 |
| 东北部 | 2.5 | 700 | 巴伊亚、塞阿拉、塞尔吉培、马拉尼昂 |
| 中西部 | 3.4 | 400 | 戈亚斯、马托格罗索、南马托格罗索、巴西利亚 |
| 南部 | 3.39 | 380 | 巴拉那、圣卡塔琳娜、南里奥格兰德 |
| 东南部 | 4.05 | 320 | 圣保罗、里约热内卢、米纳斯吉拉斯 |

资料来源：https：//pt. wikipedia. org/wiki/Sa%C3%BAde_ no_ Brasil。

为解决落后地区长期缺少医生的问题，使贫困民众获得医疗服务，巴西各届政府做出过各种努力，但边远贫困地区医疗资源匮乏的现象一直未能彻底改变。2011 年，罗塞夫总统启动鼓励医学院校应届毕业生到边远贫困地区工作的项目，3000 多个城市提出申请，统计需要医生人数超过 1.3 万人。但报名参加项目人数仅 4392 人。最后签约的不到 3800 人。

罗塞夫签署第 621 号行政令，启动旨在改变贫困地区缺医少药局面的"更多医生"项目。项目从 2013 年 7 月 8 日开始实施。项目一方面征召医生并将其派往医疗条件较差的地区，同时开始医务人员培训，通过一个学制三年的短期课程，为落后地区培养基层医务人员。这是自 1985 年还政于民后医疗卫生领域最大的一次旨在改变贫困地区医疗卫生状况的尝试。

因所需医生人数远超国内所能解决，该项目对外国医生和巴西在国外行医的医生开放。到 2017 年，有超过 18240 名医生进入这个项目工作。据媒体统计和报道，有超过 4050 个城市受益，受益人口达到 6300 万人。

因参与项目的 1.82 万名医生中约有 1.14 万人来自古巴，项目遭到上至联邦卫生部、下到地方医生协会的强烈反对。巴西医生协会和联邦医学理事会联名向最高法院提出申请，以召唤外国人到巴西从事医疗工作是非法行医为由，要求法院判定项目违法。各反对党之间更是针锋相对。

但是项目改善了贫困地区的医疗局面，也改善了当地卫生健康状况。其中古巴医生为此做出了自己的贡献。多个民调机构的调查结果显示民众对该项目表示支持和拥护，对外国医生在巴西行医问题并不太在意。

布索纳罗当选总统后提出要修改巴古项目协议。2018 年 11 月 14 日，古巴宣布终止执行协议并召回所有派出的医生。

二　全民医疗保健制度

1988 年之前，只有参与社会医疗保健体系的人才能享受公费医疗，这些人多属公务员群体，总人数约为 3000 万人。1988 年宪法第 196 条规定，享受免费卫生医疗保健是全体公民的基本权利。

为实现关于健康权是公民最基本权利，保障这一权利是国家最基本义务的宪法精神，巴西建立了全民医疗健康统一保障体系（SUS），并于嗣后通过第 8080/1990 号法，作为宪法相关条款实施细则和这一体系的法律保障。

巴西卫生部称，全民医疗健康统一保障体系是全世界最庞大、最复杂，也是最完备的全民医疗健康保障体系。体系所包括的医疗服务范围从血压测量等最基本检查，到复杂的器官移植。该体系的建立将使全体公民享受一切医疗服务。

1988 年宪法第 195 条规定，公民有权享有的所有免费医疗服务的所有费用由联邦、州和市政府的预算提供。所有公立医院，包括各种医疗学术科研院所、各种实验室、化验室和血液中心（血库）、卫生监督服务机构、流行病监测机构、环境监测机构、基金会和科学研究机构等，都是 SUS 的组成部分，也是具体实施和服务提供方。

该体系的三个原则如下。一是全面性，健康权属于全体人民；政府保障所有公民无条件享有这个权利。二是公平性，所有人生而平等，获得健康的权利相同；政府必须给予贫困人群更多倾斜。三是彻底性，政府彻底满足所有人的健康需求。

巴西卫生部还指出，该体系充分关注公民全面健康保健。该体系在宪法保障下和有关法律具体实施细则的规范下，建立了由联邦、州、市三级政府组成的国民健康医疗服务网络，其服务范围分为初级、中级和高级以及三类与其相应的不同的医疗服务活动，即紧急救护、急诊，门诊服务和住院治疗，卫生健康管理等不同层级和不同方式的医疗卫生服务和药物援助。

截至 2013 年底，巴西全民医疗健康统一保障体系组建有医疗队43081 个，服务民众超过 1.274 亿人，占全国人口的 66.8%；建有心理咨询服务中心 2020 个，服务范围包括 1357 个城市，占全国城市总数的24.4%，接受咨询服务人数达 159 万人，占全国人口的 0.82%。SUS 内大众药房 546 家，遍及 432 个城市，占全国城市总数的 7.76%。SUS 建有家庭病房制度，覆盖全国 5319 个城市，受益人口达 1.08 亿人。2019 年巴西医疗条件情况见表 6-5。

表 6-5　2019 年巴西医疗条件情况

| 医院（所） | | 专业人员配备（人） | | | 病床数（张） | | | | 设备（台、套） | | |
|---|---|---|---|---|---|---|---|---|---|---|---|
| 专科 | 综合 | 医生 | 牙医 | 护士 | 外科 | 综合 | 产科 | 儿科 | 影像设备 | 牙医椅 | 生命维持设备 |
| 1090 | 5195 | 215640 | 165323 | 261064 | 76461 | 107325 | 43632 | 46157 | 41802 | 153353 | 337488 |

资料来源：巴西卫生部。

## 三　医疗卫生管理体系和结构

卫生部是巴西医疗卫生最高行政管理机构。1930 年瓦加斯总统首次设立教育事务和公共卫生部，负责全国医疗卫生行政管理。1953 年 7 月 25 日，该部更名为卫生部，并沿用至今。卫生部作为联邦政府中负责制定医疗卫生政策，建立健全业务规范、行政管理、专业协调、技术监督的机构，始终是历届政府独立的部门。卫生部是 SUS 体系的设计者和构建者。

巴西医疗卫生管理组织结构包括卫生部、州政府、市政府三级主管部门。全国医疗卫生管理机构的设立和运行始终围绕 SUS 体系落实和推广。各州、市设卫生局。州、市卫生局的责任和职能是在州、市医疗卫生理事会的协助下，根据本地区实际情况，制定本地区的医疗卫生和健康保健规划、组织、管理、评估和执行各项本地区的卫生、医疗、健康等方面的具体工作，保障 SUS 体系在本地区全面有序地实施，同时向所辖地区提供各种政策指导、财政支持和专业协调并开展业务合作。

## 四　医学教育

巴西医疗卫生能够达到目前水平并长期处于拉美领先地位，是和拥有较好的医学专业教育分不开的。巴西医学高等教育历史悠久，医学是巴西高等教育最早开办的专业，不但政府重视医学教育，私人机构和宗教社团也热衷兴办医科院校。经长期建设和发展，绝大多数的州有两所以上医学院。除医学院校外，几乎所有联邦大学或州立综合大学都有医学院。医学是历年高考最热门专业。

巴西医学院都有附属医院。这些医院有的是建校时就规划设计的，也有不少医院先于学校存在，有的私立医学院诞生自医院。巴西圣保罗圣塔卡萨医学科学学院诞生于圣保罗圣塔卡萨慈善医院。圣保罗阿尔伯特爱因斯坦医院医疗资源非常丰富，在拉美声誉极高，这些年也开始办学招生。

有的联邦或地方公立综合大学在建校时没有医学院附属医院。但通过政府和大学间协议，与一家或数家医院形成和保持教学和医疗合作。

以这种办学方式经营的医学院有充足的教师资源，巴西医学院校师资力量中大部分教师是执业医生。除生化、解剖等基础课有专职教师外，专业课多由执业医生授课。

巴西医学院招生人数很有限，教学极严格，所以各校每届都有学生不能毕业。南里奥格兰德天主教大学医学院成立于 1969 年，在建校 50 年中，仅约 3000 名学生从该校毕业。有些学生无法毕业，也有的因为学习任务过于繁重而放弃学业。

巴西有的医学科研机构在成立之初就独立存在，有的则是从医院、大学发展出科研部门。很多医学科研院所就是诞生于大学实验室，属于大学。

这种高校、医院、科研机构三者紧密结合带来了积极的效果。首先，科研机构可以针对公共卫生和医疗中最实际的问题，确定最优先的科研课题。其次，也可以通过三者关系，更加有效地利用各方面资源。再次，可以使学生在实际工作中获得更多知识。最后，还可弥补体制上的一些缺陷，巴西没有独立的药学院，也没有独立的药物研究所。个别公立大学的药学院和相关研究机构合作，实际承担了药物研发的工作。

布坦坦研究所成立于 1901 年 2 月 23 日，原为圣保罗大学的科研机构，是巴西最负盛名生物研究机构和国际相关领域重要科研机构。目前该所制备的疫苗占全国总量的 51%，各种医学治疗用血清占全国总量的

46%。研究所科研重点包括公共卫生和与公共卫生直接或间接相关的领域，并主要集中在生物学、生物医学、生物技术和药理学等学科。研究所还参加世界卫生组织、泛拉美卫生组织、联合国儿童基金会等国际组织的科研合作项目，并参与、执行这些国际组织的科研活动。2020年，该所承担中国国药集团新冠疫苗三期临床试验。

## 第五节　环境保护

### 一　巴西环保部门和环保机构设置

1967年2月28日，巴西军政府颁布第289号政令，首度设立巴西林业发展署，该机构隶属于农牧业部，职能是进行林业管理，并负责生态环境保护和天然林保护。所以可以说巴西的环境保护是以林业管理为基础的。

1973年10月30日，梅迪奇总统签署第73030号总统令，设立生态环境特别秘书处。作为内政部下属机构，秘书处负责全国生态环境管理。1985年3月15日，萨尔内总统签署第91145号行政令，首次设立了负责环境保护的内阁部委城市发展和生态环境部。1989年2月28日，林业发展署被撤销，其法律地位和行政职能被巴西生态环境和可再生自然资源署承继。

巴西生态环境和可再生自然资源署机构更完整，业务更独立，职权范围也更广泛。该机构的设立显示了政府对再生自然资源管理、开发、利用重要性的认识，以及对生态环境保护的重视。巴西是世界上第一个将可再生自然资源概念引入政府治理体系的国家。

巴西环境保护部门职能和权限因政府变动而变化，但其地位始终保持。卡多佐任总统后，巴西环境部成立，现名为环境和气候变化部。除负责全国生态环境保护外，环境保护部门还负责开展、推动其他各种生态环境保护事业，负责对水资源、植物、动物、土壤资源的管理和监测。作为行政管理部门，负责审批、管理其职能范围内各项业务，有关经营活动的执行情况的稽查和执法。作为联邦政府执法部门，该机构拥有执法权。

环境保护部门职能包括：制定国家生态环境政策、亚马孙大区环境规划和与水资源相关的政策；在可持续方针指导下的生态系统、生物多样性和林业等资源的保护和利用，以及保护和利用相结合的政策，地区发展的生态经济规划等。其行政部门包括执行秘书处（副部长办公厅）下属的内务管控特别助理司、法制司。业务主管部门包括生物多样性司、林业和可持续发展司、生态环境保护司、外事司、生态旅游司等。执行机构有巴西生态环境和可再生自然资源署、奇科门德斯生物多样性保护局、里约热内卢植物园科研局等。

巴西生态环境和可再生自然资源署作为联邦政府机构向各州派驻常设机构，负责对当地环保行使管理、监测、稽查、处罚等行政权力，并对违反联邦环境法律的行为提起诉讼。各州政府也设立州环保局，州环保局根据地方法律法规对与当地生态环境有关的事务进行管理。

## 二　环保制度和管理体系

林业是巴西重要经济产业，也是生态环境最重要组成部分，可持续林业管理是环境保护部门重要行政业务和主要职能。生态环境和可再生自然资源署在各个州的派出机构最主要业务之一就是林业产业经营管理、监督和执法。

以林木或其他自然资源为原料的生产企业须根据法律法规完成登记注册和经营管理。以木材生产为例，有资质、能力的企业须根据生产计划，提前提交采伐运输计划。计划须包括将开展采伐作业的林地所有权证明、木材所有权证明、森林资源调查报告、采伐计划、作业方式、采伐数量、运输方案等一系列内容。生态环境和可再生自然资源署接到计划申请后，派出林业工程师，根据计划中的数据进行实地勘验、数据核实、技术分析，程序审核合规后才能签发采伐许可。在采伐过程中，主管部门根据作业进程对森林采伐中的各阶段进行监督检查，如有违规，则将给予处罚，责令整改，直至吊销作业许可。在生产过程中，相关生产企业须接受主管部门稽查。经审核合规方可获得销售和运输许可。

对于不利用自然资源，但可能对生态环境造成改变或破坏的项目，项目单位也必须完成所有项目审批程序。主管部门收到项目建议，经审查后对建议进行预审批。项目建议获得批准后，项目单位编制可行性研究报告。项目环境评估报告是可行性研究报告最重要组成部分。环评报告中不但要有项目或工程所在地的生态环境完整、全面描绘，还要有项目对生态环境可能造成的影响等全面的介绍。环评报告除了分析和介绍项目对自然生态、自然环境的影响，还必须从环境经济、环境社会角度做出全面分析评估。从趋势来看，巴西政府对生态环境的监测、保护将愈加严苛，对可能给生态环境造成影响的项目审批越来越严格。项目越大，审批就越严，耗时也越长，过程也越复杂，要求也越高，审批后对工程过程的监管和督查也更加严苛。

亚马孙热带雨林遭受的乱砍滥伐是对巴西生态环境保护的最大挑战。长期以来，打击对天然林乱砍滥伐也是巴西环保部门工作重点。为更有效监测各种毁林行为，政府除派出稽查和技术人员进行地面工作外，还很早就引进了卫星遥感等先进技术手段，对各种违法活动进行监视和打击。

三　自然生态保护和国家公园管理

奇科门德斯生物多样性保护管理局是管理自然生态保护区的专职行政部门。该机构以政治活动家、环保主义者弗朗西斯科·门德斯姓名命名。门德斯生前是阿克里州割胶工人，因致力于其所在地区的自然生态和生物多样性保护，为农场工人争取合理和正当的权利被杀害。2007 年 8 月 28 日，巴西政府颁布第 11516 号法设立该机构，2011 年 7 月 8 日，罗塞夫签署总统政令批准该机构行政编制。

该局的行政职能和管理权限原属巴西生态环境和可再生自然资源署，后权限扩大为全国各类保护区和保留地的立项、审批、划定、建设、保护和管理。此外，该机构还负责全国所有保护区的监测。该机构有执法权。

生态保护区是巴西国家保护区体系中诸多类型之一。生态保护区通常是一个地域广阔，有人类居住，拥有丰富和特殊生物、非生物多样性的地区。这些地区可能还具有传统和独特、对人类社会具有某种重要意义的文化社会特征。巴西政府出于保护生物或非生物多样性、保持各种文化和社会的多样性，保护其特有的文化社会价值以及确保其可持续利用等基本目的，建立这些生态保护区。

巴西联邦政府负责保护区的审批以及保护区划定和设立。州、市政府可以申请在所辖范围内，机构和自然人可申请在自有土地范围内建立生态保护区。在得到奇科门德斯生物多样性保护管理局批准后，按有关法律法规，在有关部门技术指导下，开始保护区建设和管理。全国保护区体系（SNUC）是联邦政府对生态保护区进行认定、规划、管理、稽查的法制框架，也是生态保护区管理制度的依据。

根据全国保护区体系，按保护对象和保护目的不同，保护区被分为12个类型。其中5个为整体全面保护类型：生态保护区、生物保护区、国家公园、自然遗产、野生动物天堂。整体全面保护是为保护区内自然和原始状态免受外来干扰破坏，区内自然资源只限于在保护区范围内被间接、有限利用。另外7个为可持续利用保护类型：自然环境保护区、生物特征保护区、国家森林公园、采集式生产保留地、动物保留地、可持续发展保留地、自然遗产保留地。在自然生态环境得到保护的情况下，其资源可被直接、合理利用。

无论其土地权属，保护区建成后都必须严格按相关法律法规，即巴西全国保护区体系管理，且必须向公众开放。未经主管部门批准不得对其做任何改变。

除对自然生态环境保护外，巴西还对具有独特社会特征的环境加以保护。1973年12月19日，巴西政府颁布第6001号法，以立法形式对印第安人生产、生活区域进行划定、保护，并设立印第安人保留地，该法被命名为《印第安宪章》。1988年宪法再次强调印第安人权利。

基隆博拉领地是一种针对传统文化保护的区域。这种保留地最早是逃跑的、由于各种原因获得自由的奴隶占据一些所有权尚未确定的区域，并在区内聚居而形成的。居民因长期居住和占领而获得实际占有权，或通过不同途径和方式获得土地所有权。在长期非洲文明传统和现实环境影响下，这种聚落内部形成特殊的社会形态。因其社会形态特殊，反映历史进程中特殊现象，领地被以保护地的形式加以保护。

　　巴西约有 2000 个基隆博拉社区。根据相关法律，基隆博拉社区可通过相关程序获得政府审批，批准后则成为基隆博拉领地。一个领地里可存在一个或多个基隆博拉社区。2003 年 11 月 20 日，联邦政府颁布关于规范基隆博拉领地的第 4887 号政令。

　　印第安人保留地和基隆博拉领地的最主要保护对象并非自然生态环境，也不是生物多样性。但因被保护对象形成于特定的自然环境，而且这些特殊的文化社会特征都依赖特定的自然环境得以保留和延续，所以只有通过对特定自然环境的保护，才能实现对特定文化社会现象的保护。这两种保护地正是基于这个理念和方式，使得相关文化社会遗产得到保护。这两种保护地与各种自然生态保护区最大不同在于各自的法律地位。根据联邦法律，未经联邦政府批准或未得到相关族群同意，外人进入印第安人保留地是违法行为，并可能会被印第安人视为敌对行动。

　　巴西环境保护部门官网 2020 年 2 月显示，巴西目前共有各类保护区 2376 个，保护区面积共计 2549329.61 平方公里，其中陆地面积 1585172.32 平方公里，海洋面积 964153.29 平方公里，保护区面积超过巴西领土和领海面积的 20%。其中 1004 个属于联邦政府，保护区面积大约 1717975.68 平方公里；另有 1004 个保护区属于各州，保护范围约 770420.47 平方公里。还有 368 个保护区属市一级政府，保护区面积为 60933.46 平方公里。不论是保护区数量，还是保护区面积都在不断增加。

　　围绕保护区的问题，巴西国内有不少不同意见，其中主要集中在以下几个方面。

　　第一，持发展经济学观点的人认为，因很多保护区建立在自然资源蕴藏丰富的地区，过多设立保护区不利于自然资源开发利用。

　　第二，保护区过多和过于严格的保护区法规影响国家和地区经济社会发展、基础设施建设。

　　第三，过分强调保护区地位、社会形态，会人为、变相地迟滞当地经济社会发展。

第四，过分突出、强调对保护区、保留地的保护会削弱政府管理和治理能力。

## 四　国际社会对巴西生态环境的影响

生态环境问题始终与经济、政治等问题紧密相关。巴西环境问题，尤其是亚马孙生态保护问题，因其丰富的资源蕴藏和巨大生态环境价值，以及政治、经济、自然、社会等各方面特殊地位，受到国际社会广泛关注，也受到国际上各种势力、各种利益集团的特殊关注。巴西环境问题因此表现出独特的多样性和复杂性，巴西政府和社会也因此面临更多、更复杂的挑战。

亚马孙是全球森林覆盖率最高、木材单位蓄积最多、总蓄积最大的地区，每年林木自然更新率接近 8%。整个亚马孙大区占巴西国土面积的近一半，曾作为地区经济支柱产业的胶合板工业被清除殆尽。目前利用当地木材资源的经济活动微乎其微。

西方社会对巴西亚马孙地区的变相的资源控制不但给当地经济发展造成严重阻滞，有些所谓非政府组织还以保护传统原住民文化为名，对印第安族群和当地民众的基础教育和文化进步横加阻挠，如反对印第安人安装电视天线，劝说人们不使用手机，等等。

巴西是被世界上各种非政府组织关注最多的国家之一。这些组织基本有欧美资金技术支持。它们以各种名义和方式，通过不同途径和渠道，对巴西政治、经济、社会、民众施加影响，或直接通过在政界、经济界、学术界、媒体，包括普通民众中培育代理人来施加这种影响。有些非政府组织并不从全局立场和多重角度观察、分析和审视问题，在对政府和公众施加影响过程中并不总代表民众根本利益，还可能混淆民众认知。有的甚至为利益集团代言而刻意干扰政府决策，误导民众的认知。

对于外国势力针对亚马孙越来越广泛、越来越深入的渗透和直接的干涉，巴西精英阶层始终保持清醒，并一直密切观察。早在 1999 年，北方军区司令莱萨将军就曾在公开场合向社会公众披露西方国家对亚马孙地区渗透的情况。通过大量地图和数据，他展示了亚马孙地区各种自然生态和印第安人保护区不断建立和持续扩大，并被间接或直接利用作为干涉亚马孙事务的手段。他用 PPT 和图示向公众展示，当亚马孙发现某种稀有矿产或资源后，这些资源蕴藏丰富的地区就会很快被划为各种保护区。那些以各种名义、不同形式建立的保护区都完全覆盖有自然资源蕴藏的地区。莱萨将军还披露来自有些国家的人员甚至到过巴西军人都没有到过的地方。2000 年在参议院作证时，他再次展示亚马孙地区面临的威胁和干涉，说明外国势力很多以生态环境等名义的干涉使得巴西政府面临的挑战不断增加，压力不断加大。

　　巴西亚马孙地区是巴西主权的一部分，生态环境保护是全球化必须面对的问题，必须由全人类共同面对，曾经对资源过度使用和过度消耗的发达国家必须承担更多的责任。

# 第七章

# 文 化

　　巴西文化带有浓厚的殖民宗主国文化色彩,并具有典型殖民地文化特点。对巴西文化形成影响至深的,是具有葡萄牙特征的欧洲文明,巴西文化的基础和表现形式也因此具有强烈欧洲文明特征。由于将欧洲文明带给巴西的是葡萄牙殖民者,所以巴西文化还属于欧洲文化圈亚文化中典型的拉丁文化。

　　同时带有葡萄牙本土特征和殖民主义这两种特点的外来文化成为巴西早期文化中的主要成分,并通过天主教这一主要传播渠道,占据了早期巴西文化主流的地位。

　　和拉美其他国家一样,巴西也有丰富的原住民文化。由于殖民统治对当地文化的残酷迫害,巴西当地原住民文化成分很少甚至几乎不能体现。这也是由于当地印第安社会仍停留在采集式生产方式,最终造成仍处在部落文明的原住民文化被代表更先进生产力的外来文化驱离,并被边缘化的结果。

　　巴西文化也接受了其他文化的影响。随着 19 世纪大量外来移民而进入的外来文化,成为巴西文化中的另一重要组成部分。但由于以葡萄牙殖民文化为主流文化的态势已基本形成,这些外来文化的主体是弱势群体,所以其对巴西文化的影响相对简单且始终处于次要、从属的地位。

　　随着人民的民族认同的形成和巩固,巴西文化在其形成和发展过程中也逐步形成了其民族性。在这个过程中,巴西文化在具有外来文化基因表现的同时,体现了强大和独特的民族特征。

　　在形成和发展过程中,巴西文化还具有充分的开放性和博大的包容性。随着巴西民族的逐渐形成，其文化不断受到世界上其他文化的影响，并在与这些文化共处的过程中不断融合和接纳了非洲文化，以德国、意大利、法国等国家所代表的欧洲亚文化，以日本、中国等国家所代表的亚洲文化。

巴西文化的出现和形成，是其民族独特的构成和发展的结果，也是巴西经济社会发展的结果。巴西文化是巴西人民在各种社会实践的过程中所创造物质和精神财富的综合体，也是其精神、感情、意识、意志的体现。

# 第一节　教育

## 一　教育概况

尽管工业化改造已基本完成，而且博索纳罗总统在上任之初就宣布巴西不再是发展中国家，但到目前为止，巴西教育事业重点仍是全社会扫盲。劳工党在 2002 年执政后，开始基础教育领域的扫盲运动。2003 年，巴西教育部启动名为巴西扫盲的全国性行动，希望通过提高就学率减少文盲比例。该计划工作重点在问题最为严重的东北部，重点是地处边远地区的小城镇。政府派专人到当地，直接向当地社区和百姓提供各种支持和帮助。

扫盲行动是近些年来巴西政府为保障贫困地区低收入人群基本权利的一项工作，针对的目标人群是年龄在 15 岁以上的群体。政府希望从根本上提高全民受教育水平，使教育惠及所有人。

巴西官方调查统计数据显示，2007～2015 年 6～14 岁人群就学率明显上升，女性就学率明显高于男性（见图 7-1）。巴西女性社会地位一直相对低下，在边远、落后地区如东北部尤甚。但调查统计显示，教育领域反映的情况与成见相反。结合外部环境和整体经济社会条件分析，专家认为可能是因过早开始承担家庭经济来源的义务和责任，男性弃学比例更大。

同时，巴西 10～14 岁的文盲也逐年减少，其占比从 2007 年的 3.1%降至 2015 年的 1.6%。但男性群体文盲率一直明显高于女性。

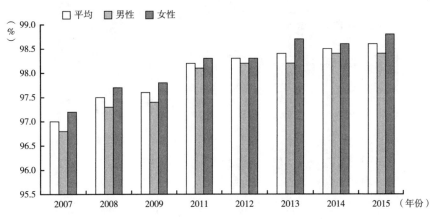

**图 7-1 2007~2015 年巴西 6~14 岁人群就学率变化情况（按性别）**

资料来源：巴西国家地理和统计局。

2007~2015 年，年龄在 25 岁及以上的巴西人中，受教育年限在 11 年及以上的人口比例明显升高，从 2007 年的 33.6% 上升到 2014 年的 42.5%。在性别差异方面，统计显示，2015 年该年龄段人群中受教育年限在 11 年及以上的男性为 40.3%，女性为 44.5%。

经不懈努力，巴西扫盲成绩显著。调查统计显示 15 岁及以上人群的文盲率持续下降（见图 7-2），从 2009 年的 9.6%，下降到 2011 年的 8.6%。统计也显示，主要文盲群体仍集中在北部和东北部经济社会发展水平较低地区，且年龄普遍在 50 岁左右。巴西教育部认为，在基本教育已普及的情况下，这种局面到下一代人才能有所改变。

## 二 教育管理

巴西教育最高行政管理机构是教育部。教育部负责研究拟定全国基本教育方针政策，并制定有关教育的法律法规，提交立法机关审议，然后贯彻执行。教育部还负责拟定全国基本教育实施细则等。

教育部设有下属机构全国教育理事会，该机构主要管理职能如下。

（1）统筹联邦政府对教育部门的财政拨款、教育建设投资，并拟定教育经费筹措、教育拨款申请、教育资金使用方案。

巴 西

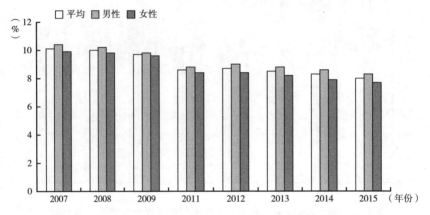

**图 7-2　2007~2015 年巴西 15 岁及以上人群文盲率变化情况（按性别）**

资料来源：巴西国家地理和统计局。

（2）负责根据全国各地具体情况制定基本教育标准、教学基本要求，并对各地教育情况，尤其是义务教育执行情况进行督导评估，以保证九年基础教育在全国得到普及。

（3）负责全国高等教育管理，包括对各高等教育机构申请的审理、资质评估，以及提出评估报告和审核意见。研究和提出关于基础教育和中等教育的基本建议，指导基础教育和中等教育的课程设置。对各地的基础教育和中等教育的实施情况进行评估和督导。

（4）促进成人教育、继续教育、远程教育、专业技术培训教育。

巴西高等教育管理机构是教育部高等教育司。该部门负责全国高等教育机构发展规划，同时也负责对各高等教育机构在贯彻执行国家高校政策过程中，在有关教学方针的制定和实施过程中进行指导、协调、督导。教育部高教司负责所有由联邦政府投资、管辖的联邦大学的投资、运营、管理、发展，并按教育法对全国所有高等教育机构进行督查和指导。

各州教育主管部门为州教育局、州教育理事会和地区教育专员公署。根据教育法，州政府负责本辖区内所有基础教育和中等教育机构的投资。州教育理事会职能包括：根据教育法有关规定和全国教育理事会的有关要求，指导、监督州政府管辖范围内的各中等教育机构各自的教学方针设立、课程安排等，并负责督查州政府管辖区域内所有基础教育、中等教育机构，包括私立学校。

各州教育局负责制定本州教育发展规划，负责本州州立教育机构的经费调拨和资金管理，负责对各自管辖区域内州立基础教育和中等教育机构的教师的聘用和日常管理等。

州教育局、州教育理事会还对州立高等教育机构负责，主要是负责学校的建设投资、人员管理、教师选聘等。州立大学的发展方向、主要领域和课程设置等可以和全国教育理事会、教育部高教司等共同商议，并结合当地的实际情况确定。各州私立大学或高等教育机构的设立须经州政府审批后，方能报送教育部和全国教育理事会。

各市的教育管理由市教育局、市教育理事会负责。在市一级行政区划，实际情况比较特殊。因经济社会发展水平存在地域性差异，各地教育事业发展的不平衡首先体现在教育机构建设有很大差距。在南部，城市经济发展水平较高，财政收入较多，其各阶段、各形式教育设施比较完善。在北部有些地区，如罗赖马、阿克里、阿马帕以及东北部的塞阿拉等州，一些边远小城市的教育会因政府财政收入不足而条件较差。在经济社会发展水平落后地区，因没有足够财政收入，教师非常缺乏。

## 三 教育制度

在巴西，关于教育制度设计和教育工作管理的法律是 1988 年宪法和于 1996 年通过并颁布的第 9394 号法，即教育法。依照以上两部法律制定的教育体系、制度适用于全国。巴西教育法明确规定：所有学校都可以依照相关法律，在法律框架下制定自己的教学方案。根据有关法律，巴西教育分为基本教育和高等教育两个阶段。

1. 基本教育

巴西基本教育包括以下几个阶段。

幼儿教育，3 岁以下的孩童所接受的幼儿园教育。

学前教育，针对 4~6 岁儿童，学制 3 年。

基础教育，学制 9 年，针对 6~14 岁学生。相当于我国小学一年级到初中三年级的课程。

中等教育，学制三年，针对 15~17 岁学生。相当于我国高中课程。

巴西教育法规定：九年基础教育为义务教育，接受基础教育是所有公民的基本权利。2006 年以来，巴西全国教育主管机构国家教育委员会开展了针对广大乡村和边远地区的农村教育。该项目旨在落实政府在农村、边远地区的教育义务，为各种不同情况的人提供基本教育的机会。通过兴建适应各地区特点的学校，根据不同地区和环境的各种特殊情况，制定相应课程，以惠及广大民众。

2. 特殊教育

特殊教育是针对有特殊要求，如有身体残疾或是其他病患的学生所设的教育形式，学制为九年义务教育。特殊教育由招收患有不同生理残疾或心理障碍的学生的学校提供，由受过专门教育训练的老师授课。

巴西有大量适龄期失学的成年人，为满足这部分人的基本权利和进一步的学习需求，巴西有的公立学校专门开办夜校，但这并非专门的成人教育机构。

3. 专业技术教育

九年基础教育后，除接受普通中等教育外，学生还可选择学制 1~3 年不等的专业技术学校提供的中等专业技术教育，以获得适当职前专业训练和各种技能培训。

专业技术教育是巴西法律规定的中等教育组成部分，是一种在某一行业或领域以提高技能为目的的职业培训，以满足希望尽早就业的人群的学习需求。提供这种专业教育的机构为学生颁发学历证书或资格证书。

四  基本教育机构

巴西基本教育机构根据投资主体和管理方式主要分为公立和私立两大类。不论是公立还是私立，基本教育机构都必须根据教育法规和教育方针制定教学方案，所有教师必须拥有国家审定和颁发的教育资质认证，并接受教育主管部门的评估和督导。

1. 公立学校

公立基本教育机构由各级政府投资建设，包括学前教育、基础教育、中等教育学校，其运营费用由政府财政支付，管理也由政府负责。

公立基本教育机构都不收费，是巴西基本教育的主要力量，87%的接受 9 年基础教育的学生在公立学校就读。在中等教育中，公立学校学生在在校生总人数中占比从 2009 年的 86.4%上升到 2011 年的 87.2%。

公立学校所提供的基本教育使得大量经济社会条件较低的民众获得学习机会，但由于投资不足等，公立基本教育机构教学质量相对较低。

巴西还有 12 所由陆军建立并管理的少年军校，性质为公立。少年军校按教育法规建立和管理并制定自己的教学方案，学制与公立学校相同，但只有基础教育和中等教育。军校招收现役军人和殉职军人的子弟，并择优录取少量平民子女。

2. 私立学校

巴西私立基本教育机构是公立教育的补充，也是市场运营的结果，学生必须缴费入学。私立教育机构同样按照教育部的教育大纲为学生提供基本教育。

巴西私立基本教育机构有多种资金来源。有些比较传统、历史比较悠久的私立学校本身就是实行市场化管理的经营实体，也有的是由专门经营教育的投资机构设立并运行的，在大城市也有和国外合办的基本教育机构。

私立基本教育机构的资金相对充裕，师资和学习条件、社会环境相对较好。巴西有条件的人家普遍愿意支付较高的费用，让子女就读于私立学校，以便获得较强的升学竞争力。

另一种非公立基本教育机构由宗教团体或慈善社团兴办。巴西教会学校特指天主教会营建的，在巴西开展通识教育较早的机构，覆盖从幼儿教育到高等专业教育。另外，巴西还有其他有宗教背景的慈善机构兴办的学校。

五 高等教育

巴西高等教育为大学本科及以上的教育。学生进入大学之前必须完成中等教育或与之相当的学历教育，参加入学考试并获得资格后方能入学。

高等教育学制根据不同专业而有差别，一般为四年，学制较长的为耳鼻喉科专业、牙科专业和综合医学专业。完成本科教育的学生可获得学士学位、学历证书、高等技术证书。

高等教育还包括各学科或领域的研究生课程以及博士后研究课程。这些都是法定的义务教育之外的选择性教育。

1. 早期高等教育

葡萄牙王室1808年迁至巴西后，医生科雷亚·毕甘索向王室进言，建议在里约开办医学院。在科雷亚努力下，王室建立的里约热内卢医学院于当年建校。科雷亚本人因此被后世尊为巴西医学之父，并被视为巴西高等教育开创者。

被史学界和教育界公认的巴西历史最悠久的大学是成立于1912年的巴拉那大学，即现巴拉那州联邦大学。

除医学院外，葡萄牙王室在短时间内（1808~1810年）分别在里约和萨尔瓦多建立了皇家海军学院和皇家军事学院等高等教育机构；1827年独立后巴西又在累西腓和圣保罗开办了两所法学院。巴西很多州都有历史悠久的大学，各大学最早设立的院系均为法律、医学。

2. 高等教育机构组织形式

因建校投资大、运营费用高等，巴西高等教育机构以公立为主，尤其是综合性大学。公立高等教育机构分民事、军事两种。前者由联邦政府、州（联邦区）政府、市政府开办并管理，后者则由武装部队各个军种或者准军事部队开办和管理。

因此，联邦政府不但成为高等教育的投资主体，也有能力将其所属的高等教育机构的师资力量、教学条件、科研能力都维持在较高水平。作为高等教育的主要力量，巴西的文、理、医、工等专业相对齐全的综合性大学几乎全是公立的。公立高等教育机构对公众吸引力更大。

私立高等教育机构的投资方和管理方可被细分为民间组织、宗教团体、经济实体、自然人、外资等几种形式；还又可以分为营利和非营利两种。2013年，巴西出现第三种大学，即社区大学。目前，巴西高等教育是公立、私立、社区三种不同投资管理形式并存。

巴西所有大学在专业设置、专业撤销、招生数量等问题上完全自主，无须经主管部门审批，但均须接受教育部和全国教育理事会督导。根据 2017 年 12 月 15 日巴西总统第 9235 号令，高等教育机构按其功能划分为大学、大学中心、学院等几种类型。

3. 高等教育改革

尽管巴西对教育投资实行多轨制，但联邦政府一直是高等教育最大投资者和最主要管理方。联邦政府除了在所有的州都投资建立了至少一所联邦大学之外，还组建过一些规模比较小、院系较单一的专业院校。针对投资分散、管理薄弱的情况，从 2002 年开始，联邦政府开启高等教育改革。方案之一就是将联邦政府在各地投资建设的一些联邦专业高校合并，组建成规模更大、院系更多、专业相对更集中的大学或学院。该改革几乎贯穿卢拉政府和劳工党执政的全过程。虽然改革成效和影响还有待于评估，但合并所带来的投资、教学效率都可大幅提高这一成果，应在期待之中。

为扭转高等教育乏力现状，提高大学教育水平，联邦政府在联邦大学实施改革计划。2005 年，巴西教育部制定了高校扩招计划，希望通过增加各州联邦大学研究生招生名额，以延长学生在校学习时间。

巴西社会中普遍存在的不公平现象在教育领域尤为突出。在高等教育方面，表现为教育资源的区域性分布不合理（见表 7-1）。私营机构在欠发达地区高等教育领域投资意愿不强，当地也缺乏高等教育管理经验和水平。东北部、北部和东南部、南部之间经济社会发展水平和文化社会条件的差距充分体现在高教问题上。这些差距既体现在生源质量，也体现在教师资源、教学和研究设施等方面。这种情况在短期内难有改观。

表 7-1 巴西各州的大学情况

单位：所

| 地区 | 所在州 | 联邦大学 | 州立大学 | 私立大学 | 市立大学 | 军事院校 | 共计 |
|------|--------|----------|----------|----------|----------|----------|------|
| 东北部 | 伯南布哥 | 18 | 11 | 75 | 22 | | 126 |
| | 塞尔吉培 | 2 | | 14 | | | 16 |
| | 塞阿拉 | 4 | 3 | 29 | | | 36 |

续表

| 地区 | 所在州 | 联邦大学 | 州立大学 | 私立大学 | 市立大学 | 军事院校 | 共计 |
|------|--------|----------|----------|----------|----------|----------|------|
| | 马拉尼昂 | 2 | 3 | 12 | | | 17 |
| | 巴伊亚 | 9 | 3 | 54 | | 3 | 69 |
| | 北里奥格兰德 | 3 | 1 | 15 | | | 19 |
| | 皮奥伊 | 5 | 2 | 12 | | | 19 |
| | 帕拉伊巴 | 3 | 1 | 36 | | | 40 |
| | 阿拉戈阿斯 | 2 | 2 | 5 | | | 9 |
| 北部 | 亚马孙 | 2 | 1 | 16 | | | 19 |
| | 帕拉 | 5 | 11 | 23 | | 1 | 40 |
| | 阿克里 | 2 | | 5 | | | 7 |
| | 托坎廷斯 | 2 | 1 | 13 | 1 | | 17 |
| | 朗多尼亚 | 2 | | 19 | | | 21 |
| | 罗赖马 | 2 | 1 | 4 | | | 7 |
| | 阿马帕 | 2 | 1 | 7 | | | 10 |
| 中西部 | 马托格罗索 | 2 | 1 | 17 | | | 20 |
| | 南马托格罗索 | 3 | 1 | 7 | | | 11 |
| | 巴西利亚 | 2 | 1 | 18 | | | 21 |
| | 戈亚斯 | 5 | 1 | 24 | 1 | | 31 |
| 东南部 | 圣保罗 | 30 | 7 | 94 | 7 | 3 | 141 |
| | 里约热内卢 | 8 | 5 | 36 | 1 | 6 | 56 |
| | 圣埃斯皮里图 | 2 | 1 | 27 | 1 | | 31 |
| | 米纳斯吉拉斯 | 17 | 3 | 66 | | 1 | 87 |
| 南部 | 巴拉那 | 5 | 7 | 42 | | | 54 |
| | 圣卡塔琳娜 | 4 | 1 | 18 | 5 | | 28 |
| | 南里奥格兰德 | 10 | 1 | 42 | | | 53 |

注：①本表是按巴西教育部评定的高等教育机构统计；

②除巴伊亚、伯南布哥两州是本州的统计数字之外，以上其他州的数字是从很多信息中综合统计的结果。

资料来源：笔者根据资料整理。

2008 年以来，巴西高教领域出现新的变化。多年来私营资本对教育领域投资所持的消极态度有所改变，大量资金进入高教市场，对一些体量大小不一但办学历史比较长，有一定教学水平、较高教学质量、生源也比较充足的高校展开兼并，并形成数个大规模高等教育院校联合体。

这轮巴西国内高等教育领域投资的主体不是本国资本，而是外资。2008 年，英国 GP 投资收购了巴西优良教育品牌艾斯塔西奥公司 20% 的股份，当时艾斯塔西奥公司全国在校学生超过 27 万人。GP 的注资使艾斯塔西奥公司的远程教育项目次年就在全国全面展开并形成规模。2009 年，英国 Actis 公司进入巴西，并先后投入 5.2 亿雷亚尔和 1.8 亿雷亚尔，进入巴西高教行业。2009 年，美资 Advent Intl 斥资 2.8 亿雷亚尔收购巴西最大教育连锁品牌格罗腾教育集团的部分股权，随后美资格罗腾又于2013 年 4 月与巴西大型教育品牌阿尼昂圭拉公司合并。美国黑石公司进入巴西教育行业也比较早，但自收购了阿尼昂圭拉公司以后，就没有过进一步行动。这些外资公司中，美国 Advent 是唯一拥有教育经验和产业的公司。2009 年，该公司通过收购法诺尔集团进入巴西，并先后收购六家巴西高教机构。

这些进入巴西教育市场的外资主要进行股权收购。除 Advent 外，其余资本不参与学校管理和经营，教学和行政管理都仍交由原来团队负责。

巴西教育领域长期缺乏投资。2014 年后经济一直在低位徘徊。在这种情况之下，国外资金的进入对巴西高教市场和高教改革无疑是利好的。

## 第二节　科学技术

### 一　科技简况

巴西科技发展水平与发达国家相比尚有差距，但在后发国家中，巴西在科技研究发展方面位于前列，且潜力巨大。

长期以来，巴西科研出于经济社会原因存在一些体制性问题。由于传统的实用主义观念，巴西高等教育在专业设置方面，对基础理论专业重视不够。另受各方面因素影响，学生在校时间相对较短，在完成本科学习后，大量学生进入就业市场，造成科研后备力量储备不足。

除专业科研机构外，巴西大学等教育机构也承担科研项目。但在教学和科研同时进行的情况下，科研力量相对不足，基础理论研究相对薄弱，科研得不到足够支持；还曾因经济衰退而薪酬较低等造成科研人员流失，从而进一步削弱了基础科研力量。

巴西科研相对薄弱与所处国际环境有关。拉美长期处于美国影响之下。美国经济社会强大虹吸作用使得拉美国家人才大量外流；美国等西方国家对新技术的封锁和落后技术的输出，向各国政府和社会灌输所谓华盛顿共识等资本主义自由化的经济理念，使得拉美各国政府治理能力被进一步削弱，在经济因被美国操控长期萎靡或不稳定的情况下，科技发展乏力。上述这些因素使得巴西科研水平难以提高。作为科技研发主体的政府困难重重，难有作为。

巴西很早就成为汽车生产大国，并长期居世界汽车产量前列，却始终没有自主汽车品牌。这种情况既证明了欧美垄断资本对巴西民族工业的打压，同时也体现巴西民族资本在自主技术研发问题上决心和动力不足。

尽管存在诸多问题，巴西政府对国家重点项目如国防重大工程科研课题，不但启动早，且长期坚定不移。巴西科研发展另一显著特点是对前沿科技发展敏感。这从近年来的科研布局便可看出。1995 年 1 月 5 日，巴西明确立法，设立主管生物安全的部门国家生物安全技术委员会。该机构随后提出数项针对和规范转基因等生物工程技术的专门法律。

近年来，巴西对基础理论和前沿学科的研究重视显著加强，这在后发国家中非常突出。虽然尚未达到国际先进水平，但近年来各届政府对科研领域的长远规划和布局更加重视。2016 年 5 月 12 日，巴西政府宣布国家科技和创新战略（2016～2022 年）。文件涉及航天、国防、食品、水资源、生物化学、气候、生化、能源等 12 个领域的科研可持续发展规划。这表明巴西对科研的长远规划意识和决心。

## 二　主要科技成就

巴西的科研能力在整个拉丁美洲是最强的，在很多领域，尤其是在实际应用方面，都有突出成就。

　　巴西科技发展和科研重点始终围绕与国家整体发展密切相关的领域和行业，尤其是保证国家全面、稳定发展的关键部门。历经 20 世纪的石油危机后，巴西政府迅速调整能源发展方向，重点加强生物质燃料科研和开发，并很快获得成果。巴西现已成为世界最大的生物质燃料生产国，汽车全部可以用以甘蔗为原料的酒精驱动。

　　早在 20 世纪 30 年代，巴西就已启动核研究。40 年代，巴西为美国曼哈顿计划和其他项目提供了镧、铈、钍、铀等稀有金属矿和稀土材料。1947 年，海军少将阿尔瓦罗·奥博尔托·依·席尔瓦向巴西政府提交核政策建议。1951 年，政府下令开展核研究。1965 年，巴西自主建设的第一个反应堆在里约核工程研究院建成。1982 年，为核电站安格拉 1 号、2 号配套的核燃料加工厂在雷森德建成。1996 年，工厂开始建设安装矿粉和铀棒加工生产线。1999 年卡埃迪特铀矿出矿后，生产线分别于 1999 年和 2000 年投产。2006 年，用于工业级铀浓缩的离心装置第一个模块投入运行。

　　巴西核政策完全基于自力更生原则。从原料开采到核材料加工、生产全部由国有企业控制和管理。位于巴伊亚州的卡埃迪特矿是拉美唯一投入采掘并始终在生产的铀矿，其所有者为巴西核工业公司。2010 年，安格拉核电站 3 号机组动工建设，原定于 2018 年投产，但因资金问题投产被推至 2024 年。核电已成为巴西发电最大能源之一。巴西目前正在建造第一艘完全国产的核潜艇。

　　巴西是拉美拥有最先进航天技术的国家。其火箭项目起步于 1949 年。直到 1972 年，巴西一直致力于固体燃料火箭研发，共生产和发射 33 枚火箭，其中 1957 年已成功发射两级火箭，但直到 20 世纪 80 年代才开始取得实质性进展。1983 年 3 月，奥坎德拉火箭发射场落成。1984 年，巴西第一枚国产探空火箭发射成功。

　　1997 年 10 月，巴西和美国签署巴方为 NASA 国际空间站生产加工零件的协议。通过协议，巴西获得航天员训练的机会。1997 年 11 月，搭载巴西国产卫星 SCD-2A 的第一枚国产火箭 VLS-1 发射失败。次年，该卫星被美国火箭送入轨道。1999 年，用长五火箭发射的中巴合作地球资源卫星成功入轨。2000年VLS-1火箭再次发射失败,但中巴合作卫星建造和发射项目获得全面成功,四个中巴合作地球资源卫星全部入轨。2006年3月30日,巴西第一名航天员搭乘俄罗斯联盟号飞船进入太空。巴西是拉美唯一有能力研发较大推力火箭,并制造卫星的国家。

巴西拥有世界领先的民用航空工业的设计、制造能力。巴航工业公司是全球最具竞争力的民用飞机设计生产企业,其产品出口至全球50多个国家,而且还开发生产了极具竞争力的中型军用运输机。

巴西不但在尖端科技领域拥有较高水平和较强竞争能力,在民用和基础产业方面,也获得很多科研成果。其中最重要的特点,就是科研与生产紧密结合。在农业方面,巴西科研为提高农业生产水平和产品质量做出很大贡献。巴西农牧业研究院(EMBRAPA)是一个非常积极、活跃而且成果丰富的研究机构,其下属研究所、科研中心、实验室遍及全国,数百个研究方向和课题紧密联系生产中的实际情况,针对不同地区、不同种类的经济作物开展研究。巴西畜牧业、渔业、种植业等所处的世界领先地位,是和巴西科研工作分不开的。

巴西科研与生产紧密结合的另一例子是甘蔗种植。巴西甘蔗种植和蔗糖产量长期以来处于世界前列。这一领域长期由几个大家族高度垄断。为提高甘蔗种植技术和产量,这些家族企业的科研机构几乎对每一个典型地块的土壤、地形、水分涵养能力等技术指标进行考察研究,并针对不同情况选择不同技术,进而培育适应这些自然环境的高产品种。

在咖啡、可可等传统经济作物种植方面,科研直接为生产服务的例子更是不胜枚举。巴西国有科研机构在畜牧业、种植业领域有大量人员和技术投入,而且产出很多针对性的成果,从而给一些没有资金和技术能力独立进行科研的小生产户提供了很大的支持。

巴西也有以营利为目的的私营科研机构。私营企业也会建立、配置自己的科研部门。巴西的桉树种植不但种植面积、立地蓄积在世界占据领先地位,木材质量也名列世界同行业之首。这些成就都是几个以桉树为原料的纸浆公司内部研究机构的科研成果。这些由企业自己投资、自己管理、自己经营的研究机构设立在林场里，从而可以从育种到砍伐整个生产过程直接对林木和生产进行观察和管理，还可以对发现的问题直接、迅速地采取措施，加快了科研成果转化为生产力和利润的过程。

巴西军人很早就意识到培育和保持独立自主军工技术的重要性，较早就建立了较健全的自主军工体系。20世纪70年代末巴西开始发展现代军工产业，在很短时间内便跻身于防卫产品设计生产大国行列。巴西当时生产的军用作战车辆，包括主战坦克，都是国际军火市场非常有竞争力的产品。这都体现了巴西在这个领域的科技开发能力。

### 三　科研管理体制和科研机构

还政于民后的巴西第一届民选总统萨尔内在就职当天签署第91146号行政令，成立科技部。这是巴西联邦政府机构中第一次出现科技主管部门。

2016年5月12日，罗塞夫总统签署第726号行政令，撤销原通信部，并将其职能合并至新成立的科技、创新和通信部。该行政令后于2016年9月29日经国会通过成为法律。2019年1月1日新当选总统博索纳罗于任职当天签署第870号临时行政令，重申科技、创新和通信部的职能及其重要性。根据政府规划，并经过国会立法认定，科技、创新和通信部主要职能如下：

制定国家通信、广播行业政策，负责通信、邮政、广播业务管理；

制定国家科学技术研究政策，推动和促进国家科技发展和创新；

规划、协调、监督、管理科技活动和创新行为；

研究和制定信息工业和自动化发展政策；

研究和制定国家生物安全政策；

研究和制定空间开发、空间技术政策和核技术政策；

管理敏感物资和技术的出口；

制定联邦政府与各州、私营企业在国家科技、创新领域合作的有关政策和进行工作的组织、协调等。

巴西政府科技主管机构原为成立于1951年1月15日的国家科研

理事会。1996 年 1 月 9 日，卡多佐总统签署第 9257 法，理事会更名
为国家科学技术理事会，作为国家科技领域最高理事和协商机构，负
责向总统就国家科技政策、制度建设和科技发展规划方面提出意见和
建议，其 13 个常务委员包括科技、创新和通信部部长，总统民办主
任、国防部部长等。科技、创新和通信部与国家科学技术理事会在各
州或联邦区不设派出机构。

2023 年，卢拉就任总统，将科技、创新和通信部分立为科技创新部、
通信部，以加强相关领域工作。

巴西的科研机构构成了国家科研网络，有的已有百年历史，历史悠久
的科研机构多属于所在州。但主要科研机构，尤其是较晚成立的前沿、尖
端科研院所隶属于科技、创新和通信部。联邦政府有的部委也有下属科研
院所，如农牧业部下属的巴西农牧业研究院，卫生部、国防部都有下属科
研部门（见表 7-2）。

表 7-2　巴西科研机构情况

| 研究机构 | 建立年份 | 简称 | 研究领域 |
|---|---|---|---|
| 雷纳托阿尔谢尔信息技术中心 | 1982 | CTI | 信息技术 |
| 巴西物理研究中心 | 1949 | CBPF | 物理 |
| 采矿技术中心 | 1978 | CETEM | 采矿技术 |
| 天文地球物理大气科学研究所 | 1886 | IAG | 天文地球物理大气等 |
| 国家空间技术研究院 | 1960 | INPE | 空间技术 |
| 国家亚马孙研究院 | 1952 | INPA | 亚马孙 |
| 国家自然灾害监测和预警中心 | 2011 | CEMADEN | 遥感监测灾害预警 |
| 国家技术研究院 | 1921 | INT | 技术发展 |
| 国家大西洋沿岸雨林研究院 | 1949 | INMA | 林业、生态环境 |
| 东北部战略技术中心 | 2005 | CETENE | 规划管理研究 |
| 帕拉埃米利奥戈埃尔迪博物馆 | 1866 | MPEG | 自然博物、科普 |
| 巴西半沙漠化国家研究院 | 2004 | INSA | 沙漠化监测改造 |
| 巴西科技信息研究院 | 1950 | IBICIT | 科技信息科学 |
| 国家天文台 | 1827 | ON | 天文观测和研究 |
| 国家空间物理实验室 | 1985 | LNA | 空间物理 |

续表

| 研究机构 | 建立年份 | 简称 | 研究领域 |
|---|---|---|---|
| 国家计算机科学实验室 | 1980 | LNCC | 计算机科学 |
| 宇宙和科学博物馆 | 1985 | MAST | 宇航科普 |
| 巴西农牧业研究院 | 1973 | Embrapa | 农、林、牧、渔业等 |
| 奥斯瓦尔多克鲁斯基金会 | 1900 | Fiocruz | 生物、生物医学等 |
| 空间科技局 | 1950 | DCTA | 空间技术 |
| 布坦坦研究院 | 1901 | IBu | 生物、生物医药 |
| 热带医学研究院 | 1959 | IMTSP | 热带病和传染病 |
| 农业经济研究院 | 1942 | IEA | 农业、农业经济 |
| 圣保罗生物研究院 | 1927 | IB | 生物、农业病虫害 |
| 核技术和能源研究院 | 1956 | IPEN | 核技术、核能 |
| 圣保罗技术研究院 | 1899 | IPT | 综合科研 |
| 国际物理研究院 | 2009 | IIF | 核技术、核能 |
| 纳达尔国际神经科学研究院 | | IINN | 脑神经、认知科学 |
| 国家纯数学和应用数学研究院 | 1952 | IMPA | 数学 |
| 航空技术研究院 | 1950 | ITA | 航空航天技术 |
| 国家光同步加速器实验室 | 1997 | LNLS | 加速器 |
| 国家计算机科学实验室 | 1980 | LNCC | 计算机科学 |
| 技术发展研究院 | 1959 | LACTEC | 综合学科研究 |
| 巴拉那技术研究院 | 1940 | TECPAR | 农牧业生物研究 |
| 阿道夫鲁兹研究院 | 1940 | IAL | 生物、生物医药 |
| 农学研究院 | 1887 | IAC | 农艺、农学、农牧业 |
| 埃米利奥里巴斯传染病研究院 | 1875 | IIER | 传染性疾病 |
| 巴斯德研究所 | 1903 | IP | 病毒学、免疫科学 |
| 埃万德罗夏加斯研究所 | 1936 | IEC | 热带微生物、热带病 |
| 高新技术研究所 | 1982 | IEAv | 航天航空科技 |
| 生物科学国家实验室 | 2000 | LNBio | 生物技术 |
| 生物甲醇技术国家实验室 | 2000 | CTBE | 甲醇和生物燃料技术 |
| 纳米技术国家实验室 | 2011 | LNNano | 纳米技术 |

资料来源：根据巴西政府各部委资料整理。

# 第三节　文学艺术

## 一　文学

### 1. 早期文学创作

文学是巴西艺术中最早出现也是最早繁荣的门类。在巴西人民的文化生活中，文学始终占有重要地位。

因直接诞生于葡萄牙语言，巴西文学不可避免地受到欧洲文学，尤其是葡萄牙文学的强烈影响。在这个意义上，巴西在殖民时代早期和之后很长的一段时间内并没有本土文学。

巴西早期文学创作主体是以传教士、奴隶主、官员、商人为主的殖民群体，因此带有强烈的殖民风格、都市特征和比较鲜明的宗教色彩。诞生于这个时期的巴西文学作品具有强烈的葡萄牙文学异域表达的特点。

巴西是拉丁美洲唯一的葡萄牙语国家，但其文学是拉美文学的组成部分。在 500 多年的历史进程中，巴西人民经历了拉丁美洲其他国家的人民经历的历史，巴西文学也在这个过程中形成了一些拉美文学所具有的共同特征。从殖民宗主国承继的文化传统，因此而固有的表达方式，人文情怀、其所处的自然环境、不同的民族融合、自身历史发展进程带来的影响等因素，成就了巴西文学。在这个意义上，中国读者所熟悉的拉美文学的魔幻现实主义并没有在巴西形成文学创作群体。

巴西最早的文学作品出现于 16 世纪，作者是以最早到达巴西的传教士若泽·安希埃塔、佩德罗·卡布拉尔船队的书记员佩罗·瓦斯卡米尼亚为代表的群体。《佩罗·瓦斯卡米尼亚的信》是寄给葡萄牙国王的一封信，该信被视作巴西的第一部文学作品。当时的作品多为针对当地印第安人宗教传播的文字和船队航行日志，或是对当地自然地理、植物、民风等特点的描写、旅行记录或日记等，间或有传教士的一些诗歌。这个时期的文学作品和特点被巴西文学评论界称为五百年主义。

17 世纪，欧洲巴洛克和复古主义文学倾向被殖民者带到巴西。这个时期巴西文学代表人物依旧是传教士和殖民者群体中的文化人士。前者文学创作背景是东北部的甘蔗种植园和当地的风景、生活。从表现手法和表达对象来看，依旧是欧洲的，代表人物有传教士安东尼奥·维埃拉、诗人格利高里奥·德马托斯等。

18 世纪中叶到 19 世纪初，新古典主义开始影响巴西，这个创作群体主要是米纳斯吉拉斯的一些学院派上层人士。受意大利的影响，这个时期的作品多是描写自然风景和田园景色的诗歌，其主要社会背景是米纳斯吉拉斯的采矿业和淘金热。这些诗人中比较著名的包括克劳迪奥·曼努埃尔·达科斯塔、托马斯·安东尼奥·贡萨卡、奥瓦伦加·佩索托和伊纳西奥·达席尔瓦等人。这些作者不只是通过文学表达情感，同时也代表当时激进的社会力量。他们都参与了反对殖民统治的斗争，贡萨卡本人还因诗歌创作而遭流放。

2. 独立前后巴西文学风格

19 世纪初叶的两个重要历史事件对巴西文学发展产生重要而深远的影响。一是葡萄牙王室来到巴西，二是巴西独立。

19 世纪 30 年代，受法国浪漫主义影响，以诗歌为表现形式的浪漫主义开始在巴西出现。其代表人物是贡萨尔维斯·德马卡良斯（1811～1882）、曼努埃尔·德阿劳约·波尔图·阿克里（1806～1879）、安东尼奥·贡萨尔维斯·迪亚斯（1823～1864）。代表作品是 1836 年出版的诗集《诗意的叹息和追忆》。稍后出现的更多的带有浪漫主义色彩的诗人和个人主义、自由主义、民族主义的写作倾向都可以从这两个事件找到灵感。这两个事件，尤其是独立激发出的巴西民众新的身份认同，对自由的重新认识、追求、向往都成为这一时期巴西文学发展的巨大动力。19 世纪中叶，浪漫主义文学开始衰落。作家和诗人开始面对严峻的社会现实和各种社会冲突，现实主义开始强势出现。这个时期最具代表性的是巴西伟大的现实主义文学家玛夏多·德阿希斯。

玛夏多是一个多产非洲裔文学家，作品除《堂卡斯穆洛》《一个蜜蜂死后的回忆》《昆卡斯·博尔巴》《复活》等 10 部著名小说外，还有剧本、诗歌等。其作品在带有显著的浪漫主义色彩的同时，充满对当时社会现实的真实描绘，将巴西文学推到一个新高度。玛夏多还影响了后来一大批以此风格写作的作家，也正是由于这些作家和他们的作品对现实社会近乎完全和彻底的揭露，这一时期的巴西文学不但真正体现了文学艺术对于社会的积极作用，还成功确立并巩固了巴西文学在世界文学之林的地位。玛夏多·德阿希斯也因此跻身世界文坛。

这一时期的著名作家还有阿鲁伊思约·德阿泽维多，作品有《女人的一滴泪》《穆拉托》《提茹卡的秘密》《猫头鹰》《软木》，另一位作家曼努埃尔·德阿尔梅达，作品有《一个民兵上士的回忆》等。

3. 近现代巴西文学特征

巴西还出现过一些其他文学潮流。如 19 世纪末 20 世纪初的诗人奥拉沃·比拉克、小说家拉伊蒙多·科雷亚（代表作品《最早的梦》《交响乐》）、奥尔博托·德奥利维拉、诗人文森特·德卡尔瓦里奥（诗集《玫瑰 爱的玫瑰》）等人所代表的文学群体。巴西文学评论界认为他们所代表的是为艺术而艺术，将志怪神话作为主题，故意使用冷僻词语、语言晦涩的复古主义。在 19 世纪末，出现了用神秘主义手法写作的象征主义潮流，其代表人物有克鲁斯·索萨、阿尔方索·德吉马良斯等。但这些人所代表的只是短暂的文学现象，而未成为影响巴西文学的流派。

20 世纪下半叶，巴西文学进入低潮，未出现长期的、显著的文学倾向。文学创作上出现的是具象主义、超现实主义的风格，表现出贴近音乐、取悦民间的写作手法。

中国读者比较了解的巴西作家若泽·亚马多于 20 世纪中叶开始多产。他主要描写他所了解的社会底层、贫苦百姓的卑微地位以及他们的艰难生活，作品包括《狂欢节之国》《死海》《汗水》《可可》《弗劳尔夫人和她的两个丈夫》《奇迹帐篷》《沙滩流浪儿》《加布里埃拉丁香与肉桂》等。

亚马多是巴西共产党党员。他文学活跃时期正好是在巴西工业化进程快速发展和社会最动荡的年代。其所秉持的现实主义不论是表现手法，还是对社会揭露的立场、鞭笞的态度都不为巴西文学所谓主流群体所接受。他于 1961 年当选为巴西文学院院士后，其作品在世界 55 个国家出版，在欧洲也得到广泛认可，但他在巴西文学界地位并不十分显著。

现代主义是巴西文学较晚出现的一个现象。1922 年 2 月发生在圣保罗的一个标志性的艺术活动即现代艺术周成为巴西艺术史上的里程碑事件。这一事件在证明先锋派谢幕的同时，也标志着艺术风格向现代主义的转变。其文学代表人物包括诗人马里奥·德安德拉德，他除了创作很多诗歌之外，还创作了小说《爱 一个不及物动词》《马库奈马》，另一位代表人物是奥斯瓦尔多·德安德拉德，他的作品有《巴西红木》《诗歌学生奥斯瓦尔多·德安德拉德诗抄》等。

20 世纪 50 年代前后，后现代主义开始出现，代表者为乌克兰籍巴西女作家格拉丽思·李斯佩克多尔，她的作品有《在狂野的心侧》《光泽》《黑暗中的苹果》《水母》等。她意识流创作手法的作品被认为有存在主义的倾向，并成为这一时期文学代表人物。这一时期还有若昂·吉马良斯·洛萨，其作品《塞尔登：最后的判决》被认为彻底地改变了巴西文学的写作方式。

在巴西，与绘画、音乐等其他艺术形式不同，文学更多地受所谓社会上层群体重视、偏爱。不论是创作群体还是读者群体，受过高等教育、文化程度相对较高的人比例明显更高。巴西外交学院白河学院是一所研究生院，葡萄牙文为必修课，白河学院的葡萄牙文教材就以玛夏多·德阿希斯作品为主。

文学在巴西社会和民众生活中始终占有一席之地。直至今日，尽管网络在信息传播领域占有很大市场，但在巴西新闻媒体中，报纸和杂志仍占有很大份额。报纸杂志仍会用相当大篇幅刊登一些文学创作和文学评论。这也说明公众对文学创作、文学评论的热情依旧很高。在巴西基础教育中，文学和文化评论都是高中必修课程。

二　音乐

音乐是巴西最重要、最大众化的艺术表现形式。其来源复杂、多样，主要来自欧洲、非洲、当地的印第安文化等。音乐是巴西人民在长期生产生活中情感和情绪综合后的艺术表达。

巴西音乐最大、最显著的特点是其民族性、民间性。巴西音乐受欧洲文化影响相对较少，葡萄牙音乐对其影响则更小。

殖民时代早期，最早到巴西的殖民者并未给巴西带来欧洲本土音乐，葡萄牙本土具有代表性、象征性的音乐未被新世界民众接受。反而是具有强烈节奏感、充满民间或乡土气息的非洲音乐影响更大、更广泛。如一种名为马拉卡图（Maracatu）的音乐就曾是在巴西影响力很大的一种民间音乐。

就其表现风格而言，强烈的节奏感是巴西音乐的最大特点。其富有很强感染力的节奏和舞蹈感无疑源于热带地区人民比较奔放和开朗的性格、强烈的表达愿望和热情的表达方式。巴西音乐几乎都适于在露天和欢庆的环境下演奏。巴西音乐也有非常优美的旋律，这种以节奏感为主要表现手法的音乐具有较强的感染力。

巴西民众具有非常自由、开朗、奔放的个性，各种音乐，尤其是风靡西方的流行音乐，都得到了广泛普及和自由发展。比如爵士、摇滚等，都是巴西人民非常热爱的音乐。里约摇滚音乐节是拉美最大的摇滚音乐活动。

巴西人民乐感很强，有非常强烈的表达欲。他们对自己的土地、家乡，对生活的热爱也催生了无数民间音乐。这些音乐中最具代表性的就是桑巴。桑巴具有强烈非洲风格，自 1830 年开始在东北部比如巴伊亚、伯南布哥等非洲裔聚居地存在，并受当时很多音乐风格的影响，如椰子圈舞（roda de coco）、桑巴圆舞（samba de roda）、莫迪尼亚（modinha）、马西谐（maxixe）、伦多（lundu）等，具有强烈的舞蹈节奏。桑巴 20 世纪初开始出现在里约非洲裔民众中，后迅速在都市底层民众中普及。如果在巴西种类繁多、风格各异的音乐表现形式中选出一个最能代表其民族风格，最体现本土文化特征，最能反映人文精神风貌的音乐，则作为萌生于、植根于、繁盛于、发扬于巴西本土的桑巴毫无疑问是当之无愧的首选。

桑巴在巴西的地位，对巴西文化的重要性已远超舞蹈音乐本身。桑巴对巴西其他艺术如文学、绘画等的影响非常广泛而深远。

除桑巴之外，巴西还有很多类似的舞蹈音乐，如 Forro、Baiiao、

Lambada 等。另外，还有在巴西中部高原盛行，具有强烈地域特点、内地风格，被称为巴西乡村音乐的塞尔塔内若（Sertanejo）。

在大城市，则有一些都市风格的音乐。20 世纪 80 年代巴西对外界全面开放，文化领域也随之有大量欧美文化潮流涌入。电子音乐进入后涌现出大批受众，也出现了很多摇滚的追随者。但巴西民众对音乐的热爱并不仅仅表现在对外来文化的接受和模仿。在都市文化和都市艺术的形成过程中，民族音乐元素开始加入。在里约都市青年中出现的波萨诺瓦，就是都市时尚一代在整个社会走出独裁专制后的特定轻松、自如环境下，创造出的一种极优美、飘逸的音乐语言。如今，波萨诺瓦早已为世界各地的青年人所接受，并成为一种风靡全球的音乐表达、交流方式。

尽管有的城市有殖民时期按欧洲标准建设的歌剧院，但巴西历史上并未出现过对欧洲古典音乐十分崇尚和追捧的人群。近年来古典音乐的接受度日渐升高，也日益广泛。这种情况尤其出现在都市。各地方政府也开始普及古典音乐，有些城市成立了爱乐乐团。在一些古典音乐普及相对较少的城市，如玛瑙斯市、贝伦市等，当地政府出资从欧洲聘请专业演奏人员。同源的文化根基使得很多年轻人对欧洲古典音乐感受亲切。

这些城市的古典音乐团体的演出主要是市场化形式。但当地政府也为民众举行广场音乐会、公园音乐会。在北部一些城市，演出往往是先对公众售票，演出开始前对公众免费开放。即便如此，买票进场的人依旧很多。在买票入场的人数达到一定数量时，演出机构便不再免费开放。

在各种艺术形式中，音乐是巴西本土化最早、最彻底的，因此也涌现出大量优秀歌手。其中既有以歌声中充满传统、略带经典温情的情调而受到民众广泛喜爱的罗伯特·卡洛斯（Roberto Carlos）、卡艾达诺·维罗索（Caetano Veloso），也有以吉贝尔托·吉尔（Gilberto Gil）、弥尔顿·纳西门托（Milton Nascimento）、廷·马伊亚（Tim Maia）为代表的，以自由、朴素、热情行吟风格而受到城市或乡村普通民众热爱的非洲裔歌手，还有巴西最具都市自由、浪漫、潇洒生活气息的波萨诺瓦音乐的大师东·若彬（Dom Robim）等。在巴西，当然也不乏像卡苏萨（Cazuza）、内·马托格罗索（Ney Matogrosso）那些以摇滚音乐吸引叛逆年轻人的歌手。优秀女歌手则有埃尔扎·苏亚雷斯（Elza Soares）、丽达·李（Rita Lee）、玛利亚·贝塔尼娅（Maria Bethânia）、高尔·科斯塔（Gal Costa）等。

三　雕塑

巴西艺术评论界始终把殖民者到达前的印第安民族的雕刻作品视为巴西雕塑艺术的组成部分。在亚马孙地区较为集中发现的一些原住民的雕塑作品多为石刻或是木刻的动物形象，这些手工雕刻物可能是图腾的象征，或是吉祥物、装饰物等。在亚马孙河下游贝伦等地发现的陶罐等容器上已经有线条较为复杂的浮雕，说明雕塑已经从祭祀、崇拜等带有宗教色彩的活动中走出，进入人们日常生活中。

雕塑作为艺术在巴西形成并且继续发展，是在殖民者进入巴西之后。雕塑是最早在巴西形成并成熟的艺术门类，也是最早体现巴西风格的艺术门类。

16世纪末叶，随着殖民者在东北部沿海地区的聚居和开发，教堂和一些公共场所开始出现，并形成本土对雕塑作品最早的需求，第一批现代雕塑艺术作品从葡萄牙运到巴西。第一个在巴西开始雕塑创作的是若昂·贡萨雷斯·费尔南德斯。从那时起，天主教的宗教意识和表现手法开始直接、完全控制巴西雕塑艺术，并持续到后来很长时间。雕塑在这个阶段所表现的只是宗教题材，表现形式无一例外都是采用在欧洲占据统治地位的巴洛克风格。

在这个阶段，多明格斯·达贡赛桑开始为里约圣本托修道院内部进行雕刻。另外两位当时知名的雕塑师奥古斯提尼奥·达皮埃达德、奥古斯提尼奥·德约苏斯来自葡萄牙，是在欧洲受过专业训练的虔诚信徒。其作品不论是技法，还是所表现的宗教主题都带有典型的欧洲风格。

之后很长时间，巴西雕塑不论是技法，还是主题基本变化不大。在受洛可可风格强烈影响的同时，沿袭殖民早期手法。17～18世纪的淘金热和采矿的利润使得米纳斯吉拉斯经济活跃。那里的宗教雕塑开始出现变化，并形成米纳斯风格。

19世纪初，咖啡种植在东南部兴起并迅速发展。在咖啡种植业拉动经济的同时，主要经济中心开始向圣保罗、里约转移，财富和艺术创作也随之向这里集中。1808 年葡萄牙王室来到巴西，并定都里约。虽早就成为殖民地中心，但里约及其文化氛围由于大量王室成员、政府工作人员的到来和图书馆、博物馆等机构的建立而受到很大冲击，获得新的文化活力。1816 年法国艺术家群体的到来给里约带来了更多的文化影响，新古典主义开始在巴西雕塑上有所体现。皇家美术学院的成立，为巴西培养了第一批真正意义的本土雕塑家。

在之后相当长时间里，巴西雕塑继续在各种流派和风格中探索。尽管仍然接受来自多方面的影响，但巴西雕塑艺术已走上了本民族的道路，优秀雕塑作品也多有出现，虽然主题仍未完全走出宗教尤其是天主教范畴，但作品转移到公共设施、纪念碑、广场等。这个时期最典型的作品，是里约提茹卡国家森林公园科尔克瓦多山上的耶稣立像。

20 世纪 60 年代是巴西雕塑最辉煌时期。这次为雕塑艺术提供创作灵感和创作机会的仍然是政府，其中新首都巴西利亚建设成为最主要创作工场。在这一过程中，虽然仍有以宗教为题材的作品，但抽象线条、立体主义和其他更现代的雕塑风格对该时期的作品，尤其是对巴西利亚城市雕塑的影响非常显著，说明巴西雕塑艺术不断从外界汲取养分，表现手法的变化成为显著特点。

巴西这个时期的雕塑作品，尤其是巴西利亚地标性雕塑显著地反映了当时的民族主义思潮和情绪。事实也证明，巴西利亚的建设是巴西人民现代民族身份认同形成的一个重要阶段。那些建筑和雕塑，无一不体现巴西人民崇尚自由、追求自由、向往光明的精神，也是巴西艺术家丰富想象力和独特艺术创造力、表达能力的体现。

巴西利亚是认识、观赏、理解、研究巴西现代雕塑艺术最好的课堂。卢西奥·科斯塔和奥斯卡·尼梅耶尔在城市规划的过程中和各个主要建筑物的设计中，突破了建筑艺术的界限，将雕塑和建筑这两个最接近而且最相关的艺术形式几乎完全融为一体。在巴西利亚，建筑是通过雕塑表现手法完成的艺术作品，那些巨大的雕塑作品所具备的实用功能和合理的空间让人在享受艺术的同时，体现了建筑物的实用价值。

## 四 建筑

巴西建筑风格跨度很大。在巴西，处于完全原始社会形态下的建筑仍然大面积地被人们使用，也可以看到大航海时期最典型的殖民建筑。不论是公共设施还是最普通的居民生活用房，既有殖民时期的风格，也有后殖民时代却已具明显本土风格的建筑。除此之外，人们还可以看到最典型的现代主义、后现代主义风格以及非常前卫的当代建筑风格的建筑作品。

巴西对殖民者到来之前的印第安建筑，以及殖民后印第安人仍然坚持使用的原始建筑非常尊重，并始终将印第安建筑作为本国建筑艺术的组成部分。巴西印第安人没有大聚居群落，但分布广泛。其建筑材料完全是植物，功能性不强，式样也仅限于外观为方形、圆形或椭圆形的被称为马洛卡的大屋。在有些族群，尤其是那些将马洛卡建成圆形的部落，马洛卡顶部正中央会有一个石质或是木质的扁圆形、类似藻井的穹顶。那是印第安人最为珍视的物件，也是印第安建筑唯一可长久留存的部分。

在巴西北部，尤其是在亚马孙流域，有类似中国华南、西南少数民族的干栏式民居。这些民居的建筑材料都是木头，其设计和建设理念都是为了克服河流季节性泛滥时水位上涨的问题，或与潮湿的地面隔离。因没有保暖方面的要求，加上经济条件等原因，那些房子不论是在建筑结构的复杂性上，还是在功能上，都要比中国干栏式建筑简单很多。

巴西殖民时代的城市建筑形制几乎完全照搬自葡萄牙。这一时代的建筑主要分三大类：一是公共建筑，如总督府、法院等政府机构，以及教堂、剧院等公共设施；二是占比例较大的民居；三是集中于传统都市中心的殖民时代的商业建筑。尽管这些建筑由于其所在地域不同各具特点，但从整体看无一例外都带有葡萄牙都市建筑的基本要素。这一现象，即公共建筑中上述特点的形成源于当时城市建设主体是殖民宗主国政府。

巴西历史较长的城市都有天主教堂等各种历史公共设施，这体现了葡萄牙殖民统治的特点。在进入现代社会之前的各主要城市，不论是殖民时期早期，还是在殖民统治稳固之后，教堂始终是殖民时期最重要的城市建筑。在殖民者首先占领和聚居的东北部，建成于16世纪的第一批宗教建筑几乎都是巴洛克风格的天主教堂。

如今，在沿海萨尔瓦多、里约、贝伦等都市仍可看到很多这样的教堂，当时建筑师所使用的建筑材料包括木头、皂石，甚至还有用黄金来装饰雕像及其他内部构件。巴洛克风格一直到18世纪还强烈地影响着巴西各地区的教堂建筑，在内地一些较富裕的小城，也受到洛可可风格和新古典主义风格影响。

殖民时期另一公共设施是剧场，巴西不少主要城市都有大型歌剧院，除里约、圣保罗的剧院外，还有贝伦和平大剧院、玛瑙斯亚马孙大剧院等。这些建筑基本上是殖民宗主国建筑的翻版，但有的也根据当地的自然和客观条件对建筑方案进行了相应调整，体现了因地制宜的折中主义风格。

不论是在马拉尼昂州首府圣路易斯，还是帕拉州首府贝伦，狭窄的街道和街心小广场的组合，商业区排列紧密的沿街商铺和开阔地上高大雄伟的天主教堂的对比，包括里约市中心老城区地段仍然保留的传统建筑，这些都是葡萄牙中心城市建设的格局。这些城市中心沿街的大部分建筑是葡萄牙城市建筑的翻版。沿街鳞次栉比的两三层楼几乎完全直接照抄葡萄牙港口城市波尔图的街巷建筑式样。那些民居建筑的底层都是居民自家的商铺，所以底层都采取以门带窗的形式。这种建筑范式也由此直接体现当时殖民地初期重商主义倾向。

在离都市中心较远的一些因淘金、咖啡种植、采矿等早期经济活动而兴旺、繁荣的内地小城，如内陆的黑金城、亚马孙腹地的玛瑙斯等，也可以看到殖民时代典型的建筑。临街的平层或二层的民宅总是在又窄又高的门边上有一个大窗，这种形式不但突出表达了当地民居市民化特点，也体现了内地小城当时特有的市井风貌。

与葡萄牙本土建筑不同的是，巴西很多传统建筑的外立面往往被涂上个性十足、极为艳丽的各种颜色。不论是在北部玛瑙斯，还是在内地小城佩罗尼奥，抑或是海上小岛奥坎德拉，都是如此。这是中南美洲殖民地城市民居特点，也是热带地区的普遍现象。

进入 20 世纪，经济社会发展进程中两个方面的变化使得巴西建筑形式和建筑风格发生了相应的、显著的变化。第一是由于种植业资本积累已初步完成，不论是东北部的甘蔗种植，还是东南部沿海和内地的咖啡种植，富裕群体在将居所转移到都市的过程中，民居建筑开始出现现代意义的元素。第二是工业化进程已开始，这使得建筑，尤其是都市建筑风格、特点开始出现变化。

这个变化在一些公共设施上也有明显的体现。1936 年建成的巴西政府教育卫生部大楼成为这一风格的典范。这个外观简单、形状普通，带有显著包豪斯特点的大楼是古典主义和现代精神的体现。建筑结构创新性的设计将整个大楼置于底层的柱子上，底层完全是空的。这样的结构方式不但扩大了建筑的开放空间，也使得都市的人们视线不被阻断，并始终感受到地平线的存在。这一结构方式后被广泛地使用在巴西利亚的建设中。1947 年由意大利建筑师设计，坐落在圣保罗市中心圣保罗人大街的圣保罗艺术博物馆也有类似的构思。

直至今天，这种开放下层空间的处理手法仍被巴西建筑师继承和沿用，而且效果极佳。圣保罗中心区的维克多·茅佐尼广场就是范例。这个光亮派作品横跨整个街区，底部是一个宽 40.5 米、高 30 米的巨大开放空间。这一风格的典型特点的运用让人们获得更大视觉空间，还保护和展示了一个早期开拓者的民居。

20 世纪 50 年代，欧洲现代建筑理念开始进入巴西。各种流派、各种特点的表现主义建筑风格都可以在巴西找到展示的舞台。政府在这个进程中起了积极的作用。这一时期，建筑师们开始从传统中走出寻求新的灵感，同时，政府为彰显自己在工业化方面所取得的成就和在社会发展中的进步，鼓励新的建筑风格。在经过了一个不算很长的体会和尝试阶段以后，以奥斯卡·尼梅耶尔和卢西奥·科斯塔为代表的巴西新一代的建筑师开始涌现，并以他们的优秀作品表现出强大的生命力。

也正是在这个时期，新首都建设给巴西新生建筑师群体提供了极佳机会。巴西利亚是巴西当代建筑艺术最优秀作品集中的展出场所，是展示巴西建筑艺术的最佳城市。

尼梅耶尔的建筑设计充分体现了其对巴西的自然禀赋的了解和认知，以及他对人民的思想、理念的透彻理解和忠实表达。他的作品很多，但最为人所知，被公认最杰出的设计都集中在巴西利亚。因为巴西利亚特殊的环境，其作品具有地标特征。那些建筑有更强的表现力，给人以强烈的视觉冲击和随之而至的思想上的震撼，并给人留下深刻印象。

在这些作品的设计中，建筑师对空间近乎夸张的放大是其最典型的手法。这不但给人以巴西土地资源丰富的印象，也体现了巴西人生命中自由、奔放、无拘无束、天性自然的性格对空间的要求。这其实是巴西建筑的一个最典型的特点，这个手法不但在总统府、总统官邸、外交部、司法部等建筑的内部有充分的体现，在这些以及很多其他的建筑的外部环境，也有相同的处理。

尼梅耶尔的设计中的另一特点是对各种线条，尤其是曲线的大量运用，几乎所有的线条都给人以向上、飘动、飞扬的感觉。巴西利亚的总统府、总统官邸、国会大厦和尼特洛伊海边的外星飞船似的博物馆、陆军司令部巨大的盾形的穹顶，以及那根象征利剑的柱子，都令人印象深刻。

色彩是尼梅耶尔作品中的另一个极富表现力的元素。不论是在巴西利亚，还是在里约，或是圣保罗，他的作品几乎都是采用白色石材，或是很简单地刷了白色涂层。巴西利亚海拔相对较高，地处稀树草原气候带，全年光照时间很长。在灿烂阳光下，那些白色建筑物在蓝天衬托下显得更加美观，尤其是线条形成的层次和阴影，使得建筑得到了更好的表现。在里约，他同样是利用瓜纳巴拉湾大海和天空的蓝色衬托白色的建筑，也收到了同样艺术效果。

在圣保罗，充满现代意识和现代感的建筑则是另一种形式，比如较早的意大利大楼。建筑物被大大延长的横向曲线不断延展，几乎占满整个街区，那些曲线在拥挤和忙碌的市中心形成了空间的流动效果，给人以舒缓、放松的感觉。南美金融中心的圣保罗人大街本来都是巴西最富有家族的私宅，现在则充满了摩天大厦。形状不同、个性迥异的建筑鳞次栉比，间不容发地排列在大街两旁，成为巴西都市建筑的另一类风景。

　　天主教作为巴西历史最早、传播时间最长、信众最多的宗教始终占据强大且重要的地位，巴西没有经历过战争或动乱，一些传统的城市没有受大规模工业化的冲击影响。所以老建筑尤其是宗教建筑普遍保存得很好，城市传统建筑被连片整体保护。这是萨尔瓦多、圣路易斯、黑金城等城市都能以城市整体形式被纳入联合国教科文组织人类文化遗产名录的主要原因。

　　宗教始终是巴西建筑师最喜爱的题材。巴西利亚主教堂以其极简洁、明快的超现代表现手法，和开放、自由的线条一扫天主教建筑沉重、压抑、晦暗的特点，成为天主教建筑杰作，其创作灵感无疑来自巴西人民的宗教信仰，和对自由、光明的追求、向往，建筑本身也是巴西人民这种精神追求的如实体现。

　　巴西是世界上对建筑艺术非常重视的国家。巴西与葡萄牙每年共同举办当代建筑艺术展，并选出 15 部获奖作品。这些作品包括文化、教育公共设施，也有商业设施，或是广场、花园等，还有高档私人住宅。这些活动不但是对巴西建筑设计从业者的一种积极、有力的鼓励，也激发了社会公众对建筑艺术的关注和热爱。

五　美　术

　　20 世纪 70 年代，考古学家在皮奥伊的山区中发现史前岩画，这些绘画艺术品的出现和存在不但证明绘画艺术属于巴西文明的一部分，也同样证明了绘画艺术是巴西人早已掌握的技艺之一。

　　在最先到达和最早定居巴西的欧洲人中，有画家和博物学家。这些人也因此成为最早用绘画来表现巴西自然风景和人文环境的艺术家，其中包括法国人让·瓜迪恩和安德烈·瑟维。他们以传教士和探险者身份于 16 世纪末到达巴西，其绘画内容分别是野生动物和当地原住民的人物形象，所采用的表现方式分别为水彩画和版画。虽然他们当时并非进行艺术创作，其绘画技艺是作为博物学家和探险者的一个技能而具备的，但他们的作品成为巴西绘画艺术中最早的作品。

随着定居者不断到来，巴西开始出现更多的绘画作品。巴西最早的文化传播始于当时被荷兰人控制的累西腓。1637 年，当时的荷兰总督毛利西奥·拿骚热衷于文化艺术，随他到巴西的人中有画家弗兰茨·珀斯特和阿尔伯特·艾克奥特，他们在累西腓创作的作品不仅是巴西最早的绘画艺术品，也成为考察和了解当时当地自然环境和社会活动最直接最原始的证据。

随后绘画艺术在巴西经历了其他艺术所经历过的类似过程。17～18 世纪，绘画基本上被天主教垄断，题材几乎完全是宗教，作品也多是教堂穹顶画和壁画，表现手法则是在欧洲方兴未艾的洛可可风格。这个时期绘画由于殖民地经济的发展而在巴西广泛传播，很多城市因经济的繁荣有更多教堂落成，另外富有家族赞助画家的情况也较普遍。

不同的绘画流派也开始出现。流派形成的主要原因并非绘画艺术群体对艺术的不同理解和个性化表现追求，而是因为在不同的地区、不同城市宗教场所建设中的画家来自不同国家、所受的教育不同。在巴伊亚、伯南布哥、马拉尼昂、帕拉等州，包括里约、圣保罗等大城市，以及后来的米纳斯吉拉斯州，葡萄牙、荷兰、德国和巴西本土的画家在这些城市的教堂完成了风格不一的绘画创作。

葡萄牙王室迁至巴西促进了巴西文化事业发展和文化传播。国王和王室贵族的到来给巴西的文化艺术环境带来巨大的冲击。而另两个事件则直接推动了巴西文化艺术的巨大进步，一个是 1816 年国王下令成立皇家科学和艺术学校，另一个是 19 世纪初法国艺术家团体来到巴西。法国人的到来不但将新古典主义带到巴西，更重要的是带去了学院派的美术教育，该事件对巴西文化建设，尤其是对美术教育的贡献是最大的。

20 世纪初，在咖啡繁荣和工业发展促进下，圣保罗成为经济中心，在艺术方面却因不直接受里约等艺术中心的影响而有更自由的创作氛围。迪·卡瓦尔冈提、文森特·多烈各、约翰·格拉兹是这一时期的优秀代表。反映内地生产生活场景成为这一时期的绘画主题。

20 世纪中叶是巴西美术创作和艺术气氛开始活跃的时期。不但有很多接受了欧洲艺术教育和美术思想的人回到巴西，刚刚出现在欧洲的一些流派诸如表现主义、野兽派、立方主义、未来主义等也纷纷进入巴西。在圣保罗，有一些由诗人、画家、作家、雕塑家组成的团体形成。巴西近代史上最优秀的一批知识分子都是那个时候活跃在圣保罗：奥斯瓦尔多·德安德拉德、基列尔梅·阿尔梅达、马里奥·德安德拉德、维克多·布列彻尔特等。现代主义成为这一时期的主流艺术倾向。

争议和讨论在非常自由的创作环境中开始出现，其中标志性事件是女画家阿妮塔·玛尔法体的一幅女学生的肖像画引发的争论。这场争论也间接地成为始于 1922 年 2 月 13 日的一次讨论的开端。这个发生在圣保罗大剧院的讨论后来被称为现代艺术周，是巴西艺术史上最著名的事件之一。

巴西是一个对艺术表现方式十分敏感且极为包容的国家。由于开放和自由的艺术创作环境和社会氛围，民众极富创造力和想象力的特点极易显现，创作热情在一些较早进入都市化的城市很容易被激发。20 世纪 60 年代出现在欧洲城市的涂鸦行为很快就被带到巴西。这个富于反抗精神和个性表达的艺术表现形式不但很快被激进和活跃的巴西都市青年接受，而且迅速形成巴西风格。这种绘画也很快得到广大市民的接纳。在国际艺术领域负有盛名的圣保罗双年展从 1983 年开始关注街道涂鸦。这种绘画创作不但在巴西获得成功，前些年德国个别城市政府还邀请了阿列克斯·瓦劳利等十位圣保罗的涂鸦艺术家到德国创作。除了阿列克斯，胡迪尼尔森·儒尼奥尔、卡洛斯·马图克、瓦尔德马尔·赛德勒、阿杜·拉拉等涂鸦画家也为人所知。

## 六 电影

19 世纪末电影在巴西出现，经历过无声电影、歌剧电影等电影艺术各个过程，但巴西电影工业开始较晚。20 世纪中叶，人们开始用电影语言来表达、反映现实社会。但巴西电影工业当时困难重重，其中重要原因是缺少资金投入，没有制片环节，后期制作问题无法解决，尤其是不能制作高画质影片，市场也得不到培育。本土电影未能成为一个影响人们生活的艺术形式。

巴西政府自 1932 年以来就严格规定电影院必须放映一定比例的巴西

电影（主要是新闻短片）。1939 年，为支持本国电影，政府下令影院必须放映巴西故事片。军人独裁时期，政府对成立于 1936 年的国家电影管理机构进行调整，扩充为巴西国家电影局。该机构主要职能是对进口影片课以重税，并用这些资金来支持本国电影生产和发行。

1969 年，巴西电影公司成立，并开始为本国电影制作提供财政支持。在当时军人独裁统治下，文化界、艺术界因受压制、迫害，很多进步人士流亡国外，自然没有作品问世。1982 年，一部由政府电影机构主持、以巴西历史事件为题材的作品，送审后却被政府负责新闻检查的机构封杀。这部名为《巴西，向前进!》的电影是当时投资最高的制作。

军人独裁后期，巴西影院只有色情片。在国产电影事业低潮中，中产阶级群体都回避电影院。不久后，因录像机面世，而且当时知识产权并未受到社会重视，许多美国大片和一些电影佳作通过录像带广泛传播，而电影市场实际上也是被录像电影统治，那一时期巴西电影基本上没有发展进步。

这种对艺术的摧残被客观地反映在现实中。1975 年，巴西全国有3200 家影院，1985 年仅剩 1400 家；1975 年观影人次达 2.7 亿人次，而1985 年为 9000 万人次。这个时期，巴西电影生产却创出新高，1978 年出产新片 100 部，1980 年出产新片 103 部。本土影片也在电影市场上有了更高的份额。1971 年，上座率仅为 14%，1982 年上座率上升到 35%。

这个时期国产电影收复失地与题材有关。出品于这个时期的数部影片改编自反映本土社会现实的文学作品，其中包括《小蜂鸟和她的两个丈夫》《公共汽车女人》等，前者当年票房超过所有进口影片。

20 世纪 80 年代是巴西失去的十年，沉重的外债和巨额赤字将经济带入谷底，巴西电影也经历了最惨淡的十年。境外电影发行商联合巴西影院经营者，反对政府对外国电影的排斥和对国内电影放映市场的管控。这一斗争最后实际上推翻了政府关于必须伴映本国影片的规定。在这一时期，影院只有来自美国的色情片。90 年代初，局面更加不堪。科洛尔执政后，巴西政府中与电影有关的机构全部被撤销。1992 年，巴西仅出品 3 部电影。

随着经济的发展，巴西成为拉丁美洲经济、文化社会发展水平最高的国家。1995 年《四条轨道》、1996 年《噢！伙计你这是干什么？》先后赢得奥斯卡最佳外语片提名。1998 年，《中央车站》终于在国际电影殿堂为巴西电影赢得一席之地，主演费尔南达·蒙特内格罗获奥斯卡最佳女配角提名。

《中央车站》是一部典型的、反映巴西社会的现实主义作品。朴实的表现手法平淡而舒缓。影片中故事情节的展开、人物形象在故事中的表现、人物心理活动的刻画和描绘、对场景的处理，都反映出巴西电影艺术的深厚底蕴。通过这部影片，中国观众对巴西现实社会多了一份了解，尤其是在被多年前的《女奴》所框定的思维定式下，这部影片为中国观众打开了一个新的窗口。

# 第四节　体育

## 一　足球

### 1. 足球简况

巴西人民热爱体育运动。在南美洲乃至整个拉丁美洲，巴西是首屈一指的体育强国和体育大国。在国际大赛的很多竞技项目中，巴西运动员一直都有出色的表现。

在巴西，足球已渗透进社会方方面面并远超出了体育的范畴，足球是巴西文化的组成部分，也是巴西社会不可或缺的构件之一。

巴西足球联合会成立于 1916 年 8 月 20 日，起初是巴西体育联合会下属分会。1923 年，巴西体育联合会加入国际足联，巴西足球在此期间取得很大成就，不但积极参加国际足联的各项赛事，还先后 11 次打入世界杯，并先后于 1958 年、1962 年、1970 年三次获得世界杯冠军，成为世界上的第一个三冠王，也因此将当时国际足联世界杯的奖杯雷米特女神杯收入囊中。

根据国际足联规则，其正式成员只能作为专业足球运动社团加入，规则还禁止其成员参与和开展其他体育竞技活动。面对这些规定，巴西人选择放弃巴西体育联合会，并于 1979 年 9 月 24 日确定巴西足球联合会为全国足球唯一、最高级别足球组织和管理机构。

足球向来是巴西开展得最为普遍、参与人数最多、观众群体最大、管理制度最为严格、比赛强度最激烈、赛事体制最为完善、技战术水平最高的运动项目。巴西足联负责每年所有全国性正规足球赛事的组织和管理，监督指导各州足协的工作和比赛。在巴西足联注册并获资格认定的裁判员、助理裁判员、督查员约 800 人。据不完全统计，巴西全国共有足球俱乐部约 750 个。巴西足联每年在全国范围内主办的比赛共超过 2000 场。

巴西人对足球的热爱不限于足球场范围和传统的足球比赛规则。巴西五人制足球（室内足球）早已风靡全国。作为拉丁足球最典型和杰出代表，以脚下技法为最显著特点的巴西足球在这种小范围、小场地足球中被表现得淋漓尽致。

沙滩足球 20 多年前开始风靡里约。这本来只是一些在科巴卡巴纳海滩上游玩或嬉戏的人的足球游戏。起初没有球场的限制，也没有球门，只是用拖鞋或浴巾随意标示出球门。常因为射门或是传球而对他人形成骚扰，所以人们就想出了这种只有传高球和头球对攻为主要动作的沙滩足球。

2. 足球赛制

直到 2002 年，巴西足联一直使用历史沿用下来的俱乐部排名方式，即积分制。具体方式就是将各个俱乐部在历史上巴西冠军赛中的积分相加并依此排序。这个方式简单易行且争议不多。但历经了不断壮大和发展，联赛规模早就已扩大了很多，积分方式已不再合理。在 1979 年联赛中，有的队伍打了不到 10 场比赛，就已进入半决赛。而有的队伍打了 19 场之多，所获分数也远超前者，却不能进入同一轮次。

2003 年，巴西足联决定重新制定球队的排名方式，规定只有足联组织的正赛才作为排名依据。新的积分计算方式一出台便饱受抨击，后来于 2012 年被彻底放弃。

2013 年，巴西足联宣布历史上一直实行的全国俱乐部排行榜刷新重置，从 2013 年开始倒算，只计入最近五年的比赛成绩。为确定各州足协排行，足联将每年各州在州足协登记的俱乐部的当年比赛成绩和积分相加，由此排出各州在巴西足联排行（RNF）的位次，并由此决定其在巴西杯的名额，以及巴西冠军赛 D 级赛的名额。

巴西足联每年组织的全国范围最重要的比赛是冠军联赛。该赛制有 A、B、C、D 四个级别，A 级最高。A、B、C 三个级别比赛的参赛队伍都是 20 个，D 级参赛队伍 68 个。比赛采取升降级制。比赛成绩根据积分排行，各级最后两名降级至下一个级别，B 级以下的各级别则是排名在前的参赛队晋级至上一级别，赛制相当于我国的中超联赛。参加 D 级赛的队伍的名额由巴西足联根据各州的足球水平分配给各州。女子足球也有冠军联赛（A-1 组、A-2 组）。全国冠军联赛赛制下另有 20 岁以下组和 17 岁以下组，以及女子冠军联赛 18 岁以下组和 16 岁以下组的比赛。

巴西杯，也被称为足协杯或协会杯。初期参赛队伍 36 支，后发展到 1996 年的 40 支、2000 年的 69 支。2001 年，参赛队伍达到 64 支。2013 年，增加至 86 支，其中有 6 支直接进入八分之一决赛。2017 年开始，有 91 支队伍参赛。巴西杯赛采取淘汰制，不计分。杯赛除正赛外也有 20 岁以下组和 17 岁以下组的比赛。2016 年被冠名为巴西大陆轮胎足球赛至今。

联赛冠军和杯赛冠军决出后，二者间进行超级巴西杯赛。超级巴西杯也有 20 岁以下和 17 岁以下组。此外，东北部杯和东北部杯 20 岁以下组比赛也由巴西足联组织。为培育后备力量的比赛还有巴西足球冠军新人赛，也有为所有曾入选国家队退役队员组织的元老杯赛，另还有绿杯赛、E 联赛（电竞足球赛）。

3. 俱乐部

巴西是世界上足球比赛场次最多，也是参赛队伍最多的国家。经多年探索和磨合，巴西足联成为全球足球赛制安排和评分标准科学、严谨的国家足联之一，代表世界足球比赛管理和裁判的最高水平。

巴西足联排行榜是采用各个俱乐部的参赛结果作为评分标准，有两个排行榜，即巴西全国俱乐部排行榜（RNC）和巴西足球联合会排行榜

（RNF）。编制排行榜的主要目的是安排在巴西杯和巴西冠军杯最后一轮的比赛名额。

## 二 本土体育项目

除世界上普遍开展的体育项目外，巴西也有自己的本土体育项目，这些项目不但为巴西民众所热爱，还正在迅速地向全世界传播。

巴西最著名的本土体育项目是卡波埃拉。这是一种源自非洲，可以转化为具有强烈攻击性的双人竞技舞蹈，是当年被贩卖自非洲的奴隶带到巴西的一种原始部落里的竞技方式。卡波埃拉起源地为当年殖民地的主要贩奴港、东北部海滨城市萨尔瓦多。

卡波埃拉通常是在一个被众人围成圆形的场地，在众人围观下进行。当一人起舞时，是一种炫耀和挑战。但通常为两人共舞，双方以肢体语言交流，双方同意共舞后，同时进场。进场后双方致意，并以非常舒缓和柔畅的动作开始舞蹈。舞蹈中两人身体不断靠近，时而胳膊和腿部谨慎、轻柔挥舞，时而全身大幅度地跨越、扭动，两人肢体运动方向始终是针对对方，以俯仰、延探、伸展的方式，相互避让、钻越、跨越对方的肢体。在此过程中，双方会有踹蹬、侧踢、倒立、侧手翻、后手翻等动作，但都极力避免身体任何部位触碰对方。舞蹈步伐有严格的动作规范。在起舞过程中，舞者没有急剧的动作，但是随着各种模拟接触的动作越来越具有方向性，舞者的肢体和躯干的动作幅度也越来越大。整个舞蹈的过程就是模仿有些野生动物在发生同类竞争或对抗的情况下，双方都有意避免直接侵害对方的身体，而以威慑的方式驱使对方放弃的行为。

当双方已怀有敌意或对抗情绪明显时，双方开始时仍会保持礼貌和谨慎，但双方进攻倾向会越来越明显，强势一方往往会用各种艰难和奇怪的肢体或躯干动作逼近对方，迫使对方违规，或等待对方出现不合理或是违规的动作。一旦这种情况出现，被违规一方会开始向对方猛烈攻击。但即便是发生这种情况，攻击也多限于用腿，而且多是踹蹬、横扫、侧踢等杀伤力很强的动作。

不论是单人独舞还是两人共舞，卡波埃拉都始终有乐队伴奏。乐队一般由四人至六人组成，男女不限，成员就是习练卡波埃拉的人。音乐为卡波埃拉所特有的打击乐和弹拨乐。乐器包括一个由椰子壳作为共鸣箱的单弦击弦乐器、一个手鼓，以及几个卡波埃拉专属的打击乐器。乐队成员在演奏过程中高声合唱卡波埃拉歌，合唱为典型多声部，歌声惬意而悠扬。歌词多为通俗的词句。有趣的是，当两名舞者发生严重冲突时，音乐和歌唱非但不停，还会变得愈加急促、高亢，就像是在激励双方以更勇猛的斗志起舞。

巴西独立前，黑人在巴西人口中已占很大比例。殖民者耽于黑人的反抗和暴动，处处对其加以限制。巴西首部共和国宪法规定卡波埃拉为非法。但人民并未放弃这个属于自己的文化。随着社会的进步，卡波埃拉变得开放和自由。如今，卡波埃拉已成为巴西国粹。

卡波埃拉赢得了广大人民的热爱，成为老幼咸宜的运动。很多城市都有卡波埃拉俱乐部或是小团体，其中有很多白领人群。

如今，卡波埃拉有三个流派：安哥拉流、乡土派、当代风。安哥拉流保持传统，至今仍为典型萨尔瓦多黑人所代表。乡土派则是东北部民众所习练的风格。当代风是被带到大城市，并经过融合了现代舞蹈特点，具有都市风情的都市青年版。卡波埃拉不但已风靡巴西，在国外也广有拥趸，在欧洲影响尤广，其中在法国影响最大。

另一源自巴西的体育运动是被称为巴西柔术的自由搏击。这种竞技出自日本柔道，进入巴西后演变成一种近身的、基于地面搏斗、攻击力极强的武术。斗争双方通过用头、肢体、躯干等身体各部分控制对方。一旦形成控制姿势，竞技者使用拳、脚、臂、肘、膝、腿猛烈击攻击对方。但多用的制胜方式是用关节技、绞技、锁技等将对手制服。

这是一种动作迅速、肌肉力量强、对抗激烈、实用性极强的运动，因而有很强的观赏性。自 20 世纪 70 年代在巴西出现后，已迅速传播到欧美等地。

三　其他体育项目

1. 其他球类运动

篮球、排球也是巴西体育强项，巴西男女篮球队、排球队都是劲旅。在世界杯、奥运会、世锦赛三项世界顶级大赛上，巴西男女队都获得很好的成绩。尤其是巴西女排，虽然崛起较晚，但很快成为世界强队。

1982 年 8 月，巴西男排受邀参加首届有中、美、法、日、南斯拉夫、加拿大等世界强队参加的上海国际男排邀请赛。巴西男排水平很高，并一直保持良好状态。

篮球、排球在巴西开展得不算广泛。在北部诸州则更少，其运动群体都是在南部经济发展水平较高的地区。综合分析下来，巴西这两项运动开展不多的主要原因有以下几个。

第一，足球过于强势，相比足球，其他球类项目不具有广泛社会性。

第二，篮球、排球未形成市场环境。虽也有职业联赛，但因不能为企业带来收益，所获得财务支持和经济赞助有限，俱乐部和运动员都缺乏足够的动力。

第三，缺乏体育设施。北部很多都市连球场都没有。在有的地方能够开展起来，也多是得到银行、大企业集团的支持和赞助。

巴西体育事业完全基于社会和市场，也依靠并面向社会、市场。其运动员培养、储备、选拔全部依靠社会力量。代表国家参加国际比赛的队伍没有长期集训机制，但征召制度行之有效。每次大赛之前，参赛队伍都是临时召集，依靠比较成熟的机制，每次都可以在短时间内组建队伍，并迅速进入状态；每次组队都有年轻队员，以参赛和训练、培养相结合。

2. 田径和其他运动项目

巴西人热爱体育活动，而且积极参与，他们对体育运动的热情主要是出于对自由的热爱和对欢乐的追求。在 2021 年第 32 届东京奥运会中，巴西位于奖牌榜第 12 名，获得 7 枚金牌、6 枚银牌、8 枚铜牌。在 2024 年第 33 届巴黎奥运会中，巴西位于奖牌榜第 20 名，获得 3 枚金牌、7 枚银牌、10 枚铜牌。

相比三大球类，尤其是足球，巴西人民对田径项目关注少很多。巴西第一枚奥运会金牌是男子中长跑，但该项目并未形成体育传统。

巴西青少年对体育项目的选择和热爱并非出于功利，所以很多人将冲浪、骑自行车、赛车当作业余爱好，并乐此不疲。

# 第五节 新闻出版

## 一 报纸杂志

作为拉美人口最多、经济最发达的国家，巴西新闻出版业一直颇为繁荣。

葡萄牙殖民政府曾严格禁止巴西境内任何机构或个人从事新闻出版。尽管当时整个拉美都处于欧洲列强殖民统治之下，但像巴西这种被严格禁止新闻出版的情况，却是唯一的。1808 年葡萄牙王室迁至巴西，葡萄牙的这种严格管控才有所松动。

1808 年 5 月 13 日，葡萄牙王室在里约设立皇家印刷所，即今日的国家印刷局。巴西第一份报纸《里约热内卢公报》于 1808 年 9 月 1 日由该印刷所印刷并正式出版发行。该报纸只是葡萄牙王室的官方公告，但是巴西新闻史上第一个媒体，其问世标志着巴西新闻出版业的正式诞生。

同年 6 月 1 日，巴西流亡记者若泽·达科斯塔在伦敦发行《巴西利亚邮报》。因路途遥远，该报于当年 10 月才送达里约，报纸送到后就被禁。一直到 1820 年，唯一获准发行的仍是《里约热内卢公报》。1821 年，报禁结束，《里约热内卢日报》在巴西出版。

1884 年，一种新报纸形式在英国出现，并很快通过阿根廷传入南美。这种被称为小报（tabloid）的报纸版面仅长 43 厘米、宽 28 厘米，但版面较多，适于不能在办公室或是家中读报的人阅读，所以很快就传入与阿根廷接壤、欧洲移民聚居的南里奥格兰德州并盛行。

小报很快就在全国普及，读者主要为中下层人群。直至今日，南里奥格兰德州首府阿克里港的 5 份日报仍全部为小报。在北部地区，小报发行量也比大报大。现在巴西发行量最大的报纸中，标准版幅的大报和小报各占一半。

《圣保罗页报》《圣保罗州报》《环球》《巴西利亚邮报》等全国发行量较大。这几份报纸分属几个大型媒体集团，创办历史都比较长，都位于巴西政治、经济、文化中心。这些报纸都以报道国内政经要闻为主，近年来巴西国内政治、经济时局变化，复杂多变的人事更迭和机构变动，都为其重点关注。这些报纸对国际时势、地方消息也有及时报道，但不是主要内容，评论相对更少。

除报道每日要闻和追踪新闻走向之外，这几份报纸都开辟有较大议论和述评版面，内容都是对当期新闻事态发展和变化的分析和评论。评论区文章的作者并不都是该报编辑或评论人员，有的是与报纸有特约关系的学者、研究人员、评论人。专栏作者所抱政治态度、所持观点不同，他们观察问题的角度、立场也各异。专家们从不同角度对问题的观察方式和看法让公众听到了社会上不同声音，读者通过这些议论和述评对相关事件得到更广泛、更深层次的了解。

此外，这几份报纸还注重科技进步、生态环境等领域的事态和发展，也有文化、体育，特别是足球等方面的专栏，而且都有周末副刊。周末副刊主要内容是时尚、旅游、房产、社会焦点人物、艺术、休闲等。

因都有强大的记者队伍，硬件条件也好，这几份报纸水平比较高，是了解巴西经济、政治、文化、社会发展的主要渠道，也是研究巴西的重要工具。这几份报纸全国发行，都可当天投递到订阅用户手中，也可以当日在各大城市的报亭里买到。

每个州都有一份或两份历史较悠久、社会资源较丰富、版幅和发行量都较大的日报。这些地方性报纸一般属当地传统势力家族所有，所登内容多涉及当地经济社会发展和当地社会生活等。在有些情况下，尤其是在大选期间，会有一些偏向性。这些报纸发行范围一般只限本地。

还有一种专业性较强的报纸如《经济价值报》。该报在圣保罗发行，办报风格、主要题材、目标读者都很像《华尔街日报》，不但对巴西国内经济政策、措施、规划有非常专注的报道和评论，还对世界经济现状、发展趋势有比较全面、深刻报道和分析。其目标读者是政经、工商等领域的专业人员。

巴西还有一些针对咖啡和可可种植、畜牧、水产养殖等领域的农业小报。作为对农牧业的支持机制，这些报纸专业性强，发行范围明确，是农牧业科技和管理最好的宣传媒介。巴西畜牧业、种植业的集约化、规模化、产业化经营基本形成，这些小报的信息和指导往往给农户提供很大支持。在病虫害防治、气象变化以及外部市场变动趋势等方面，也会给农户提供有针对性的建议。虽然发行量有限，但这些报纸读者群非常稳定。

巴西杂志种类非常多，领域特别细分，对于各自目标阅读人群有更强的针对性，在强调时效性的同时专业性更强。一些政治、经济类杂志有大量著名记者的深入采访、专家细致详尽的述评，还有包括政府高官在内的当事人的直接对话。有的杂志与行业、职业专业技术相关。还有针对不同经济社会地位、不同性别人群、不同年龄段的儿童和少年的连环画式的周刊或月刊。这些出版物和其中一些人物形象甚至影响了一代人。这些杂志全国发行。

在互联网技术非常普及的今天，巴西以报纸、杂志为最主要代表的纸媒的发行量和普及范围仍然非常大。有的媒体已经开始利用互联网技术开展公众传播。如今，巴西几乎所有报纸都同时拥有纸质和网络传播媒介，有的报纸则完全放弃纸质媒介而全部改用网络版。

巴西没有官方新闻社或类似新闻发布机构。国家印刷署是联邦行政机构，隶属于总统民事办公室，其主要职能是发布联邦政府官方公告、法令、决定；出版、公布、保存、收藏官方信息资料，向总统府提供其所需的各种印刷服务等。官方公告每个工作日出版，向各州首府发行，由经注册登记的私营企业承担发行业务。各州的政府作为权力部门也有官方公告，功能和发行办法与联邦官方公告一样，也是全国发行。

即便是在互联网技术已非常普及、深入渗透到当今经济社会各领域的今天，纸质媒体在巴西传播领域仍有重要地位。

二 图书

20 世纪 70 年代末，巴西全社会仍处在军人独裁政权阴影之下，出版事业没有发展空间。由于长期以来教育不够普及，在相当长时间里热衷阅读的人为数不多，市场无从发展，巴西图书出版发行量始终不大。

从 1980 年开始，独裁专制开始松动，进入市场的出版商增加，图书市场开始出现明显增长。这一时期的出版市场变化除了与政治环境直接相关外，新进入市场的出版商的经营理念和经营手段也是主要原因之一。

在出版业拥有显著地位和巨大市场份额的是四月出版社。该出版社成立于 1950 年，起初只是两个年轻人通过从迪士尼公司获得特许经营权销售唐老鸭小人书。1965 年，二人开始投资自己的产品，一份以《圣经》故事为主题，以半月刊形式定期出版的连环画。这一经营理念获得巨大成功后，他们按照市场上不同人群的不同阅读需求，将各种题材的连环画以定期出版的形式推向市场。

根据国际出版商协会（IPA）的统计，巴西图书出版一直处于世界先进水平。在新兴国家中，巴西的图书出版量名列前茅。

巴西全国出版商辛迪加、巴西书刊理事会、巴西浆纸工业协会、巴西书刊出版协会曾经共同就巴西人的阅读习惯进行调查，以便为图书出版发行提供更加翔实的信息。调查结果显示，到 2015 年底，巴西共有登记在册的出版机构 659 家。

根据 2010 年的调查统计，巴西全国书刊协会共有成员 2980 个，代表全国 2980 家书店。这一数字比 2006 年增加 11%。但巴西人均阅读量仍低于阿根廷和智利，甚至低于哥伦比亚。自 2005 年以来，巴西大城市和中心城市书店显著增加，书店规模也比之前有所扩大。这一方面反映了人们阅读行为的变化，另一方面也体现了经济在进入 21 世纪后的平稳发展和积极进步。

在巴西，图书发行和阅读也存在显著地域性差别。巴西全国书刊协会主席维克多·塔瓦雷斯说："大城市书店越开越多，但在很多人口 8 万人左右的小城，经常没有书店。"据统计，巴西东南部图书销售比较集中，2020 年圣保罗州有 864 家专业经营图书的书店，这比书店数量第二多的里约热内卢州多出一倍多。书店数量居第三、第四、第五位的州分别是米纳斯吉拉斯州、南里奥格兰德州、巴拉那州。巴伊亚是东北部书店最多的州，其书店数量和圣卡塔琳娜州持平，都位于第七。罗赖马州有 25 家书店，是北部书店最多的州。

出版市场和出版物情况客观地反映了巴西经济社会总体发展水平，也真实地反映了其经济社会区域性差异。随着网络、通信技术的发展，人们的阅读习惯、阅读方式也会随之发生改变，巴西出版业也不可避免地受到冲击。

### 三 影视剧产业

巴西城市化进程开始较早，民众热衷于娱乐，作为大众化的市场需求，电影市场应早就兴旺发达，却曾长期萎靡。随着电视机在全国基本普及，电视剧赢得巨大发展空间。

巴西电视剧制作成本低廉，几乎全是室内剧，基本不到室外拍摄。这样不但可以在任何天气条件下或是时间环境中拍摄，布景还可重复使用。为尽可能降低成本，早期巴西电视剧演职人员很少。

30多年前，巴西电视剧的创作和拍摄所选题材和背景是殖民时期的大种植园、大农场、中小市镇，如当年在中国热播的连续剧《女奴》。这与当时整个社会刚从独裁禁锢下走出，娱乐和出版业还不能适应市场需求和行业管理不无关系。

另一个使得巴西影视剧制作成本较低的原因是创作环节少。有一些电视剧不提前写剧本，而是且拍且写。有的主创团队甚至根据观众收视反馈来临时调整剧情发展。有的大电视台还通过自己的平台如纸媒来调查了解观众的反应，根据市场反应调整剧情的走向。更有甚者，就直接向观众征求意见，请观众建议剧情该如何发展。有的则是写出两个不同走向的剧情，让观众投票。但实际播出的故事，往往又出乎人们意料之外。

对于绝大多数巴西民众来说，足球、电视剧是主要娱乐活动。尤其是对于知识水平、社会地位都相对较低的女性群体来说，观看电视剧几乎是她们所有的娱乐活动。这种娱乐基础消费水平本来就低，而且无须继续付费，从这个角度看，这也是巴西电视剧应运出现、合理存在的原因。

巴西电视剧获得成功的另一特点是对现实生活的虚幻描绘，这是其与巴西文学、电影最大的区别。巴西最优秀、最有代表性的文学、电影作品都是现实主义的，巴西电视剧几乎不反映真实社会现状，而是始终一贯地本着为公众提供娱乐的目的，以城市家庭生活，而且是相对富裕的家庭的生活为题材。剧中的人物都是相对富裕的中产阶级，体现的是非常富裕的家庭的场景和生活情节。

从本质上看，巴西电视剧制作早已形成相对完整、结构合理、环节紧密、运作完善的产业链条。资本通过保持这个链条不断运转，不断地将链条加长，也使得链条上的环节越来越多，从而将更多的产业绑在链条上，使之成为链条上的一环。

这个产业链条为少数底层民众提供了上升渠道。有些长篇、多集的系列剧就不时地从民众中海选出几个外形好看、有演艺潜力的年轻人，特别是年轻的女性，作为情节中出现的人物推出。这样既可以避免故事情节流于平淡，也给剧情发展增添变化，还不会使剧情显得很突兀。这种情况为梦想有机会跻身演艺圈的年轻人增加了无数美好期待和希望。对制作方来说，这也是一个很好的投资产品。

巴西影视剧产业早已形成规模，尤其是一些规模大、收视率高的媒体都曾有重要产出。这些大型媒体企业商业化推广也做得很好。因有巨大消费市场，各电视台每天在黄金时间无一例外都播放电视连续剧，有的电视台还根据节目收视情况，每天分不同时段播出。影视剧已成为巴西民众生活中不可或缺的内容。

拉美国家社会制度相同，经济社会发展水平相当，巴西影视作品在周边国家很受民众欢迎并长期占领拉美国家媒体娱乐市场。

四　广 播 与 电 视

军政府执政期间，曾经设立国有的巴西电台，并在各个州设立了由地方政府投资和管理的地方教育电台。但是属于国家的电台或电视台系统，却从未建立。

巴西广播公司为巴西联邦政府国有企业，成立于 2007 年巴西劳工党执政期间。该公司的主要职能和业务就是向社会提供高质量的公众电台和电视节目。公司的下属单位有巴西电视台、巴西国际电视台、EBC 电台（由里约国家广播电台、巴西利亚国家 AM 和 FM 广播电台、亚马孙国家广播电台、索里蒙斯上游国家广播电台、里约热内卢 FM 和 AM 教育广播电台、巴西利亚 FM 和 AM 教育广播电台等组成）。此外，还有巴西新闻社、巴西广播公司网站等机构。据不完全统计，巴西全国共有各种广播电台 4305 家，绝大多为私人所有。巴西所有广播电台均使用葡萄牙语。在 20 世纪 40 年代，曾经有欧洲移民聚居的城市使用德语等语言播出，后被政府严令禁止。

巴西有拉美地区最大的电视网络，共有 7 家面向全国播出的电视台，其中巴西电视台和文化电视台等 3 家为政府投资并管理。巴西已经实现电视信号覆盖面达国土面积的 99.77% 以上。

电视广播基本上被几个大私营传媒集团垄断（见表 7-3）。其中最大的是环球传媒集团下属的环球电视。环球电视是综合电视传媒，在所有电视台中播出时间最长、频道最多，其新闻节目早已实现 24 小时即时和滚动播出。位居第二的旗手电视也是综合电视媒体。旗手电视也有较强的新闻采编、报道和述评力量，也是唯一可以和环球电视在这方面竞争的电视台。在体育节目的转播和评论方面，旗手电视的收视率与环球电视相比不分伯仲。另一个收视率很高的电视台是巴西电视系统（SBT）。SBT 的观众是占人口绝大多数的低收入群体，其主要播放娱乐节目。

表 7-3　巴西主要电视台

| 电视台 | 旗手电视 | 环球电视 | 巴西电视系统 | 记录电视台 | 文化电视 | 巴西电视 |
|---|---|---|---|---|---|---|
| 外文名 | TV Band | TVGobo | SBT | RecordTV | TVCultura | TVBrasil |
| 地址 | 圣保罗 | 里约 | 圣保罗 | 圣保罗 | 圣保罗 | 里约 |
| 开始播出 | 1967 年 | 1965 年 | 1981 年 | 1953 年 | 1960 年 | 2007 年 |
| 免费频道 | 1 | 1 | 1 | 2 | 1 | 1 |
| 国际台 | 1 | 9 | — | 1 | — | — |
| 国际覆盖 | 6 国 | 130 国 | — | 150 | — | — |
| 卫星频道 | 14 | 6 | 9 | 10 | 7 | 9 |
| 在线电视 | 2 | 1 | 1 | 1 | 1 | 1 |
| 有线电视 | 12 | 3 | 11 | 7 | 12 | 11 |
| 收视率 | 1.2% | 12.5% | 8.1% | 4.6% | 1.6% | 0.25% |
| 全国覆盖率 | 92% | 99.6% | | 93% | 33% | 90% |
| 地方转播 | 63 频道 | 122 频道 | 99 频道 | 108 频道 | 89 频道 | |
| 销售额 | 5 亿雷亚尔（2016 年） | 146.8 亿雷亚尔（2018 年） | 10 亿雷亚尔（2017 年） | — | — | — |

资料来源：根据巴西各电视台情况整理。

# 第六节 互联网

## 一 互联网发展概况

互联网于 1988 年在圣保罗和里约两地大学师生的呼吁和努力下开始进入巴西。当年,巴西国家计算机科学实验室(LNCC)接入了美国马里兰大学的 Bitnet,完成了巴西第一次通过网络与外界的联通。随之圣保罗州科研事业基金会(FAPESP)也通过 Bitnet 完成了与费米实验室的连接。次年,里约州联邦大学成为巴西第三个掌握互联网技术的机构。

1989 年,在巴西国家科技发展理事会的支持下,巴西国家科研网络建立。1990 年,该网络向全国 600 个机构的 6.5 万个用户提供了互联网服务。1991 年,互联网进入政府机构。

互联网进入巴西和之后的发展过程受到多方面影响,并一再被迟滞。这也是互联网产业在巴西没有迅速发展,而且没有壮大的主要原因。

网络技术兴起之初,巴西正处在后独裁专制时期,全社会所面临的最大挑战是政治改革,同时经济也处于全面转型期。虽然学界敏锐感知了信息技术的潜力和前景,但在复杂的政治矛盾和激烈的社会冲突环境下,社会各方面力量不能形成接纳和发展新技术的合力,未对新技术做出适当的反应。

20 世纪 80 年代初巴西经济已现颓势,长期进口替代政策下的保护主义使得其竞争力一直下降,此时又正逢偿债高峰,巨额外债使得外汇储备几近枯竭,造成投资严重不足。在面临高额赤字的现实困境下,政府非但无力在新技术领域进行政策性投资,还被迫大量削减行政开支,科洛尔砍掉了政府对信息产业的扶持资金,从而使得巴西在信息革命初期就基本上放弃了建立信息产业的努力,也彻底失去了在这次全球性产业结构变革中获得应有份额的机会。这是造成巴西信息产业先天不足的社会经济根源。

## 二 互联网发展水平

由于各种内生阻力和其他外部因素,巴西未能在早期就开始发展信息产业,也因此未能借助其作为地区最大经济体和最大市场等有利条件,建立起南美最大信息产业市场和互联网中心,反而落后于世界平均水平,甚至在南美洲都未能进入领先行列。

华为从 2015 年开始针对全球最活跃的 79 个经济体的互联网产业技术水平进行分析评估,并基于云计算、物联网、宽带、人工智能四项关键技术中的 40 个指标制定全球联结指数(GCI)这一综合指标,以此作为对相关国家进行信息产业发展水平评估、分析、预测等调研的依据。在这个评估中,巴西的 GCI 一直处于中等偏下的位置(见表 7-4)。

表 7-4　2015~2020 年巴西全球联结指数变动情况和与相关国家的对比

| 年度 | 2015 | | 2016 | | 2017 | | 2018 | | 2019 | | 2020 | |
| --- | --- | --- | --- | --- | --- | --- | --- | --- | --- | --- | --- | --- |
| 国　家 | 排名 | GCI | 排名 | GCI | 排名 | GCI | 排名 | GCI | 排名 | GCI | 排名 | GCI |
| 韩　国 | 7 | 65 | 7 | 67 | 10 | 67 | 11 | 68 | 12 | 70 | 13 | 71 |
| 德　国 | 16 | 58 | 13 | 62 | 13 | 64 | 16 | 66 | 15 | 68 | 15 | 70 |
| 中　国 | 34 | 43 | 32 | 46 | 25 | 53 | 24 | 56 | 24 | 60 | 22 | 62 |
| 乌拉圭 | 37 | 42 | 34 | 45 | 36 | 47 | 34 | 48 | 42 | 48 | 40 | 50 |
| 智　利 | 41 | 41 | 34 | 46 | 35 | 47 | 32 | 50 | 32 | 52 | 30 | 54 |
| 巴　西 | 43 | 40 | 41 | 43 | 44 | 43 | 44 | 44 | 43 | 47 | 44 | 47 |
| 阿根廷 | 51 | 34 | 50 | 38 | 50 | 40 | 49 | 42 | 51 | 43 | 50 | 45 |
| 墨西哥 | 55 | 33 | 52 | 37 | 49 | 40 | 51 | 42 | 53 | 43 | 53 | 43 |

资料来源:华为公司。

巴西最早被推向市场的电话电信曾是优良国有资产,后被拆分出售,被私有化后又因为条块割据等,服务质量下降,消费者没有得到实惠,还出现了企业违规违法运营的情况。这些都成为巴西互联网产业发展的障碍。目前巴西共有 5 个主要电信网络服务商(见表 7-5)。巴西绝大部分互联网资源为这五个企业所掌握。

表 7-5 巴西主要移动通信和网络服务商情况

| 公司 | 成立时间 | 所在地 | 主要业务 | 运营区域 |
|------|---------|--------|---------|---------|
| VIVO | 2003 年 | 圣保罗 | 移动通信、固话、有线电视、移动网络 | 巴西 |
| TIM | 1998 年 | 罗马 | CDMA、GSM、3G、光纤、VDSL2、4G | 欧洲、拉美、美国 |
| Claro | 2003 年 | 圣保罗 | 云计算、卫星通信、固话、移动通信、宽带、付费电视 | 南美洲、美国 |
| OI | 2002 年 | 里约 | 移动通信、固话、互联网服务、有线电视 | 巴西、非洲、欧洲 |
| Algar | 1954 年 | 米纳斯吉拉斯 | 固话、移动通信、宽带、有线电视、互联网服务 | 巴西 |

资料来源：根据各公司官网整理。

2014 年和 2016 年分别在里约举办的世界杯和奥运会有力地推动了巴西互联网的发展。电信和互联网企业不但在国内竞争激烈，还迅速向国外扩张。有的公司将业务拓展至包括中美洲在内的周边国家，甚至非洲和欧洲、亚洲。

与此同时，各种危机也不断出现。在国内已拥有巨大市场、业务已开展到东欧和葡语非洲的 OI 公司因资金链断裂，巨额负债无法偿还，于 2016 年 6 月 20 日申请破产保护。这是巴西第一个电信企业濒临破产，也成为巴西历史上金额最大的破产保护。该公司及其 6 家子企业共负债 654 亿雷亚尔（约合 192.6 亿美元）。2020 年 12 月，由 VIVO、TIM、Claro 三家共同组成的联合体收购了 OI 公司 165 亿雷亚尔的流动资产。这一重组使得该公司暂时度过危机。

## 三 互联网发展现状

2018 年 7 月，巴西互联网管理委员会（CGI）下属机构信息社会发展研究地区中心（CETIC）公布了巴西国家地理和统计局有关互联网用户调查统计报告。报告显示，2015~2016 年，互联网已进入 54% 的巴西家庭；2016~2017 年，这一数字上升至 61%。2017 年，接入互联网的家庭总数为 4210 万户，其中 65% 的家庭是因特网直接入户。

调查统计显示网络的接入和使用存在巨大差异。这一差异除表现在不

同收入阶层的家庭外，城乡之间差距也比较大。2017 年，中等偏下和低
收入家庭接入率仅为 30%（2016 年为 23%），乡村网络入户率为 34%
（2016 年为 26%）。同期，高收入和中等偏上收入家庭的接入率分别为
99% 和 93%。

　　根据巴西国家地理和统计局在 2019 年 8 月公布的调查报告，2018 年，
巴西互联网稳定用户为 1.27 亿人，占全国人口的 70%。经过发展和调整，
自 2008 年以来，巴西的互联网用户数持续、稳定上升（见图 7-3）。

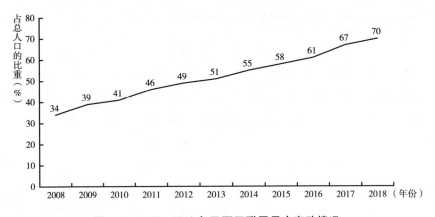

**图 7-3　2008~2018 年巴西互联网用户变动情况**

资料来源：巴西国家地理和统计局。

　　根据该机构 2020 年 4 月 29 日发布的报告，2018 年实现网络入户的
家庭数已达 5674.7 万户，占全国家庭的 79.1%。在市区，80.2% 的家庭
实现网络入户；在乡村，网络入户的家庭达 49.2%。在 1490 万户无网
家庭中，因不感兴趣而不装网络的占 34.7%，因费用太高和无人使用的
占 49.7%。

　　随着互联网技术的普及和服务商的运营成本不断降低，更多的普通民
众将进入互联时代。尤其是手机的日趋普及，更多的人可以使用手机上网
（见图 7-4）。占总人口绝大多数的低收入家庭开始使用互联网，是巴西
信息产业发展的一大动力。

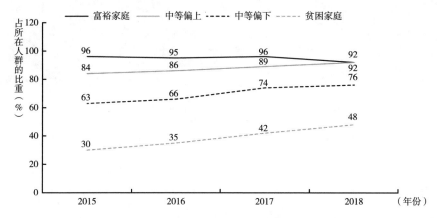

**图 7-4　2015～2018 年巴西各经济社会阶层使用互联网情况**

资料来源：巴西国家地理和统计局。

　　2018 年，巴西互联网用户中的 34%，即 4370 万人实现网购。以其巨大的市场，尤其是其巨大的网民人群及其上网需求，巴西无疑拥有巨大的发展潜力。随着互联网应用开始在中下层和低收入水平民众中普及，民众对互联网的依赖开始集中在网购等行为方面。根据信息产业发展规律和目前发展现状分析，巴西互联网产业会在不久的将来进入更快速发展的阶段。

# 第八章

# 外　交

　　巴西外交最鲜明特点之一是强调独立主权地位和自主的外交政策。在不同历史时期，巴西政府始终坚持这一原则立场，以实现本国利益、促进经济发展为基本出发点，以务实外交的理念和政策指导外交活动，积极追求本国利益最大化。即便是在军人政权统治时期，面对国际强权势力，巴西也以鲜明和坚决的态度维护了自己的主权和尊严。

　　1988年颁布的巴西宪法第4条明确规定，巴西的外交政策和对外关系遵循争取民族独立、提倡尊重人权、主张人民自决、坚持国家间平等的基本原则，奉行互不干涉内政、反对恐怖主义和种族主义的方针，秉持世界各国人民之间友好相处和合作，促进人类进步的精神。巴西坚持多边外交原则，坚持开放、务实、合作外交理念，主张外交应服务于自由贸易，促进贸易开放。在全球化问题上，巴西主张通过地区一体化途径，积极、开放的外交政策和多领域务实合作，加强拉美国家间关系，寻求形成拉丁美洲各国人民的经济、政治、社会和文化一体化，建成一个拉丁美洲国家共同体①，以推动和加快全球化进程。

　　进入21世纪，巴西更坚定地坚持独立自主、开放的外交政策和积极合作的对外关系方针，并积极参与各项国际事务，自身国际地位不断提高，并在国际社会中发挥日益重要的作用。

---

　　①　巴西博索纳罗政府于2020年宣布暂停参加拉共体，2023年，巴西重返这一组织。

# 第一节 外交简史

## 一 帝国时期（1822~1889 年）

自 1500 年开始被殖民统治后，巴西长时间没有主权地位，因此也没有开展外交活动。1808 年，葡萄牙王室被迫迁至里约热内卢。1815 年，王室宣布葡萄牙王国国名变更为葡萄牙、巴西和奥加维斯联合王国，首都为里约热内卢。作为传统欧洲王室在欧洲以外的首都，里约热内卢成为外交活动中心，但行使主权的仍是其殖民宗主国王室。由于历史、文化等的传统传承，这个时期的外交活动对后来巴西作为主权国家的外交思想、外交理念、外交方针、政策都产生了深刻的影响。

1822 年，巴西独立。摆脱葡萄牙的控制并建立本国外交机构后，巴西在外交政策制定和对外关系具体实践中，仍遵循欧洲体系，承继欧洲传统外交理念和风格。同时，国际环境变化、自身自然禀赋、社会特点、历史特征也造就和形成了巴西本国特色外交。由于殖民地历史、传统和当时国内的经济社会发展情况，从独立伊始，巴西就奉行对外充分开放、广泛合作的对外关系方针。

独立后，巴西帝国的外交活动主要是争取获得国际社会，尤其是欧洲主要列强的正式承认，争取同这些国家建立外交关系，并争取同这些国家签署友好条约和这些条约框架下的航行、贸易协定。

巴西帝国第一任外交大臣若泽·博尼法西奥·德安德拉德·依席尔瓦是葡萄牙贵族后代。他被任命为外交大臣很大程度上是由于其对皇帝在独立事业和政权建立过程中的支持和帮助。在他短暂任职期间，巴西获得当时处于新兴和上升阶段的美国的率先承认。美国因此成为第一个承认巴西独立的国家。

1823 年 7 月 16 日，若泽·博尼法西奥被免职。虽担任首任外交大臣仅 10 个月，但他仍被公认为巴西独立杰出的战士和外交先驱。

同年 11 月 14 日，外交官路易斯·若泽·卡尔瓦里奥继任外交大臣。

在此期间，巴西外交另一使命是为独立后的帝国争取足够的财政资源。长期以来，葡萄牙一直使巴西保持殖民地的从属地位，人为地造成其经济不能自给。巴西不但没有主权，在经济上也严重依赖宗主国，独立后继续依赖海外市场，单一的经济结构依靠海外商品的补充。1824 年 8 月，巴西通过罗斯柴尔德家族在伦敦获得独立后第一笔借款。从历史档案看，除努力争取国际社会承认外，该时期巴西外交重要使命是通过伦敦等金融市场为帝国获得财政支持。

1825 年 3 月 9 日，墨西哥成为第二个承认巴西独立的国家。同年 8 月 25 日，在英国调停下，葡萄牙王国和巴西帝国签署《里约热内卢条约》。条约的签订使得始于 1821 年的巴西独立战争正式结束，标志着巴西的主权地位获得了其原宗主国的正式承认。因英国在条约中调停方地位，巴西实际上也获得了英国的承认。

此时巴西的外交政策重点是发展与英国的关系。作为一个新独立的国家且远离欧洲，巴西在独立之初，所处的外部环境不稳定，需要世界强权的支持。独立后巴西仍有领土扩张企图，而且已成为英国第三大海外市场，将发展与英国的关系作为外交政策主要方向和外交重点，既是其独立后巩固主权地位的需要，也符合其国家利益。

1825 年 4 月 19 日，巴西越过南部边界占领拉普拉塔河东岸地区。同年 10 月 18 日，英国正式承认巴西。8 天后，法国承认巴西。在获得欧洲列强承认后，巴西于当年 12 月发动西斯普拉提纳战争。在领土扩张的同时，巴西继续加紧在欧洲争取更广泛支持。在此期间，虽然外交大臣不断换人，但争取外交承认、争取与更多国家和地区建立贸易关系的外交重点始终没有改变。奥地利、瑞典先后承认巴西独立。1826 年 1 月，巴西和法国签订第一份贸易航行友好条约。

1826 年初，安东尼奥·路易斯·达库尼亚接任外交大臣。在其任职期间，巴西先后得到罗马教廷以及瑞士、普鲁士、俄国等国家承认，并于 1826 年 11 月同英国签订禁止贩奴公约。因南部战争陷入僵局，巴西于 1827 年 5 月和阿根廷草签停战公约。次年 8 月，巴西和英国签订贸易航行友好条约，获得对英国贸易中的优惠待遇，这使得其独立后的贸易环境大为改善。

1827 年 11 月，若昂·格拉凡伯格担任外交大臣。巴西分别同奥地利、普鲁士、丹麦、美国、低地国家、汉萨城邦、撒丁岛等签订了航行和贸易友好条约。这些外交成果为巴西拓展海外市场、保障经济发展打下了良好的基础。因在西斯普拉提纳战争中获胜无望，巴西被迫于 1828 年 8 月在英国调停下放弃拉普拉塔河联合省主权，承认乌拉圭东岸共和国，但收回被西班牙占领的米桑斯。

战后，国内事务成为主要矛盾。佩德罗一世开始改革帝国外交管理制度，要求外交大臣从 1830 年 12 月始必须向议会提交年度报告，同国外签订的所有条约、公约必须提交议会和国务理事会审议。这一系列改革都是为避免外交事务权力过分集中，为即将开始的摄政制度所设。1831 年 4 月，皇帝佩德罗一世逊位。

佩德罗一世在位期间，其对外政策重点是为独立后的巴西获得合法主权地位，并在欧洲列强支持下，为独立后巴西的经济社会发展创造一个良好的外部环境。通过各种外交努力，独立国家的主权建构这一目标基本完成。在当时情况下，获得欧洲列强承认，即等同于获得了国际社会充分承认，巴西也就拥有了在国际社会中的地位。佩德罗一世还对外交决策机制和管理制度进行了改革调整，这使得其退位后的摄政制度中外交事务更加合理。

1840 年 7 月，帝国历时 9 年的摄政时期结束，佩德罗二世登基。巴西经济社会开始发生显著变化，各方面都有重要发展并取得很大成就。这个时期，巴西外交政策和对外关系重点主要在经济发展和军事扩张两个方面。

在经济方面，外交重点是解决同主要贸易伙伴之间的关税问题，从欧洲获得更多资金支持，吸引更多外来投资。此时巴西仍面临欧洲国家，尤其是英国的持续压力。由于长达近 300 年的殖民统治和大量贩奴，巴西人口结构已出现严重问题。因废奴已立法，为解决劳动力短缺这一问题，巴西开始大量引进外国移民。

在巴西历史上，这一时期的发展和进步是巨大的，不但传统大种植园经济得以维系并进一步发展，工业也有进步，这些成就支撑了巴西外交的开展。但巴西外交并未形成系统、完整的外交思想或理论体系。巴西外交既有理想主义成分，也有实用主义成分，在这一阶段外交实践中，两种倾向都有所体现。

也正是在这种情况下，巴西帝国统治者基于其传统殖民主义观念和野心，开始在地区范围内加强本国影响并开始进行领土扩张。这一时期，巴西对外关系中的重要事件是因领土扩张而引发的同邻国的争端，并先后卷入三场地区范围内的战争。

第一场是爆发于 1851 年 8 月、结束于次年 2 月的拉普拉塔战争。第二场则是 1864 年 8 月爆发并于次年 2 月结束的乌拉圭战争。第三场是巴拉圭战争，这是南美有史以来所发生的规模最大、时间最长、伤亡也最惨重的一次战争。以巴西为首的三国政治军事同盟在战争中击败巴拉圭。

这三次战争实际上是巴西与阿根廷两个地区大国为扩张领土、划分势力范围和扩大自身地区影响力而发动和卷入的三次不正义战争，所以也是南美国家外交实力的角逐。在这三场发生在第三国的战争中，巴西、阿根廷两国通过联合，或通过直接或间接的对抗，获得了大量战争利益。巴西从巴拉圭获得了大片土地和巨额战争赔款，巴西、阿根廷两国在南美地区大国的地位得以建立和巩固。这是巴西独立后借助武力实现的最大规模领土扩张。战后，巴拉圭经济受到致命打击，南美洲地缘政治形势和国际关系格局基本形成。

19 世纪 60 年代，巴西与英国关系出现裂痕。两件看似偶发的事件因双方坚持各自立场且都拒绝让步，导致两国外交关系于 1863 年 5 月破裂。这是巴西独立后第一次与欧洲强国发生外交冲突。虽然两国外交关系于两年后恢复，但这一事件给巴西后来的外交政策和对外关系方针变化埋下伏笔，并成为其外交政策变化的动因之一。

从整个巴西帝国历史来看，这个时期巴西的外交方针和对外关系政策对于巩固国家主权和现实利益而言是成功的。巴西不但借助积极的外交活动保证了独立后的主权利益，还通过不同的方式，扩大了国土疆域和在地区的国际影响力。

## 二　旧共和前期（1889～1912 年）

1889 年 11 月，军人发动政变推翻帝制，宣布成立共和国。

因政变政权不具备欧洲国家认定和接受的所谓宪法合法性，在共和国初期，巴西外交再次面临争取国际社会对新政府承认的问题。新政府首先获得美国、阿根廷、乌拉圭、智利等国家的承认。不久，欧洲国家也逐渐改变对巴西政局的观望，先后承认了新政权。1890 年 9 月，葡萄牙正式承认巴西新政府。

在经过长期酝酿和准备后，第一届泛美国家大会在美国倡导下于 1889 年在华盛顿召开。当时巴西仍是君主立宪的帝制政体，就当时国际关系和国与国关系而言，巴西仍与英国保持紧密的联系。巴西对获得美国永久保护国地位并不感兴趣，对美国希望成为西半球永久调停者和仲裁者的企图也未予以明确支持。

建立共和后，巴西在泛美国家大会后续会议中开始靠拢美国。1891 年 1 月，巴西提议两国就双边贸易进行磋商，并达成共识。双方缔结的互惠协定规定巴西输美咖啡和美国出口巴西小麦享受差别化贸易待遇。协定成为两国加强彼此关系的契机。

共和政府第二任总统弗洛里亚诺·佩索托任职期间（1891～1894 年），国内社会矛盾频发，政局不稳。巴美关系因新关税协定有所加强，但外交政策走向尚不明朗。为尽快镇压里约发生的海军哗变，佩索托向美国发出请求，以平息动乱。美海军介入后，叛乱被镇压。双方互信得到进一步巩固。

佩索托对前殖民宗主国葡萄牙怀有敌意。1893 年 9 月 6 日，海军在里约热内卢再次哗变，葡萄牙军舰非但直接卷入，还支持哗变军人，向政府军开火。哗变被镇压后，葡萄牙舰队收留了包括兵变首领在内的叛军，宣布接受叛乱军人政治避难申请。这一事件导致巴葡于 1894 年 5 月断交。

在此期间，巴西外交政策方针开始变化。根据 1890 年的《蒙得维的亚条约》，巴西与阿根廷关于帕尔马地区领土争议本来是不涉及第三方，可通过双边外交解决的问题。但在巴方坚持下，双方同意延请美国作为仲裁方，对协定执行中可能出现的争议进行仲裁。普鲁登特·德·莫拉伊斯就任总统后坚持此立场。仲裁人美国总统克利夫兰在 1895 年 2 月做出完全有利于巴西的裁决。这不但进一步拉近了巴西与美国的关系，也人为扩大并加强了美国在这一地区的影响力。在此仲裁案中，美国对巴西的争取和拉拢也显而易见。

在另一起纷争中，巴西和英国就两国在特立尼达岛的领土争议提交仲裁。1897 年 1 月 24 日，主持仲裁的葡萄牙国王裁决争议岛屿主权归巴西所有。在这两个领土争议中，巴西完全是通过协商、谈判的方式，借助外交手段，在没有诉诸任何武力的情况下维护了领土主权完整和国家利益。这是巴西在共和国初期获得的重大外交胜利。

此时，随着大量日本移民进入巴西，巴西开始发展和日本的外交关系。1895 年 11 月，巴日贸易航运友好条约签订。1897 年，双方互派外交使团，两国友好条约开始全面执行。

1902 年，为强行索取委内瑞拉所欠债务，英德派出联合舰队对委实施海上封锁。同年 12 月 9 日，阿根廷外长路易斯·德拉哥发布《德拉哥宣言》，首次以拉美国家名义为"门罗主义"代言，宣告欧洲列强不仅不能再在拉美开辟新的殖民地，也不能为追索欠债而对美洲国家诉诸武力。阿根廷此举实际上是直接为美国宣示势力范围。1904 年，老罗斯福将"罗斯福推论"补充进"门罗主义"，强调美国有权介入拉丁美洲事务。巴西在英德对委封锁一事中保持中立，但"罗斯福推论"出台后次年，巴西驻美大使馆开馆。1906 年 8 月 26 日，第三届泛美国家大会在里约热内卢开幕。巴西作为主办国，在会上积极斡旋，使得美国作为拉美大陆中心国家的地位在与会者中获得承认和接受。

这个时期，若泽·玛利亚·达席尔瓦·帕拉尼奥·儒尼奥尔的出现一改在此之前外交大臣或外交部长一职频繁走马换将的局面。自 1902 年 12 月 3 日被任命为共和国外交部部长后，他连续在罗德里格斯·阿尔维斯、阿方索·佩纳、尼罗·佩萨尼亚、埃尔梅斯·达·丰塞卡四届总统任期内担任外交部部长一职达 12 年，直到 1912 年 2 月 10 日去世。迄今为止，他是巴西历史上任职时间最长的外交部部长。

帕拉尼奥担任外长之初，正值巴西外交政策重心从欧洲向美国转移时期。他不但参与了巴西外交政策重点转移的设计，也忠实、高效地领导、执行了这一使命。由于其卓越才能，巴西外交政策在其任内保持了长期的连续性和稳定性。

在其外交生涯中，帕拉尼奥先后以外交官和外长身份参与、主持数次重大外交行动。其中突出的是他在任内为巴西同邻国的边界划定中所发挥的作用。他凭借聪明才智、不懈努力，经过艰苦谈判，运用当时国际通行的仲裁手段，使得巴西国土面积在其任内合法、无可争议地扩展了近百万平方公里。这成为他在外交部部长任内为国家所做的最大贡献。

1895 年，他代表巴西在与阿根廷就帕尔马地区领土纷争问题上获得了外交胜利。1900 年，就巴西北部边境阿马帕地区有争议领土问题，他又代表巴西同法国谈判。1900 年 5 月 1 日在日内瓦的仲裁庭上，帕拉尼奥以大量、翔实和充分的历史信息和数据据理力争。在当年 12 月 1 日的裁决中，仲裁方判定巴西方面有理。这一裁决使得巴西依法收复了阿马帕地区 26 万平方公里的土地。

帕拉尼奥被任命为外交部部长的当年，巴西和玻利维亚在阿克里地区的领土争议激化并引发军事冲突。根据历史上所有的条约和协定，阿克里地区都与巴西无关，甚至位于 1494 年葡西之间的《托德西利亚斯条约》和条约重新划定的教皇子午线以西，是前西班牙殖民地玻利维亚的领土，秘鲁为利益相关方。帕拉尼奥首先通过斡旋避免了军事冲突。后又采用各个击破的手段先后分别同玻利维亚和秘鲁达成协议。最后巴西采用领土置换承诺和经济手段，和平友好地与玻利维亚达成协议，将阿克里 16.4 万平方公里土地划入巴西版图。1903 年 11 月在同玻利维亚就边界问题的《佩德罗波利斯条约》签署之后，他又立刻开始同秘鲁就同一领土争议谈判。经过 6 年努力，巴秘间紧张局势得以缓解，两国于 1909 年签署协定，巴西对阿克里的领土主权获秘鲁承认。至此，巴西对阿克里的主权得到完全彻底承认。这是巴西历史上最重大的外交成就。这一成就不但使其主权得到维护，还扩大了其疆域范围，而且避免了与邻国的冲突，并维护了友好睦邻关系。为国家和民族获得的外交胜利也给帕拉尼奥本人带来了个人荣誉，巴西外交学院、阿克里州首府白河市都以其贵族称号命名。

这一时期是巴西独立后解决领土争议和边界冲突最多的时期。1904年巴西与厄瓜多尔签署边界条约，与秘鲁基本确定两国边界（关于阿克里的争议于 1909 年解决）。1906 年，同荷属圭亚那（现苏里南）划定边界。1907 年 4 月 24 日与哥伦比亚签署边界条约。1909 年 10 月 30 日，巴西与乌拉圭签署关于茹阿瓜隆河和米林潟湖主权的条约。巴西同意这两片水域由两国共管，以给予乌拉圭进入水道的便利。

巴西北部边界与英属圭亚那（现圭亚那共和国）比拉拉地区的主权争议源于葡萄牙在殖民扩张时期与英国的争端。争议被交付仲裁。1904年，主持仲裁的意大利皇帝裁定巴西交出所占领土 1.96 万平方公里。这是巴西历史上领土争议中唯一的失利。

帕拉尼奥在巴西外交史上的经历，几乎与巴西共和制初期完全重合。这段时间虽然只有二十年，却是巴西历史上非常重要的时期。巴西外交和帕拉尼奥本人在巴西历史上的重要性主要体现在以下几个方面。

第一，巴西外交重点从欧洲转到美国。巴美关系成为巴西外交政策、对外关系方针的重心。

第二，在较短时间内同邻国解决了领土争议、边界划定等问题，确定了领土主权。这为后来巴西的和平发展、与邻国共同进步奠定了坚实基础。

第三，除了在国际关系中的外交成就外，若泽·帕拉尼奥为巴西留下的最大财富是以他的外交理念和外交实践为代表的巴西的外交思想和行为体系。即在国际事务中坚持国家主权，坚持以国家利益为上的立场，不诉诸武力，本着和平、友好的态度，以协商、谈判的方式，或借助第三方仲裁，解决国与国的争端。这是理想主义外交理念和现实主义外交政策相结合而产生的，具有本国自身特色的外交理念和早期多边外交思想特征的，巴西第一个较为系统、完整、全面的外交思想体系。这一思想体系对巴西对外关系和外交政策影响深远。

第四，巴西在本地区树立了和平、平等、互利、公正的外交立场，塑造了以协商、谈判、仲裁等和平方式处理国与国之间争端的形象。突出了其在本地区负责任大国的身份，也为邻国树立了良好的榜样，同时还为进一步提高自己的国际地位奠定了基础。

### 三　旧共和后期（1912～1930 年）

1914 年 7 月 28 日一战爆发。巴西于 8 月 4 日宣布中立，并保持同各贸易伙伴间正常贸易往来。1917 年 1 月 31 日，德国向巴西发出照会，要求其遵守德国对英、法、意和东地中海国家的禁运，明确要求巴西停止与这些国家和地区的贸易往来。同年 4 月 5 日，当时巴西最大商船巴拉那号被德国击沉并造成伤亡和损失，巴西与德断交。

因己方商船于 1917 年 10 月又被德国击沉，巴西于 11 月对德宣战，但并无实际作战行为。1918 年 7 月，巴西宣布参战，11 月部队抵达欧洲时作战方已停火。因公开对德宣战，巴西获得巴黎和会参会资格，并成为《凡尔赛和约》签署方。作为战胜方，巴西获得德国战争赔偿。虽未直接参战，但巴西通过外交姿态拉近同美国的关系。其在一战后所获除了战争赔偿外，更大的是政治利益。

一战后，巴西国际地位有所提升，第一次进入当时以欧洲国家为主流的国际社会，参加了战后国际社会的建立，并多次被选为重要代表。意、法、英等国都将本国在里约的外交机构升格为大使馆，体现了国际社会对巴西的重视。法、美两国开始向巴西提供军事技术援助。1919 年 9 月，法国向巴西派出驻军并一直驻守到 1940 年。巴美于 1922 年 11 月签订军事合作协定，该军事合作协定一直执行到二战前夕。在经济上，美国成为巴西最主要贸易伙伴，对巴西投资也开始增加。

1919 年 7 月 28 日，埃皮塔西奥·佩索阿就任总统。在他任职期间，巴西利用战后红利拓展国际空间、扩大贸易，并以美元取代英镑作为贸易结算货币。这是当时美元地位上升、英镑式微的结果，实际上也是巴西向美国靠拢的姿态。

巴西还积极参与组建国际联盟，以创始成员国身份成为国联非常任理事国，迫切希望并积极争取大会理事会常任理事国席位，但未能如愿。最后在争取无望的情况下，巴西退出国际联盟，成为国联中首个退出的创始成员国。

这一时期巴西外交最重要的事件是完成了外交重点从欧洲向美国的转移；借参加世界大战这一契机，通过一系列外交活动，将发展巴美关系确定为巴西外交政策的重点。同美国结成更广泛的同盟成为巴西政府的共识，巴美关系得到进一步的巩固。

## 四 瓦加斯时期和战时外交 （1930～1945 年）

1930 年 11 月，瓦加斯就任巴西第 14 届总统，其 15 年的任职贯穿整个二战，这也是巴西外交政策和对外关系所经历的特殊时期。

瓦加斯任总统初期，巴对美贸易受美国内贸易保护主义影响而遭到制衡，巴美贸易关系中的所谓务实公平不复存在，美国的关税政策成为平衡两国贸易的重要机制。与此同时，德国与巴西的贸易已达较高水平。瓦加斯希望通过加强巴德关系，进一步扩大对德贸易。

瓦加斯对第一届内阁外交系统进行了改组，扩充和加强了外交部商务促进部门，并同 30 多个国家签订了无条件最惠国待遇贸易协定，这些协定因缺乏操作性后又被全部废止。

1936 年 6 月，巴德签订贸易协定，双方贸易迅速发展，成为彼此最重要贸易伙伴。巴向德输出咖啡、棉花、皮革、肉类等，德国则对巴出口军火。两国贸易采取易货形式，不使用货币结算。

1937 年 11 月，瓦加斯发动自我政变，并任命驻美大使奥斯瓦尔多·阿拉尼亚为外交部部长，进一步加强同同盟国的经贸关系。同期，巴美两国于 1935 年 2 月签订贸易最惠国协定，又于 1939 年 3 月签署合作协定。同年 5 月和 6 月，马歇尔国务卿和蒙特罗元帅互访。1941 年，英美重新成为巴西最主要贸易伙伴。

二战前夕，巴西仍不明确立场。阿拉尼亚公开表示巴西可能中立。纳粹德国入侵波兰次日，瓦加斯宣布对欧洲战事保持中立。同年 11 月在巴拿马召开的美洲联盟国家磋商会上，巴西再次重申中立立场，继续为获得钢厂建设资金而在轴心国和同盟国间摇摆和博弈。1940 年 6 月 11 日，瓦加斯本人还公开向纳粹德国示好。最后美国于 9 月 25 日同巴西签订协定，同意向巴西国家钢铁公司提供建设资金和技术。

嗣后,通过加强同美国的友好关系,巴西1941年与美签订用矿产换取美国机器设备协定。1941年12月7日珍珠港事件爆发,美洲国家外长磋商会于里约热内卢紧急召开,巴西于1942年1月28日宣布同轴心国断绝一切外交关系。同年2月,巴西财政部部长阿杜·科斯塔前往美国,落实美国援助的具体事宜。作为巴西财长的访问成果,两国从当年2月到8月期间签署了一系列协议文件,其中包括美对巴的军事、经济援助和两国间战略合作协议。同年3月,美国开始对贝伦、纳达尔、累西腓等地军用机场进行维修改建。5月23日,两国军事混委会成立,负责组织和协调两国军事合作和美国军援问题。

巴美结盟后,纳粹德国于1942年2月开始在大西洋沿岸攻击巴西商船。同年8月,巴西因客轮遭受攻击,于1942年8月31日宣布进入与德意交战状态。1943年1月底,罗斯福与瓦加斯在纳塔尔会面。双方认为巴西参战虽不起决定性的作用,但从政治角度和精神层面上来说对巴西将意义深远。在此共识下,巴西地面部队被编入美军序列,海军也统一由美国海军指挥,承担护航任务。

1941年12月,富兰克林·罗斯福提出关于反法西斯联盟组建联合国的设想。1942年1月1日,中、美、苏、英等26个同盟国代表在华盛顿签署《联合国家宣言》,签字国中有10个拉美国家,却未包括任何南美国家。巴西圣保罗大学图书馆所存史料显示,巴西于1943年2月8日签署该宣言,为世界上签署宣言的第32个国家,也是签署该宣言的第12个拉美国家。

1945年4月25日,联合国成立大会在美国旧金山举行。巴西派代理外交部部长佩德罗·莱昂·维罗索率团参会,巴西对成立联合国持完全支持立场,并参加了所有委员会会议。在关于联大安理会常任理事国席位讨论中,美国关于巴西应获一席的建议被英国和苏联否决。

瓦加斯是巴西实现共和后任职时间最长的总统,也是第二次世界大战期间巴西唯一国家元首,他执政过程中的外交政策即为巴西战时外交政策。从政府稳定性来说,这是巴西历史上少有的,但瓦加斯的外交政策是不连贯的。在维护和巩固政权问题上，其对外关系方针具有连贯性，是一个几乎完全基于本国经济利益，充分利用国际关系和形势发展、各方矛盾的实用主义外交路线。在具体外交事务上，瓦加斯表现出特殊的两面性。一方面，其外交政策始终以国家经济利益为重，坚持以贸易为工具，以讨价还价的博弈手段同美国进行外交周旋；另一方面，则是从二战前就一直缺乏诚意的态度和立场，以及各种投机、反复的举措。

## 五 过渡时期（1946~1956 年）

1945 年 10 月，瓦加斯辞职。此后加斯帕·杜德拉胜选并就任总统，将外交政策转向全面亲美，并在其任职期间始终贯彻了这一政策。1947 年 3 月，杜鲁门在美国国会上发表《国情咨文》，该文件是战后美反共极右势力外交路线的纲领，标志着杜鲁门主义正式出台。该文件和稍晚抛出的马歇尔计划标志着以美国为首的西方社会发动的、波及全球的冷战的开始。同年 9 月 1 日，杜鲁门访问巴西，杜德拉为欢迎他举行盛大阅兵式。两国签订互助友好条约，巴美关系上升到新的水平。随后，巴西与苏联断交。

1948 年，杜德拉政府启动同美国在经济研究方面的合作。巴美双方建立了分别由各自经济专家组成的经济研究委员会，两国专家共同分析探讨巴西经济的制约因素和发展方向。该委员会的研究结果于 1949 年出炉。

1947 年 2 月，杜德拉下令就巴西石油工业建设和开发问题进行专题研究。1948 年 2 月，政府向国会提交关于开发石油资源和建设石油工业的提案《石油章程》。根据该提案，巴西石油工业建设资金将取自巴西石油工业理事会。因资金不足，且缺乏石油工业和相关产业及建设所需技术，巴西石油将对私营部门和外资开放。该计划引发社会公众强烈反对。各界人士自发组成石油保卫社团组织，社团人员来源广泛，包括军队高级将领。杜德拉因此不得不搁置计划，直到其下野。

1950 年，瓦加斯再次就任总统。前政府与美国全面合作的政策随之发生改变。这个时期，因捍卫本国石油利益而被激发起来的民族主义情绪愈加高涨。但同时巴美经济技术合作仍在继续和推进。

　　1951年3月26日至4月7日，第四届美洲国家联盟外交部长磋商会在华盛顿召开。这是马歇尔计划出台后美国为推行其外交政策最重要的事件。针对美国敦促拉美各国派兵参加联合国军侵略朝鲜的态度，巴西在会上坚持本国发展优先的立场。巴外长若昂·达丰都拉指出：拉美和亚洲贫困问题急剧恶化，地区社会稳定被破坏，并已构成对民主制度的威胁。面对发展经济的紧迫性和必要性，拉美内部问题优先于美国让各国派兵参加朝鲜战争的要求。这一立场证明，巴西虽未反对1950年7月7日联合国安理会通过的关于向朝鲜半岛派出联合国军的第84号决议，但明确拒绝美国关于巴西出兵的要求。

　　1951年7月19日，巴美就巴西受援问题成立经济混委会。混委会共提出41个经援项目，金额共计3.87亿美元。两国于1952年2月21日和3月15日分别签署巴西以易货形式连续三年向美国提供7500吨核矿砂、以换取技术转让和机器设备的协议和巴美军事互助协定。这两个文件被提交国会后，遭到强烈反对。国会为此成立特别调查委员会。协定一年后最终获批。另外两国还签署了以稀有金属钍换小麦的协定。

　　1953年10月3日，瓦加斯签署第2004号法，宣布成立巴西石油公司。该法明确规定巴西石油公司为全资国有企业，代表国家全面垄断巴西石油开发、勘探、钻探、精炼、销售所有相关业务。这一立场获社会大力支持，也使得前政府的杜德拉计划彻底胎死腹中，美国石油利益集团进入巴西的最后一扇门被关闭。1952年1月，瓦加斯签署政令，限制外国资本利润汇出。这是其加强对外资管理和限制的又一举措。在此之前，巴西还积极倡议美洲国家组织作为今后拉美国家间冲突的解决机制，这一倡议也被解读为对美国的离心企图。

　　1954年8月瓦加斯自杀身亡，巴西外交政策重回亲美路线，巴西获得2亿美元贷款支持。1955年8月3日，巴美签订和平利用核能协定并建立共同勘探巴西铀资源的合作项目，遭到反对派质疑，国会为此成立特别调查委员会。

　　战后这个阶段时间不算长，但巴西外交政策在此阶段具有显著特点。

两届政府的外交政策非但缺乏承继关系，反差还很大。杜德拉就任后采取同美国紧密合作的态度，瓦加斯执政后又对此做出调整。这体现了巴西外交政策在这一时期极不稳定的特征。

## 六 民众主义时期（1956～1964 年）

1956 年 1 月 31 日，儒塞利诺·库比契克就任巴西总统。执政初期，库比契克坚持加强巴美友好关系，继续将巴美关系作为外交政策重点，巩固双方合作。这一方面是为了维持外交政策的稳定，另外，已开始实施的经济发展计划也急切需要经济支持。在政治上，鉴于其当选之前巴西政局的混乱局面，他也需要美国的帮助，以维持其执政期间国内社会稳定。

受多因素影响，美国政府感觉其在拉美影响力受损。尤其是古巴革命胜利，使得美国对拉美政治局势关注增加。美国内开始有人建议借助经济援助加大对拉美国家亲美政府的支持，以推行经济增长与政治民主携手并行的理念。

巴西正急切期待外部支持，上述外部条件和库比契克执政纲领中发展国家经济的宗旨和规划正好契合。1957 年 7 月巴美签订了和平利用核能协定。1958 年 6 月，尼克松访问拉美，在美国支持和库比契克倡导下，以加强拉美国家同美国合作为宗旨的"泛美行动"成立。这实际上是美国通过向拉美提供大规模开发援助，以加强其在拉美影响力和巩固其势力范围所做的准备。通过这一举动，巴西也获得了美国政治上的信任和财政上的支持。

作为"泛美行动"的后续成果，1960 年 2 月，《蒙得维的亚协定》签订。根据协定，由阿根廷、巴西、哥伦比亚、智利、墨西哥、厄瓜多尔、巴拉圭、乌拉圭、秘鲁、委内瑞拉十国共同成立拉丁美洲自由贸易协会，泛美开发银行也相继成立。这些机制的形成对美国加强同拉美国家的关系、巩固其势力范围、扩大影响起到了积极作用。在当时国际环境下，尤其是在拉美地区国际关系中，美国这种积极主动实际上是为推销其价值观的带货行为，也给包括巴西在内的拉美各国政府的外交政策增加了理想主义的成分。在库比契克任职期间，美国为巴西各大工程项目提供了财政支持。库比契克政治为经济服务的外交政策获得较好回报。

与此同时，巴西单一亲美外交政策开始出现松动。1959年巴西与韩国建交并承认了17个非洲国家的独立；同年12月，巴西开始以易货形式重开对苏贸易。在执政期间，库比契克采取了稳健温和的实用主义外交政策，延续了传统外交关系，较好地利用了外部环境、政治因素和外交手段，在保证国内经济建设发展的同时，维持了巴西外交政策的持续和稳定。

1961年1月，热尼奥·夸德罗斯就任总统。就职伊始，他就明确提出要建立新型的、以独立自主为基本原则，以和平共处、平等相对为基本方式，务实、广泛的外交关系，即独立自主对外政策。在这一政策中，夸德罗斯主张国际社会民族自治，人民自决，维护和平，打击贫困。这些激进的，带有显著理想主义、民族主义、多边主义倾向的主张明显有悖于美国单边主义外交方针及其在拉美所推行的"门罗主义"本质。

夸德罗斯就职后就着手全面改善同南美国家的关系。1961年4月，巴西公开反对美对古巴内政的粗暴干涉。在多边场合，巴西以积极的姿态向当年7月5日召开的不结盟国家组织首脑会议预备会派出代表。同时又继续同西方发达国家合作，并从国际货币基金组织、争取进步联盟、美国财政部等获得大量资金支持。

1961年是巴西外交活动频繁的一年。在和传统西方盟国保持政治、经济关系的同时，巴西大力发展同东欧社会主义阵营国家的关系，大幅增加了同南斯拉夫、波兰、捷克斯洛伐克、匈牙利、民主德国等国的贸易。在3月31日到4月3日很短时间内，巴西同匈牙利、罗马尼亚、保加利亚、阿尔巴尼亚等国建立了外交关系。4月20日，巴外交部专门设立东欧工作组，以应对大量与东欧国家的事务。5月，巴西向仍处于与之断绝外交关系的苏联派出贸易代表团并就复交问题进行了磋商。当年8月，巴西副总统古拉特访华，当时中巴并未建立外交关系。1961年上半年，巴西驻加纳、尼日利亚、塞内加尔大使馆开馆。巴西的这些外交举措和行动凸显其外交政策的迅速和多样的变化。

在就职后很短时间里，夸德罗斯政府就完成了这一系列对外关系和外交政策的转变，虽未引发政府内部公开分歧和反对党的非议，但实际上这样对外交政策的大幅调整不可能不触及对立集团和党派的利益。尤其是这些外交政策的改变很可能导致巴西在国际地缘政治中发生变化，继而导致拉美政治生态的变化。

夸德罗斯并非拥有丰富政党活动经验和较强博弈能力的政治家，也不具备丰富的对外关系和外交活动经验。尤其是在对外部环境和对国内政治势力的评估方面，他既没有全面审视和研判，也显得缺乏前瞻性。在他执政时期，有些外交决策在当时来说是不成熟的。

1961 年 8 月 19 日，夸德罗斯为古巴革命领袖格瓦拉授予巴西政府褒奖外国人的最高荣誉勋章南十字星大勋章，以感谢其接受请求，释放了被古巴判处死刑的 20 位宗教人士。

8 月 25 日，夸德罗斯辞职。他辞职的原因很多，其执政过程中遭到的反对和承受的压力来自不同方面，但外交方针和对外关系中过于激进的改革和举措是他执政失败最重要原因之一。其在很短的执政时间里实现巴西外交关系中的多项成就。其外交政策中向当时以苏联为首的社会主义阵营国家热情和开放的态度，引起以美国为首的西方国家的警觉和不安。

接任总统职务后，古拉特对前任的对外关系方针未做任何改变，坚决执行其外交政策。1961 年 11 月，巴西与苏联恢复外交关系。古拉特当年曾为尽早和中国建立正式外交关系竭尽努力，他访华一事本身就明确表明他的愿望和计划。但因巴西国内政治矛盾尖锐，形势急剧恶化，他的愿望和计划未能实现。

20 世纪 60 年代初，正值美苏冷战。夸德罗斯就任后立刻对外交政策进行调整，虽然没有直接冷淡美国的意图，在经济上也延续了依赖西方的做法，但他所执行的独立自主对外政策，以及其在外交战略和具体事件中的一系列决定，与原先传统、保守的，将对美关系置于外交政策主要位置的对外方针格格不入。不论是夸德罗斯还是古拉特，向当时以苏联为代表的社会主义阵营转变的过程过于急切、过于激进。这种转变不论是对于代表西方反共势力的美国政府，还是对巴西国内右翼亲美政治经济利益集团来说，都是无法接受的。夸、古这样的外交政策很容易被人解读为巴西企图背离以美国为代表的西方阵营，全面投向美国的对立面。在当时的国际环境和地区局势下，这样的举动无疑会引起美国的警觉，因为美国不可能接受当时以苏联为首的社会主义国家对拉美的"渗透"。

宪法政府被军人政变推翻，古拉特本人被废黜，这是巴西历史上政权更迭形式最为极端的一次。对外关系方针和外交政策是引发这次军事政变最重要的因素之一。这也是巴西历史上外交政策和对外关系方针在政权交替中占权重最大的一次。

## 七 军政府时期（1964～1985 年）

1964 年，在当时两种意识形态激烈对峙的局面下，在美国影响力和经济利益巨大的南美洲，军人发动政变是大概率的事情。在当时的国际环境和国内形势下，政府所实行的独立自主外交政策，大力开展和推进与中国、苏联及其他社会主义国家的关系，引起国外势力的干预和激化国内矛盾。

推翻古拉特的合法政府后，政变军人不但开始迫害国内政敌，还对前政府外交政策进行了最彻底的颠覆。

1969 年初，埃米利奥·梅迪奇就任总统。军政府在国内事务中继续推行专制和强权统治，但因国际局势已发生了很大变化，巴西的外部环境也在变化，尤其是非洲争取民族独立、国家解放的非殖民化运动蓬勃发展。这些反殖民主义运动都带有显著的反帝色彩。巴西的外交方针也正是在这个时期开始由单边主义向多边主义转变，并更加体现民族国家的国际定位。

这一时期，巴西积极拓展多边外交，并通过广泛参与不断扩大自身国际影响力。巴西从 1970 年起开始参加联合国海洋法公约谈判并站在发展中国家一边。1972 年 6 月参加斯德哥尔摩首次人类环境大会；1973 年 9 月加入国际关税同盟，并积极倡导世界贸易机制改革。

1972 年，尼克松访华，西方国家感到了美国外交政策的调整。随着中美关系正常化，西方对华政治和外交关系快速改善。巴西对外关系政策也开始变化。

这一时期巴西外交政策的改变和当时国际形势发展趋势有紧密联系。国际社会出现明显分化，不结盟运动开始形成影响，非洲广大殖民地国家人民为争取民族自由、国家独立和人民解放的运动已形成巨大的国际力量。作为有着同样被殖民历史的主权国家，在这种分化面前，与包括亚洲、非洲等国家和国际组织建立联系，加强团结是大势所趋，也是巴西外交明智的选择。

1975 年 11 月 11 日，前葡萄牙殖民地安哥拉宣布独立，巴西成为世界上第一个给予其外交承认的国家。这一事件改变了其长期以来与老牌殖民国家关系紧密的印象，在国际关系问题上变得更温和，其国际形象大为改善，同时也标志着其传统外交政策开始改变。

20 世纪 80 年代，进入军政府执政后期，国际局势进一步发展。两伊战争等事件造成石油危机，巴西经济经受沉重冲击。意识到这些变化和影响可能给巴西带来并继续造成的重大影响，军政府开始根据新的国际形势和地缘政治格局调整外交政策和对外关系方针。

随着中美关系正常化和中美上海公报签署，长期孕育变化的国际关系格局开始发生根本性改变。西方阵营国家纷纷与中国改善关系。巴西于1974 年 8 月同中国正式建立大使级外交关系，这距埃尔内斯托·盖泽尔总统就职仅 5 个月。同年，巴西还将其同民主德国、罗马尼亚、保加利亚、匈牙利等国的外交关系升格为大使级。1975 年，盖泽尔邀请罗马尼亚共产党总书记齐奥塞斯库访问巴西。这充分说明，在代表军政府最强硬势力的梅迪奇总统任职期间，巴西外交政策已酝酿重大调整，并在盖泽尔总统就职后很快完成部署并开始实施。同年，巴西正式承认由巴勒斯坦民族权力机构所代表的巴勒斯坦国。这些行动标志着军政府全球外交政策的重大转变。

1977 年 3 月 4 日，美国驻巴西使馆政务参赞西大卫·西姆科克斯向巴政府提交非正式备忘录。备忘录附件为美国务院对过去一年巴西人权情况的报告。次日，文件被退回。巴西外交部副部长拉米洛·盖雷伊洛在回信中通知美驻巴大使，巴西政府拒绝美国提交的文件，并反对任何将援助同巴西国内事务捆绑的行为，同时通知美国，鉴于美国对巴西内政的粗暴干涉，巴西从1977年财政年度起拒绝美国每年5000万美元的对巴军援。盖泽尔总统当月签署第79376号总统令，正式终止两国于1952年签署的军事互助条约。这一做法反映巴西军人独立自主、坚决拒绝外国势力干涉本国国内事务的立场，也证明了其外交政策已发生根本性的变化。

其后，军政府的外交政策按照独立自主原则，根据本国利益，以更开放姿态发展。1984年，菲格雷多总统对中国进行国事访问，其间，巴西政府在北京、上海举办巴西展览会。此后，中巴经济、贸易、文化、科技合作不断扩大，并以一种前所未有的方式进入一个全新的阶段。

军政府在其执政期间，执行了一条经历各种变化、经过不断调整的外交政策和对外关系方针。军政府初期，在全球冷战环境下，在美国极右反共外交政策影响下，军政府出于冷战思维和站在极右立场，对以苏联为首的社会主义阵营的国家采取了抵制、反对的态度，坚持强硬和不接触的政策。进入70年代，随着国际形势变化，基于本国国情，基于本国经济利益，军人政权在更独立的外交思想指导下，开始选择一条坚持自主的外交政策和路线，逐步摆脱美国对巴西发展的约束和控制，以开放的眼光、合作的态度、积极的行动开始并深化同中国等意识形态、社会制度不同国家的交往，最后实现了外交政策的调整。这些调整虽未改变巴美关系在巴外交政策中的绝对优先地位，但其在巴西外交政策和对外关系方针中的权重已经变化。所以从某种意义上，可以说巴西对外开放始于军政府期间。

## 八　新民主主义时期（1985年至今）

1985年4月，若泽·萨尔内就任总统。他采取独立自主的外交方针和积极、全面的外交政策，巩固与美国关系的同时，加强同其他国家友好往来。在就职当年，他在第40届联大开幕式上发表讲话，公开抨击发达国家长期以来通过债务手段达到控制、欺凌、盘剥发展中国家的行径。巴西通过这种方式表明了其对发达国家，尤其是对实际控制世界银行和国际货币基金组织的欧美大国的不满。

在双边关系方面，萨尔内积极改善同邻国阿根廷的关系，他在任内最先会见的外国元首是阿根廷总统劳尔·阿方辛。他也非常重视同其他邻国的关系，并会见了多数邻国元首。萨尔内在表达对西方国家不满的同时，积极加强巴欧关系，并重视多边关系，亲自关心和促成了葡语国家联盟这一多边关系机制。

任职期间，萨尔内对中国进行了友好访问，并会见了邓小平同志。他还对苏联进行了正式友好访问。

萨尔内的外交政策秉持积极、进步、全面开放的理念。在非洲问题上，尤其是在反对种族歧视问题上，巴西立场鲜明地支持非洲人民争取自由和独立的斗争。萨尔内还努力改善和加强同意识形态不同的国家之间的交往与合作。他分别出访苏联和中国，通过这些访问积极推动与这些国家间的沟通和了解，还务实地签订了许多重要政治文件和合作协定。他任总统期间，中巴地球资源卫星项目合作完成了协商和协议签订，中巴高科技领域合作由此开启。

萨尔内执政期间，巴西外交政策和理念是平和、稳健的，也是务实、积极的，具有典型的过渡型特征。这种外交政策、对外关系理念和实践对于一个刚经历 20 余年独裁统治的国家是合理的。作为地区大国，在民主进程重新开始的情况下，积极改善与邻国关系，积极同包括意识形态和社会制度不同的国家建立友好合作关系，不但非常重要，也非常明智。萨尔内这种积极、多边主义的外交政策和外交活动，不但对于巴西在走出军人独裁统治后的国家形象重塑具有重要意义，也为巴西作为一个经济外向型国家的经济发展铺平了道路。

虽未提出任何系统性、理论性的外交理论，但萨尔内的务实外交为后来的历届政府树立了一个基准，也为后来历届政府外交活动的开展打下了基础，他执政期间所获得的外交成果使得后任历届政府受益。更重要的是，萨尔内的外交理念也为继任者所接受和继承。

1990 年科洛尔就任总统后坚持了和美国保持密切关系的外交政策，这既是延续外交传统，也是当时其所处的国际环境和国内经济形势所需。巴西经济当时处在剧烈动荡之中，为控制恶性通胀，科洛尔开始按经济自由主义行政。在巨额外债压力下，和美国保持良好关系有利于巴西同国际货币基金组织以及其他债权人的谈判。此外，拉美和西欧是科洛尔外交的主要方向，外交重点也仍然是经济。这个时期巴西外交重点是缓解迫在眉睫的通货膨胀和巨额外债的压力。

1990年9月，科洛尔在烟斗山空军基地公开、象征性填埋了巴西核武器试验井，明确昭示了巴西放弃核武器研发的决心。1991年12月13日，他代表巴西同阿根廷、国际原子能机构、巴西-阿根廷核管制局签署四方防止核扩散保障监督协定。

科洛尔有加强发展和中国关系的愿望。但因其执政仅两年多，且国内经济形势压力太大，其外交政策未能完全实现。

1995年1月，卡多佐执政。在执政之初，他制定巴西社会回归民主政治后的对外关系方针和外交政策，并亲自领导执行。其政府一开始就明确宣示：巴西将始终坚持尊重国际法则，坚持和平、平等、公正原则，捍卫不干涉他国内政、捍卫所有国家民族自决权和人民自由意志的立场。卡多佐政府秉承了巴西外交传统方针，即以维护国家利益，尤其是经济利益为外交事务的重点。他在巴西《国际政策杂志》发表文章，宣布其外交政策是"民主的、坚持市场开放的"，并服务于维护货币稳定和经济发展。卡多佐非常明确地表明了其希望在执政期间达到的目的：要让巴西和世界大国坐在同一条板凳上。正是在这种思想指导和激励下，并通过这一政策和方针指导下的积极、广泛的外交活动，卡多佐开启了巴西新民主共和时期的外交和对外关系的局面。

卡多佐执政期间，巴西经济初步稳定并开始缓慢发展。他利用经济恢复等有利条件，加大巴西在国际事务，尤其是世贸组织、南共市等全球和地区一体化多边机制中的参与程度，不断提高巴西的国际地位和国际影响力。1998年5月，巴西签署了国际防止核扩散条约。巴西还加大了争取安理会常任理事国的力度。地区多边关系在卡多佐对外关系方针中占有非常重要的地位，他把改善和加强同邻国的友好合作关系置于优先地位。在他上任后第一年出访国家中，南美国家占大多数。他利用自己曾流亡智利等国的经历，通过密集的外交活动拉近巴西同这些国家的关系，促进巴西同周边国家在政治上的团结和经贸合作。为加快南美地区一体化进程做出了贡献。

卡多佐政府继续保持和美国的紧密关系。9·11事件发生后，巴西最先向美国表示全力支持其反恐的立场。在执政八年中，卡多佐八次访美。通过这些访问和在其他多边场合，巴西与美国一直保持良好、平稳的友好关系。

卡多佐重视同中国发展友好关系。在就任总统后，他对中国进行了正式友好访问。在其任内，中国党和国家主要领导人江泽民、李鹏、李瑞环等先后访巴。两国在各项国际事务中始终保持友好合作，在各项国际事务中相互支持。在其任内，巴西支持中国加入世界贸易组织、泛美开发银行和成为拉美一体化协会观察员。中巴于2000年1月21日就中国加入世贸组织达成协议。

卡多佐积极、主动、开放的外交政策还体现在其他很多方面。他在任内对古巴进行了友好访问，这是巴政府首脑首次到访古巴。这一举动不但再次表明了巴西积极开放的外交姿态，也充分体现了其外交政策独立自主的立场。卡多佐还积极开拓在亚洲的外交局面，先后对印度、日本、韩国、印尼、东帝汶、马来西亚等国进行了友好访问。所有这些外交活动的最主要目的，都是为提升巴西的国际影响力和国际地位，进一步开拓经贸合作空间。

卡多佐的外交政策是积极、全面开放的，这是其政府执政纲领中的组成部分，也是巴西作为一个新兴大国为进一步争取国际空间和更好国际环境，获得更好发展机遇的需要。这一时期巴西经济较为稳定，世界各国在冷战结束后希望保持和平稳定，追求进步发展的愿望成为主流，促进经济发展成为全球发展的主题。这样的国际环境为卡多佐的外交政策顺利实施提供了可能。另外，不论是其本人丰富和积极的社会活动经历，还是其通过在长期国际活动中营造的广泛关系，以及在此过程中建立的各种友谊和培育的各种影响力，都成为其开展外交活动的资源。

劳工党在2003年初开始执政后长达13年连续的执政历程，是自20世纪80年代还政于民后政府最稳定的时期，也是外交政策持续性保持时间最长的阶段。作为一个左翼政党，劳工党在上台后并未对卡多佐政府的经济和外交政策做显著改变，还在很大程度上承继了其开放、积极、多边的外交方针和施政方略。

卢拉政府延续了前政府一贯保持的和美国紧密的关系，在发展同大国间更广泛、更开放的合作关系的同时，巴西不但继续加强和巩固传统友好和合作关系，还突出强调了和邻国尤其是阿根廷的关系。

卢拉政府坚持多边主义、市场开放和自由贸易，支持世贸组织在国际贸易中的协调和主导地位，主张磋商和谈判是解决所有贸易摩擦和纠纷的途径。通过各种多边机制积极拓展新的外交空间和扩大影响范围。巴西积极参与建立或加入各种多边对话和合作机制，主动、积极地参与国际事务，承担国际义务。劳工党政府对金砖机制极为重视，并通过金砖机制和其他途径不断扩展同新兴国家和发展中国家的贸易往来。劳工党政府还利用其同中国政府和中国共产党之间长期、友好的党际关系，发展同中国的全面战略伙伴关系，并将这些友好关系变成外交成果和经济成就。通过双方努力，中国从 2009 年起取代美国成为巴西最大贸易伙伴。中国在巴西投资也大幅增加。

卢拉政府在这一时期外交政策得以顺利执行，在外交领域获得成功，很大程度上得益于当时国际环境和地区局势等良好的外部条件。同中国的传统良好关系使巴西外交在经济上有了强大的基础。2009 年奥巴马当选美国总统后，巴美关系得到良好保持和进一步加强。从地区局势看，南美洲多个左翼政党的大选胜利也使得巴西在南美的外交环境得到进一步优化。受地区局势改善的鼓舞，为进一步加强本地区各国的团结，卢拉政府继续历届前任政府致力于实现拉美政治经济一体化的理念，和拉美国家一道，努力创建拉美一体化的国际和地区环境，在玻利维亚、厄瓜多尔支持下，积极支持委内瑞拉加入南共市，这些外交行动加强了巴西和周边国家的友好关系，也提升了其自身影响力。

得益于良好的国际环境、正确的外交政策，巴西的国际地位得到很大提高，其在国际上的影响力也达到历史最高水平。这一切给巴西带来了显著的政治经济成就。劳工党在执政的 13 年中，始终坚持开放、积极、多边的外交政策，并将这一政策坚持到执政结束。在此期间，巴西外交政策是历届政府中最开放、最积极的，所获得的成就也是空前的。

## 第二节 多边外交关系

### 1. 和联合国的关系

巴西一贯坚持主权独立、国家自决和多边、开放的外交政策及对外关系理念。第二次世界大战之后，巴西就始终积极参与国际事务，和其他国家合作，通过多边机制，以和平、对话的方式解决各类国际问题和国家间的争端。

联合国成立前，巴西就积极参与巩固、促进世界和平机制的建设，并派出代表团参加 1945 年 4 月 25 日在美国召开的旧金山和会，并提出多项旨在促进世界经济社会发展、不干涉内政、主张和平、平等，关注公共健康等建议。这些建议被嗣后成立的联合国经济社会理事会、世界卫生组织等机构部分采纳。

巴西一直积极参与联合国事务，始终认为联合国是解决国际争端和各国间矛盾的最佳对话机制，积极支持和参与联合国维和行动。作为联合国改革最积极的倡导者，巴西一直呼吁增加安理会常任理事国的席位，并努力争取安理会常任理事国的席位。

巴西参加几乎所有的国际多边机制和重要的国际组织，在很多最重要的国际组织和多边机制中发挥重要作用。世界贸易组织总干事一职曾长期由巴西外交官担任。

### 2. 与拉美各国的关系

巴西是拉美地区一体化的积极倡导者和实践者，并很早就成为第一个拉美地区一体化组织美洲国家组织的成员，也是创建于 1960 年的拉美自由贸易协会的成员国。为摆脱美国的影响和干扰，1983 年 1 月墨西哥和委内瑞拉等国在巴拿马组建孔塔多拉集团。之后不久巴西也加入了该集团。1980 年 8 月 12 日，巴西、阿根廷、乌拉圭等国签署《蒙德维的亚宣言》，宣布成立拉美地区一体化组织。1986 年 12 月 18 日，巴西、阿根廷等国又在里约热内卢创建了里约集团。

1991年3月26日，巴西与阿根廷、乌拉圭和巴拉圭签署《亚松森条约》，宣布建立南方共同市场，成为南美最大经济一体化组织、最重要经贸共同体创始成员。巴西在该机制中始终处于积极主导地位，这体现了其为实现地区一体化，并通过这一过程成为地区大国的努力。南共市是巴西为在政治和经济上实现引领拉美发展而积极参与的机制。

2010年2月23日，拉美和加勒比团结峰会在墨西哥举行，巴西和与会国家一致决定将里约集团同拉美和加勒比地区一体化和发展首脑会议合并，成立有33个拉美和加勒比独立国家成员的新地区组织拉美和加勒比国家共同体。

2004年12月9日，在第三届南美洲国家峰会上，与会的12国元首签署《库斯科宣言》，宣布成立南美洲国家联盟。因内部长期存在的问题无法解决，2018年4月，巴西、阿根廷等6国决定暂停参与联盟活动。2019年4月15日巴西宣布正式退出该联盟。2019年3月22日，巴西、阿根廷等8国共同创立南美进步论坛。

拉美地区一体化进程开始较早，各国也在这一进程中做过无数尝试和努力。这些努力和尝试始终有巴西的积极参与。由于域外干扰和各国自身的问题，或是国际形势变化，总会有各种不同的干扰因素出现，拉美一体化的每一次努力总是功亏一篑。巴西通过这些努力建立、巩固了自己作为地区大国的形象和地位。对于巴西来说，地区一体化是最终目的。巴西利用拉美一体化建设过程中的各种场合和关键时刻，进一步扩大自己的影响力，提高自己在南美乃至整个拉美的地位。

3. 金砖国家

作为创始成员国，巴西视金砖国家为其所参与的最为重要的多边机制之一。虽经数次政府更迭，但巴西始终坚定、积极参与机制内事务，同机制内其他成员国保持高度一致，并在机制中发挥重要作用。2019年在巴西利亚举办的第十届金砖国家峰会上，巴西总统博索纳罗主持通过并发布了主题为"经济增长打造创新未来"的《巴西利亚宣言》。重申了金砖国家关于坚持主权、相互尊重、平等原则，共同致力于建设一个和平、稳定和繁荣的世界的理念。在这届峰会上，博索纳罗回避了新政府在委内瑞拉问题上的立场表述，与其他成员国一道达成了共同宣言。这一举动反映了巴西新政府对金砖机制的尊重和爱护。

巴西政府科技、文化、教育等各部门和领域对金砖机制都非常重视。除在政治和经济方面积极配合、紧密合作外，政府相关部门和机构还同金砖国家伙伴共同开展合作。巴西军方率先明确提出应将金砖合作机制扩展到军事领域。

4. 其他域外多边机制

1986 年，巴西提出建立南大西洋和平合作区的倡议。倡议被作为提案提交到当年联大，被表决通过后这一国际多边机制正式成立。机制宗旨为实现地区无核化，逐步减少直到完全取消外国在成员国驻军、加快地区一体化进程，加强成员国之间经济、贸易、科技和政治合作。机制现有成员国 24 个。

1989 年，巴西积极响应葡萄牙总统弗朗哥提出的成立葡语国家联合机制建议。1996 年 7 月 17 日葡萄牙语国家共同体成立，巴西一直在其中发挥主导作用。目前共同体正式成员国为安哥拉、巴西、莫桑比克、几内亚比绍、佛得角、赤道几内亚、葡萄牙、圣多美和普林西比、东帝汶 9 个主权国家。机制成员国虽然不多，但分布于非洲、拉丁美洲、欧洲、亚洲四个不同地区。成员国之间联系紧密，发展潜力很大，受到国际社会关注。

巴西积极参加域外多边机制。2003 年，巴西同印度、南非共同建立三国联盟，简称 IBAS，也称 G3。2009 年金砖机制建成，该联盟成为金砖国家内部对话机制。

巴西是 G20 成员之一。G20 是巴西最重视的多边外交关系的主要机制之一，也是巴西更广泛地参与全球治理的主要途径和平台。

G4 由巴西、印度、德国、日本四国共同组成，旨在共同争取或支持个别成员国分别争取安理会常任理事国席位。巴西在此机制中活跃。

5. 和欧盟的关系

1960 年，巴西就同欧洲经济共同体建交，是首个同欧盟建立正式外交关系的南美洲国家。建交后，巴西与欧盟关系在政治、经济、文化、社会各领域全面顺利发展，并在高水平层面不断加强。2007年7月，双方建立战略合作伙伴关系。这一关系的建立促使双方不但得以在双边框架下扩大合作范围，还将全球治理和区域合作等更多内容填充进了这种合作关系之中，使得双方合作从巴西与欧盟关系扩展到欧盟与南共市、欧盟与南美间的合作，从而将这种关系提升到一个更高的层次。

巴西与欧盟之间关系中积极因素很多。由于其与葡萄牙不可割舍的传统关系，巴西成为整个拉美与欧洲联系深厚、悠久的国家。巴西人口除来自葡萄牙之外，还来自法、德、意、西、俄、匈、波等很多国家。这种由于人口迁徙、宗教、民间交流形成的纽带使巴西成为与欧洲联系紧密的国家。以民间交流构成的联系使巴西与欧洲关系变得基础更加扎实，渠道类型更加丰富，形式也更加多样。

不论是在殖民时期，还是独立以后，巴西在其300多年发展中和欧洲关系从未中断，欧洲对巴西在政治、文化方面的影响也从未停止。在经济方面，欧洲列强国家通过金融、财政、贸易等手段对巴西进行控制和约束，并且通过这些手段来加强自身对巴西的影响力。作为一个南美新兴大国，巴西也需要得到各种支持和帮助。

20世纪80年代民主化进程开始后，巴西同欧洲的政治关系不断加强。卡多佐就任总统后，欧洲被巴西作为第三条道路的样板备受重视。卡多佐曾誓言要"让巴西同世界大国坐在同一条板凳上"，行动即从欧洲开始。卢拉执政后，将巴欧关系置于重要位置，通过各种渠道加强巴欧联合。1992年，巴西欧盟双边混委会成立，多年来混委会负责双方在各领域的协调与沟通，拟定和建立了多个对话议程。2007年双方确定战略合作伙伴关系后，建立了30余个包括国际和平、可持续发展、货物贸易、能源、投资、服务贸易、文化、教育、气候变化等不同的对话渠道。

通过努力和互动，巴欧关系在短时间内取得健康、快速、卓有成效的发展。2004年11月23日，葡萄牙前总理巴罗佐就任欧盟委员会主席。他担任这一职务的10年正好与巴西外交实行积极主动的政策时期重合。巴西经济基本上走出困境，并开始步入相对稳定的发展。巴西在国际事务中积极追求提升影响力，欧洲自然是巴西关注的重点。

2004年，巴西与欧盟签署科技合作协定。2006年，欧盟委员会主席巴罗佐访问巴西。次年双方举行首届峰会，并签署合作协议。2007年7月4日，欧盟巴西首脑会议在里斯本举行，会议确立了双方战略伙伴关系。同年，巴西与欧盟签署2008~2011年共同行动计划，标志着双方关系又获进一步提升。2008年，欧盟理事会主席萨科齐访问巴西，巴罗佐也再次访巴，并和卢拉共同主持第二届巴欧首脑会议。这些高层互访加深了双方了解，也进一步促进了双方合作、加强了双方的战略伙伴关系。

巴西和欧盟都十分重视双方彼此的优先关切。自劳工党执政后，巴西采取了更积极主动的对欧政策，利用伊拉克战争期间欧洲与美国的分歧，联合其他反对对伊进行军事干预的国家，组成联合阵线，并以此作为抓手，加强和促进同欧盟的合作。巴西还联合德国，为争取联合国安理会常任理事国席位组成G4集团。另外，气候变化、亚马孙保护、倡导自由经济、反对保护主义等，都是巴西与欧盟之间的共同口号。

在广泛政治共识基础上，巴欧经贸合作迅速发展。根据巴西官方统计，2003~2018年，双方贸易迅速增长。2018年双方贸易额达到768亿美元。欧洲对巴投资是长期、稳定、持续的，近年来仍不断增长。德国、意大利汽车工业在巴西占据大量份额；德国在巴西化工、精密工业等传统工业行业有大量投资。这些合作成果进一步加强了巴欧联系。经多年经济社会发展和投资环境的改善，巴西成为欧洲对外直接投资在拉美的最大目的地。欧盟对巴投资占其在拉美对外直接投资总量的一半。

欧盟是巴西科技合作方面最主要的伙伴。多年来，双方科技创新合作集中在生物、信息技术、环境保护、可再生能源等领域。但双方关系中也存在一些问题长期难以解决。在农产品补贴和保护主义政策方面，以巴西和阿根廷为主的南共市一直在努力寻求同欧盟达成贸易协定，但双方立场一直相差较大。

6. 和非洲的关系

巴西和非洲之间关系历史悠久，这一关系几乎贯穿巴西全部历史。葡萄牙人登陆巴西不久后，就开始从非洲向南美贩卖奴隶。当年最早的贩奴路线建立在塞内加尔戈雷岛的奴隶转运港和巴西巴伊亚州的塞古鲁港之间。在长达 300 多年贩奴历史中，大量非洲奴隶被贩卖到巴西，使得巴西成为非洲以外最大的非洲裔人聚居地。长期以来，因历史上各时期不同原因，这段历史和这个历史形成的社会状况未对巴西与非洲关系起到积极促进作用。

由于巴西和非洲的自身条件及其在国际社会的地位，历史上两者关系并不紧密。耽于与葡萄牙的特殊关系，历史上巴西在事关葡萄牙势力范围问题上比较谨慎，因实力不足，从前也没有足够能力拓展外围空间。就外部环境而言，当时非洲大多数国家仍处在争取独立自由斗争中，少数刚从殖民统治下获得独立的国家也在观望。因巴西长期以来同西方国家关系紧密，双方关系没有显著发展。

库比契克任总统后，对非洲人民反帝反殖、争取国家自由、民族独立运动的胜利非常欢迎。1960 年，巴西对在反帝反殖斗争中获得独立的 17 个非洲国家予以承认。1972 年，巴西外长出访塞内加尔、科特迪瓦、加纳、多哥、尼日利亚、喀麦隆、扎伊尔、埃及等国，这是巴西外长首次访非。1974 年，巴西外长访问肯尼亚。巴非经贸关系开始显著发展。

在军政府期间，巴西开始支持非洲国家反殖民统治的立场。1975 年11 月，安哥拉宣布独立，巴西成为世界上第一个给予其外交承认的国家。这些外交上积极主动的友好表示，加强合作的态度，使得巴西在非洲的形象大为改观。

2003 年卢拉就任总统后，巴非关系发生实质变化。全面改善、加强对非关系成为巴西外交政策重点和多元化外交、南南合作政策的主要内容。执政八年中，卢拉先后八次访非，这些访问大大促进了巴非关系迅速发展。2010 年前，非洲就成为巴西最重要贸易伙伴之一。2002 年，巴非贸易额仅为 50 亿美元。2010 年，双方贸易额已超过 200 亿美元，仅次于美国、中国、阿根廷，非洲成为巴西第四大贸易伙伴。

在经贸方面，巴西通过自身工业生产、加工能力，向非洲提供适应当地市场的工业制成品，巴西工业制成品出口的 50% 销往非洲。在投资领域，巴西则着眼于石油、矿产等资源型产业。淡水河谷、巴西石油等大型企业一直在探索和扩大在尼日利亚、安哥拉、莫桑比克、南非等国家资源投资的机遇。巴西农业研究院一直通过在非洲，主要是撒哈拉以南地区推广粮食作物的种植以及储运等技术援助的方式来扩大在巴西的影响，巴西的农用机械也一直在非洲占有市场份额。在高科技产品领域，巴航工业公司将非洲作为一个潜在的市场。

长期以来，巴西一直对非提供援助。巴西政府对外援助中，对非援助占比超过60%，其中绝大部分都给到了安哥拉、莫桑比克、几内亚比绍、佛得角等葡萄牙语国家。

在对非关系中，除重点促进经贸，并以此作为加强双方关系的抓手之外，巴西还重视文化和科技合作。巴西通过葡语国家共同体等机制，与非洲葡语国家共同建立以葡语教学、葡语国家历史等学术和文化研究项目，以此加强人员交流和促进交往。在军事合作方面，巴西向一些葡语国家提供人员训练、后勤指挥等方面的指导，除向受援国军事人员提供在巴西受训机会外，还向受援国家派出军事教官。

在非洲各国中，巴西与南非关系历史最悠久。1918年，两国建立领事关系；1947年建立正式外交关系。因联合国大会1962年11月通过1761号决议，对南非实行制裁，巴南合作停滞。20世纪90年代后，国际社会对南非的制裁解除，巴南恢复合作。在军事科技和军工领域，双方通过长期交流与合作已取得实质成果。

2010年4月27日，巴西同中非共和国建交。至此，巴西和所有非洲国家都建立了大使级外交关系。

2014年，受国内政治危机、国际经济放缓等多重因素影响，巴西经济恶化，社会局势动荡。2019年博索纳罗政府执政后，巴外交政策出现变化。虽外交方向有所调整，外交重点发生变化，博索纳罗政府在重要多边关系中仍坚持积极立场。从其对非传统外交政策来看，即便外交关系重点和优先程度发生变化，巴西以经贸合作为主、不断扩大其在非洲影响的方针不会发生很大变化。2022年，卢拉作为劳工党候选人再次赢得总统大选，于2023年就职。

在政治上，巴西对非外交战略不会大幅调整。在经济方面，巴非经贸关系会因巴西国内经济形势变化而出现量的变化，不会有质的改变。在巴西非洲这一双边、多边关系中，巴西是积极、主动的一方，巴西对非外交政策会本着经济合作这一根本目的，以更加灵活和务实的方式发展。

## 第三节　与其他国家的关系

### 一　与美国的关系

巴西和美国的关系是巴西所有对外关系中最重要的。早在 1815 年，美国就在巴西伯南布哥首府累西腓建立了领事馆。这也是美国在南半球建立的第一个外交领事机构。1822 年巴西宣布独立后，美国是第一个给予其外交承认的国家。1876 年，巴西帝国皇帝佩德罗二世参加在美国费城举行的国际博览会期间，会见美国总统格兰特。这是两国首脑的首次会面，这为两国关系发展和巩固打下了坚实的基础。长期以来，巴西一直视巴美双边关系为最重要的外交关系。美国也一直在各领域加强同巴西的关系，这成为巴美友好关系不断有新内容充实其中的主要原因之一。

1. 政治

在国际关系方面，巴美关系始终处于巴西外交政策和对外关系的优先地位。长期以来，巴西外交政策始终围绕巴美双边关系设计、制定、开展和执行。进入 21 世纪，尽管巴西外交政策和对外关系方针随着劳工党的执政有所调整，但是巴西同美国在各方面的紧密合作关系基本没有变化。巴美两国在外交多边关系体系也联系紧密，两国共同参加的国际组织和平台包括联合国、世贸组织、美洲国家联盟、G7+5、G20。巴西在联合国的历次投票中与美国的重合率很高。巴西是美国在拉丁美洲，尤其是南美洲最为重视、最为倚重的国家。

巴美两国关系之所以紧密且牢固，在很大程度上是由美国全球战略和为之服务的对外关系方针所决定的。早在 1823 年，"门罗主义"就作为美国政府对拉美地区外交政策方针，将欧洲老牌殖民主义和资本主义国家排斥在外，以拉美作为自己后院的思维来划定、扩展、巩固自己在整个拉丁美洲的势力范围。这既是美国作为一个成长中的新兴大国为保证自己发展的需要，也是其承继传统殖民主义思维的国家统治阶层的本质所在。

巴西作为拉美最大国家之一和南美最大国家，以其辽阔国土、众多人口、丰富的自然资源，受到美国格外重视。不论是作为其原料和资源产地，还是作为其工业制成品的销售市场，巴西都自然成为美国的目标。更重要的是，美国可以通过在经济、文化、军事等领域对巴西的渗透和控制，使其成为自己全球战略中的一颗棋子。正是出于这一目的，长期以来美国通过各种不同的方式和途径，利用各种机会对巴西的各个领域进行各种各样的渗透和控制。

巴西和美国在 30 多个领域有着非常紧密的双边合作和对话机制。这些机制主要包括：全球伙伴对话机制（对话双方分别为巴西外交部部长和美国国务卿）、防卫合作对话（对话双方分别为巴西和美国防长）、巴西美国长期安全论坛、巴西美国能源安全论坛、财政和经济论坛、经贸论坛、经济和贸易关系委员会（ATEC）。

2. 经济

巴美长期保持牢固紧密关系的一个重要原因，就是美国对巴西经济的控制和掌握。一战结束后，美国资本进入巴西，并逐步取代英法等国资本成为巴西主要贷款和资金来源。这期间，美国通过各种政治手段，不断加强自己在与巴西经济交往中的谈判地位。美国长期保持巴西最大债权国、最大投资来源国地位。美国长期保持巴西最大贸易伙伴的地位，2009 年才被中国超越。

由于历史、传统、社会制度、经济结构，甚至包括民族个性或行事习惯等，巴西经济长期始终处于一种资金干渴状态。所以，美国在将整个拉丁美洲划入自己的势力范围之后，就以资金和技术开始对拉美进行控制。在二战前和二战期间，美国以资金和技术对巴西进行渗透，继而达到对其控制和影响的目的。这一方面是出于其在世界大战前全球战略的需要；另一方面也是因为这个时候美国已经基本走出大萧条，有了一定的资本积累，可以不断地通过经济方式，利用资金和技术手段使得自己对巴西经济的影响日益加深，权重越来越大。美国的资本也利用了这个情况逐步加强对巴西经济的掌控。

以金融手段，通过资金控制巴西经济的做法一直被延续到 20 世纪末。美国依靠其对国际货币基金组织的掌握，依靠本国金融资本以及金融体系的力量，长期以来对巴西经济渗透和控制，于 20 世纪 80 年代使巴西深陷债务危机，导致其货币和金融体系濒临崩溃。这一时期巴西承受巨大债务压力，债务危机造成国内市场恐慌，导致货币贬值、通货膨胀居高不下。也正是这个时期，美国金融资本作为巴西最大的债权人对巴西剥削达到最大化。

美国对巴西经济体系的渗透和掌控是系统、全面、彻底的。除使用金融手段之外，美国很早就开始对巴西基础行业投资和布局。1919 年，福特公司开始在巴西投资，起初只经营汽车进口。1921 年，随着第一条组装生产线落成，福特成为巴西汽车工业最早的垄断者之一。通用汽车于 1925 年进入巴西。时至今日，福特仍是巴西第四大汽车公司，通用汽车巴西公司是美国通用在南美最大的投资，也是通用在美本土之外第二大公司。在此过程中，由于有美国资金注入和技术支持，巴西经济迅速发展。由于汽车工业在整个工业体系中的引领作用，巴西工业随汽车产业链的形成和不断延伸，逐步壮大和提高，其他相关产业也随之出现并逐步扩大，巴西经济在拉美国家中都更具竞争力，且长期处于领先地位。美国汽车工业等基础工业在巴西的投资和经营，是巴西工业得以迅速建立、壮大的主要原因之一，也是巴西能拥有南美最全面、最完整的工业结构和体系的主要原因之一。

美国对巴西工业的掌控不仅仅是在传统、基础行业。在本国民族资本和民族工业的共同努力下，巴西的航空工业取得很大成就，巴航工业公司成为当时世界上第三大民用航空、第一大支线航空工业企业。当发现巴航工业已完全成熟，不但已具有良好盈利前景、很强竞争能力，而且还可能会威胁到自身，美国波音利用资金力量，收购了巴航工业公司的客机业务。

在农业领域，美国对巴西的控制则是通过另一种形式。国际四大农产品公司中的美国 ADM、嘉吉、邦吉通过各种手段，几乎完全控制国际农产品期货和产业链中的巴西大豆、咖啡、可可、烟草、柑橘等农业初级产品的大宗交易。这种所谓的合作方式使得巴西农产品的销售、定价权长期被掌握在美国公司手中。在这种关系下，巴西大农场主、农产品供应商也获得了一些便利和实惠，如农产品总量的需求情况、价格变动趋势等信息。另外，美国大农产品交易商还能满足巴西农产品生产中对预付款的大量资金需求。

2009 年中国超越美国成为巴西最大贸易伙伴，但巴美经贸关系仍保持在非常高的水平。根据巴西官方统计数据，巴西对美出口商品中 75% 以上是工业制成品。2018 年，两国间资本货物贸易额为 580 亿美元。根据巴西外交部贸促局与美国商会 2019 年的联合调查统计，美国 2008 年在巴西的直接投资存量为 439 亿美元。2008~2017 年，美国对巴西的 FDI 增长 55.3%，达到 682 亿美元。根据美国的统计数据，巴西对美投资由 2000 年的 16 亿美元，增至 2017 年的 428 亿美元，巴西投资在美国创造了 10 万个就业机会。

3. 军事

巴美之间军事合作非常紧密和深入。美国始终把军事合作作为加强两国关系的主要抓手。二战初期，美国加紧同巴西的军事合作，利用巴东北部海岸的地理优势作为美空军前进基地和后撤据点。为扩大其在南大西洋的打击范围和活动空间，美对纳塔尔、圣路易斯等空军基地进行扩建改造，在累西腓建立区域空军指挥中心。1944 年 9 月，巴西第一批地面部队登陆欧洲后被编入美军序列，接受美军统一指挥。巴海军也在美海军统一指挥下，参与南大西洋东岸沿海商船护航行动。作为对巴西的支持，美国向巴提供了大量军援。

朝鲜战争初期，在美国策动下，联大要求各国派兵参加联合国军，被巴西拒绝。1952 年 3 月 15 日，巴美正式签订军事互助条约。条约以"捍卫西半球安全"为目的，规定巴西向美提供战略性矿产资源，美向巴提供军用物资。当年 4 月，条约草案被提交国会审议后屡遭反对，拖至次年 4 月才获批准。该协议一直执行到 1978 年。根据瓦加斯基金会档案披露，美对巴军援金额为每年 5000 万美元。

军事人员交流和训练是 1952 年巴美军事互助条约中最重要内容。大批巴军官在美各军事学院受训,美方也派人赴巴西接受丛林作战训练。根据两国军事互助条约,美国是巴西武器装备国外供应商,但到后期双方合作基本上只限于人员交流和培训项目。通过这一机制,美国为巴西培训的军官中很多人成为巴军队中坚力量。

根据解密的美国前总统约翰逊时期政府文件,巴西 1964 年 4 月军事政变前相当长时间,美国政府就有向巴军方提供支持的计划。政变发生前夕,美国政府已制定名为"山姆兄弟"的具体作战方案。政变发生前,美航母福莱斯特号混编舰队已在维多利亚港外海。

1977 年 3 月,美国国务院公布巴西人权报告,遭到巴政府强烈反对。同月 11 日,盖泽尔总统签署第 79376 号总统令,废止巴美于 1952 年签署的军事互助条约。

巴美军事互助条约终止后,双方在军事领域仍有紧密合作,尤其是在信息搜集、处理、判读、分析等方面。亚马孙北方水道项目和亚马孙监测系统等始终有美国广泛、大量参与,其中亚马孙监测系统的雷达系统由美雷声公司提供。在基本装备方面,巴西通过自力更生和广泛、多方合作的形式,改变了对美国的依赖。

2001 年,两国就美租借奥坎德拉火箭发射场事宜签署协定。协定规定美国租借该发射基地以进行商业发射,巴方在任何情况下不得进入美方划定的管制区。该协定被巴军方否决。2002 年 3 月 18 日,巴美再次就此问题达成协议,但规定在发生发射事故情况下,巴方不得参与事故调查。协定再次被巴西国会否决。

劳工党执政期间,巴美仍保持紧密军事合作。2010 年 4 月 12 日,巴国防部部长内尔松·若宾和美国防长罗伯特·盖茨分别代表两国政府签署军事合作协定。协定规定巴美两军将加强在高官互访、人员交流、信息交换、军舰互访、合作演习和联合训练等方面的合作,并开展防卫、后勤技术合作项目。

博索纳罗于 2019 年初就任巴西总统,巴美军事合作被置于巴对外关系的优先地位。2019 年 3 月初，双方就美租借奥坎德拉火箭发射场事宜达成协议。3 月 19 日，特朗普在会见到访的博索纳罗时表示，美国有意给予巴西"非北约主要盟国"地位。同年 8 月 1 日，特朗普正式宣布给予巴西"非北约主要盟国"地位。2019 年 10 月 22 日，巴国会众议院批准巴美关于奥坎德拉火箭发射场租借的协议。

2020 年 3 月 8 日，巴美在美南方军区司令部签署巴美关于军事项目研究、发展、试验和评估协定。这是 33 年来双方签署的第一个军事合作协定。根据双方介绍，该协定宗旨是促进两国武器和其他军队装备研发、生产的合作。巴西希望通过这个协定，进入北美市场，并继而将产品销售到其他北约成员国。

4. 文化

在文化方面，巴美两国交流尤为紧密。20 世纪初巴西外交政策重点从欧洲转向美国，巴西文化社会就一直趋同于美国文化和社会变化。巴西是多种族、多民族和多国家来源的移民国家，欧洲移民及其后裔占人口多数，美国人在巴人口中所占比例极低。尽管如此，除葡萄牙外美国对巴西的文化影响长期以来超过世界上任何一个国家。

美国对拉美始终执行充分利用和开发当地廉价资源、不支持当地工业和基础设施发展、不重视当地经济社会发展的政策，这使得拉美各国长期处于低水平发展状况。国家间经济社会发展水平差异和贫富差距造成大量移民向美国流动。自 20 世纪 80 年代军人政权还政于民后，巴西向美移民人口数量仍呈不断增加的态势。进入 21 世纪，这种情况有增无减。

根据美国移民政策研究所研究报告，巴西向美国移民人数自 1980 年以来增速不断加快。根据美国人口统计局调查统计，2012 年，在美巴西人和巴西裔人口为 371529 人。1980~2017 年在美国的巴西移民人口数量变动情况见图 8-1。

根据巴西外交部统计数据，2015 年末在美巴西移民和后裔人数约为 1467000 人，仅在佛罗里达州，等待获得合法居留权的巴西人超过 30 万人。在美巴西移民总数只占在美外国移民总量的 1.5%，但美国是巴西人在国外人口最多的国家。

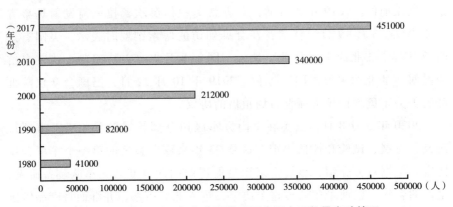

图 8-1　1980~2017 年在美国的巴西移民人口数量变动情况

资料来源：美国人口统计局，https：//www.migrationpolicy.org/article/brazilian-immigrants-united-states。

　　美国是整个美洲大陆经济社会发展水平最高的国家，也是就业机会最多的国家，因此成为各美洲国家非法移民主要目的地。美国有优良的教育资源，美国一直是巴西最大留学生目的国。所以两国间人员交流最广泛和最深入，但这种交流始终为单向。

　　美国也是有消费能力的巴西人首选目的地。在美巴西移民中，有一个数量可观的富人群体。这些人多集中居住在佛罗里达州等南部地区，以及其他相对炎热、拉丁族群较集中的地方。

　　2008 年前后，美资开始进入巴西教育领域，并通过收购私立高等教育机构，建立教育链条，形成教育产业。今天，巴西最大的教育机构是被美国资本控股的高等教育集团。以前是巴西人走出国门前往美国接受教育，现在，随着美国资本和教育资源进入巴西，美国对巴西文化和教育领域的影响也将继续扩大。

　　5. 其他

　　"9·11" 事件发生后，巴西最先提议启动《美洲国家间互助条约》。9 月 19 日，在美洲国家组织外长会议上，该条约正式生效。这个共有 36个成员国的条约是美洲国家区域性军事同盟。巴西这一举动证明了和美国保持坚定紧密的同盟关系是其外交政策的核心。同年 11 月，卡多佐访美，重申了巴美同盟关系。

2003 年初劳工党执政，巴美关系并未如同西方经济、政治学界和业界的预测发生变化。卢拉政府在承认两国政府在执政理念上分歧的前提下，非但未同美国发生任何政治上的冲突，反而同美国保持通畅的高层往来，并继续就一些共同关心的问题，尤其是地区问题保持良好对话态势。在经济上，卢拉不但没有否定巴西前任政府自由主义经济方针，还基本上延续了卡多佐的经济政策；在金融和财政政策方面，也未采取任何强硬和过激的刺激或限制措施。这些都为巴美关系保持平稳发展提供了条件。卢拉和罗塞夫对美的多次访问也说明了双方关系一直保持良好发展。

卢拉在任内于 2003 年 6 月 20 日、2007 年 3 月 31 日两次访美。布什也先后于 2005 年 11 月 6 日和 2007 年 3 月 9 日对巴西进行国事访问。在互访中，两国首脑都对双方关系的发展和前景非常满意。2009 年 3 月 12 日卢拉再次访美，奥巴马高度赞扬了巴西在地区的重要性和近年来取得的成就，双方就能源合作等问题交换了意见。这是多年来巴美高层互访最频繁的时期。

劳工党执政期间，巴美之间发生罗塞夫电话被监听的事件。但总的来说，两国关系始终处在相互谅解和合作的状态。

20 世纪末，中国经济开始长期、稳定、快速和大幅发展。2003 年执政后，劳工党利用同中国保持的政党间友好关系，全力促进、扩大对华经贸合作，建立并加强了巴中全面战略伙伴关系，这使得其外交权重有所调整。这种全方位、多边外交战略使得其外交重点更加分散和多样化。在劳工党政府执政期间，巴美关系在其对外政策中的重要性在一定程度上被稀释。

2019 年，博索纳罗当选总统后，派其长子艾德瓦尔多·博索纳罗赴美，并公开宣示要"完全调整巴西的外交政策"。巴西政局的这一变化同坚持单边主义、孤立主义的特朗普政府的执政理念相契合。美国也破例在 2018 年 11 月 29 日派出国家事务安全助理约翰·博尔顿到巴西私访博索纳罗，成为"第一个与巴西候任总统握手的外国政要"。博尔顿口头向后者传达了特朗普对其访美的邀请。

长期以来，基于本国的利益，根据自己的全球战略构想和规划，美国一直将巴西作为南美最重要的合作伙伴。政治上，美国以社会制度，意识形态、价值取向作为纽带，来加强、巩固美巴关系。经济上，则是通过投资、债务、贸易等手段加强对巴西经济的约束和掌控。军事上，美国先是通过资金、装备等对巴西进行渗透，继而通过人员的交流和培训，在巴西军队中扩大美国的影响力，培育亲美势力群体，以此实现巴西军队高层对美国全球战略的解读、适应、接受、协同、配合。

出于历史、传统原因和双方长期以来充分融合的经济、文化、社会等方面关系，两国仍将继续保持紧密牢固友好合作。因双方在国际竞争环境中实力的差距，在国际舞台的角色和重要性的不同，以及各自在国际关系中的自我定位的区别，美国仍将是巴美关系中积极、主动一方。在全球化环境下，美国在双方关系中占主导地位的情况会一直保持、延续。

但是巴美关系在发展过程中也一直处于变化之中。巴西公众社会对国家主权和民族利益的认识会愈加明确。随着巴西在国际社会的地位提升，巴西朝野会有更多有识之士对国际形势和本国利益有更清醒了解和判断。这必将对巴美关系发展产生影响。2023年，劳工党再次执政，美巴关系发展仍有待观察。

## 二　与葡萄牙的关系

巴西与葡萄牙的关系具有先天性和血缘性特点。两国不可分割的关系始于巴西为世界所知的第一天，又贯穿其全部历史并一直延续至今。从作为一个海外领地、殖民地开始，到后来变成葡萄牙王国统治中心、王国领土最主要部分，到最后又成为完全独立于宗主国，成为独立主权国家，巴西相对于葡萄牙的地位在300多年来一再变化，并形成这种与前宗主国之间极为特殊的关系。不论是在国际关系史，还是在如今错综复杂的国际关系中，两国关系的特殊性和独特性无与伦比。

巴西与葡萄牙关系的特殊性还体现在巴西国体变化过程，以及这一变化的主导者是其宗主国葡萄牙王位法定继承人佩德罗四世本人。这位葡萄牙、巴西和奥加维斯联合王国王子，巴西王国摄政王于1822年宣布巴西脱离联合王国并完全独立。他实际上宣布了自己的前殖民地摆脱自己王国的统治。他在自己的殖民地自立为帝,改帝号为巴西帝国皇帝佩德罗一世。之后又抛下这个帝国,回到葡萄牙。

1825 年,两国签订条约,葡萄牙正式承认巴西的独立主权地位。从那时起,两个国家开始发展独立和平等的交往关系。

巴西独立后,两个封建君主制国家的统治者仍同属一家族、同一血统。巴西从前宗主国获得大量继承,统治者之间也保持紧密联系。但两国关系也曾陷入严重对抗并导致外交关系破裂。1894 年,巴西皇家海军哗变。葡萄牙以保护侨民为名派出舰队进入里约市。同年 4 月 2 日,巴西海军再次哗变。哗变军人失败后逃到葡军舰上。葡舰队非但拒绝交出叛军,还给予所有哗变军人以避难权,并将其送至安全地域。巴以葡干涉主权为由断绝了两国间外交关系。1895 年,两国外交关系才得以恢复。

1971 年 9 月 7 日,两国政府在巴西利亚签订名为《平等宪章》的公约。公约规定:两国公民在对方国家完全平等地享有对方国家公民权利,也必须承担对方国家公民所必须承担的各项义务。2000 年 4 月 21 日,为纪念发现巴西 500 周年,两国政府又在当年卡布拉尔船队登陆之地象征性重新签署上述公约,并将其更名为《巴西联邦共和国和葡萄牙共和国友好合作磋商条约》。

根据条约,葡巴两国公民均可免签进入对方国家。两国公民除拥有对方国家公民所拥有的所有民事权利之外,还拥有竞争对方国家公务员职务的权利、选举权和被选举权。条约还规定,葡萄牙人可凭葡国籍自动获得巴西长期(永久)居留权。具备下述条件的葡公民可经批准获得巴西国籍:

(1)证明自己是葡萄牙公民;

(2)具有独立民事责任能力;

(3)提交在巴西居住三年以上的证明;

(4)提交在葡萄牙享有政治权利的证明;

(5)向巴西司法部有关单位提出申请。

葡公民根据上述条约所享有的为单方权利，巴公民在葡不享受与此对等权利。

两国不但在政治、外交方面有紧密合作和充分协调，在经贸、文化和社会领域的交流，在法律、科技等方面合作也非常广泛深入。因相互之间不存在历史遗留争议，两国远隔重洋，没有利益冲突，在共同面对的问题上没有重大分歧，在国际事务中有广泛合作和相互支持。葡萄牙始终坚定支持巴西竞争联大安理会常任理事国席位。两国于 1996 年 7 月 16 日共同发起并创建葡语国家共同体。这个跨地区多国组织是两国在国际多边体系中联系最紧密的机制。

两国间贸易量虽有限，但发展平稳。2018 年两国间贸易额为 23.1 亿美元，其中巴西出口 14.5 亿美元，主要商品为燃料（26.8%）、矿产（14.4%）、生铁和粗钢（12.5%）。巴西同期自葡进口额为 8.58 亿美元，葡向巴出口油脂（40.8%）、燃料（9%）、鱼类（9.7%）等。为进一步促进欧盟和南美经贸往来，扩大贸易规模，葡萄牙全力支持和促成实现欧盟与南共市集团自贸协定的签订。

两国都视对方为投资热点。据巴官方统计，目前在巴西的葡企业超过 600 家。截至 2018 年 6 月，葡在巴投资达 23 亿欧元；巴在葡投资为 32 亿欧元，比上一年同期增长 5.1%。

双方在科技创新、文化教育方面合作也很多。巴希望能够通过与葡科技教育合作培训更多科技人员，尤其是高新、生物技术科研人员。葡则希望能够在巴大学开设实验室。根据官方统计，到 2019 年底，在葡巴西人约为 116000 人。这些旅葡巴西人多是学生或专业技术人员。葡萄牙是巴西人在欧洲最大聚居地之一。

巴葡两国间共同的语言，两国人民共同的血统、共同的宗教，使得这两个相隔一个大洋的国家间的联系超越世界上任何两个国家之间的友好关系。在巴西最大城市圣保罗市中心的伊比拉博埃拉公园门口，矗立着一尊当年率领船队首次到达巴西的葡萄牙船长佩德罗·阿尔瓦雷斯·卡布拉尔的雕像。雕像基座上刻着一行字：巴西一切都是葡萄牙的赠予。

### 三 与英国的关系

英国和葡萄牙的友好关系历史非常悠久。18 世纪在欧洲频发的矛盾冲突中，英国始终向葡萄牙提供支持和庇护。在葡王室为逃避法国入侵而流亡巴西过程中，英国皇家海军派出舰队全程护航，直到葡船队平安抵达巴西。这段历史使得英国成为葡萄牙在欧洲的最强大也是最可靠的盟友。所以巴英关系实际上承继了葡英的盟友关系。

1807 年颁布废奴法案后，英国在本国国内严厉打击贩奴，还向包括葡在内的其他欧洲国家强力施压，促其停止奴隶贸易。1810 年，英葡禁奴条约签署，葡开始限制奴隶贸易，这对巴西经济造成打击。巴西于1822 年独立后，英国于 1824 年给予承认。

从 1815 年开始，欧洲局势缓和。英国在获得并加强其海上霸权后开始加大对大西洋贩奴走私的打击力度，并向巴西持续施压，造成两国关系紧张。1861 年英国船只在巴西水域失事后被当地民众抢掠。1862 年，英水手在里约肇事被拘禁，两国关系恶化并因协商无果冲突升级。1862 年，英舰队封锁里约港，掠走 5 艘巴西船，并要求巴西赔款。事后双方将争端交由比利时调停仲裁。调停结果是巴西有理，但英拒绝仲裁结果，于1863 年 5 月 25 日宣布同巴断交。两年后两国恢复往来。

两国外交关系 1919 年恢复到大使级水平。由于在独立后经济上依赖英国，巴西当时主要外交伙伴是英国。20 世纪初，巴西外交重点开始转移，巴美关系成为巴外交政策中最重要的关系。

1840 年，两国就巴西北部边界比拉拉地区主权发生领土纷争。争议后交由国际社会仲裁。作为仲裁方的意大利皇帝判定英国获胜。根据仲裁决定，巴西将比拉拉领土割让给了当时英殖民地英属圭亚那，即今日的圭亚那。

在 1944 年旧金山和会上，巴西以同盟国成员并赴欧洲参战为由，积极争取联大安理会席位，被英、苏否决。

1968 年，英国女王访问巴西，这是英国王室首脑首访巴西。1982 年马岛海战中巴西保持中立，既不允许英军机在其境内经停，也禁止其飞越领空。在英阿两国对马岛主权争端问题上，巴西支持阿根廷。在联大会议上，巴西公开谴责英国利用其安理会常任理事国成员的地位，阻挠关于马岛争端问题作为联大辩论提案。

巴西历届政府都十分重视对英关系。1977 年，巴西总统卡多佐对英进行正式访问。2001 年，英国首相布莱尔正式回访。英国一直看好巴西经济实力和发展潜力，是巴西第四大投资国，2017 年，英对巴西投资就超过 11.7 亿美元。2010~2017 年，英国对巴西的投资领域主要是在金融和服务（共约 29.6 亿美元）、车辆（15.2 亿美元）、教育（11.7 亿美元）、石油化工和生物燃料等（8.61 亿美元）。投资企业包括英国天然气、英国石油公司、罗尔斯罗伊斯、壳牌石油等。英在巴的投资主要在里约热内卢州。根据巴西官方统计，2018 年英国是巴西第十一大贸易伙伴。巴对英出口为 29 亿美元，主要商品为宝石坯料、贵金属、机器设备等。英对巴主要出口燃料、机器设备、制药原料等。

从 2015 年开始，两国政府间保持在经济、财政领域的平等对话机制。对话双方为巴西财政部部长和英国财政大臣，对话主要针对几个领域之间的关系，即基础设施建设和资本市场的关系，以及保险和再保险之间的关系。

## 四 与阿根廷的关系

巴西和阿根廷同为南美洲大国且互为邻国。两国国土面积之和占整个南美洲的 63%，两国人口之和占南美洲人口的 60%，经济总量之和占南美洲 GDP 总量的 61%。巴阿两国关系是双方各自最复杂、最紧密的双边关系。从各自建国第一天起，在超过两个世纪的共处中，两国关系错综复杂，既有历史遗留的，也有文化形成的；既有各种矛盾和冲突，甚至敌意，也有各种合作。目前两国合作范围广泛，从文化、经贸、教育、科技，到军事和国防，几乎无所不包。在诸多政治问题上，双方也是彼此最强有力的支持者和最可靠伙伴。

巴阿两国自殖民时期就屡有龃龉。因当时双方都处于被殖民状态，边界并未划定，所以摩擦主要在领土和边界问题上。双方间边界争端是各自殖民者即葡萄牙和西班牙遗留的问题。19 世纪初叶两国先后独立后，英帝国利用地区权力真空，开始对两国施加影响。双方矛盾存在与发展既源于两国各自的领土扩张企图，也在很大程度上因为英国的立场。1825 年，巴为实现领土扩张，出兵并引发西斯普拉提纳战争。1828 年战争结束，巴西虽未能将原来吞并的土地划入自己版图，但阿部分领土被肢解，乌拉圭独立。

西斯普拉提纳战争后，两国间虽然没有严重摩擦，但彼此不信任始终未彻底消弭，并长期存在竞争。从 1851 年开始，一直到 1864 年，巴阿两国深度卷入发生在该地区的三场战争。这三场战争最后看似以巴西和阿根廷作为主要力量的三国联盟获胜而告终，但实际上这场军事冲突也是这两国之间为争夺地区影响力的角逐。直到现在，巴西最强军事力量仍部署在南部与阿根廷接壤的地区。

为利用巴拉那河水系水力资源，巴西与巴拉圭合作修建的伊泰普水电站于 1970 年开工建设。因水电站在战争态势下可能对自己构成威胁，阿根廷非常不安。1977 年，双方因在此问题上的分歧关闭边境。这一时期两国还开展包括秘密核竞赛在内的各种竞争。1976 年 3 月 24 日阿根廷发生军事政变，以拉法埃尔·魏地拉为首的军事委员会执政。其时巴西执政的是军政府埃尔内斯托·盖泽尔将军，两国关系开始有所松动。1979 年10 月 19 日，巴西、阿根廷、巴拉圭三国协定签订。巴阿之间的不信任也因双方努力开始消除。

阿方在伊泰普水电站项目中没有经济利益，这个三方协定不但使得阿根廷作为邻国打消了对巴西的猜疑和提防，也开启了巴阿两国间相互理解、相互信任的大门。协定的签署在很大程度上成为两国在多边问题上合作的立场和态度的基础。

1982 年，英阿之间因马尔维纳斯群岛主权发生军事冲突。巴西在政治上站在阿根廷一边，支持阿主权要求，但保持军事中立。1982 年 6 月 3日，巴战斗机拦截了英皇家空军一架执行完任务的火神战略轰炸机，并将其迫降在里约加来昂空军基地，飞机和机组人员被羁押。经英方外交交涉，6 月 11 日飞机和机组人员被释放，机上空空导弹被没收。

在此期间巴西也拦截了一架进入巴领空，给阿运送军用物资的利比亚空军 C-130 大力神运输机。巴军方将利比亚军机引导到远离南部的亚马孙腹地，并指令其降落在玛瑙斯艾度冈多空军基地。直至战事结束，才将货物卸下后放行飞机和机组人员。实际上，巴西曾以"租赁"方式向阿方提供两架 EMB-111 巡逻机。

1991 年 3 月 26 日南方共同市场成立，这是南美洲最重要的多边机制，标志着南美地区一体化进程在巴西和阿根廷两国的共同努力和引导下进入实质阶段。这一多边机制的建成，也标志着两国关系又多了一条坚实的纽带。

1997 年 4 月，巴西总统卡多佐和阿根廷总统梅宁共同签署两国间战略合作协议，双方关系进入新阶段。进入 21 世纪，两国关系进一步加强。基什内尔总统明确重申阿巴战略伙伴关系将被置于阿外交优先地位。这一立场得到巴方积极响应。卢拉就任总统后，阿根廷成为其首个出访国家。巴西认为，加强巴阿这两个拉美大国的关系是拉美强大的最基本条件。罗塞夫总统就职后首个出访的国家也是阿根廷。她强调，选择阿根廷作为就职后的第一个出访的国家绝非随意的决定。这些行动表明，自卡多佐总统以来，将阿根廷作为多边外交关系、地区外交政策中最重要的伙伴，已成为巴外交政策最主要方向之一。

2003 年以来，两国一直紧密合作，不断协调双方在国际舞台上的立场和观点，不断统一其在多边机制中的步骤。双方都认识到，巴阿之间友好合作关系是南美一体化最重要基础，也是最根本问题。这个立场充分反映出两国在地区问题上排除外来干预，由南美人自己解决南美问题的共同愿望，如共同参加世贸组织坎昆会议上关于农产品问题的谈判，以及两国在建立美洲自由市场问题上的相同立场，在 G20 峰会上关于改革国际金融体系的共同努力等。2008 年，南美洲国家联盟在巴阿共同主持下成立，这标志着南美地区一体化在两国合作和共同努力下进入了全新时代。作为政治互信的重要标志，两国政府商定，两国中任何一国担任联大安理会非常任理事国期间，该非常任理事国席位都由双方外交官共同占据。

2010 年 8 月 3 日，两国发表共同声明，明确表示："巴西联邦共和国总统重申，巴西支持阿根廷在福克兰群岛（马尔维纳斯群岛）、南乔治亚州和南桑威奇及其周围海域主权争端中的合法权利。"巴西政府还指出，英国在阿根廷大陆架上进行的海上石油勘探是"非法的"，且"有悖于联合国组织的决定"。

巴阿两国在政治领域的互信为开展经贸合作打下坚实基础。2008 年，双方同意在双边贸易中放弃用美元计价交易，改用各自货币。2003~2012 年，两国贸易额从起初的 92.4 亿美元，增长到 2012 年的 344 亿美元。2010~2012 年，巴对阿 FDI 增幅达 16.6%，同期阿对巴投资增长近 3 倍，达 2620 亿美元。两国间贸易改以本国货币计价后，双方进出口额有大幅增加。如今，阿根廷是巴第三大贸易伙伴，也是巴工业制成品的最主要市场。

根据巴西外交部统计，因 2018 年巴对阿出口大幅下降（减少 150 亿美元，降幅达 15.1%），当年两国贸易额为 260 亿美元，比上年下降 3.89%。但同期巴从阿进口增加了 110 亿美元，增幅为 17.1%。2018 年双边贸易中，巴西有 39 亿美元顺差，这一水平比 2017 年减少了 52.33%。2019 年巴西对外贸易持续全面下降。据巴工商部外贸秘书处统计，2019 年巴对阿出口额占巴出口总额的 4.3%，出口额为 97.2 亿美元，比上一年同期下降 35.0%；自阿进口额占巴进口总额的 6.0%，进口额为 105.5 亿美元，比上一年同期减少 4.5%。

两国虽未公布两军之间实质性战略合作和战术协同，但双方在军工业领域从一般战术装备到军用运输机，都有共同研发和生产合作项目。2004 年，巴阿开始共同开发生产用途广泛的野战机动武器和军用越野车。两国在巴航工业的 KC-390 军用运输机研发广泛。巴西可能还会向阿提供其他战术车辆和装备。

两国间有紧密和广泛的科技合作。1990 年，阿国家空间活动委员会和巴空间局作为各自牵头单位，开始在空间技术方面的合作。2007 年 12 月 16 日，两国第一次共同发射 VS-30 探空火箭任务获圆满成功。双方另一空间合作项目是共同建造 SABIA-MAR1 地球观测卫星。

1991 年，巴阿核材料控制局成立，嗣后两国总统共同签署双方核技术合作协议。2008 年 2 月 22 日，卢拉对阿进行国事访问期间，两国为核技术合作，寻求为核能利用而进行的铀浓缩和核燃料生产联合成立了合作委员会。

巴阿之间在个别问题上存在隐性分歧，在巴西争取联合国安理会常任理事国席位问题上，阿根廷仍持反对立场。但巴阿在政治、经济、贸易、文化、科技、社会、军事等几乎所有领域的合作已全面展开，两国间合作关系日益紧密。

### 五　与俄罗斯的关系

巴西和俄罗斯关系历史悠久，但屡受挫折。两国建交很早，在近 200 年交往中，两国外交关系两次中断又再次恢复。进入 21 世纪，两国关系迅速发展，日益加强。

巴西是获帝俄外交承认的第一个南美国家。1828 年 10 月 3 日，巴西和俄国建立正式外交关系。1876 年，巴西皇帝佩德罗二世非正式访俄。1917 年十月革命爆发，两国外交关系中断。二战结束前夕，因同属同盟国，巴苏于 1945 年 4 月 2 日恢复外交关系。1946 年，巴西右翼军人执政，两国关系恶化。1947 年，两国外交关系再次中断。库比契克执政后积极修补双方关系，并于 1958 年恢复对苏贸易。夸德罗斯在竞选期间，明确表明要同苏联复交。但因其就职后很快辞职，未能实现与苏联复交。古拉特任总统后，两国于 1961 年 11 月 24 日复交。

冷战期间，夸德罗斯执政期间两国关系有所改善，古拉特为加强两国关系做出努力。巴西军政府在对苏问题上始终保持表面中立实际疏远的立场，双方只限于商贸和一些小规模合作，两国关系没有发展和扩大。除因军政府右翼军人的固有思维之外，与美国长期在南美加强自己势力和影响也有关。

苏联曾在拉美直接支持当地左倾党派，并在拉美青年人中寻找和培养亲苏势力。巴左派政党中有多人曾在苏联学习或接受训练，军政府对双方关系采取谨慎提防和严格限制的态度。在 20 世纪 60 年代到 80 年代，两国关系因意识形态问题明显处于低潮。

1988 年，萨尔内总统对苏联进行国事访问，这是巴西国家首脑对苏联首次正式访问。1991 年苏联解体后，巴西是世界上最早承认独联体（1991 年 12 月 26 日）的国家之一。

1997 年 11 月 21 日，两国签订友好合作条约并成立巴俄高层合作委员会，标志着两国友好关系水平达到新高度，并迅速朝更多领域发展。1999 年 4 月 23 日，两国政府经贸科技合作委员会成立，双方确定出经贸、科技、空间和能源、军事技术、海关、金融、农业等优先合作领域。巴俄高委会和巴俄经贸科技合作委员会已成为机制，每年召开。

2001 年，巴西副总统访俄，双方在取得广泛共识基础上建立战略合作关系。次年，卡多佐总统访俄。劳工党执政后，两国关系进入快车道。2004 年 11 月，普京作为第一位到访的俄总统访问巴西，双方建立技术同盟。2005 年 10 月 18 日，双方又签署了战略同盟协定。之后两国首脑通过 G20、金砖国家等多边机制保持密切接触并保持高频次互访，标志着双方已成为彼此最重要合作伙伴。普京公开表示巴西是俄在拉美最重要的伙伴。2019 年，巴西总统博索纳罗作为金砖峰会东道主，同普京举行了重要会谈。

科技合作是两国在战略合作伙伴框架下的重点。空间、军事、通信等技术是双方合作最重要的内容，对此双方都有高度共识和加强合作的愿望。双方于 2005 年 10 月 18 日签订的战略同盟协议中包括俄罗斯将接受巴西宇航员加入其航天发射任务，搭乘联盟 TMA - 8 进入太空的条款；巴研究机构还受邀参与俄格洛纳斯项目设计和开发。基于双方航空航天领域的伙伴关系，巴是俄全球导航卫星系统最大伙伴国家。目前在巴境内已建成四座格洛纳斯信号接收站，分别位于中部高原巴西利亚大学（两座）、巴西极南端南里奥格兰德州圣玛利亚联邦大学，和东北部大西洋沿岸的伯南布哥技术学院。第五个计划设于北部亚马孙帕拉州联邦大学。2017 年 4 月，俄空间废物监测站在巴西国家天体物理实验室的毕古多斯迪亚斯天文台落成。这些多领域多层次的合作使得双方关系不断深化和加强。

巴俄两国年贸易额在 50 亿美元左右。2018 年，巴西对俄出口 16.6 亿美元，进口 33.7 亿美元。巴出口商品包括白糖、咖啡、烟草、肉类、大豆等，俄主要向巴出口化肥。近年来在巴西的贸易伙伴中，俄罗斯始终排在第 40 位左右。但双方军事工业和武器销售的合作非常广泛。巴西很早就从俄购买短程地空导弹。双方还曾讨论俄向巴提供苏-35 的可能性。此外，俄已向巴出售了多架米-35M 和米-171 直升机，巴西曾希望继续购买俄卡-62 直升机。双方曾就俄同类型直升机在巴组装的可能性进行过探讨。在军事高科技合作方面，巴西对俄城市智能防空系统表示过强烈兴趣。

巴俄关系改善、发展到提高的过程，是巴外交政策变化、发展过程的反映。两国关系在进入 21 世纪后得到迅猛发展，与劳工党执政密切相关，同时也说明巴外交思想朝自主、开放的方向转变，集中体现了巴对外关系在新时期开放、务实、积极的精神。

## 六　与德国的关系

巴西与德国之间有悠久的传统关系。早在 1824 年，德国移民就开始进入巴西，并在巴西南部建立定居点。1825 年，普鲁士承认巴西帝国，双方于次年建立外交关系。1827 年，巴西和普鲁士签订关于航行和贸易的友好条约，巴西港口向普鲁士开放。德国成为第一批向巴西大批移民国家之一。巴西当时引进德国移民主要是为了补充禁奴后圣保罗一带大种植园劳动力短缺，因此德移民被虐待的情况屡有发生。为此自 1859 年始，普鲁士发布禁令，严禁向巴西移民。该禁令到 1896 年才被废止。

一战爆发初期，巴西持中立立场。商船被德国海军击沉后，巴西于 1917 年 10 月 27 日对德宣战并中止双方外交关系。二战前，两国恢复外交关系，经贸关系发展迅速，巴西从德国订购大量军火。二战初期，巴西仍保持中立，在美国压力下表面支持美国，但仍同德贸易。1941 年底，纳粹德国潜艇开始在大西洋沿岸攻击巴西商船，巴西宣布与轴心国断绝外交关系。1942 年巴西对纳粹德国宣战。战后，巴西与联邦德国于

1951 年 7 月重新修好，并互设大使馆；1974 年，巴西与民主德国建立大使级外交关系。

由于有相同的社会制度、趋同的价值观、传统的交往关系、大量的人员往来，巴西与德国关系发展平稳扎实。两国间不但没有任何冲突，还在经济、文化方面有大量共同利益。两国间友好关系有着坚实和广泛的社会、民众基础，双方友好关系始终保持在很好状态。

巴西对巴德关系非常重视。两国于 2002 年建立战略合作伙伴关系，双边关系得到进一步加强。双方高层互访非常频繁，2012 年，罗塞夫总统访德并参观以巴西为主题国的汉诺威国际博览会。2013 年，德总统高克访巴，并和罗塞夫总统共同为 2013~2014 年巴西-德国年揭幕。2015 年 8 月，罗塞夫和默克尔分率本国庞大代表团，共同宣布建立巴德政府间高层磋商机制。这是巴德关系发展中非常重要和实际的步骤，也是巴西同他国建立的最高级别对话机制。在这次高级别活动中，双方签署了大量合作文件和共同声明。

2019 年 4 月，德外长访巴。这是博索纳罗就任总统后两国间高层级对话。事后双方发表共同声明，一致强调双方友好合作关系，并重申双方在广泛领域的立场和态度，尤其是在贸易自由、市场开放、可持续发展、反恐、气候变化、减排、生态环境保护、打击跨国犯罪和网络犯罪等问题上立场一致。双方在维护国际秩序、捍卫各项现行国际规则的问题上看法相同。巴西和德国均奉行多边主义外交原则，并在多个多边机制上有立场的协同。巴、德、日、印共同组成的 G4 联盟是两国间最紧密合作机制。双方还首次共同表达了对委内瑞拉事态的立场和对委反对派的支持。

经贸合作是两国关系中最重要内容，两国政府对双方经贸合作重要性有非常清醒的认识，也极为重视。双方建立了从民间到政府各个层级的对话机制，以维护和促进合作关系的发展和提高。巴全国工业联合会和德工业联合会作为各自牵头单位，组建了巴德经济会议对话机制，两国轮流担任会议主办国。两国政府间很早就建立有巴德经济合作混委会。

两国在对方国家都有大量移民。在德巴西人不聚居，成分也较复杂，有相当一部分与德国人组成家庭，也有很大一部分是出生在巴西，后因德国领事规定而获得德国籍的巴西人，还有的在德国学习或短期工作。据巴西领事部门统计，在德有大约 10.2 万名经登记的巴西人。

在巴西的德国移民群体非常大，很有族群和社团观念，也是最保持民族传统、最有身份认同的移民群体。圣卡塔琳娜和南里奥格兰德的德国移民曾长期坚持办德文学校，出版德文报刊和运行德语广播，后被瓦加斯禁止。但德社团凝聚力和群体意识依旧保留。

德国移民是巴西经济中一个非常重要的力量，在很多领域都占据重要地位，巴西和德国都对此非常重视，也充分动员和利用这一力量，以促进两国间经贸往来、科技合作、人员交流。巴西大学和科研机构中的大量德裔教授和科研人员都是两国科技交流最重要联络者和执行者。德移民和后裔在商业上相对不活跃，但在各工业部门地位极重要。这些德国移民为两国经贸关系的不断扩展所做贡献不可估量。

德国是巴最大投资来源国之一。截至 2019 年，德在巴投资存量近 200 亿美元。德在巴西投资项目多在传统行业。20 世纪 60～70 年代，德国启动工业国际化进程，巴西成为第一个对象国家。德国投资者利用巴西劳动力等资源，在当地德移民支持下，在巴西开创现代工业园。如今圣保罗周边的德工业企业形成了德国本土以外最大工业集群。根据巴官方资料统计，目前在巴西的近 1600 家德国企业的工业产值占巴全年国内总产值的 8%～10%。

德在巴投资不但数量大、企业多，而且质量高、规模大。大众汽车是巴西最大汽车生产、营销、售后企业。这样的企业给巴西带来了巨大经济效益、大量技术创新和全产业链的概念。德国企业在建立巴西价值链、产业链、供应链的过程中所起到的作用不可估量。

德国是巴西最大贸易伙伴之一。2018 年两国贸易额达到 158 亿美元，其中巴对德出口 53 亿美元，巴从德进口 105 亿美元。巴对德主要出口商品为矿产品、咖啡、豆粕、汽车引擎、汽车零件等；从德进口的商品为药品和药品原料、汽车和工程车辆零件、化工原料、电器设备等。两国经贸关系一大特点是长期保持着非常平稳的发展态势。

德国与巴西在防卫技术和安全领域合作极为紧密。20世纪中期巴西开展核计划，德国成为巴最早合作伙伴，德国也因此成为参与巴核计划程度最高的国家。除参加核技术研发外，德国还曾向巴提供技术装备。20世纪60年代末，巴军政府开始部署空间技术研究，德又成为巴在空间技术领域最早合作伙伴。1971年11月19日，巴空军和德空间技术中心代表两国正式签署空间技术合作协定，并长期保持紧密合作。进入21世纪，两国空间技术合作步伐加快。巴西空间局和德国空间技术中心签署多项合作文件，双方在巴火箭改进和发射技术领域有深入合作。2011年12月2日，两国成功合作发射VS-30 V08火箭。有媒体披露，两国合作发射火箭达35次之多。

2019年4月19日，两国外长发表联合声明，双方对防卫领域的合作取得进展感到满意，还重申了双方关于加强防卫和安全对话的共识。德提森克鲁普公司已成为巴海军新型护卫舰建造项目主要合作方。双方还同意就安全问题进一步扩大双方合作。

从历史上看，巴西历届政府都对两国关系极为重视。德国也一直处于巴西发展同欧洲各国关系的优先地位。两国间合作关系的另一个特点是实质项目多，合作深入。军人政权还政于民，政治经济形势初步平稳、开始好转以后，卡多佐政府开启了与德国重建紧密合作关系的进程。在劳工党执政期间，两国关系得到进一步充实和巩固。这些都说明德国在巴西对外关系中的重要地位。不论是从国际政治和外交政策高度，还是从经济贸易、科技合作为双方所带来的积极成果和巨大利益的角度来说，德国都是巴西在欧洲最重要的合作伙伴。这种情况会一直作为巴西对外关系的重点，长期存在。

## 第四节　与中国的关系

### 1. 两国交往历史

巴西同中国交往的历史十分悠久。早在1812年，葡萄牙王室就从中国引进茶农到巴西，并安排他们在里约热内卢市种茶。1900年后开始有华人移民到巴西。但早期华人移民多数是经日本到巴西，人数有限。

1912 年，巴西共和政府承认中华民国政府。1949 年后，巴西和台湾保持所谓"外交"关系。1961 年夸德罗斯就任总统，巴西开始同包括中国在内的社会主义国家改善关系。同年 8 月，古拉特副总统访华，希望同中国发展友好关系。这是中巴关系史上两国间第一次国家副元首级别访问。1964 年 3 月 31 日，巴西右翼军人发动军事政变，推翻古拉特总统的合法政府。中巴间刚开启的友好关系局面被打破，并长期保持隔离状态。

1971 年 10 月 25 日联大通过关于"恢复中华人民共和国在联合国组织中的合法权利问题"的第 2758 号决议。

1974 年 8 月 15 日，巴西宣布承认中华人民共和国为中国唯一合法代表，同中国建立外交关系。建交后两国合作关系始终处于不断发展和加强的过程中，双方友好合作关系水平也不断提高。两国政府分别于 1978 年 1 月和 1979 年 5 月签订贸易协定和海运协定。1984 年 5 月，菲格雷多总统访华，实现巴政府首脑首次访华。1985 年 11 月，中国国务院总理访问巴西，这是中国国家领导人对巴西总统访华的回访，也是中国国家领导人首访巴西。访问期间，中国驻圣保罗总领事馆举行开馆仪式。目前，两国在所有领域都有合作关系。根据官方统计，双方签署的各种双边协议及文件达 104 个之多。

中国和巴西关系在多个领域都得到快速发展，双方签署多项合作协议。1988 年 7 月，巴西总统萨尔内访华，两国签署了包括《联合研制地球资源卫星议定书》《电力（包括水电）科技合作议定书》等多项合作协议。从 1990 年 5 月中国国家主席杨尚昆开始，中国国家领导人密集地对巴西进行友好访问，其中包括国务院总理李鹏（1992 年 6 月）、国家主席江泽民（1993 年 11 月）、人大常委会委员长乔石（1994 年 11 月）、全国政协主席李瑞环（1995 年 6 月）。李鹏于 1996 年 11 月和江泽民于 2001 年 4 月再次访问巴西。在这期间，中巴于 1993 年 5 月建立战略伙伴关系。1995 年 12 月，巴西总统卡多佐访华，两国政府签署了《科技合作协定》《加强和扩展中巴空间技术合作备忘录》等合作文件。

自 1993 年建立战略伙伴关系以来，中国与巴西间高层交往和对话日益密切，双边合作领域不断拓展，政治互信逐步加深，在国际事务中保持密切协调。2004 年 5 月，卢拉总统访华，两国建立中巴高层协调与合作委员会。作为两国政府机构间主要合作机制，这是推动双方长期全面深入合作的里程碑式事件。2010 年 4 月，胡锦涛主席访问巴西并出席金砖国家领导人第二次会晤，两国元首签署《中华人民共和国政府与巴西联邦共和国政府 2010 年至 2014 年共同行动计划》。2012 年 6 月，中巴两国政府十年合作规划签署，两国关系提升为全面战略伙伴关系。这一文件为两国友好合作关系的发展铺平了道路。2014 年 7 月，习近平主席出席在巴西举行的金砖国家领导人第六次会晤、中国－拉美和加勒比国家领导人会晤并对巴西进行国事访问。中巴双方发表关于进一步深化中巴全面战略伙伴关系的声明。2015 年 5 月，李克强总理对巴西进行正式访问。2016 年 8 月，习近平主席特别代表、国务院副总理刘延东出席里约热内卢奥运会开幕式。2017 年 6 月，巴西外长努内斯访华并出席金砖国家外长会晤，王毅外长同其举行中巴第二次外长级全面战略对话。9 月，特梅尔总统对华进行国事访问并出席金砖国家领导人厦门会晤。2018 年 7 月，习近平主席在金砖国家领导人约翰内斯堡会晤期间同特梅尔总统举行双边会见。2019 年 7 月，王毅国务委员兼外长赴巴西出席金砖国家外长正式会晤并访巴，举行第三次中巴外长级全面战略对话。10 月，巴西总统博索纳罗来华进行国事访问。11 月，习近平主席赴巴西出席金砖国家领导人第十一次会晤，同博索纳罗总统举行会谈。2020 年 3 月，习近平主席应约同巴西总统博索纳罗通电话。2022 年 5 月，国家副主席王岐山在北京以视频方式与巴西副总统莫朗共同主持中巴高层协调与合作委员会第六次会议。2023 年 1 月，习近平主席特别代表、国家副主席王岐山赴巴出席卢拉总统就职仪式。4 月，巴西总统卢拉来华进行国事访问。2024 年 1 月，中共中央政治局委员、外交部长王毅访问巴西，并同巴西外长维埃拉共同主持第四次中巴外长级全面战略对话。6 月，巴西副总统阿尔克明对华进行正式访问；中共中央政治局委员、外交部长王毅在金砖国家外长会期间同巴西外长维埃拉举行会见。

中巴两国社会制度、宗教文化、民族背景、传统习俗都有很大区别，但两国友好关系发展速度之快、合作范围之大、水平之高，在当代国际关系中是极少见也很特殊的。中巴两国在国际事务中积极协调立场，密切合作。两国在联合国、世贸组织、国际货币基金组织等国际组织以及二十国集团、金砖国家等多边机制中长期以来都能协调一致，相互支持。在全球治理、国际经济金融体系改革、气候变化、新兴大国合作等重大国际问题上保持良好沟通与协调。巴西政府一贯坚持一个中国政策，在台湾、涉藏等涉及我国核心利益的重大问题上予以理解和支持。

回顾两国友好合作关系发展历程，可以看出两国政府在坚持国家主权、坚持独立自主的外交政策、维护国家利益、发展本国经济方面的立场和价值观的共同之处，可以看到两国政府和公众社会不断促进、加强、巩固两国间在政治、经济、文化、社会等方面的友好合作关系所做出的努力。

从军政府统治的后期，巴西社会中有识之士就已开始积极探讨同中国改善关系的可能性，并付诸行动。中巴建交 50 年中，巴西政府多次更迭，不同党派、不同政治人物轮番执政，但各届政府对中巴友好关系的现实重要性和长远的重要意义都有清醒认识，中巴两国友好关系始终在正确、正常的发展轨道上。两国友好关系的发展不但为中巴两国人民创造了福祉，还为发展中国家、为新兴国家的友好合作关系，为南南合作树立了典范。

2. 投资关系

中国对巴西投资开始较早。1984 年 8 月，中国在巴西第一个投资项目、国家林业部下属中国对外工程公司（现名中国林业集团有限公司）在巴西亚马孙州玛瑙斯自由港工业区投资的全资子公司华西木材工商股份有限公司注册成立。这是中国在西半球的第一个工业投资项目，也是中国政府在国外第一个资源开发型生产企业。在后来相当长的一段时间内，华西公司是我国在巴西投资的唯一利用当地两种资源的生产型企业。

进入 21 世纪，中巴两国经贸关系开始走出单纯商品贸易往来，进入以投资为主要合作方式的阶段。积极、大规模、全方位投资也成为这一阶段两国经贸合作关系发展的重要动力。2005 年以后，中国在巴西的投资开始大幅增加。如今巴西是中国在拉美的第一大投资目的国。近年来，中国在巴西的投资存量迅速上升，实际金额超过 300 亿美元，已经成为巴西外资存量的最大投资国之一。

这一时期中国对巴西的投资有以下几个主要特点。

第一，以国有大型企业为投资主体。中国电力、中石油、中海油、中国三峡集团、葛洲坝集团、中车集团等央企成为这一时期进入巴西的国有企业的主要力量。民企中也有华为、宗申摩托、奇瑞汽车、三一重工等大型企业。

第二，投资领域相对比较集中，主要集中在能源、矿产、基础设施、制造业等领域。2013 年 10 月，中石油、中海油联合巴西石油、荷兰壳牌、法国道达尔组成投标联合体，中标全球石油开采规模最大的海上油田之一巴西里贝拉面积达 1500 多平方公里石油区块项目。国家电网收购巴西卡玛古集团持有的保利斯塔电力照明能源集团 23.6% 的股权，实现电力发、输、配、售业务领域的全面覆盖；与巴西政府电力公司联合中标 7 个绿地项目，实现国家电网首个海外大型绿地输电特许权项目特里斯皮尔斯输电项目顺利投产运营。至此，国家电网在巴西运营的输电线路总长度达到 7623 公里。中国三峡集团先是获得了巴拉那河流域两个中型水电站 30 年的特许经营，后又完成对圣保罗一个水电站的收购。

第三，投资项目大，金额大。由于投资项目的特点，项目金额都比较大，超过 5 亿美元的投资项目近 100 个。

第四，中国在巴西的投资遍及各行业。除了上述集中在第二产业的投资外，中资还大力推进在服务行业投资。在金融服务领域，中国银行、中国工商银行、中国建设银行、中国农业银行、交通银行五大国有商业银行，以及中国国家开发银行、中国信用保险公司等金融单位都已进入巴西，并通过贷款、批发、零售等不同形式拓展业务。华为公司于 1998 年开始进入巴西电信市场后业务迅速扩展。中兴公司随后进入巴西。一些民营网络服务公司在巴西的业务也迅速扩大。

第五，中国在巴西投资形式多种多样。除全资收购当地企业、投资兴建独资企业之外，中国企业还采用和当地企业合资、合作经营，以合作投标、合作经营，或是独自开发、独立经营等各种不同形式，参与到巴西经济发展之中。有的中资公司还以购买经营权进入当地市场。中国三峡集团等在相关技术领域都拥有国际领先技术的中资企业已从依靠工程分包、项目施工取得短期收益的初级阶段，进入依托综合实力开展资本并购、利用经营管理、获取长期收益的全新阶段，全面向产业链上游攀升。

2014 年中国在巴西投资额达 730 亿美元。在 2015 年短暂沉寂后，2016 年，中资企业在巴完成并购项目签约总额达 120 亿美元，巴西也由此成为中企在新兴经济体中第一大和全球第三大并购对象国。目前在巴投资兴业的中资企业超过 200 家，国有大型企业仍是中资在巴投资主体。2009~2018 年中国对巴西直接投资变动情况见图 8-2。

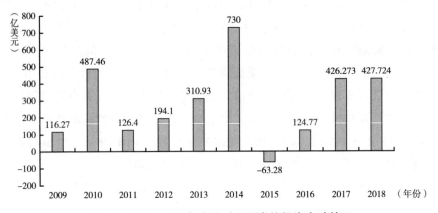

图 8-2　2009~2018 年中国对巴西直接投资变动情况

资料来源：中国统计数据网，https：//www.ceicdata.com/zh－hans/china/outward－direct-investment-by-country？page＝15。

3. 科技交流合作

1974 年中巴建交为两国间各个领域的交流和合作铺平了道路，科技成为双方最早开展合作的领域。建交后双方签署的第一批文件就包括科技合作议定书。1982 年 3 月 25 日两国签订的科学技术合作协定，是中巴建交公报发布后第三份合作协定。这说明巴西在建交初期就已把中国作为科技领域重要合作伙伴。

1984 年 5 月，巴西总统菲格雷多访华，实现巴元首首次访华。两国政府深入探讨了科技领域合作。同年 10 月，两国签署和平利用核能合作协定。这是双方最早的合作文件之一。文件的签署体现了科技是双方最重要和最优先的合作领域，证明巴西对发展与中国在科技方面的合作充满信心和期待，也表明两国关系从一开始就建立在高度互信基础之上。

在中巴建交初期，两国政府间高层交流不多。但科技和专业技术领域合作始终是两国领导人之间的重要议题。1985 年 11 月中国国务院总理访问巴西，双方签署了关于地质科学和钢铁工业合作议定书。1988 年 7 月，萨尔内总统访华。双方探讨了多个领域合作的意向和具体事项，并签署了一系列合作文件。其中包括两国政府技术合作议定书、关于核准研制地球资源卫星的议定书和关于电力（包括水电）科技合作协定、关于卫生和医药方面合作等文件。

巴西核能和空间技术等高科技领域发展计划开始很早，但出于各种原因未获发展。1985 年军人政府还政于民，巴西进入新历史阶段。在高科技领域，空间技术成为巴政府大力发展并寻求突破的方向。中巴地球资源卫星议定书的签署，开启了双方在该领域合作进程。

双方空间技术合作分别由中国航天科技五院和巴西空间技术研究院执行。为保证双方合作稳定顺利，两国分别于 1994 年 11 月 8 日和 1995 年 12 月 13 日签署关于和平利用外层空间科学技术合作协定、中巴科技合作协定和经济技术合作协定的补充协议。经共同努力，1999 年 10 月 14 日，中巴地球资源卫星首星 CBERS 01 星首发成功。2019 年 12 月 20 日，项目第五星 4A 星也发射成功。至此，两国卫星合作建造和空间发射工程圆满完成。这不但为巴西经济社会发展做出了巨大贡献，也极大促进了其航天技术进步，同时还填补了我国航天工程中某些星种的空白。

经过多年努力和探索，巴西选择中国作为卫星建造发射合作伙伴，选用长征系列火箭作为运载工具。对华合作不但使巴航天技术水平实现了跨越式进步，还从根本上解决了技术支持稳定可靠的问题。双方多年探索和努力，证明了双方政治互信是合作的基础，中国是巴西在卫星建造、发射等空间技术领域最大、最成功、最可靠的合作伙伴。

中巴地球资源卫星项目不但充实了两国间友好合作关系的内容，进一步加强了两国间合作的纽带，也是发展中国家高科技领域的首次成功合作，成为全球发展中国家科技合作的杰出范例。2000 年 9 月 21 日，两国政府签订关于空间技术合作的议定书，这表明中巴高科技合作的水平进一步提高。2012 年 6 月中巴签订关于建立气象卫星联合中心的谅解备忘录，将中巴空间技术合作提高到更高层次。

除政府推动项目成功案例之外，很多民间力量也积极推进两国间科技合作。巴西铌公司是从事铌开采、冶炼、销售的专业企业。该公司从1976 年开始在中国寻找合作伙伴。经长期努力，该公司先后同宝钢、鞍钢、武钢、上钢等 20 多家钢铁企业建立了科研和技术合作关系。通过技术交流和合作，我国钢铁产业产品和技术的水平得到提高，厂家也从中获得收益。为表彰巴方在与中国科技界合作中的不懈努力，为中国钢铁工业的科技水平的发展和进步所做出的贡献，该公司在 1999 年获得国务院颁发的国际科技合作奖。

中巴两国在高科技领域不断有新的合作项目。2011 年 4 月，中国科学院与巴西农牧业研究院签署关于建立虚拟联合实验室和促进农业研究与创新合作的谅解备忘录。次年，中国在海外设立首个农业联合科研机构中巴农业科学联合实验室，这标志着两国在农业科技合作、共同应对气候变化和粮食安全等挑战的合作已经开始。2012 年，中国纳米技术研究中心与巴西国家纳米实验室共同启动纳米技术合作计划，推进纳米技术在两国农业和气象上的实际应用，并开展纳米技术在环境、节能减排和新材料上的长期研究。

中巴在民用航空器研究、开发和生产方面也有深入合作。全球最大支线航空设计、开发和生产企业巴西航空工业公司将中国作为最重要合作伙伴，从 2000 年就在中国设立代表处。至今该公司已向四川航空、河南航空、天津航空、东方航空、深圳航空、工银租赁、国银租赁、海南航空等多家中国客户交付飞机近 200 架。2003 年 12 月 16 日，巴航工业公司与哈尔滨飞机公司合资创办的哈尔滨安博威飞机工业有限公司成立。该项目完全采用巴航工业的生产流程、工艺和全球采购体系和物流方案，各种零部件来自全世界 360 多个供应商。公司先后共生产飞机 46 架。该合作项目为中国航空工业发展和进步做出了巨大贡献，既是中巴科技合作成功例子，也成为南南合作的典范。

在经过多年紧密合作并获得丰硕合作成果之后，中巴科技合作开始发生转变。从传统合作方式逐步向研究和创新成果共同开发和共同分享转变，从个别特定项目合作向整个相关领域科研合作转变，从实际应用、以科研成果为导向的合作向基础科研的合作转变，从较简单的工作组之间合作向人员交流合作转变。

2012 年中国科技部与巴西科技与创新部签订关于建立中巴生物技术中心谅解备忘录。2013 年，联想集团宣布投资在巴西坎皮纳斯大学建立企业软件研发开发中心，专注于企业软件和高端服务器研发。中国国家电网有限公司与巴西政府达成协议，在特高压输电技术输出、电气设备生产等方面展开合作。中巴之间已全面展开基于互联网的合作。2014 年，安装由华为捐赠的云计算技术与设备的亚马孙国家研究院数据中心启用，同样装备华为云计算技术和设备，同时投入运行的还有巴西全国教育与科研网数据共享中心。同年，百度葡语版搜索引擎在巴西上市。奇虎 360 公司也向巴西电脑安全技术公司提供了新一代互联网安全系列产品的核心技术并开展了相关合作。

为向两国科技创新合作提供动力和后续保障，2012 年 6 月中国教育部与巴西教育部、科技与创新部签署了关于在中国实施"科学无国界——中国子项目"谅解备忘录。两国政府间这一共识的达成无疑为中巴民间科技合作提供了法律和制度保障。

随着两国政府和科技界对双方科技合作的重要性认识的不断增强，随着科技领域合作进程不断加快，水平不断提高，范围不断扩大，两国之间科技合作必定将成为中巴两国更紧密关系的基石。

### 4. 文化交流合作

两国在文化交流方面的合作也开展得比较早。20 世纪 80 年代，巴西电视剧《女奴》被引进中国，并成为热播电视剧。《女奴》进入中国开启了两国间文化交流，随后地方电视台也开始引进巴西电视连续剧。近年来巴西电影在国际影坛上逐渐崛起，中国越来越多的观众开始关注巴西电影，大城市也经常举办巴西电影节活动。

随着两国间文化交流不断深入，为保证双方文化交流始终能有一个公平、透明、法治化环境，两国政府高委会于 2010 年 4 月在会议框架内建立知识产权工作组并签订关于知识产权保护谅解备忘录。2017 年，中巴两国政府签订关于合作拍摄电影的协议。

中巴之间最早的民间文化交流是在政府指导下进行的。经双方政府合作协调，中国浙江省和巴西巴拉那州宣布建立友好省州关系，成为中巴建立的第一对友好省州。北京市和里约热内卢市、上海市与圣保罗市也分别于 1986 年和 1988 年建立友好城市关系。随后，中巴两国之间通过省州、城市之间的地方民间交往，建立友好省州关系（城市关系）的活动频繁开展。双方都认识到城市是文明多样性与共同性的统一，城市间的交往可以突破传统的民族国家外交范式，使两国不同城市在交流合作中扩大交往领域。

据不完全统计，中国和巴西之间已经建立的友好省州关系（城市关系）情况见表 8-1。

表 8-1　中国与巴西建立友好省州关系（城市关系）情况

| 时间 | 中国 | 巴西 |
| --- | --- | --- |
| 1986 年 6 月 7 日 | 浙江省 | 巴拉那州 |
| 1986 年 11 月 24 日 | 北京市 | 里约热内卢市 |
| 1988 年 7 月 7 日 | 上海市 | 圣保罗市 |
| 1992 年 7 月 31 日 | 四川省 | 伯南布哥州 |
| 1995 年 4 月 18 日 | 天津市 | 里约热内卢州 |
| 1995 年 11 月 28 日 | 广西壮族自治区 | 北里奥格兰德州 |

续表

| 时间 | 中国 | 巴西 |
|---|---|---|
| 1996 年 3 月 27 日 | 江苏省 | 米纳斯吉拉斯州 |
| 1997 年 10 月 20 日 | 天津市 | 亚马孙州 |
| 1999 年 3 月 24 日 | 河北省 | 戈亚斯州 |
| 1999 年 11 月 9 日 | 山东省 | 巴伊亚州 |
| 2001 年 3 月 6 日 | 福建省 | 塞阿拉州 |
| 2001 年 12 月 6 日 | 湖北省 | 南里奥格兰德州 |
| 2002 年 4 月 19 日 | 河南省 | 圣卡塔琳娜州 |
| 2005 年 4 月 8 日 | 甘肃省 | 戈亚斯州 |
| 2009 年 10 月 15 日 | 四川省 | 帕拉州 |
| 2009 年 10 月 23 日 | 江西省 | 南马托格罗索州 |
| 2011 年 12 月 15 日 | 重庆市 | 巴伊亚州 |

资料来源：笔者根据有关资料整理。

中巴教育合作始于 1988 年。根据国家教委同巴西教育部签订的有关协定，当时国内两个开设葡萄牙语专业的高校之一上海外国语学院（现上海外国语大学）派出整个葡语班级 10 人赴巴西留学。学生分别进入巴西利亚联邦大学和圣保罗州立大学学习。随着两国在教育领域交流合作不断扩大，双方留学生交流不但人数越来越多，专业领域也越来越广。

为进一步促进两国间高校和教育机构合作、提升交流水平，中国国家留学基金管理委员会和巴西高等教育人员促进会于 2014 年 7 月签订了《关于向"科学无国界"项目学生提供实习机会的谅解备忘录》，中国科技部和巴西科技、创新与通信部于 2019 年 10 月签署了《关于青年科学家交流计划的谅解备忘录》，以及《中国国家自然科学基金委员会与巴西高等教育人员促进会谅解备忘录》等一系列合作文件。这些文件的签署一方面体现了双方对教育领域合作的信心和愿望，另一方面证明双方交流已被提到学术和研究高度。

自 2008 年圣保罗大学孔子学院成立以来，里约天主教大学、巴西利亚大学、帕拉州立大学、伯南布哥大学、坎皮纳斯大学、塞阿拉联邦大学的孔子学院相继开课。随着两国间各领域合作日益紧密，巴西社会对外界了解的愿望也愈加强烈。2014 年 7 月，中国孔子学院总部与巴西教育部签署关于巴西汉语教学谅解备忘录，文件的签署使得中国孔子学院在巴西的开办和运行更加规范化和法治化。截至 2024 年 8 月，巴西各公立或私立大学合办的孔子学院达 12 所、孔子课堂 1 个，巴西也成为世界上开办孔子学院最多的国家之一。孔子学院作为中巴两国文化交流的重要桥梁纽带，受到巴西公众普遍热烈欢迎。

1990 年以后，巴西足球运动员和教练员开始进入中超联赛，开创了中外人员交流新形式。后几乎所有甲 A 俱乐部都曾有巴西球员。2017 年 9 月，双方为加快足球运动合作，签署《中国足球协会和巴西足球协会合作备忘录》。

# 大事纪年

| | |
|---|---|
| 1500 年 4 月 22 日 | 佩德罗·阿尔瓦雷斯·卡布拉尔船队抵达巴西。 |
| 1535 年 | 甘蔗被引种到巴西。 |
| 1549 年 3 月 29 日 | 第一个葡萄牙总督托梅·德·索萨到达萨尔瓦多并建立总督府。 |
| 1648 年 4 月 19 日 | 葡萄牙军队在瓜拉拉比斯高地战胜荷兰人。 |
| 1697 年 | 在圣保罗附近发现黄金。 |
| 1792 年 4 月 21 日 | 米纳斯吉拉斯"拔牙者"起义失败,若阿金·若泽·达席尔瓦·夏维埃尔被判处死刑。 |
| 1808 年 3 月 7 日 | 葡萄牙王室流亡到巴西。 |
| 1815 年 12 月 16 日 | 葡萄牙王储若昂六世宣布更国名为葡萄牙、巴西和奥加维斯联合王国。 |
| 1822 年 9 月 7 日 | 佩德罗四世宣布巴西独立,改国体为帝国,并自我加冕巴西皇帝。 |
| 1824 年 3 月 25 日 | 巴西帝国宪法颁布。 |
| 1825 年 8 月 29 日 | 葡萄牙承认巴西独立。 |
| 1831 年 4 月 7 日 | 佩德罗一世逊位,摄政内阁成立。 |
| 1841 年 7 月 18 日 | 佩德罗二世登基。 |
| 1842 年 | 巴西咖啡出口大增,经济迅速发展。 |
| 1870 年 4 月 8 日 | 巴拉圭战争结束,巴西大胜。 |

| 1888 年 5 月 13 日 | 帝国第 3363 号法，即废奴法颁布。 |
| 1889 年 11 月 15 日 | 军人发动政变推翻帝制，成立共和国，改国名为巴西合众共和国。 |
| 1891 年 2 月 24 日 | 巴西合众共和国宪法颁布。丰塞卡元帅当选为第一任总统。 |
| 1891 年 11 月 23 日 | 总统达丰塞卡辞职。副总统弗洛里亚诺·佩索托接任。 |
| 1894 年 11 月 15 日 | 佩索托总统任期届满，第一位民选总统德·莫拉伊斯就职。 |
| 1922 年 3 月 25 日 | 巴西共产党成立。 |
| 1930 年 10 月 24 日 | 瓦加斯发动政变，废黜总统华盛顿·路易斯。 |
| 1934 年 7 月 16 日 | 第三部宪法颁布，瓦加斯当选为总统。 |
| 1937 年 9 月 30 日 | 陆军参谋长宣布粉碎共产主义阴谋。军队包围国会。 |
| 1937 年 11 月 10 日 | 瓦加斯宣布解散国会、所有政党非法。第四部宪法颁布。 |
| 1942 年 8 月 31 日 | 巴西宣布对纳粹德国和意大利宣战。 |
| 1943 年 1 月 28 日 | 美国总统罗斯福访问巴西，巴美全面结盟。 |
| 1943 年 5 月 1 日 | 巴西劳工法颁布。 |
| 1945 年 10 月 29 日 | 瓦加斯在军人胁迫下辞职。 |
| 1945 年 12 月 2 日 | 加斯帕·杜德拉元帅当选为总统，次年 1 月 31 日就职。 |
| 1948 年 9 月 18 日 | 第五部宪法颁布。 |
| 1950 年 10 月 3 日 | 瓦加斯再次当选为总统，并于次年 1 月 31 日就任总统。 |
| 1954 年 8 月 24 日 | 瓦加斯自杀身亡。 |
| 1956 年 1 月 31 日 | 库比契克就任巴西总统。 |
| 1958 年 6 月 29 日 | 巴西国家足球队第一次赢得世界杯冠军。 |

| | |
|---|---|
| 1960 年 4 月 21 日 | 巴西利亚新首都落成。 |
| 1961 年 1 月 31 日 | 热尼奥·夸德罗斯就任巴西总统，随即宣布实行独立外交政策。 |
| 1961 年 8 月 25 日 | 夸德罗斯辞职。三军司令联名发表声明，反对古拉特就任总统职务。 |
| 1961 年 9 月 2 日 | 国会通过宪法修正案。古拉特任总统，内维斯任总理。 |
| 1962 年 9 月 | 古拉特开始一系列包括共产党合法化的政治改革。 |
| 1963 年 1 月 6 日 | 全国就政府体制举行公投，政体重归总统制。 |
| 1964 年 3 月 20 日 | 陆军参谋长布朗科向军队发布防范共产主义威胁的命令。 |
| 1964 年 3 月 25 日 | 海军士兵哗变，古拉特拒绝惩治哗变军人。政府与军方矛盾恶化。 |
| 1964 年 3 月 31 日至 4 月 1 日 | 军人发动军事政变，古拉特被推翻后流亡。 |
| 1964 年 4 月 9 日 | 军人委员会发布第 1 号制度法，剥夺所有反对派的政治权力。 |
| 1964 年 4 月 11 日 | 布朗科在国会当选为新总统。 |
| 1965 年 10 月 | 军政府颁布第 2 号制度法，废除大选。 |
| 1967 年 1 月 24 日 | 军政府颁布第六部宪法。 |
| 1967 年 3 月 15 日 | 依·席尔瓦就任总统，开始最强硬军人独裁统治。 |
| 1968 年 12 月 13 日 | 第 5 号制度法颁布，军政府解散国会和地方议会，剥夺反对派政治权力，并宣布所有政治集会和出版物为非法。 |
| 1969 年 10 月 17 日 | 第七部宪法颁布。 |
| 1979 年 3 月 15 日 | 菲格雷多就任末届军政府总统。 |
| 1984 年 4 月 25 日 | 国会否决直接举行大选的宪法修正案。 |

| | |
|---|---|
| 1985 年 1 月 15 日 | 民主运动党候选人内维斯当选为民主回归后的第一任总统。 |
| 1985 年 4 月 21 日 | 候任总统内维斯去世，副总统萨尔内接替总统职务。 |
| 1986 年 3 月 1 日 | 政府宣布"克鲁扎多计划"，对经济实施休克式管控，发行新货币。 |
| 1988 年 10 月 5 日 | 巴西第八部宪法颁布。 |
| 1990 年 3 月 15 日 | 科洛尔就任总统后实施科洛尔计划，冻结居民储蓄账户，发行新币。 |
| 1992 年 12 月 29 日 | 科洛尔辞职。 |
| 1998 年 10 月 4 日 | 卡多佐当选为总统。 |
| 2002 年 10 月 27 日 | 劳工党候选人卢拉赢得总统大选。于次年1 月 1 日就任。 |
| 2004 年 2 月 10 日 | 媒体首次披露劳工党高层贪污舞弊证据。 |
| 2007 年 1 月 1 日 | 卢拉连任总统。 |
| 2011 年 1 月 1 日 | 罗塞夫就任总统。 |
| 2012 年 8 月 2 日 | 联邦最高法院开始对劳工党贪腐案涉案人员进行判决。 |
| 2015 年 1 月 1 日 | 罗塞夫再次就任总统。劳工党成为首个连续赢得四次大选的政党。 |
| 2015 年 12 月 2 日 | 国会审理罗塞夫总统弹劾案。 |
| 2016 年 8 月 31 日 | 国会通过对罗塞夫弹劾案。特梅尔接任总统。 |
| 2017 年 7 月 12 日 | 卢拉被判有罪，成为史上第一位被认定有罪的前总统。 |
| 2018 年 10 月 | 博索纳罗赢得总统大选。 |
| 2019 年 1 月 | 亚马孙热带雨林开始发生火灾，并持续数月。 |
| 2019 年 3 月 21 日 | 前任总统特梅尔被判入狱，数日后获释， |

| | |
|---|---|
| | 但后再被判入狱。 |
| 2019 年 11 月 8 日 | 前总统卢拉获释。 |
| 2021 年 1 月 25 日 | 圣保罗首批高风险人群开始接种新冠疫苗。 |
| 2021 年 2 月 28 日 | 第一颗完全由巴西自己建造的卫星亚马孙 1 号成功发射。 |
| 2023 年 1 月 | 卢拉就任总统。 |

# 参考文献

## 一 中文文献

中共中央对外联络部《各国民族民主政党手册》编辑委员会编《各国民族民主政党手册》，人民出版社，1995。

中国社会科学院拉丁美洲研究所：《拉丁美洲大记事》（1980～1994年）。

李春辉：《拉丁美洲史稿》第2版，商务印书馆，1983。

斯蒂芬·茨威格：《巴西：未来之国》，樊星译，上海文艺出版社，2013。

苏振兴等：《巴西经济》，人民出版社，1983。

江时学：《感受拉丁美洲》，中国社会科学出版社，2013。

吴红英：《巴西现代化进程透视——历史与现实》，时事出版社，2001。

徐世澄主编《美国和拉丁美洲关系史》，社会科学文献出版社，1995。

袁东振、杨建民：《拉美国家政党执政的经验与教训研究》，中国社会科学出版社，2016。

周志伟：《巴西崛起与世界格局》，社会科学文献出版社，2012。

E. 拉德福德·伯恩斯：《巴西史》，王龙晓译，商务印书馆，2013。

戴维·伯明翰：《葡萄牙史》，周巩固、周文涛等译，商务印书馆，2012。

## 二 外文文献

Ribeiro, Darcy, *Culturas e Línguas Indígenas do Brasil*, 1957.

Furtado, Celso, *Formação Econômica do Brasil*.

Prado Junior, Caio, *História Econômica do Brasil*.

Coelho, Marcos Amorim, *Geografia do Brasil*, 4 ed., Moderna, 1996.

Graça Filho, Afonso de Alencastro, *A Economia do Império Brasileiro*, Atual, 2004.

Carvalho, Carlos Delgado de, *História Diplomática do Brasil*.

Rodrigues, José Honório, *Uma História Diplomática do Brasil, 1531 – 1945*, Civilização Brasileira.

Carvalho, José Murilo de, *A Monarquia Brasileira*, Livro Técnico, 1993.

Sodré, Nelson Werneck, *Panorama do Segundo Império*, 2ª ed., Graphia, 2004.

Benchimol, Samuel, *Amazonia, Formação Social e Cultura*, Valer, 1997.

Mota, Carlos Guilherme, *Ideologia da Cultura Brasileira ( 1933 – 1974 )*, Editora Ática.

Calmon, Pedro, *História da Civilização Brasileira*, Senado Federal.

Souza, Wanessa de, *As Populações Indígenas no Território Brasileiro*.

Souza, Augusto Fausto de, *Estudo sobre a Divisão Territorial do Brasil*, Fundação Projeto Rondon, 1988.

Viana, Hélio, *História da República e História Diplomática do Brasil*, Melhoramentos, 1957.

Renato, Carlos de, *História Diplomática do Brasil*, Companhia Editora Nacional, 1959.

*História do Brail Nos Velhos Mapas, Rio de Janeiro: Instituto Rio Branco, 1965*.

*Imagens da formação territorial brasileira*, Odebrecht, 1993.

Silva, Marilene Correa da, *O Paiz do Amazonas*, Valer, 2015.

Calmon, Pedro, *História diplomática do Brasil*, LivrariaEditora P. Bluhm, 1941.

Dias, Demosthenes de Oliveira, *Formação territorial do Brasil: origem e evolução*, Carlos Ribeiro, 1956.

DIX, Arthur, *Geografia Política*, Barcelona: Editorial Labor, 1943.

*Veja*, Editora Abril.

*Exame*, Editora Abril.

*Estado deSão Paulo.*

*Folha deSão Paulo.*

## 三　主要网站

https://www.congressonacional.leg.br/

http://www.funai.gov.br/indios

https://www.bcb.gov.br/

https://www.ibge.gov.br/

http://portal.inpa.gov.br/

https://www.embrapa.br/

http://www.inps.cv

https://www.undp.org/

https://www.gov.br/defesa

https://portal.fgv.br/

https://www.gov.br/economia

https://www.gov.br/mre

https://www.br.undp.org

https://www.gov.br/mcti

https://www12.senado.leg.br/

https://www.marinha.mil.br/

http://tabnet.datasus.gov.br/cgi/idb2011/matriz.htm

https://www.imf.org/en

https: //www. gov. br/infraestrutura

https: //www. camara. leg. br/

https: //www. worldbank. org/en/home

https: //www. cia. gov/the-world-factbook/countries/brazil/

https: //www. eb. mil. br/

https: //www. academia. org. br/

https: //www. fmprc. gov. cn/

http: //www. mofcom. gov. cn/mofcom/shezhi. shtml

# 索 引

# 新版《列国志》总书目

**非洲**

阿尔及利亚
埃及
埃塞俄比亚
安哥拉
贝宁
博茨瓦纳
布基纳法索
布隆迪
赤道几内亚
多哥
厄立特里亚
佛得角
冈比亚
刚果共和国
刚果民主共和国
吉布提
几内亚
几内亚比绍
加纳
加蓬
津巴布韦
喀麦隆
科摩罗
科特迪瓦
肯尼亚
莱索托
利比里亚
利比亚
卢旺达

马达加斯加
马拉维
马里
毛里求斯
毛里塔尼亚
摩洛哥
莫桑比克
纳米比亚
南非
南苏丹
尼日尔
尼日利亚
塞拉利昂
塞内加尔
塞舌尔
圣多美和普林西比
斯威士兰
苏丹
索马里
坦桑尼亚
突尼斯
乌干达
赞比亚
乍得
中非

**欧洲**

阿尔巴尼亚
爱尔兰
爱沙尼亚
安道尔

奥地利

白俄罗斯

保加利亚

北马其顿

比利时

冰岛

波兰

波斯尼亚和黑塞哥维那

丹麦

德国

俄罗斯

法国

梵蒂冈

芬兰

荷兰

黑山

捷克

克罗地亚

拉脱维亚

立陶宛

列支敦士登

卢森堡

罗马尼亚

马耳他

摩尔多瓦

摩纳哥

挪威

葡萄牙

瑞典

瑞士

塞尔维亚

塞浦路斯

圣马力诺

斯洛伐克

斯洛文尼亚

乌克兰

西班牙

希腊

匈牙利

意大利

英国

## 美洲

阿根廷

安提瓜和巴布达

巴巴多斯

巴哈马

巴拉圭

巴拿马

巴西

秘鲁

玻利维亚

伯利兹

多米尼加

多米尼克

厄瓜多尔

哥伦比亚

哥斯达黎加

格林纳达

古巴

圭亚那

海地

洪都拉斯

加拿大

美国

墨西哥

尼加拉瓜

萨尔瓦多

圣基茨和尼维斯

圣卢西亚

圣文森特和格林纳丁斯

苏里南

特立尼达和多巴哥

危地马拉

委内瑞拉

乌拉圭

牙买加

智利

**大洋洲**

澳大利亚

巴布亚新几内亚

斐济

基里巴斯

库克群岛

马绍尔群岛

密克罗尼西亚

瑙鲁

纽埃

帕劳

萨摩亚

所罗门群岛

汤加

图瓦卢

瓦努阿图

新西兰

# 国别区域与全球治理数据平台

www.crggcn.com

"国别区域与全球治理数据平台"（Countries，Regions and Global Governance Data Platform，CRGG）是社会科学文献出版社重点打造的学术型数字产品，对接新一级交叉学科区域国别学，围绕国别研究、区域研究、国际组织研究、全球智库研究等领域，全方位整合一手数据、基础信息、科研成果，文献量达30余万篇。该产品已建设成为国别区域与全球治理数据资源与研究成果整合发布平台，可提供包括资源获取、科研技术服务、成果发布与传播等在内的多层次、全方位的学术服务。

从国别区域和全球治理研究角度出发，"国别区域与全球治理数据平台"下设国别研究数据库、区域研究数据库、国际组织数据库、全球智库数据库、学术专题数据库、学术资讯数据库和辅助资料数据库7个数据库。在资源类型方面，除专题图书、智库报告和学术论文外，平台还包括数据图表、档案文献和学术资讯。在文献检索方面，平台支持全文检索、高级检索，并可按照相关度和出版时间进行排序。

"国别区域与全球治理数据平台"应用广泛。针对高校及区域国别科研机构，平台可提供专业的知识服务，通过丰富的研究参考资料和学术服务推动区域国别研究的学科建设与发展，提升智库学术科研及政策建言能力；针对政府及外事机构，平台可提供咨政参考，为相关国际事务决策提供理论依据与资讯支持，切实服务国家对外战略。

---

## 数据库体验卡服务指南

※100元数据库体验卡，可在"国别区域与全球治理数据平台"充值和使用

充值卡使用说明：
第1步 刮开附赠充值卡的涂层；
第2步 登录国别区域与全球治理数据平台（www.crggcn.com），注册账号；
第3步 登录并进入"会员中心"→"在线充值"→"充值卡充值"，充值成功后即可使用。

### 声明

最终解释权归社会科学文献出版社所有

客服电话：010-59367072
客服邮箱：crgg@ssap.cn

卡号：6871708769356540
密码：

欢迎登录社会科学文献出版社官网（www.ssap.com.cn）和国别区域与全球治理数据平台（www.crggcn.com）了解更多信息

**图书在版编目（CIP）数据**

巴西 / 王伟军编著. --北京：社会科学文献出版
社，2024.9. --（列国志：新版）. --ISBN 978-7
-5228-4226-4

Ⅰ. K977.7

中国国家版本馆 CIP 数据核字第 2024FB6434 号

· 列国志（新版）·

# 巴西（Brazil）

编　　著 / 王伟军

出 版 人 / 冀祥德
组稿编辑 / 张晓莉
责任编辑 / 叶　娟
责任印制 / 王京美

出　　版 / 社会科学文献出版社·区域国别学分社（010）59367078
　　　　　　地址：北京市北三环中路甲 29 号院华龙大厦　邮编：100029
　　　　　　网址：www.ssap.com.cn
发　　行 / 社会科学文献出版社（010）59367028
印　　装 / 三河市尚艺印装有限公司

规　　格 / 开　本：787mm × 1092mm　1/16
　　　　　　印　张：28.25　插　页：0.75　字　数：425 千字
版　　次 / 2024 年 9 月第 1 版　2024 年 9 月第 1 次印刷
书　　号 / ISBN 978-7-5228-4226-4
定　　价 / 98.00 元

读者服务电话：4008918866